普通高校财经类专业核心课程教材

# 统 计 学

## （第3版）

**主 编** 曾玉林 刘健挺

**副主编** 陈远方 曾 洁

西南交通大学出版社
·成 都·

## 内容简介

"统计学"是经教育部核准的财经类、管理类专业基础课程。本书全面系统地阐述了统计学的基本理论、基础知识和基本技能。全书深入浅出、简明扼要、结构合理、实用性强，便于学生理解、掌握与运用，有利于提高学生分析、解决实际问题的能力。本书可作为高等院校财经类、管理类专业本科或专科教材，也可作为政府部门、企事业单位统计和经济分析人员的参考用书。

**图书在版编目（CIP）数据**

统计学 / 曾玉林，刘健挺主编. —3 版. —成都：西南交通大学出版社，2022.5

ISBN 978-7-5643-8677-1

Ⅰ. ①统… Ⅱ. ①曾… ②刘… Ⅲ. ①统计学－高等学校－教材 Ⅳ. ①C8

中国版本图书馆 CIP 数据核字（2022）第 088443 号

Tongjixue

**统 计 学**

（第3版）

主 编 / 曾玉林 刘健挺

责任编辑 / 张宝华

封面设计 / 何东琳设计工作室

西南交通大学出版社出版发行

（四川省成都市金牛区二环路北一段 111 号西南交通大学创新大厦 21 楼 610031）

发行部电话：028-87600564 028-87600533

网址：http://www.xnjdcbs.com

印刷：成都蜀雅印务有限公司

成品尺寸 185 mm × 260 mm

印张 21.75 字数 543 千

版次 2011 年 8 月第 1 版 2013 年 8 月第 2 版 2022 年 5 月第 3 版

印次 2022 年 5 月第 5 次

书号 ISBN 978-7-5643-8677-1

定价 59.80 元

课件咨询电话：028-81435775

# 第三版前言

本书是《统计学》第三版。第一版于2011年问世，第二版出版至今已过了9个年头。十几年来，全国成千上万的大学本科生、专科生以及相关从业人员使用了这本书。能够以这本书为媒介与如此之多的读者交流现代社会经济统计学知识，我们感到由衷的喜悦。

“让教师好用，让学生易学”，且能反映统计知识与统计实践的最新发展，这是我们编写本书奉行的一贯宗旨，也是本书长期受到广大读者厚爱的根本原因。当然，这一宗旨也更加鲜明地体现在了第三版的修订之中。除继续保持原书严谨、实用的风格外，第三版突出了以下几方面特点：

第一，在结构上进一步优化。考虑到教学的便利性，我们对一些相对抽象的理论阐释进行了删减，这样更加体现了“统计学”这门课程的应用性和可操作性。同时，考虑到统计软件应用的现实情况，我们增加了第十章“SPASS在统计中的应用”，这样有利于更好地满足统计软件教学的需要。

第二，概念更加准确、清晰。思想靠概念承载，方法靠概念传达。概念的准确性是一本教材取得成功的基础。我们在编写过程中，力求界定每个概念的准确含义，从讲清楚“是什么”出发，进而为理论和方法的阐释奠定一个坚实的基础。

第三，更新了案例内容。本书每章之后都配有一个现实的统计案例。本书作者在教学中曾多次应用这些案例并取得了很好的教学效果，相信使用本书的广大同行也会有类似的体会。

第四，更新和完善了一些思考练习题。并进一步修正了练习题参考答案的错误和遗漏。

本次修订由曾玉林、刘健挺担任主编，陈远方、曾洁担任副主编。各章编写分工如下：曾玉林修订第一、五、七章；刘健挺修订第四、六章以及参考答案；陈远方修订第二、八、十章；曾洁修订第三、九章。全书由曾玉林教授最后负责总纂工作。由于编者水平所限，疏漏之处在所难免，敬请广大读者不吝指正。

感谢西南交通大学出版社各位编辑老师多年来对本书的大力支持和辛勤工作！衷心希望本书成为帮助广大读者开启统计智慧之门的一把好钥匙！

本书作者联系方式：zengyulin9@163.com。

**编　者**

2022 年 5 月

# 第二版前言

《统计学》作为全国应用型本科财政管理系列规划教材出版以来，得到了一些高等院校同行们的高度认可和广泛好评。据出版机构统计，出版两年来，已有全国各地十几所高等院校选择本书作为本科教学用书。

一些高等院校师生使用此书后，以各种方式与我们联系，在充分肯定教材内容、体系、结构、形式和质量的同时，也向我们提出了一些修改和补充建议。作为一名教师，面对莘莘学子，感到压力很大，唯恐误人子弟。因此，在修订重版过程中，我们一直在努力争取把本书写得好些、再好些！

此次修订，除每章的内容都进行了不同程度的调整修改外，我们着重在以下几个方面做了补充和完善：（1）在理论部分，更严谨地规范了一些概念的表述，更简明地提炼了一些概念的内涵；（2）在内容结构上，为更切合当前我国的统计实践，将原书中一些陈旧的内容用最新的资料取代，并增补了一些新的内容；（3）修订了原书中的一些错误与遗漏。因此，修订后的教材更具新颖性、规范性、实用性和正确性。

本书修订重版后，增补赵小明为主编，增补刘健挺为副主编。各位主编和副主编都积极地参与了本书的修订工作，大家都为本书的进一步完善做出了辛勤的努力；学校和编辑部的多位领导和老师对本书的重版都给予了热情的帮助，在此一并鸣谢。限于水平，书中若有不当之处，恳请大家批评指正。联系方式：1276348405@qq.com。

曾玉林

2013 年 4 月

# 第一版前言

统计学是一门研究如何收集、整理和分析客观现象总体数量特征，以便正确认识和把握客观现象发展规律的方法论学科，也是一门信息学科。人类进入信息化的21世纪，信息经济时代所依赖的不只是信息处理手段的先进与科学，更重要的是信息资料的准确收集与可靠分析，而统计学就是收集、整理和分析并提供全面信息资料的实用性学科。因此，长期以来，统计学一直被诸多专业列为核心课程，这体现了统计学科的重要性。

随着社会的发展，我国高等教育迎来了一个前所未有的发展机遇，新学科、新专业不断涌现，教学改革也不断深入。为了满足教学改革的需要，也为了方便广大的统计工作者了解新的统计思想和提高统计技能，我们结合长期的统计教学实践和理论研究组织编写了这本《统计学》教材。

本教材是21世纪全国应用型本科财经管理系列规划教材之一，不仅适用于高等院校财经类、管理类专业的教学需要，同时也可以作为广大经济、管理工作者学习统计知识的工具书。本教材全面系统地阐述了统计学的基本理论、基础知识和基本技能，结构明晰，资料新颖，内容完善，应用性强。总体来说具有以下几个特点：

（1）本教材力求准确把握重点、透析难点、简明扼要、通俗易懂。每章章前配有重点与难点提示，章后有小结，便于学习和把握知识要点，提高学习功效。

（2）突出针对性与实用性。教材中每个知识点都配有经典例题、容量适度、解题分析简繁适宜、解题过程尽可能清楚明确。同时每章都附有针对性很强的配套练习题，题型全面、题量适度，有助于学生消化和吸收所学知识。

（3）力求理论联系实际。每章均附有案例，以指导学生学以致用，使学生感受到生活中统计知识的运用无处不在，提高学生对该课程学习的兴趣以及学生运用统计学知识分析和解决实际问题的能力。

（4）强调统计的计算机应用能力。本教材专设一章“Excel在统计中的应用”，介绍计算机在统计中的应用方法，以提高学习者运用现代统计分析技术的能力。

本教材由曾玉林担任主编，负责全书大纲设计、总纂、各章例题的选编以及修改定稿工作。赵小明、蒯小明、朱上准、曾洁、刘健挺任副主编。各章编写分工如下：曾玉林编写第一、七章；赵小明编写第五、六章；蒯小明编写第二、八章；朱上准编写第四章与第三章的一、二、三节；曾洁编写第九章、第三章的四、五节；刘健挺编写各章练习题及答案。

在教材的编写过程中，我们参阅了大量的文献及相关资料，对相关文献的作者们表示诚挚的感谢！同时，本书的编写与出版得到了学校领导和西南交通大学出版社多位老师的大力支持，在此一并表示深深的感谢！

特别地，籍以此书的出版感念和缅怀我的《统计学》启蒙老师——北京林业大学的陈泰山老教授！

“让教师好用，让学生易学”，这是我们编写本书奉行的宗旨，也希望能够奉献给广大学生与读者一本好书。但学海无涯，书中不足之处在所难免，希望同行专家和广大读者不吝赐教，多提宝贵意见。

**曾玉林**

2011年4月

# 目录

# 第一章 总　论

重点与难点提示

本章着重论述了社会经济统计学的基本理论问题和基本概念。学习时要重点理解和掌握：

（1）基本理论。掌握统计的三种含义、社会经济统计学的研究对象及特点；了解统计学的历史；把握统计研究的基本方法与工作过程；认识统计工作的基本任务与职能。

（2）基本概念。本章将重点介绍统计学的一些基本概念，具体包括统计总体和总体单位、标志和变量、统计指标、统计指标体系等。这些基本概念在今后学习中会经常遇到，正确理解和掌握它们将对以后各章的学习起到重要的支撑作用。同时，这些内容也是本章学习的难点，要弄清有关概念的区别与联系。

## 第一节　统计学的产生与发展

### 一、统计的含义

"统计"的词根最早出现于中世纪拉丁语"status"，意思是各种现象的状态或状况。由这一词根组成意大利语"stato"，表示"国家"的概念，也含有国家结构和国情知识的意思。根据这一词根，最早作为学名使用的"统计"，是出现在德国政治学教授阿亨瓦尔（G. Achenwall）于 1749 年所著《近代欧洲各国国家学纲要》一书的绪言中，他把国家学名定为"statistika"（统计）这个词，原意是指"国家显著事项的比较和记述"或"国势学"，认为统计是关于国家应注意事项的学问。1903 年钮永建、林卓南等翻译了日本横山雅南所著的《统计讲义录》一书，把"统计"这个词传入我国。1907 年由彭祖植编写的《统计学》在日本出版，同时在国内发行，这是我国最早的一本"统计学"书籍。从此统计学在我国逐步传播并发展起来。

今天，统计在社会经济生活中几乎无处不在、无时不在，在不同的场合有不同的含义。根据英国统计学家尤尔（George Yule，1871—1951）的解释，"统计"一词有三种含义，即统计工作、统计数据和统计学，它们泛称为统计。

### （一）统计工作

统计工作（statistical exercise）即统计实践，是指为了研究客观事物的数量特征（数量表现与数量关系）而进行的统计设计、统计调查、统计整理和统计分析等一系列统计实务性的工作。

统计活动过程通常由以下几个环节构成：统计设计，即制定调查研究和试验研究的计划；统计调查，即统计数据的搜集；统计整理，即对数据资料进行审核、纠错、分组、编码、汇总、计算、存储等；统计分析，即计算相应指标以反映研究对象的内在特征和规律；统计服务，即数据资料的提供、管理和开发。各个环节相互衔接，由参加统计工作的各个地区、部门和单位组成统计网络，密切协作，互相配合，共同完成。从事统计工作的人员简称为统计人员。

### （二）统计数据

统计数据（statistical data）也叫统计资料，是指在统计工作过程中所取得的各种统计数据资料，包括原始资料，整理后的资料以及统计公报、调查分析报告等现实和历史资料。

统计数据是统计工作的成果。经常地，我们通过各种途径可看到各种报道，诸如，2012年1～5月，全国规模以上工业企业实现利润10 752亿元，同比下降21.9%。其中，1～2月累计实现利润同比下降37.3%，3～5月累计实现利润同比下降13.3%。从同比下降37.3%回升到同比下降13.3%，透视出全国规模以上工业企业的盈利状况出现了很大的改善。这些报道与数据有关的事实，被称作统计数据。通常人们说“据统计……”，其意义就是用统计数据来说明问题。

### （三）统计学

统计学（statistics）是阐述统计理论和方法的一门学科，是长期统计工作实践的总结和理论概括。它来源于统计工作，又用理论和方法来指导统计工作，从而推动统计工作的不断提高。

统计学由一套收集和处理统计数据的理论与方法所组成，这些理论与方法来源于对统计数据的研究。其目的是探索数据内在的数量规律，以达到对客观事物的科学认识。统计数据如果不用统计方法去分析，便仅仅是一堆杂乱无章的数据，无法得出任何有益的结论。系统地学习统计科学，一般简称“学统计”。

统计的三种含义之间存在着密切的联系：（1）统计工作是人们的统计实践，是主观反应客观的认识过程；统计数据是统计工作的结果；统计工作与统计数据是工作过程（统计活动）与工作成果（统计成果）的关系。（2）统计学是统计实践经验的总结与概括；同时，它又反过来从理论和方法上指导统计工作，推动统计工作不断发展。统计学与统计工作之间是统计理论与统计实践的关系。

统计的含义既反映了人们运用统计认识社会的一般过程，又揭示了理论和实践的辩证关系。统计工作只有在统计科学理论方法以及其他社会经济科学和方法的指导下进行，才能取得符合客观实际的、在数量和质量上能够满足要求的统计资料，从而正确反映研究对象。而在对大量统计资料的比较鉴别和分析研究的基础上，通过长期反复的统计工作实践，不断总结经验，必将形成统计理论与方法，建立和发展统计科学。由于统计工作、统计数据、统计学三者之间具有如此密切的联系，所以习惯上把它们统称为“统计”。

## 二、统计实践的产生与发展

统计是随着社会生产的发展和适应国家管理的需要而产生和发展起来的。

在原始社会，从“结绳记事”开始就有了对自然社会现象的简单计数活动，出现了统计的萌芽。在奴隶社会形成过程中，由于赋税、徭役、战争的需要，出现了对人口、土地等方面的简单的社会经济统计活动。随着奴隶社会国家的产生，计数活动进一步发展。中国从公元前 1000 多年的夏朝开始就有对人口、土地等方面的记载，夏朝时将中国分为九州，人口约为 1 355 万人，土地约为 2 438 万公顷。在古希腊、古罗马等奴隶制国家里也开始有对人口、财产、世袭领地等的统计，但由于当时生产力水平很低，统计仅处于初级阶段。

在封建社会，统计已初具规模。我国战国时期的商鞅变法就提出：“强国知十三数，欲强国，不知国之十三数，地虽利，民虽众，国愈弱至削。”秦汉时期就有对地方田亩和户口资料的记载；唐宋则有计口授田、田亩鱼鳞册等土地调查和计算；明清则有经常的人口登记和保甲制度。由于封建社会生产力发展缓慢，统计实践活动的内容和范围仍很简单狭小。

到了封建社会末期，随着生产力的发展，统计范围在人口、土地、财富、赋税、军事等领域逐步扩展。除了对与国情国力有关问题进行登记外，还对社会问题做调查，这些数字资料主要是为了满足封建王朝征税、服兵役或劳务的需要。

统计的广泛发展始于资本主义社会，随着资本主义社会经济、文化和科学技术的迅猛发展，社会分工的日益发达，统计范围与统计调查方法有了极大拓展，统计范围也已扩大到包括人口、工业、商业、农业、税收、航运、外贸等各个部门，出现了各种专业的社会经济统计，1830—1849 年，欧洲各国相继成立了统计机关和统计研究机构，统计成为社会分工中的一种专门行业。

## 三、统计学的建立和发展

统计作为人类认识社会的一种社会实践活动，已有几千年的历史，而作为统计活动经验总结和理论概括的统计学，从建立至今只有 300 余年。

统计学是长期统计实践的理论概括。统计实践的发展客观上要求从理论和方法上对统计实践活动进行系统、科学的总结和概括并指导实践，这种要求促进了统计科学的研究和探索。从统计学的建立和发展过程来看，我们可以把统计学划分为古典统计学、近代统计学和现代统计学三个时期。

### （一）古典统计学时期

古典统计学时期指的是 17 世纪中叶末至 18 世纪中叶末的统计学萌芽时期，这一时期的统计学分为政治算术学派和国势学派两大学派。

#### 1. 政治算术学派

政治算术学派产生于 17 世纪的英国，其代表人物是威廉 · 配第（W. Petty，1623—1687）。

威廉·配第在其代表作《政治算术》中，以数字、重量和尺度为基础，用计算和对比的方法，配以朴素的图标，比较了英、法、荷三个国家在经济、军事、政治等方面的实力，这些数字资料具有很强的说服力，这也正是现代统计学广为采用的方法和内容。威廉·配第对统计学的形成有着巨大的历史功绩，马克思对他的评价是："威廉·配第——政治经济学之父，在某种程度上也可以说是统计学的创始人。"该学派的另一代表人物是约翰·格朗特（John Graunt，1620—1674），他通过对英国伦敦市人口的出生率和死亡率的分类计算，编制了世界上第一张"死亡率"统计表。遗憾的是，该学派的学者都没有使用"统计学"这个名称，他们的著作有统计学之实，却没有统计学之名。

2. 国势学派

国势学派，亦称记述学派，产生于 18 世纪封建制度的德国。所谓国势学就是以文字来记述国家显著事项的学说，提出这一学说的学派称为国势学派或记述学派。其代表人物是康令（H. Conring，1606—1681），他以叙述国家显著事项和国家政策关系为内容，在大学开设的"国势学"课程，很受当时学者的欢迎。主要继承人阿亨瓦尔（G. Achenwall，1719—1772），其主要著作是《近代欧洲各国国势学概论》，他继续开设"国势学"课，并于 1749 年首次使用统计学来代替国势学，认为统计学是关于各国基本制度的学问，是一个国家显著事项的整体。但它缺乏数字内容，用文字表述，因而对比后人所认为的统计学，存在"名不副实"的缺陷。

政治算术学派和记述学派共存了近两百年，两派互相影响，互相争论，但相对而言，政治算术学派的影响要大得多。

### （二）近代统计学时期

近代统计学时期指的是 18 世纪末到 19 世纪末的 100 多年时间，在这一时期统计学又形成了许多学派，其中主要有数理统计学派和社会统计学派。

1. 数理统计学派

数理统计学派产生于 19 世纪中叶，以比利时学者凯特勒（A. Quetelet，1796—1847）为奠基人。凯特勒著有《社会物理学》，他把概率论引入统计学，认为用大数定律论证社会生活现象并非偶然，而是有其发展规律性的。此外，他还运用概率论原理，提出了"平均人"的概念，塑造了一个具有平均身高、平均体重、平均智力和道德品质的典型人物。统计的任务是关于平均人的比较研究，如社会所有人同平均人的差异越小，社会矛盾就越容易得到缓解。这一理论对误差法则理论、正态分布理论等有一定的影响。

凯特勒认为统计学既研究社会现象又研究自然现象，是一门独立的方法论科学。他的努力初步完成了统计学与概率论的结合，使统计学开始进入新的阶段。可以说，凯特勒是古典统计学的完成者和近代统计学的先驱者，同时也是数理统计学派的奠基人，因为数理统计学就是在概率论的基础上发展起来的。

数理统计学派不但把概率论引入统计学，使统计方法在科学性上大大跨越了一大步，而且经过高尔登、皮尔逊等人的继续研究，发展了抽样推断方法，使统计学更为完善、更为适应社会经济管理和科学研究的需要，成为一门独立的统计学科。

2. 社会统计学派

19 世纪后半叶，正当英美数理统计学派开始发展的时候，德国兴起了社会统计学派。社会统计学派以德国为中心，由德国大学教授克尼斯（K. Knies，1821—1898）首创，主要代表人物为恩格尔（C. Engel，1821—1896）和梅尔（G. Mayr，1841—1925），他们认为统计学是一门社会科学，是研究社会现象变动原因和规律性的实质性科学。社会统计学派认为统计学所研究的是社会总体而不是个别的社会现象，由于社会现象的复杂性和总体性，必须对总体进行大量的观察和分析，来研究其内在的联系，这样才能反映社会现象的规律。社会统计学派一方面研究社会总体，另一方面在研究方法上采用大量观察法，这两方面构成了该研究的两大特点。社会统计学派在国际统计学界中占有一定的地位，尤其对德国、日本等国的统计学发展影响巨大。

社会经济的发展要求统计提供更多的统计方法，社会科学本身不断向细分化与定量化发展的趋势则要求统计能提供更有效的调查、整理、分析资料的方法，故此，社会统计学派的研究逐步从实质性科学向方法论科学转化。社会统计学研究虽然向方法论方向转化，但仍强调以事物的质为前提。如德国法兰克福大学教授弗拉斯卡姆波（P. Flaskamper，1886—1951），他是第二次世界大战后社会统计学派的重要人物，他吸收了英国数理统计学派的通用方法论，把自然科学领域中的研究方法应用于研究社会现象，但他认为社会现象的核心即质的规律性，不可能全部转化为以量来表示。

数理统计学在一些根本性问题上与社会统计学（即原来政治算术意义上的统计学）存在分歧，社会统计学专门研究社会现象，而数理统计学既研究社会现象又研究自然现象，这就发生了统计学研究领域的争论。另外，社会统计学派认为统计学是一门实质性科学，而数理统计学派认为统计学是一门方法论科学，这就又发生了关于统计学到底是一门什么性质科学的争论。在争论中两者又相互渗透，一方面，在社会经济统计实践中广泛运用了数理统计方法；另一方面，数理统计中的“应用统计”逐渐转化为社会统计。

### （三）现代统计学时期

现代统计学时期是指 20 世纪初以来的统计学发展时期。在这个时期，科学技术迅猛发展，社会政治经济生活发生了巨大变化，统计学科在这一时期出现了新的分化和组合。

1. 欧美数理统计学

随着 20 世纪欧美科学技术尤其是计算机技术和新兴学科的迅猛发展，统计学的研究和应用范围越来越广，尤其是数理统计学，在欧美国家被广泛应用于自然科学和工程技术领域。首先它在随机抽样的基础上建立了推断统计的理论和方法。所谓推断统计，即通过随机样本来推断总体数量特征的方法。这种方法源于英国数学家哥塞特（W.S.Gosset，1876—1937）的小样本 $t$ 分布理论，其后由费雪尔（R.A.Fisher，1890—1962）加以充实，并由波兰统计学家尼曼（J.Neyman，1894—1981）等人做出进一步发展，建立了统计假设理论。后来经其他统计学家进一步研究得到充实与完善，数理统计学的研究范围越来越广，研究方法越来越丰富，数理统计学已成为现代欧美统计学的主流。

2. 社会经济统计学

20 世纪初以来，以社会现象为研究对象的社会统计学依然存在于许多国家，并有较大发展，其基本趋势是由实质性科学向方法论科学转变。例如，第二次世界大战后社会统计学派重要人物，法国法兰克福大学教授弗拉斯卡姆波（P.Flaskamper，1886—？），他吸收了英国数理统计学派的通用方法论，把自然科学的研究方法应用于社会现象的研究。但总的来说，社会经济统计学较数理统计学而言发展相对缓慢。

值得一提的是，这一时期，由于俄国“十月革命”的胜利，社会经济统计学在苏联以及“第二次世界大战”后的其他社会主义国家逐步建立和发展。社会经济统计学以辩证唯物主义和历史唯物主义以及马克思主义政治经济学作为理论指导，其学说源自古典统计学和凯特勒确立的近代统计学，而且深受德国社会统计学派的影响。社会经济统计学在其产生后的半个多世纪里，在实践上曾经为社会主义国家高度集中的计划经济服务，在理论上如分组理论、指数理论等也有不少建树，被认为是统计学史上的又一次质的飞跃。但是，由于第二次世界大战后国际上的冷战局面和意识形态上的对立，苏联等社会主义国家的社会经济统计学不能及时汲取世界各国统计学发展的最新成果，特别是 1954 年在苏联统计科学会议上以决议的方式解决学术上的争议，绝对地排斥数理统计学，否认统计学的方法论意义，这就在一定程度上禁锢了社会经济统计学的发展。

由此可见，统计是为适应社会政治经济的发展以及国家管理的需要而建立起来的，统计的发展和社会生产力的发展紧密联系在一起。作为统计实践经验的理论概括——统计学，在其自身发展过程中，已形成社会经济统计学、自然技术统计学和数理统计学，它们相互影响，相互促进，构建成完整的统计学科体系。

## 第二节　统计学的研究对象及其特点

### 一、统计学的研究对象

统计学的研究对象是指统计研究所要认识的客体。它决定着统计学科的研究领域以及相应的研究方法。一般地说，统计学的研究对象是客观事物总体的数量特征（数量表现和数量关系），通过这些数量特征反映客观现象规律性的表现。

统计学是一门独立的社会科学。它是在数量方面对社会经济现象进行调查研究的方法论科学。统计学研究社会经济现象在数量方面的特征，主要研究具体社会经济现象在一定时间、地点和条件下的总体规模、水平、状态、构成以及这一现象与其他相关现象的数量关系，研究、搜集、整理、分析各种不同的社会经济现象的数据资料的统计理论和统计方法。

在统计学的研究对象和这门学科的性质问题上，统计学界尚有不同的看法。其中主要有两种观点：（1）社会经济统计学是以大量社会经济现象的数量方面为研究对象的社会科学，“研究社会发展规律在具体时间、地点和条件下的数量表现”；（2）统计学是对社会经济现象的数量方面进行调查研究的方法论科学。

关于统计学的性质和研究对象问题，本书无意参与争论，我们取“统计学是一门方法论科学”这样的学科理念，认为统计学主要是研究方法论的，并且本书将统计学界定在社会经济统计学这样的框架之内。在此前提下，讨论统计学的研究对象问题。

## 二、统计学研究对象的特点

根据以上对统计学研究对象的界定，统计学研究对象的特点可以归纳为以下五个方面：

1. 数量性

数量性是统计学研究的基本特点。常言道“数字是统计的语言”，“数据是统计的原料”，离开了数字，统计工作就成了无米之炊。

统计学的特点是用大量数字资料说明事物的规模、水平、结构、比例关系、差别程度、普遍程度、发展速度、平均规模和水平、平均发展速度等。例如，国家统计局公布的关于2012年国内生产总值471564亿元，比上年增长9.2%。其中，第一产业增加值47 712亿元，增长4.5%；第二产业增加值220 592亿元，增长10.6%；第三产业增加值203 260亿元，增长8.9%。第一、第二和第三产业增加值占国内生产总值的比重分别为10.1%、46.8%和43.1%。这些统计数字都从各方面表明我国当前社会经济发展和深化改革的基本情况。

应当注意，统计学不是单纯地研究社会现象的数量方面，而是在质与量的密切联系中研究现象的数量特征及其变动规律。唯物辩证法的质与量的辩证统一关系是没有质量就没有数量，没有数量也就没有质量，量变引起质变，质变又能促进新的量变。这种质与量相互关系的哲学观点，是统计学研究社会现象数量关系的准则。

2. 总体性

统计学研究社会经济现象的数量方面指的是总体的数量方面。从总体上研究社会经济现象的数量方面，是统计学区别于其他社会科学的一个主要特点。

社会经济现象是各种社会经济规律相互交错作用的结果，呈现出一种复杂多变的情景。统计学对于社会经济现象总体数量方面的调查研究，应用的是综合研究方法，而不是对单个事物的研究，但其研究过程是从个体到总体，即必须对足够大量的个体（这些个体都在诸多方面表现出一定的差异）进行登记、整理和综合，使它过渡到总体的数量方面，从而把握社会经济现象的总规模、总水平及其变化发展的总趋势。例如，了解市场物价水平，着眼于统计整个物价指数的变动，而不是某一种商品价格的变动。但物价统计必须从了解每种有关商品（即代表规格品）的价格变动情况开始，这样才能经过一系列的统计工作过程，达到认识物价总体数量变动情况的目的。

3. 具体性

统计学研究的数量方面是社会经济现象的具体的数量方面，而不是抽象的数量关系，这是它不同于数学的重要特点。

任何社会经济现象都是质和量的统一。一定的质规定一定的量，一定的量表现一定的质。因此，必须在对社会经济现象质的规定性有了正确的认识后，我们才能统计它们的数量。数学研究抽象的数量关系和空间形式，而统计则反映特定时间、地点和条件下具体社会经济现象的数量特征，它从定性认识开始，进行定量研究。例如，只有对工资、利润的具体概念有确切的了解，才能正确地对工资、利润进行统计。

统计研究社会经济现象的具体性特点，要把它和研究抽象数量关系的数学区别开来。但要注意，统计在研究数量关系时，也要遵循数学表明的客观现象量变的规律，并在许多方面运用到数学方法。

4. 社会性

统计学研究的是社会经济现象，这一点与自然技术统计学有区别。自然技术统计学研究的是自然技术现象（如天文、物理、生物、水文等现象），自然现象的发展有其固有规律，在其变化进程中，通常表现为随机现象，即可能出现或可能不出现的现象。而统计学研究的对象是人类社会活动的过程及结果，人类的社会活动都是人类有意识、有目的的活动，各种活动都反映着人与人之间的关系，除了随机现象外，还存在确定性的现象，即必然出现的现象。所以统计学在研究社会经济现象时，还必须注意正确处理好涉及人与人之间社会关系的矛盾。

5. 差异性

统计学研究的是同质总体的数量特征，其前提是总体各单位的特征表现存在着差异，而这些差异不是事先可以预知的。统计上把总体各单位由于随机因素引起的某一标志表现的差异称为变异。例如，一个企业的职工，其工龄、文化程度、工资水平等都存在着差异，这才有必要研究其平均水平及其各个层次的结构状况。如果各单位不存在差异，也就无需统计；如果各单位之间的差异是按已知条件事先可推定的，也就不需要用统计方法。例如，昼夜时间长短因季节变化而有所不同，这与统计无关；而江河水位高低随时间变化而变化，则是统计研究的对象。

## 第三节　统计研究的基本方法与工作过程

### 一、统计研究的基本方法

统计学作为一门方法论科学，本身具有较完善的方法体系。从大的方面看，其基本的研究方法有以下几种：

1. 大量观察法

大量观察法是统计活动过程中搜集数据资料（即统计调查）阶段应用的最基本方法，即通过对所研究现象总体中足够数量的个体进行观察研究，以期认识具有规律性的总体数量特征。大量观察法的数学根据是大数定律，即虽然每个个体受偶然因素的影响不同，在数量上存在差异，但对总体而言可以相互抵消而呈现出稳定的规律性。因此，只有对足够数量的个体进行观察，观察值的综合结果才会趋于稳定，建立在大量观察法基础上的数据资料才会给出一般的结论。统计学的各种调查方法都属于大量观察法。

2. 统计分组法

统计分组法是指根据事物内在的性质和统计研究任务的要求，将总体各单位按照某种标志划分为若干组成部分的一种研究方法。

构成总体的各个部分，既有共性又有个性。对一些同类或类似的社会现象的认识，只从整体上分析研究，几乎无法或很难认识其基本特征。因此，除了进行总体研究外，还必须对总体的各个组成部分进行分析研究。采用统计分组法，将研究对象按某一特征进行分组后，再进行结构对比分析，才能使认识得以深化。

3. 综合分析法

综合分析法是指运用各种统计指标来综合反映和研究社会经济现象总体的一般特征和数量关系的研究方法。

在统计分析阶段广泛采用多种统计方法和指标体系去说明社会经济现象的综合数量特征。通常使用的综合分析法有综合指标法、时间数列分析法、统计指数法、因素分析法、相关分析等。

4. 统计模型法

统计模型法是综合分析法的扩展。它是根据一定的理论和假定条件，用数学方程去模拟现实客观现象相互关系的一种研究方法。利用这种方法可以对客观现象及其发展变化过程中存在的数量关系进行比较完整和近似的描述，凸显所研究的综合指标之间的关系，从而简化客观存在的、复杂的其他关系，以便利用模型对所关心的现象变化进行数量上的评估和预测。

5. 归纳推断法

归纳推断法是指以一定的置信标准要求，根据样本数据来判断总体数量特征的归纳推理方法。推断法可以用于总体数量特征的检验，可以用于对总体某些假设的检验。归纳推断法已成为现代统计学的基本方法。

通常存在这样一种情况，我们所掌握的数据只是部分单位的或有限单位的数据，而我们所关心的却是整个总体甚至无限总体的数量特征。例如，全国大学生视力状况如何；体育锻炼对增强心脏功能是否有益；某种新药是否能提高疗效；全国新生婴儿性别比例如何；等等。这时掌握部分数据无法获得对总体特征的认识，只有利用统计推断的方法来解决。

以上介绍的五种统计学研究的基本方法，并不是所有的方法，在运用上应注意多种方法的结合：① 在调查方法上，要注意把大量观察法和典型调查法相结合。统计研究社会经济现象及其变化过程，运用大量观察法从整体上考察事物变化的规模和趋势，使我们的认识有一个充分的事实基础。但对于新生的个别事物则必须运用典型调查，了解它的成长过程，总结先进经验。② 在分析方法上，要把综合指标分析和具体情况分析相结合，这样才能使我们的认识更加全面深入。

## 二、统计研究的工作过程

统计工作是对社会经济现象进行调查研究以认识其本质和规律的一种工作，这种调查研究的过程是我们对客观事物的一种认识过程。一项完整的系统的统计研究工作，必须根据统计研究的目的要求进行统计设计、统计调查、统计整理、统计分析与预测等几个工作步骤。

1. 统计设计

统计设计是根据统计研究的目的和统计对象的特点，对统计工作各个方面和各个环节的通盘考虑和安排。如统计指标和指标体系设计、统计分组和分类设计、搜集统计数据的方法和步骤设计、统计力量的组织和安排以及经费的运用等。统计设计的结果表现为各种设计方案，如指标体系、分类目录、调查方案、整理方案，以及数字保管和提供制度等。统计设计的核心是正确设计指标体系。

2. 统计调查

统计工作经过周密的统计设计，有了统计方案之后，就可以向社会做系统的调查，搜集必要的实际资料，这就是统计调查阶段。统计调查就是根据统计任务的要求，运用科学的调查方法，有组织地向社会实际搜集原始资料的过程。统计调查是认识客观经济现象的起点，也是统计整理和统计分析的基础。

3. 统计整理

统计调查搜集到的统计数据是分散的、不系统的，只能说明事物的表象、事物的某一侧面或外部联系，我们需要将其条理化、系统化，也即需要进行统计整理。统计整理是指根据统计研究的目的，将统计调查取得的资料进行科学的分类和汇总，为统计分析准备系统综合资料的工作过程。统计整理是统计工作的中间环节。

4. 统计分析与预测

统计分析是根据统计研究的目的，综合运用各种统计指标，对取得的数字资料和具体情况进行定量和定性分析的过程。统计分析是理性认识阶段，是社会经济统计发挥作用的决定性阶段。它是关系到能否充分发挥统计的信息、咨询和监督整体功能的一项重要工作。

统计预测是统计分析的深化，是以实际统计资料为依据，根据事物的内在特点和发展趋势，运用各种预测方法，预测研究对象的数量变化。

一个完整的统计工作过程，既反映了统计认识由感性上升到理性的阶段性，同时也体现了统计研究从质的规定性出发（统计设计），经过量的认识（统计调查、统计整理），达到对事物的质与量认识的统一（统计分析与预测）的认识过程。

## 第四节　统计工作的任务与职能

### 一、统计工作的基本任务

《中华人民共和国统计法》（以下简称《统计法》）规定：统计的基本任务是对国民经济和社会发展情况进行统计调查、统计分析，提供统计资料，实行统计监督。具体来说，统计工作的基本任务有以下几个方面：

（1）准确、及时、全面、系统地反映国民经济和社会发展情况，为国家制定政策和长远规划提供事实依据。

（2）对国民经济和社会运行情况进行监督和预警，为国家的宏观调控提供决策依据。

（3）在社会经济活动中，提供灵通的市场供需和价格信息，作为企业经营决策的导向和依据。

（4）推广统计信息资料的开发和利用，做好统计资料的提供工作，为社会公众服务。

### 二、统计工作的基本职能

统计法规定的统计工作的基本职能，具体分为以下四个方面：

1. 信息职能

信息职能是指统计具有一整套科学的统计指标体系和统计调查方法，能够灵敏、系统地为决策和管理服务，采集、处理、传递、存储和提供大量综合反映客观事物总体数量特征的社会经济信息。社会经济统计信息是社会经济信息的主体。

统计部门是提供和管理统计信息的主要职能部门，提供全面、及时、可靠的社会经济统计信息是统计部门最基本、最主要的工作职能。

2. 咨询职能

咨询职能是指利用已经掌握的统计信息资源，运用科学的分析方法、先进的技术和手段，深入开展综合分析和专题研究，为科学决策和管理提供可供选择的咨询建议和对策方案。

统计咨询水平的高低是衡量统计工作水平的重要标志之一。改革开放以来，统计部门已逐步成为国家的重要咨询机构之一。但是，统计信息咨询除了为党政领导加强宏观调控提供咨询意见和对策建议外，还必须面向许多部门、研究机构、社会团体、基层企业、个人和国内外多类用户。只有大力发展统计信息咨询业，建立公共统计信息咨询服务机构，培育统计信息市场，统计才具有旺盛的生命力和广阔的前景。

3. 监督职能

对社会经济信息的大量分析、评价、研究、预测和预警，对国民经济、社会发展和科技进步状况进行有效的监督，是把统计部门建设成为多功能智力型机构战略目标的需要。

监督职能是指通过统计调查和统计分析，及时、准确地从总体上反映经济、社会和科技运行状态，并对其实行全面、系统的定量检查、监测和预警，以促进国民经济按照客观规律的要求持续、稳定、协调地发展。因此，可以说统计是观测社会、经济、科技发展的“仪表”。

4. 辅助决策职能

随着社会的发展，统计在管理中扮演的角色日益重要，并日益受到重视。在现代化科学管理和建立健全市场经济体制的要求下，统计更成为管理工作极为重要的手段之一。用列宁的话来说：“有许多问题，而且是涉及现代国家的经济制度和这种制度的最根本的材料问题。过去是根据一般估计和大致的材料加以解决的，现在如果不根据某一纲要收集并经统计专家综合的关于某一国家全国情况的浩繁材料，就无法加以比较认真的研究。”因为管理工作的日益科学化，无论宏观管理还是微观管理，都必须建立在现实的基础上，根据现实情况和内外部条件及其发展变化，从错综复杂的经济联系中，抓住主要环节，对瞬息万变的经济情况作出及时反应，才能进行正确决策。在这一过程中，统计的辅助决策作用是其他手段所无法替代的。

统计所具有的信息、咨询、监督和辅助决策等四项基本职能是一个相互联系、相辅相成的有机整体。萃取和提供统计信息是统计的最基本职能。统计的信息职能是保证统计咨询和统计监督职能有效发挥的基础。统计的咨询职能是统计信息职能的深化。统计的监督和辅助决策职能是在统计信息、咨询职能基础上的进一步拓展，并促进统计信息和咨询职能的优化。只有进一步优化统计的信息职能，提高统计的咨询水平，强化统计的监督职能，充分有效地发挥统计信息、咨询、监督和辅助决策的整体功能，才能充分体现和发挥统计在社会经济管理中的重要地位与作用。

## 第五节　统计学的几个基本概念

任何一门独立的科学，都有它特定的概念范畴，以表达它特定的思维形式。统计学概念很多，其中有几个贯穿整个学科并经常出现的基本概念，有必要在这里先行介绍。

### 一、统计总体与总体单位

#### （一）统计总体

所谓统计总体（statistical population），是指由客观存在的、具有某种共同性质的许多个体单位所构成的整体，当这个整体作为统计研究的对象时称为统计总体，简称总体。例如，研究某工业部门的企业生产情况时，该部门的所有工业企业是一个统计总体，这个总体是由许多客观存在的工业企业所组成的，而每个工业企业都是进行工业生产活动的基层单位，具有同质性。又如，研究某一地区整个工业企业职工的基本情况时，该地区所有工业企业职工构成一个统计总体，这个统计总体由客观存在的许多工业企业的职工所组成，而每个职工都是在工业企业中从事生产或管理的工作人员，就此来说，他们具有同质性。

作为一个统计总体，必须同时具备以下三个要素特征：

（1）大量性：总体由大量个体单位所组成，或者说构成总体的单位数目要足够多。这是统计总体的基本要求。

（2）同质性：组成统计总体的个体必须具有至少一个相同的性质（或特征）。同质性是构成统计总体的前提条件。

（3）差异性：组成统计总体的个体之间必定在多项特征上存在差异，这些差异成为统计研究的对象。差异性是统计研究的重点。

总体可以分为有限总体和无限总体。总体所包含的单位数是有限的，称为有限总体（finite population），如人口数、企业数、商店数等。总体所包含的单位数是无限的，称为无限总体（infinite population），如连续生产的某种产品的生产数量、大海里的鱼类资源数等。对有限总体，可以进行全面调查，也可以进行非全面调查；但对无限总体只能抽取一部分单位进行非全面调查，据以推断总体。

#### （二）总体单位

总体单位（population unit），简称个体，构成总体的每一个事物或基本单位称为总体单位。原始资料最初就是从各个总体单位取得的，所以总体单位是各项统计数字最原始的承担者。例如，研究某个工业部门的生产情况时，该工业部门的所有工业企业可以作为一个总体，每个工业企业则是总体单位，将每个工业企业的某些数量特征加以登记汇总，则取得该工业部门的统计资料。为了研究某一工业企业的生产设备构成情况，可以把该企业拥有的各种设备看作是一个总体，其中每台设备就是总体单位，登记汇总这些设备的有关特征，就取得了该企业生产设备的统计资料。

在某一特定范围、特定目的的统计研究中，统计总体与总体单位是不容混淆的，两者的含义是确切的，是包含与被包含的关系。但是随着统计研究目的及范围的变化，统计总体和总体单位可以在一定条件下转换——即原为统计总体的事物可以转换为总体单位；或原为总体单位的事物可以转换为总体。例如，全国工业普查中，工业部门的所有工业企业是总体，而每一个工业企业是总体单位。若专门抽选某一企业来调查它的设备利用情况，此时，企业是总体，每一台设备则为总体单位。

## 二、标志与变量

### （一）标　志

1. 标志和标志表现

标志（indicator）是用来说明总体单位属性或特征的名称。每个总体单位都具有许多属性和特征。例如，就工业企业这一总体来说，每个工业企业所属的经济类型、行业性质、职工数目、产品产量和产值等特征，可以说明每个企业的具体情况。又如，在工人总体中，每个工人的性别、年龄、工种、工龄和工资等特征就是该总体单位的标志。

标志表现，即标志特征在各单位的具体表现。如果说标志是统计所要调查的项目，那么标志表现就是调查标志所得结果的实际反映。品质标志的具体表现是属性，数量标志的具体表现是数值，如性别“女”，年龄“30”岁。数量标志的具体表现，称为数量标志值，简称标志值。

2. 标志的分类

（1）标志按其性质不同可以分为品质标志和数量标志。

品质标志（quality indicator）表示事物的质的特征，无法量化，如职工的性别、文化程度、工种，企业的经济成分、产品品牌等。因此不能转化为统计指标，但对其对应的单位进行总计时就形成统计指标。

数量标志（numerical indicator）表示事物的量的特征，能够量化而且必须量化，如职工的工龄、工资水平，企业的职工人数、产值、劳动生产率等。数量标志表现是一具体数值，也称标志值。

（2）标志按其表现有无差异可分为不变标志和可变标志。

如果某一标志的具体表现在总体各单位的表现值相同，则称该标志为不变标志（invariant indicator）；如果某一标志的具体表现在总体各单位的表现值不尽相同，则称该标志为可变标志（varible indicator）。

从总体单位和标志的关系中，可以看出总体单位是标志的承担者。把这一点与前面对总体单位的解释连在一起，才是对总体单位的完整理解，即总体单位是统计总体的组成单位，是标志的承担者。

### （二）变　量

1. 变　量

变量（variable）包括可变的数量标志和统计指标。变量的具体表现，就是可变的数量标志或统计指标的不同取值，称为变量值（variant value）。例如，工资是可变的数量标志，是一个变量。某企业各个职工的月工资分别为 2 840 元、2 780 元、2 900 元、2 680 元……这些都是工资这一变量的不同取值，即变量值。事实上，统计调查都离不开对总体单位数量标志的观察和计量，汇集得来的某一数量标志的一系列数值，在统计上又称为数据。这些数据总是在一定的时间和空间范围内不断变化，具有变异性的特点，所以称之为变量值。就同一个数量标志的一系列变量值而言，其变化并非杂乱无章，而是在一定范围内具有一定的规律性。因此，针对不同类型的变量值，应该采用不同的统计方法进行处理，探讨其数量特征及其规律性。

在统计实践中，按照研究目的，需要采用合适的可变标志将同质总体划分为若干类型或组别，然后分门别类地将其中的单位数和变量值加以综合计算和分析。因此，可变的品质标志和可变的数量标志是统计分组和统计分析的基础，而对变量值的汇总整理则是统计的一项重要的具体工作。

2. 变量的分类

（1）按照变量值是否连续，变量可以分为连续型变量（continuous variable）和离散型变量（discrete variable）（即不连续变量）。前者是指它的数值是连续不断的，即在任意两个相邻数值之间可以取无限多个不同的数值。例如，人体的身高、体重等都是连续变量。连续变量的数值通过测量或计算方法取得，实际测量或计算所得的数据的精确度只能要求达到一定的限度，是一种近似的结果，这就涉及一个数值的真实性问题。离散型变量的数值是通过逐个计数的方法得出的，所取的可能数值只能按整数计数，不可能有小数。例如，职工人数、企业数、机器台数等都是离散型变量。而且其可能数值的个数是有限的，构成有限总体。

（2）变量按其性质可以分为确定性变量和随机变量。在一个系统中，如果某一变量值能够被另一个变量或若干个变量（因素）的值按一定的规律唯一地确定，则该变量就可以称之为确定性变量。例如，在销售价格 $P$ 为一定的条件下，某商品的销售额 $Y$ 的变动完全由销售量 $X$ 所确定，$Y$ 就成为确定性变量。所谓随机变量，其数值的变动受多种因素的影响，在相同条件下进行观测，由于影响因素的作用不同，其可能的实现值（或观测值）也不止一个，数值的大小随机波动，带有偶然性，事前无法确定。例如，除了某种不正常的、起决定性的因素外，还有许多因素影响某电器企业生产的同一批次灯泡的质量。如果抽取一部分灯泡进行检验，这些灯泡的寿命值不尽相同，数值的大小带有偶然性的波动，检验前是不能预先确定的，则灯泡寿命就是随机变量。随机变量具有随机性或偶然性，但它的数值变动有一定的规律性，通过大量观察，应用统计技术方法，可以揭示和描述其数量特征以及变动的规律性。

## 三、统计指标与统计指标体系

### （一）统计指标

1. 统计指标的概念

统计指标（statistical indicator）是反映社会经济现象总体的数量特征的名称和具体数值。与标志不同，它是依附于统计总体的。例如，国内生产总值、人口数目、土地面积、工农业产品产量、工农业总产值、成本、利润等概念，用于反映一定统计总体的数量特征时就是统计指标。

一个完整的统计指标应该由两部分构成，即指标名称和指标数值。指标名称是统计所研究的社会经济现象的科学概念，表明社会经济现象质的规定，反映某一社会现象内容所属的范围；指标数值则是统计所研究的社会经济现象的某一具体的数量特征，是对社会经济现象总体的某一特征从数量上加以说明。统计指标名称及其指标数值的有机结合，也就是事物质的规定性和量的规定性有机联系的表现。比如，经统计调查得知某县的乡办企业固定资产原值为 9.2 亿元，这就是指标，是说明总体综合数量特征的，它包括指标名称“固定资产原值”和指标数值“9.2 亿元”两个方面。

统计指标一般包含有六个要素，即指标名称、计量单位、核算方法、时间限制、空间限制、具体指标数值等。例如，我国 2012 年国内生产总值为 471 564 亿元，该统计指标就包含上述六个要素。从事统计指标的理论设计主要是制定和规范前 3 个要素；而从事具体的统计调查和数据搜集工作，则是准确核算后 3 个要素，这也是具体统计工作所要承担的繁重任务。

2. 统计指标的特点

根据统计指标的定义对其略加分析，可知统计指标具有以下三个特点：

（1）数量性。统计指标反映的是现象总体的数量特征，因此都可以用数字来表现。凡是能够用统计指标来表述的现象，其前提条件必须是可以计量的，包括计量数值和计量单位。

（2）综合性。统计指标是反映总体的综合数量特征的；即通过将总体各单位的数量差异抽象概括，反映现象总体的综合数量特征。

（3）具体性。任何统计指标都是统计总体在一定时间、空间条件下数量特征的具体表现，并不是抽象的概念和数字，它是客观存在事实的真实反映。

3. 统计指标的分类

（1）统计指标按其所反映的总体内容的不同，可分为数量指标和质量指标。

数量指标是反映总体的状态、水平、规模等数量表现特征的指标，如工业企业单位数、职工人数、产品产量、工资总额等。质量指标是反映总体内部之间或总体与总体之间数量关系特征的指标，如企业职工的平均工资、劳动生产率、出勤率、人口密度等。表 1-1 是数量指标与质量指标之间的特征比较。

表 1-1　数量指标与质量指标之间的特征比较

| 分　类 | 概　念 | 特　征 | 关　系 |
|---|---|---|---|
| 数量指标 | 反映总体数量表现（水平或规模）的指标，又称为总量指标 | （1）一般通过数量标志值直接汇总得到；<br>（2）用绝对数表示，指标值均有计量单位 | 数量指标是计算质量指标的基础；质量指标是数量指标对比的结果 |
| 质量指标 | 反映总体数量关系（发展的相对水平或工作质量）的指标 | （1）通常由两个总量指标对比派生得到的，反映现象内在的联系或比例关系；<br>（2）用相对数或平均数表示 | |

（2）按指标表现的形式不同，分为总量指标（绝对数）、相对指标（相对数）、平均指标（平均数）三种。

总量指标即绝对数指标，是说明总体现象的广度的，它表明总体现象发展的结果。它可以反映一个国家国情国力的基本情况，是制定政策、编制计划的基本数据，如人口数、土地面积、钢铁产量、国民收入等数量指标。相对指标是两个有联系的总量指标相比较的结果。

例如，用总体的部分数值和总体的全部数值相比较说明总体的结构等；用人口数与国土面积之比说明人口密度的指标。平均指标是按某个数量标志说明总体单位一般水平的统计指标。例如，平均成本、平均工资等。

4. 统计指标与统计标志的联系和区别

统计指标与统计标志的区别主要表现在：（1）反应的对象不同。标志是反映总体单位属性的，一般不具有综合性；指标是反映总体的综合数量特征的，具有综合性。（2）表述形式不同。统计指标分为数量指标和质量指标，它们都是可以用数量来表示的；而标志分为数量标志和品质标志，不是都可以用数量表示的，品质标志只能用文字表示。

两者的联系主要表现为：（1）具有对应关系。在统计研究中，多数标志与统计指标名称往往是同一概念，具有相互对应关系。因此，标志就成为统计指标的核算基础。（2）具有汇总关系。许多统计指标的数值是由总体单位的数量标志值汇总而来的。如某地区工业总产值就是该地区各企业总产值相加之和，这里，地区工业总产值就是统计指标，而各企业总产值则是标志。（3）具有变换关系。由于统计研究的目的不同，统计总体和总体单位具有相对性。与之相伴随的统计指标和数量标志也不是严格确定的。随着研究目的的变化，原有的总体转变为总体单位，相应的统计指标也就成为数量标志，反之亦然。

### （二）统计指标体系

1. 统计指标体系的含义和作用

指标体系有广义和狭义之分。广义的统计指标体系（system of statistical indicator），是指由若干个既相互独立又相互联系的统计指标所组成的指标集合。狭义的指标体系则是指若干个既相互独立、又相互联系，且能用数学关系式表达其相互关系的统计指标所组成的指标集合。

社会经济现象错综复杂，各种现象之间相互联系、相互制约，而每一个统计指标只能反映总体现象的一个侧面，若要了解和研究总体现象的多方面及其发展变化的全过程，当然会涉及许许多多的统计指标。因此，由若干个既相互独立又相互联系的统计指标组成的有机整体就称为统计指标体系。它们从不同方面反映总体现象的状况和发展变化，以满足人们认识世界和改造世界的需要。

社会经济现象本身的联系多种多样，所以统计指标之间的联系也是多种多样的。宏观的、微观的社会经济现象都可以建立起各种各样的指标体系。例如，国民经济统计指标体系，包括社会发展客观条件以及社会生产、生活的主要现象和过程的一系列指标。为了从不同角度反映和研究社会经济各部门的发展规模和水平，就有了产值指标体系，包括社会总产值、工农业总产值、国民收入、国民生产总值等。例如，工业企业是在一定生产经营主体的组织下，由资本金、劳力、物资、技术、设备、生产、供应、销售等相互联系的整体活动。为了反映企业生产经营的全貌，就可设立产量、产值、品种、质量、职工人数、劳动生产率、工资总额、原材料、设备、财务成本等指标形成指标群，构成工业企业的统计指标体系；而固定资金、流动资金、生产费用、产品成本、销售利润又构成企业财务指标体系；等等。

2. 指标体系的表示形式

狭义的指标体系反映的是被研究现象之间的一种依存关系。被研究现象的联系是多种多样的，指标体系的表现形式也具有多元化。但从指标数值、数量依存关系的角度出发，狭义的指标体系一般可用以下两种数学形式表示：

（1）指标体系数值＝各个相关指标数值之和。如：

增加值＝固定资产折旧＋劳动者报酬＋生产税净额＋营业盈余

某产品制造成本＝原材料消耗＋人工费用消耗＋制造费用支出

（2）指标体系数值＝各个相关指标数值之积。如：

商品销售额＝商品价格×商品销售量

国民收入＝劳动消耗量×按社会总产值计算的劳动生产率×国民收入占社会总值比重

3. 统计指标体系的种类

统计指标体系大体上可分为基本统计指标体系和专题统计指标体系两大类。

基本统计指标体系是反映国民经济和社会发展及其各个组成部分的基本情况的指标体系。它可以分为三个层次：（1）最高层次是反映整个国民经济和社会发展的统计指标体系，它是最主要的统计指标体系。以它为中心可形成一个纵横交错、既有分工又有联系的统计指标体系的巨大系统。（2）中间层次则是各个地区和各个部门的统计指标体系，这可以理解为最高层次统计指标体系的横向分支和纵向分支。（3）最后是基层统计指标体系，它是指各种企业和事业单位的统计指标体系。

专题统计指标体系是为某一个经济或社会问题而制定的统计指标体系。如投资经济效益统计指标体系、人民物质文化生活水平统计指标体系等。统计指标体系随社会经济的发展变化而变化，但是，统计指标体系一经制定，就要力求保持相对稳定，以便积累历史资料，进行系统的比较分析。

## 【本章小结】

“统计”的基本含义包括：统计工作、统计数据和统计学。统计工作即统计实践，是指为了研究客观事物的数量特征而进行调查研究的认识活动。统计数据即统计资料，是指在统计工作过程中所取得的各项数据资料以及与之相关的其他资料的总称。统计学即统计理论，是“收集和分析数据的科学和艺术”。统计的三种含义之间存在着密切的联系。统计工作和统计数据是统计活动和统计成果的关系，统计学和统计工作是理论和实践的关系。

统计学的研究对象是客观事物总体的数量特征（数量表现和数量关系），具有数量性、总体性、具体性、社会性和差异性等特点。

统计研究的基本方法有大量观察法、统计分组法、综合分析法、统计模型法和归纳推断法。

统计研究的一般过程是：统计设计、统计调查、统计整理、统计分析与预测。

统计具有信息职能、咨询职能、监督职能和辅助决策职能。

统计学的基本概念包括：统计总体和总体单位；标志和变量；统计指标和指标体系等。对这些概念必须辩证地理解，根据具体的研究任务和对象加以确定。在统计研究中，必须注意区分连续变量和离散变量、确定性变量与随机性变量，根据具体研究任务和条件加以处理。

【本章案例】

## 2020年湖南省国民经济和社会发展统计公报（节选）

一、综　合

根据地区生产总值统一核算结果，全年地区生产总值41 781.5亿元，比上年增长3.8%。其中，第一产业增加值4 240.4亿元，增长3.7%；第二产业增加值15 937.7亿元，增长4.7%；第三产业增加值21 603.4亿元，增长2.9%。

三次产业结构为10.2∶38.1∶51.7。第二、第三产业增加值占地区生产总值的比重分别比上年下降0.5和0.6个百分点，工业增加值增长4.6%，占地区生产总值的比重为29.6%；高新技术产业增加值增长10.1%，占地区生产总值的比重为23.5%；战略性新兴产业增加值增长10.2%，占地区生产总值的比重为10.0%。第一、二、三产业对经济增长的贡献率分别为8.1%、53.9%和38.0%。其中，工业增加值对经济增长的贡献率为43.9%，生产性服务业增加值对经济增长的贡献率为24.0%，分别比上年提高4.6和0.2个百分点。

二、农　业

全年农林牧渔业总产值7 512.0亿元，增长4.1%。其中，农业产值3 364.8亿元，增长4.1%；林业产值428.0亿元，增长8.3%；牧业产值2 721.6亿元，增长2.5%；渔业产值477.5亿元，增长4.3%。

全年粮食种植面积4 754.8千公顷，比上年增加138.4千公顷，增长3.0%。其中，夏粮面积106.3千公顷，增加3.9千公顷，增长3.8%；早稻面积1 225.7千公顷，增加131.1千公顷，增长12.0%；秋粮面积3 422.7千公顷，增加3.4千公顷，增长0.1%。秋粮面积中，中稻及一季晚稻面积1 476.1千公顷，减少126千公顷，下降7.9%；双季晚稻面积1 292.0千公顷，增加133.5千公顷，增长11.5%。全年粮食产量3 015.1万吨，比上年增加40.3万吨，增产1.4%。其中，夏粮产量43.1万吨，增加1.8万吨，增产4.3%；早稻产量718.7万吨，增加57.3万吨，增产8.7%；秋粮产量2 253.3万吨，减少18.8万吨，减产0.8%。

全年棉花种植面积59.5千公顷，比上年下降5.6%；糖料种植面积7.6千公顷，增长2.3%；油料种植面积1 453.5千公顷，增长6.4%；蔬菜及食用菌种植面积1 355.0千公顷，增长3.2%。棉花产量7.4万吨，减产9.0%；油料260.7万吨，增产9.0%；烤烟18.3万吨，减产0.1%；茶叶25.0万吨，增产7.1%；蔬菜及食用菌4 110.1万吨，增产3.5%。

全年猪、牛、羊、禽肉类总产量452.5万吨，比上年减产0.9%。其中，猪肉产量337.7万吨，减产3.1%；牛肉产量20.5万吨，增产7.9%；羊肉产量16.1万吨，增产1.3%；禽肉产量78.2万吨，增产6.5%。年末生猪存栏3 734.6万头，比上年年末增长38.4%，其中，能繁母猪存栏351.6万头，增长41.7%；牛存栏438.1万头，增长6.7%；羊存栏761.2万只，增长6.9%；家禽存笼37 688.5万羽，增长3.7%。全年生猪出栏4 658.9万头，比上年下降3.2%；牛出栏174.6万头，增长7.4%；羊出栏983.3万只，增长1.2%；家禽出笼54 403.6万羽，增长6.6%。禽蛋产量118.8万吨，增产3.6%；牛奶产量5.6万吨，减产11.1%；水产品产量258.9万吨，增产1.8%。

全年新增农田有效灌溉面积31.6千公顷，新增节水灌溉面积40.3千公顷；开工各类水利工程 7.7 万处，投入资金 269.5 亿元，完成水利工程土石方 10.6 亿立方米；提质改造农村公路 4 598 千米。

三、工业和建筑业（公报后续内容略）

案例来源：湖南省统计局。

●案例问题

1. 统计工作的基本任务是什么？
2. 本案例中在湖南省国民经济和社会发展的分析指标体系中，包含了哪些具体指标？
3. 本案例涉及哪些离散型变量和连续型变量？
4. 参照本案例，通过寒暑假调研，试撰写一份某地区经济社会发展情况统计报告。

## ✎ 思考与练习题

### 一、单项选择题

1. 统计有三种含义，其基础含义是（　　）。
   A. 统计学　　B. 统计活动　　C. 统计方法　　D. 统计资料
2. 社会经济统计具有（　　）的特点。
   A. 数量性、大量性、综合性、具体性　　B. 数量性、总体性、具体性、社会性
   C. 数量性、总体性、随机性、社会性　　D. 数量性、综合性、总体性、具体性
3. 一个统计总体（　　）。
   A. 只能有一个标志　　B. 只能有一个指标
   C. 可以有多个标志　　D. 可以有多个指标
4. 以某市全部中学生作为统计总体，则总体单位是该市（　　）。
   A. 每一所中学　　B. 每一所中学的全体学生
   C. 每一名中学生　　D. 全体中学生
5. 某班学生数学考试成绩分别为 65 分、71 分、80 分和 87 分，这四个数字是（　　）。
   A. 指标　　B. 标志　　C. 变量　　D. 标志值
6. 工人的劳动生产率是（　　）。
   A. 品质标志　　B. 数量标志　　C. 质量指标　　D. 数量指标
7. 下列属于质量指标的是（　　）。
   A. 产品的产量　　B. 产品的出口额
   C. 产品的合格品数量　　D. 产品的平均价格
8. 下列属于数量指标的是（　　）。
   A. 某地区出生人口数　　B. 某工厂产量计划完成程度
   C. 某单位职工出勤率　　D. 某作物的亩产量
9. 统计规律性主要是通过运用下述哪种方法经整理、分析后得出的结论（　　）。
   A. 统计分组法　　B. 大量观察法
   C. 综合指标法　　D. 统计推断法

10. 对某班级学生的生活状况进行统计调查，则下列标志中属于不变标志的是（　　）。

A. 年龄　　B. 学习成绩　　C. 专业　　D. 个人爱好

11. 属于离散型变量的是（　　）。

A. 职工的工资　　B. 商品的价格

C. 粮食的亩产量　　D. 汽车的产量

12. 标志的具体表现是指（　　）。

A. 标志名称之后所列示的属性或数值　　B. 如性别

C. 标志名称之后所列示的属性　　D. 标志名称之后所列示的数值

13.（　　）是统计的基础职能。

A. 管理职能　　B. 咨询职能　　C. 信息职能　　D. 监督职能

14. 构成统计总体的必要条件是（　　）。

A. 差异性　　B. 综合性　　C. 社会性　　D. 同质性

15. 指标是说明总体特征的，标志则是说明总体单位特征的，所以（　　）。

A. 指标和标志之间在一定条件下可以相互变换

B. 指标和标志都是可以用数值表示的

C. 指标和标志之间不存在关系

D. 指标和标志之间的关系是固定不变的

## 二、多项选择题

1. 统计工作的过程一般包括（　　）。

A. 统计设计阶段　　B. 统计调查阶段　　C. 统计整理阶段

D. 统计分析与预测阶段　　E. 统计决策阶段

2. 统计研究的基本方法包括下述几种（　　）。

A. 大量观察法　　B. 重点调查法　　C. 统计分组法

D. 因素分析法　　E. 综合指标法

3. 品质标志包括（　　）。

A. 居民的民族　　B. 企业的经济类型　　C. 职工人数

D. 工程技术人员职称　　E. 商品的数量

4. 统计指标的两个组成部分是（　　）。

A. 统计指标的时间　　B. 统计指标的空间　　C. 统计指标的数值

D. 统计指标的名称　　E. 统计指标的计量单位

5. 品质标志和数量标志的区别是（　　）。

A. 数量标志可以用数值表示　　B. 品质标志可以用数值表示

C. 数量标志不可以用数值表示　　D. 品质标志不可以用数值表示

E. 数量标志只能用数值表示，品质标志只能用文字或符号表示。

6. 下列属于数量标志的有（　　）。

A. 性别　　B. 工种　　C. 工资

D. 民族　　E. 年龄

7. 连续变量包括（　　）。

A. 企业数　　B. 身高　　C. 钢产量

D. 播种面积　　E. 国内生产总值

8. 在某市个体劳动者统计总体中（　　）。

A. 该市全部个体劳动者人数是统计指标

B. 每一位个体劳动者是总体单位

C. 每一位个体劳动者的资产额是品质标志

D. 每一位个体劳动者的营业收入是离散变量

E. 个体劳动者中男性人数也是统计指标

## 三、判断题

1. 统计学是一门研究现象总体数量方面的方法论科学，所以它不关心、也不考虑个别现象的数量特征。（　　）

2. 三个同学的成绩不同，因此存在三个变量。（　　）

3. 统计数字的具体性是统计学区别于数学的根本标志。（　　）

4. 统计指标体系是许多指标集合的总称。（　　）

5. 一般而言，指标总是依附在总体上，而总体单位则是标志的直接承担者。（　　）

6. 大量观察法，是指必须对研究对象的所有单位进行观察调查。（　　）

7. 统计总体具有大量性、同质性和差异性三个基本特征。（　　）

8. 质量指标是反映总体质量的特征，因此可以用文字来表述。（　　）

9. 数量指标由数量标志值汇总而来，质量指标由品质标志值汇总而来。（　　）

10. 指标与标志一样，都由名称和数值两部分组成。（　　）

## 四、简答题

1. 简述统计工作、统计资料和统计学之间的关系。

2. 简述统计学研究对象及特点。

3. 什么是统计总体和总体单位？举例说明。

4. 什么是统计指标？指标分为哪几种？

5. 指标与标志的区别与联系是什么？

6. 简述质量指标与数量指标之间的联系与区别。

第二章

# 统计调查

重点与难点提示

本章着重讲授统计调查的基本概念和基本问题。学习时要重点理解和掌握：
1. 统计调查的概念、基本要求与基本分类形式；
2. 统计调查的各种具体组织形式；
3. 统计调查方案设计的基本内容。
其中，把握统计调查分类组织形式的特点及其应用是本章学习的难点。

## 第一节 统计调查概述

### 一、统计调查的概念与基本要求

#### （一）统计调查的概念

统计调查是按照统计研究的目的和任务，运用科学的调查方法，有计划、有组织地向客观实际搜集统计数据的过程。

从统计工作的全过程来看，统计调查是搜集统计数据（statistical data）从而获得感性认识的阶段。它既是对现象总体认识的开始，也是对其进行数据整理和分析的基础环节。统计调查的基本任务是，按照所确定的指标体系，通过深入具体的调查，取得反映社会经济现象总体全部或部分单位的以数字资料为主体的调查信息。这些调查信息是总体各单位有关标志的标志表现，是尚待整理、缺乏系统化的原始资料。可以认为，搜集大量的、以数字资料为主体的信息是统计调查不同于一般社会调查的主要特征。

统计调查所涉及的资料有两种：一种是直接向调查单位搜集的未经加工、整理的资料，一般称为原始资料；另一种是根据研究目的，搜集经初步加工、整理的能够在一定程度上说明总体现象特征的资料，一般称为次级资料，也称第二手资料。统计调查一般指的是对原始资料的搜集，并将其加工、整理、汇总，使其成为从个体特征过渡到总体特征的资料，但有时也包括对次级资料的搜集。

统计工作中的统计设计、统计调查、统计整理、统计分析等环节是密切联系的，统计调查是整个统计工作的基础环节。如果调查工作做不好，得到的资料残缺不全或有错误，就会影响整个统计工作。

### （二）统计调查的基本要求

1. 准确性

准确性就是如实反映客观实际，这是保证统计资料质量的首要环节，如果调查资料不真实，必然给统计的后续各阶段工作带来不良影响。

统计调查资料的准确性绝不仅仅是一个技术性问题，而是涉及坚持统计制度和纪律、坚持实事求是、求真务实地反映情况的原则性问题。在我国，统计立法的核心就是保障统计资料的准确性、客观性和科学性。国家机关、社会团体、各种企事业组织和个体工商户，都要依照《中华人民共和国统计法》（以下简称《统计法》）和国家的规定，提供统计资料，不允许浮夸瞒报、拒报、迟报，不允许伪造、篡改统计资料。基层群众性组织和公民都有义务如实提供国家统计调查所需要的情况。统计工作人员一定要有对事业高度负责的精神，如实反映情况。坚决反对以违法手段来破坏调查资料的准确性，要把维护统计资料真实性作为自己的光荣职责。

2. 及时性

及时性也称时效性，即要求按规定的时间，尽快提供调查资料，如果调查资料搜集不及时，就会贻误统计整理与分析的时间，失去应有的作用。另外，资料本身所代表的时间应是当期或近期，过期的资料也视为不符合及时性要求。

统计资料的及时性也是一个全局性的问题。一项统计工作任务的完成，是许多单位共同努力的结果，任何一个调查单位不按规定的时间提供资料，都会影响全面的综合工作，贻误整个统计工作的开展。因此，提高统计调查的及时性不是个别单位工作所能实现的，必须是各个调查单位共同增强全局观念，采取有效措施，遵守统计制度和纪律，才能做好的一项工作。

3. 完整性

它是指调查单位不重复、不遗漏，所列调查项目的资料搜集齐全。若调查资料残缺不全，就不可能正确反映对象的全貌和正确认识社会经济现象总体的特征，最终也就难以对社会经济现象的规律性做出明确的判断，甚至可能得出错误的结论。

统计工作的各个环节是紧密衔接、相互依存的。作为统计工作的基础环节，统计调查所得到的原始资料的质量直接影响到最终成果的质量。搜集来的资料好比构成未来统计大厦的基础，为使大厦坚实牢固，基础必须是坚实而高质量的。如果在搜集原始资料时出现差错，又不能及时加以更正，那么以后无论怎样认真地去整理这些资料，这些纰漏都将影响最后结论的正确性和可靠性。只有统计调查中的准确性、及时性和完整性相互结合，使统计调查达到准确性、及时性和完整性的统一，才能达到统计调查工作的基本要求。

## 二、统计调查的作用

1. 统计调查是人们认识社会的重要方式

统计是认识社会的有力武器，而向社会做调查是正确认识社会的基本方式。人的认识是由社会存在所决定的，离开了社会实践，离开了对实际情况的调查，人的认识也就成了无源之水、无本之木，也就绝不会得到正确的结论。例如，市场经济条件下的企业，各种经营活动均围绕市场进行。在企业向市场进军的过程中，统计凭借自己的功能优势开展调查，不但可以研究企业自身的优势和弱点，还能从竞争需要出发，经常收集竞争对手的发展态势，掌握竞争对手的威力，使企业知己知彼，不断修正自己的竞争策略。因此，统计调查成了企业占有和扩大商品世界的重要渠道。

2. 统计调查是统计工作的基础环节

因为一切的统计整理和统计分析都是在原始资料搜集的基础上建立起来的。统计工作的各个环节是紧密衔接、相互依存的。如果调查搞得不好，搜集到的数据不准确、不及时或残缺不全，则根据这种数据进行整理和分析的结果，必定不能如实反映客观事物的真相，甚至还会得出相反的结论。因此，统计调查在整个统计工作中有十分重要的地位。

3. 统计调查的理论和方法在统计学原理中占有重要地位

统计调查的理论和方法包括统计调查的意义、原则、要求、种类和调查方法的特点、应用条件以及多种调查方法的结合运用等，这构成了统计学原理的基础部分，它是和整个统计理论观点相一致的。由于统计工作过程各个环节的衔接性，以及统计调查在统计工作中的重要作用，统计调查的理论和方法在统计学原理中也占有重要地位。

## 第二节　统计调查的分类与组织形式

### 一、统计调查的分类

根据不同的调查目的和调查对象的特点,以选择合适的调查方法是统计调查的重要问题。

#### （一）全面调查和非全面调查

统计调查按被研究总体的范围分为全面调查和非全面调查,这是统计调查最基本的分类。

全面调查，就是对构成调查对象总体的所有个体逐个进行调查登记的一种调查方法，如工业普查、第三产业普查。非全面调查，就是对构成调查对象总体的一部分个体进行调查的一种方法，如农村住房户调查、大学生生活情况的抽样检查等。

全面调查和非全面调查的划分，是以调查对象所包括的范围来衡量的，并不是从取得的资料来说的。当然，全面调查取得的资料必定是全部单位的资料。但非全面调查，也是为了取得反映总体的资料，或是为了取得反映总体基本情况的资料；所不同的只是从总体中只选择了部分单位进行登记,根据选择总体单位的方法不同,非全面调查又有不同的方式或种类。在实际工作中，对某一项调查，究竟采用全面调查还是非全面调查，要根据研究问题的目的和可能的客观条件来确定。

#### （二）经常性调查和一次性调查

统计调查按调查登记的时间是否连续分为经常性调查和一次性调查。

经常性调查，是指随着调查对象情况的变化、连续不断地进行调查登记，以了解事物在一定时期内发生、发展的全过程。如产品产量调查、人口的出生与死亡情况调查等。经常性调查对统计人员要求较高，统计人员不但要懂统计业务，而且必须人员稳定。如果调查人员不稳定，造成统计登记中断，数据的质量就得不到保证。

一次性调查，是指间隔一段较长的时间（定期或不定期）对事物的变化进行一次调查，用以了解事物在一定时点上的状态。普查、重点调查、典型调查一般都是一次性调查。例如，物资库存情况调查、固定资产总值调查、生产设备数量调查等，一般都是每隔几年组织一次普查或重点调查。

### （三）统计报表和专门调查

统计调查按调查的组织形式不同可分为统计报表和专门调查。

统计报表，是指为了定期取得系统、全面的基本统计资料，按照一定的表式和要求，统一布置、自下而上地搜集统计资料的一种方法。这一类的报表大都以定期统计调查制度的形式出现，如农业统计调查制度、工业交通运输统计调查制度等。

专门调查，主要是指为了研究某些特定问题而专门组织的一次性调查。专门调查有普查、重点调查、典型调查、抽样调查等。

### （四）其他搜集数据的调查方法

统计调查按搜集数据的方法分为直接观察法、报告法、采访法、登记法、问卷调查法、互联网调查法和实验设计法等。

#### 1. 直接观察法

直接观察法（direct observation method）是指由调查人员深入到现场对调查对象进行观测和计量以取得资料的一种调查方法，如对商品库存的盘点、对粮食产量的实地测产等。这种方法的优点是能够保证统计资料的准确性，但需要大量的人力、物力，这使它的应用受到很大的限制。

#### 2. 报告法

报告法（reporting method）是企事业单位以各种原始记录和核算凭证为调查资料来源，依据统一的表格形式和要求，按照隶属关系，逐级向有关部门提供资料的方法，这种方法又称凭证法。我国现有的国有企事业单位所填写的统计报表就是这种方法。如果报告系统健全，原始记录和核算工作完整，凭证法也可以取得比较准确的资料。

#### 3. 采访法

采访法（gathering method）是根据被调查者的答复搜集统计资料的方法。这种方法又可分为口头询问法和被调查者填表法。口头询问法通常是由统计机关派人按照调查项目的要求向被调查者搜集资料的一种方法，故又叫派员法。被调查者填表法，就是由调查人员将调查表交给被调查者，由被调查者根据要求填写调查表的一种方法，如市场消费品调查等。采访形式多种多样，可以是面对面的直接调查，也可以是通过电话、网络进行的调查。

#### 4. 登记法

登记法是由有关的组织机构发出通告，规定当事人在某事发生后到该机构进行登记，填写所需登记材料的方法。例如，人口的出生和死亡的统计及流动人口的统计就是采用规定当事人到公安机构登记的方法。

5. 问卷调查法

问卷调查法是为了特定的目的，以问卷形式发给被调查者，由被调查者自愿回答的一种采集资料的方法。它通常是在初步分析调查对象的基础上，从调查对象总体中随机地或有意识地选择若干调查单位，向其发出问卷，要求被调查者在规定的时间内以不记名（或记名）方式反馈统计信息，以形成对调查对象总体的认识。要科学地进行问卷调查，必须精心设计，保证问题简明扼要。在工作的实施上，要尽量防止回答率和答案质量不高的问题。

6. 互联网调查法

互联网调查法是借助于各种网络技术提供的各种工具，搜集传输有关数据资料的一种方法。目前，互联网调查法已显现出互联网数据传输的及时性、信息形式的多样性、信息发布范围的广泛性等许多优点。

7. 卫星遥感法

卫星遥感法是一种使用卫星高度分辨辐射提供地面资料的方法，主要用来估计我国农作物的产量。这种方法覆盖面广，一般是三条轨道绿度资料就可以覆盖我国北方 11 个省、自治区、直辖市的 2 000 多万公顷的小麦产区。

8. 实验设计法

实验（experiment）设计法是用于搜集测试某一新产品、新工艺或新方法使用效果的资料的方法。进行实验设计时，往往通过分组进行对照实验，并在实验中采集数据。在分组中，实验对象的分配、实验次序的安排应遵循随机原则。

随着现代信息技术的发展，计算机、网络、光电技术、卫星遥感、地理信息系统等高新技术已经或正在被广泛地引入到统计调查领域中。要进行一项统计调查，原始资料的搜集并不仅仅局限于某一种方法，可根据调查目的与被调查对象的具体特点结合使用各种方法。

## 二、统计调查的组织形式

### （一）统计报表

1. 统计报表的概念和种类

统计报表（statistical statements）是以一定的原始记录为依据，按照统一的表式、调查项目，统一的报送时间、报送程序，自下而上地逐级提供基本统计资料的一种调查方式。

统计报表的主要特点是：首先，统计报表的资料来源是建立在基层单位的各种原始记录的基础上，基层单位也可利用其资料对生产、经营活动进行监督管理；其次，由于统计报表是逐级上报和汇总的，各级领导部门能获得管辖范围内的报表资料，了解本地区、本部门的经济和社会发展情况；再次，由于统计报表属于经常性调查，调查项目相对稳定，有利于积累资料，并且可进行动态对比分析。

统计报表按其性质和内容不同，分为基本统计报表和专业统计报表。基本统计报表由国家统计部门制发，在全国范围内执行，用来搜集整个国民经济与社会发展的基本资料；专业统计报表由各业务主管部门为适应本部门业务管理的需要而制订，主要用来搜集本部门系统内的统计资料。

统计报表按填报单位不同，分为基层报表和综合报表。基层报表主要由基层企事业单位填报，它是统计调查的基础资料；综合报表是指由主管部门根据基层报表逐级汇总填报的统计报表。

统计报表按实施范围不同，分为国家、部门和地方统计报表。国家统计报表在全国范围内的各行各业实施，主要用来搜集整个国民经济和社会发展情况的统计资料；部门统计报表的实施范围限于各业务主管部门系统内，一般用来搜集各级主管部门所需的专业统计资料；地方统计报表的实施范围是各省、市、自治区，主要用来满足地方政府需要。

统计报表按调查范围不同，分为全面调查的统计报表和非全面调查的统计报表。全面调查的统计报表的范围是调查对象的全部单位均要填报；非全面调查的统计报表的范围只是调查对象中的部分单位填报。

统计报表按报送周期不同，分为日报、旬报、月报、季报、半年报和年报。

统计报表按报送方式不同，分为邮寄报表和电讯报表。

2. 统计报表制度

统计报表制度是企业、事业、行政单位，各级政府统计机构和各业务主管部门，依照《统计法》的规定向国家提供统计资料的一种统计制度。统计报表制度由基层表和各专业综合表两部分组成。主要包括：表种、实施范围、统计标准、统计调查方法、报表目录、表式、填表说明等。

为提高统计报表质量，首先，统计报表的制定要遵循适用与精简的原则，也就是说，必须把统计报表指标内容、分类、表式的确定建立在调查研究的基础上，既能满足统计任务的要求，适应经济建设需要，又要力求简明扼要，切实可行；其次，统计报表的制发，只能由统计部门或业务部门的综合统计机构统一组织，严禁滥发报表，避免各搞一套；再次，基层统计报表应逐步做到统一、配套，经过严格的审核程序颁发执行，并保持相对稳定；最后，对已审批的统计报表必须严格执行，要严肃填报纪律，凡统计报表中的有关规定，各填报单位不得擅自更改，应如实填写，不得弄虚作假。

3. 统计报表（制度）的应用

统计报表是我国定期取得统计数据的主要组织形式。利用这种调查方式搜集资料可以反映社会经济的基本情况，但是统计报表涉及面广，工作繁重，费时费力，指标比较简单，一般只能反映结果，不能反映事物发展的具体情况，以及事物变化的根本原因。

## （二）普　查

1. 普查的概念

普查（census）是根据统计的特定任务而专门组织的一次性全面调查。

普查有两个主要特点：第一，普查是一次性调查，其主要用来调查属于一定时点上的社会经济现象的总量；如全国人口普查、生产设备普查、第三产业普查等。第二，普查是专门组织的全面调查。其主要用来全面、系统地掌握重要的国情国力方面的统计资料；如经济普查、农业普查、工业普查等。

普查有两种组织方式：一是通过专门的普查机构来进行；二是利用企事业单位日常核算和报表资料来进行核实填报。普查是一种不可缺少的调查方式，它的主要目的是为党和国家决定重大方针政策和制定社会经济发展的长远规划，提供有关人力、物力资源的现状和利用情况的全面资料。

2. 普查的原则

普查是一次性全面调查，多在全国或很大范围内进行，涉及面广，工作量大，调查内容要求高，时效性强，通常需要动员和组织较多的人力、物力、财力。为获得准确、及时、完整的资料，普查时必须遵循以下四项原则：

（1）标准时间原则。标准时间就是指全体普查人员在对调查对象进行登记时，所依据的统一时刻。它的作用是使所有的资料都是反映同一时点上的情况，以避免登记的重复或遗漏。标准时点的选择，要根据研究任务、对象性质和实际条件来决定。

（2）短期完成原则。在普查范围内各调查单位应尽可能同时进行调查，并尽可能在最短期限内完成，以便在方法、步调上取得一致，保证调查资料的真实性。

（3）项目统一原则。调查项目一经统一规定，不能任意改变或增减，以免影响汇总综合，降低资料质量。同一种普查，再次进行时，项目的规定也应力求一致。

（4）周期调查原则。为了方便普查资料的对比分析，最好定期普查。我国现有的国家普查项目：① 人口普查每 10 年进行一次，逢 0 年份进行；② 农业普查每 10 年进行一次，逢 6 年份进行；③ 第三产业普查、工业普查和基本单位普查合并，再加上建筑业，共四项工作一起进行，统称为经济普查。在 2004 年进行了第一次全国经济普查。全国经济普查每 10 年进行两次，分别在逢 3、逢 8 的年份实施，这与国家编制五年计划的衔接更加紧密。

3. 普查的应用

普查可以提供反映国情国力的全面准确的统计数据，可以为党和国家制订重大方针政策以及国民经济长远规划提供必要的依据。但普查费时费力，只能作为定期报表的必要补充，不能代替定期报表。

### （三）重点调查

1. 重点调查的概念与特点

重点调查（major unit investigation）就是指在调查对象中，只选择重点单位搜集统计资料的一种非全面调查。所谓重点单位，是指其单位数目在全部单位中虽只是一部分，但其标志值在总体标志总量中占有绝大比重的单位。通过对这部分重点单位的调查，可以从数量上说明整个总体在该标志总量方面的基本情况。例如，选择鞍钢、宝钢、武钢、太钢、包钢等几个钢铁企业进行调查，能及时地了解到全国钢铁生产的基本情况，因为这些企业的年钢铁产量占全部钢铁企业年总产量的绝大比重，可以满足调查任务需要的资料。

可见，重点调查中的重点单位并非战略目标的重点，也不是建设项目、重点工程的单位，而是从现象数量方面考虑的。重点调查时由于调查单位少，因此比全面调查省事、省力，能用较少的代价及时地搜集到总体的基本情况。重点调查的重点单位，虽然不完全等于工作重点，但这些单位的基本情况对全局工作的影响有举足轻重的作用。因此，重点调查对于领导及时了解情况、指导全局工作具有重要作用。

重点调查的主要特点如下：

（1）调查单位少，省时省力，能够用较少的代价及时收集到总体的基本情况；

（2）重点单位的选择不带有主观因素，客观性强；

（3）重点调查的目的是反映现象总体的基本情况，但其终究是不能完全反映总体的，也不具有推断总体的条件。

#### 2. 重点单位的选择

组织重点调查的关键问题是确定重点单位，而重点单位的选择恰当与否严重影响着对总体的认识。在选择重点单位的时候，要注意以下几点：

（1）重点单位选多少，要根据调查任务确定。一般来说，选出的单位应尽可能少些，而其标志值在总体中所占的比重应尽可能大些。其基本标准是所选出的重点单位的标志值必须能够反映研究总体的基本情况。比如前例，鞍钢、宝钢、武钢、太钢、包钢等几个钢铁企业在全国钢铁企业中只是少数，但它们的年产量却占绝大比重，对这些企业进行调查，就可以比全面调查省时省力，又能反映全部现象的基本情况。

（2）选择重点单位时，要注意“重点”可以变动的情况，即要看到：一个单位在某一问题上是重点，而在另一问题上不一定是重点；在某一调查总体上是重点，在另一调查总体中不一定是重点；在这个时期是重点，在另一个时期不一定是重点。因此，对不同问题的重点调查，或同一问题不同时期的重点调查，要随着情况的变化而随时调整重点单位。

（3）选中的单位应是管理健全、统计基础工作较好的单位。

#### 3. 重点调查的应用

重点调查的目的是反映现象总体的基本情况。一般地说，当调查任务只要求掌握基本情况，而部分单位又能比较集中地反映所研究的项目和指标时，采用重点调查比较适宜。重点调查要求管理水平较高，统计基础工作好，调查资料的质量有保证，所以重点调查是社会经济效益较好的调查。特别是具有大量单位的总体，其中一些单位规模小，界限不清，对此重点调查更有其运用意义，即费力小，收效快。但是重点调查的资料只能反映主要情况，而不能代表全部总量，不能反映总体的全面情况。

### （四）典型调查

#### 1. 典型调查的概念和特点

典型调查（typical investigation）是根据调查的目的与任务，在对研究总体做全面分析后，有意识地从中选择少数具有代表性的单位进行深入调查研究的一种非全面调查。辩证唯物主义认为，就人类认识运动的秩序来说，总是由认识个别和特殊事物，逐步扩大到认识一般事物。所以从研究对象中，只要选择有代表性的典型单位，做深入细致的调查研究，了解事物的本质及其发展过程，就可以认识到同类事物的本质和规律性。典型调查是一种比较灵活的调查方式，它具有如下特点：

（1）调查单位是根据调查目的有意识地选择出来的少数具有代表性的单位，便于从典型入手，逐步扩大到认识事物的一般性和普遍性。

（2）典型调查比较细致，取得的资料可以用来研究事物发生和发展的过程及结果，并揭示事物发展变化的规律。

（3）典型调查灵活多样，既可以从现象的数量方面对现象间的数量关系进行分析，也可以从质量方面分析现象的质量关系。

（4）典型调查由于范围小，涉及的调查单位少，因而省时、省力。

2. 典型调查的作用

在统计工作中，典型调查既可作为统计搜集资料的一种调查方式，也可以作为分析研究问题和提出办法的一种工作方法。其主要作用表现在：

（1）典型调查可以用以研究新生事物。在社会主义现代化建设中，新生事物层出不穷。当新事物还处于萌芽状态时，采用典型调查方式，就能抓住苗头，认真地进行调查研究，探索它们的发展方向，总结经验，形成预见，加以推广。

（2）典型调查可以补充全面调查的不足。所谓“补充不足”有三个方面的含义，即：

① 可以利用典型调查方式搜集全面统计和其他非全面调查无法取得的统计资料；② 利用典型调查中生动具体的资料补充来完善统计报表和普查无法反映的详细情况，可以具体分析问题的来龙去脉；③ 利用典型调查资料，验证全面调查数字的真实性，以便有针对性地采取措施，提高统计数字质量。

（3）在一定条件下，可以利用典型调查资料，结合基本统计数字，估计总体指标数值。一般来说，典型调查的结果并不用来推算总体指标。但是，当总体单位差异程度不大且要及时掌握全面情况，而又不便采用其他调查方式取得全面资料时，则可利用典型调查资料进行估计。

3. 典型单位的选择

典型调查的首要问题就是典型单位的选择。典型调查的成功或失败，关键取决于典型单位选择的恰当性。因此在选择典型单位时，要注意：

（1）按照统计调查的目的和任务，选择典型单位的方法可以比较灵活，但必须是建立在对现象总体的全面分析的基础之上。

（2）划类选典。在统计调查工作中，为了近似估算总体的指标数值，可以在了解总体大致情况的基础上，先把总体分为若干类型，再从每一类型中按其在总体中所占比例的大小，选出若干典型单位进行调查。

（3）如果调查目的是了解总体的一般表现，则可以选取中等的典型作为调查单位。

（4）如果调查目的是总结成功的经验、找出失败的教训或者宣传各种榜样，则可以选择先进、后进或新生事物典型作为调查对象。

4. 典型调查的应用

典型调查可以及时反映各种新情况、新问题、新经验，可以深入了解情况，剖析问题实质，探讨解决问题的办法，还可以补充全面调查的不足，其调查范围小，省时省力。但典型调查的调查单位是有意识地选出来的，它更多地取决于调查者的主观判断与决策，从而调查资料与客观实际情况会有一些出入。

### （五）抽样调查

抽样调查（sampling investigation），也称抽样推断，是指按照随机原则从总体中抽选部分单位进行观察，并根据这部分单位的调查资料从数量方面推断总体指标的一种非全面调查。

抽样调查虽然是一种非全面调查，但是由于其具有显著的特点而被广泛应用。抽样调查的特点如下：

（1）误差小、代表性强、准确性高。由于样本是按随机原则选取的，因此能够保证被抽取的单位在总体中均匀分布，不至于出现倾向性误差。而且由于抽样调查是用严格的数理方法推断总体，因此推断的结果比较准确、可靠。

（2）经济性。由于调查的样本只是总体单位中的一部分，因此工作量小，费用低廉。

（3）及时性。抽样调查可以及时地获取所需的信息，时效性强。

一方面由于调查单位少，抽样调查可以收到省时省力的效果，而且观察项目可以更多更细，这是全面报表和普查所难以做到的；另一方面抽样调查严格遵守随机原则，并能在保证一定误差范围内推断全面数字，这又是典型调查和重点调查所做不到的。所以，它是目前公认的非全面调查中用部分推断全体的较为完善和较为准确的统计调查方法，应当得到广泛运用。

关于抽样调查，本书将在后面第七章专门讲述，在此从略。

### （六）各种调查方式的结合运用

以上不同的统计调查方式各有其特点和作用，在实际工作中，各种分类方法不是互相排斥的，而是相互交叉使用的。各种调查方式的特点可列表说明（表 2-1）。

表 2-1　各类统计调查方式的特点比较

| | 调查范围 | 调查时间 | 组织形式 |
|---|---|---|---|
| 统计报表 | 全面或非全面 | 经常性 | 报表制度 |
| 普　　查 | 全面 | 一次性 | 专门调查 |
| 重点调查 | 非全面 | 经常或一次 | 专门或报表 |
| 典型调查 | 非全面 | 一次性 | 专门调查 |
| 抽样调查 | 非全面 | 经常或一次 | 专门调查 |

在实际工作中，并非单用一种调查方式，而是多种方式结合运用。这是因为：（1）国民经济和社会发展情况错综复杂，国民经济门类众多，必须应用多种多样的统计调查方法，才能搜集到丰富的统计数据；（2）任何一种统计调查方法，都有它的优越性与局限性，都有不同的实施条件，只用一种统计调查方法，不能满足多种需要。

实际组织调查时到底采取什么方式方法，必须根据调查的具体任务和调查对象本身的特点而定，并随客观情况和工作条件的变化而适当选用。在许多情况下可以推行非全面调查，特别注意采用抽样调查。同时，也要注意各种调查方法的结合运用，把全面调查和非全面调查结合起来，或用非全面调查核实全面调查资料的质量。比如，现在人口普查的一个显著特点是各国逐步采取全面调查与抽样调查相结合的方法。如美国，曾选择 20%的人口调查出生地、文化教育程度、收入等；选择 15%的人口调查父母出生地、童年语言、是否服兵役等；选择 5%的人口调查行业、职业和来美时间。

我国《统计法》明确规定：搜集、整理统计资料，应当以周期性普查为基础，以经常性抽样调查为主体，综合运用全面调查、重点调查等方法，并充分利用行政记录等资料。这样，通过各种方式方法结合运用搜集统计资料，既可以掌握全面的基本的资料，又可以搜集到重点或典型的资料；既可以观察到事物数量变化的情况，又有助于深入研究事物发展变化的规律性。

## 第三节　统计调查方案设计

统计调查是一项繁重复杂、高度统一和非常严格的科学工作，也是一项系统工程，应该有计划、有组织地进行，因此，在着手调查之前应该制定一个周密的统计调查方案。统计调查方案（survey plan）是统计设计阶段的一项重要内容，是保证统计调查顺利进行的前提，也是准确、及时、系统、完整地取得调查资料的重要条件。一个科学实用的统计调查方案能使调查过程统一内容、统一认识、统一方法、统一步调，从而顺利完成任务。

不同的统计调查工作，其侧重点可能有所不同，但一般来说，一份完整的统计调查方案应包括以下基本内容。

### 一、明确调查目的与任务

统计调查总是为了解决一定的问题而实施的，它服务于一定的研究目的。因此，调查方案首先需要明确调查目的和任务。

所谓调查目的（objective of survey），就是指为什么要进行调查，调查要解决什么问题。调查目的是统计调查中一个根本性问题，它是根据国家在各个时期政治经济任务所提出的要求来确定的。有了明确的目的，才能做到有的放矢，才能正确地确定调查的内容和方法，才能根据调查目的搜集与之有关的资料，而舍弃与之无关的资料。这样，可以节约人力、物力，缩短调查时间，提高调查资料的时效性。如果目的不清，任务不明，就会使调查工作缺乏方向，陷入混乱状态，收集数据资料就不具有针对性，从而造成人力、财力、物力及时间等资源的浪费。只有首先明确了调查工作的目的和任务，才能确定向谁调查、调查什么以及怎样调查。

### 二、确定调查对象和调查单位

调查对象（respondent）和调查单位（survey unit）需要根据调查目的来确定。目的越明确、越具体，调查对象和调查单位的确定也就越容易。

所谓调查对象，就是我们需要进行研究的总体范围，即调查总体。它是由许多性质相同的调查单位所组成的。确定调查对象，要明确总体的界限，划清调查的范围，以防在调查工作中产生重复或遗漏。比如，调查目的是搜集某地区国有及国有控股企业生产情况的资料，则调查对象就是该地区所有国有及国有控股企业；又如，调查目的是搜集某地区国有及国有控股企业中高精尖设备使用情况的资料，则调查对象就是该地区国有及国有控股企业的高精尖设备。

作为调查单位，就是我们所要研究的总体单位，也即所要登记的标志的承担者。上述两例，每一国有及国有控股企业和国有及国有控股企业中的每一台高精尖设备都是调查单位，也即是标志的承担者。

确定调查对象是一个比较复杂的问题，因为社会经济现象彼此之间相互联系又有交错，所以在确定调查对象时，要把它和与它相近的一些现象划分清楚，区别应调查和不应调查的现象。例如，调查工业企业的生产情况，必须把工业与农业或其他物质生产部门区分开；调查工业企业中高精尖设备使用情况，除了明确工业的范围外，还须区分高精尖设备的界限。确定调查单位，就是要赋予调查单位以科学的定义，这既是一个理论问题，又是一个实际问题。

实际工作中，还须注意不要把调查单位和填报单位相混淆。调查单位是调查项目的承担者，而填报单位则是负责上报调查资料的单位。这两者有时一致，有时不一致。还是上述两例，当搜集国有及国有控股企业生产情况的资料时，每一国有及国有控股企业是调查单位，也是填报单位；当搜集国有及国有控股企业中高精尖设备使用情况的资料时，国有及国有控股企业中每一台高精尖设备都是调查单位，而填报单位则是每一国有及国有控股企业。

## 三、确定调查项目和调查表

### （一）确定调查项目

调查项目（survey item），是依附于调查单位的基本标志，它完全由调查的目的任务和调查对象的性质特点所决定，包括由品质标志和数量标志所构成的标志体系。通俗地说，调查项目就是一份在调查过程中应该获得答案的各种问题的清单。

制定调查项目是一项非常有意义且责任重大的工作。调查项目制定的正确程度决定了整个工作的成效。因此，要紧紧围绕调查目的，通过现象之间的相互联系，从现象的过去、现在和未来发展等方面出发，周详考虑各因素。

确定调查项目，要以调查目的任务为依据，同时考虑国家管理、经济领导和科学研究对统计资料的需要。在拟定调查项目时要注意以下三个方面问题：① 所选择的项目必须是能够取得确切资料的。对于不必要或者虽然需要但没有可能取得资料的项目，应该加以限制，以便获得虽然数量不多却无疑是可靠的数据。② 调查的每一个项目应该有确切的含义和统一的解释，以免调查人员或被调查者按照各自不同的理解进行问答，使调查结果无法汇总。③ 各个调查项目之间应尽可能做到互相联系、彼此衔接，以便从整体上了解现象的相互联系，也便于有关项目的相互核对，提高调查资料的质量。另外，还要注意现行的调查项目同过去同类调查项目之间的衔接，便于动态对比研究现象的发展变化。

制定调查项目是很复杂的事情，制定者对调查对象及其特征应有非常深刻的认识，因此，调查项目应该由熟悉被研究现象本质的调查者集体制定，通过反复讨论达成共识。只有这样，调查项目才能与实际相符，从而适应客观情况的变化，经得起实践检验。

### （二）确定调查表

调查表（questionnaire）是调查方案的核心部分，是反映调查单位特征的调查项目按一定顺序反映在一定的表格上所构成的，也就是把诸多的调查项目用最精炼的措词在表格中表现出来，便于调查资料的规范化、标准化。使用调查表又为下一阶段的统计整理提供了极大的方便。使用调查表是由统计调查工作的大量性、系统性要求所决定的，它作为统计调查过程的基本手段，无疑是拟订调查方案的重要步骤。

调查表格一般有单一表和一览表两种形式。单一表是每个调查单位填写一份，可以容纳较多的项目。一个问题的调查不限于只使用一张表，可以视调查项目内容的多少，由若干张表所组成。一览表是把许多调查单位填列在一张表上，在调查项目不多时较为简便，且便于合计和核对差错。但在项目很多的情况下，一览表并不适用，因为这样势必使调查表篇幅过大。

设计一张好的调查表不是一件很容易的事情，项目要尽量少而精，项目的措辞要毫不含糊，形式上还要使被调查者易填易答。一个烦琐的、包罗万象的、项目繁杂的调查表会使被调查者难以负担，精神疲劳，产生错答、拒答或不完整、随意回答的情况。所以，确定调查项目、设计调查表时应考虑可能发生的登记误差，防止误差的发生。

为了正确填写调查表，必须附有简明扼要的填表说明和项目解释。填表说明用来提示填表时应注意的事项；项目解释则是为了说明调查表中某些标志的含义，包括范围、计算方法等。填表说明和项目解释必须根据国家制定的统一标准，以保证统计调查中采用的指标含义、计算方法、分类目录和统计编码等的标准化，这是填报人必须遵循的准则。

问卷调查的表格是调查表的一种新形式，它采取随机或有意识地选择若干调查单位，发出问卷，要求被调查者在规定的时间内反馈信息，借以对调查对象总体做出估计。这种搜集资料的方法多用于所谓主观指标的调查，以其问卷设计独特而著称。问卷调查被广泛运用于民意测验，了解人民群众对一些社会问题的看法。民意测验的问卷调查往往收不回或不能及时收回调查表。问卷调查形式也运用于经济调查，例如，我国每年要进行 4 次企业景气调查，就是从全国企业中随机抽取 1 000 家不同行业、不同类型、不同规模的企业，采取问卷的形式，让企业对宏观环境和自身环境做出客观判断，它是国家统计调查制度的组成部分，被抽选调查的企业都要及时回答调查表中的问题。

## 四、确定调查时间和调查期限

调查时间（survey time）是指调查资料所属的时点或时期，即所谓的客观时间。如果所要调查的是时期现象，调查时间就是资料所反映的起讫日期；如果调查的是时点现象，调查时间就是规定的统一标准时间。调查期限是进行调查工作的起讫时间（从开始到结束的时间），包括搜集资料和报送资料的整个工作所需要的时间，即所谓主观时间。统计调查及时性要求就是指要遵守这种时间。假定企业 2012 年经济活动成果年报呈报时间规定在 2013 年 1 月底，则调查时间为一年，调查期限为一个月。如牲畜调查，按 1 月 1 日情况登记，持续 5 天，则调查时间为 1 月 1 日，调查期限为 5 天。任何调查都应尽可能缩短调查期限。

## 五、制订调查工作的组织实施计划

为了保证调查工作的顺利进行，在制订调查方案的同时，还应制订调查的组织实施计划，这个计划的主要内容包括：调查工作的组织领导机构和调查人员的组成；调查的方式方法；调查的工作规则和流程；调查前的准备工作，包括宣传教育、人员培训、印制文件等；其他工作，包括调查资料的报送时间和报送办法，调查经费的预算和开支方法，公布调查汇总结果的时间及方式，工作进度安排等。对于大规模统计调查，所制订的调查方案往往需要做试点调查。通过试点，可以检验调查方案是否切实可行，以便对此加以修改和补充，除此之外，还要积累实施调查方案的经验，提高调查人员的业务技能，这样才能圆满完成调查任务。

整个统计调查方案的内容，即对统计调查的设计。这个方案不仅限于调查阶段的问题，也包括了统计整理阶段汇总内容方面的问题。因此，应该把它看作是特定统计过程的总方案。由于我们的认识总有局限性，所以制订的调查方案是否符合实际，还有待于调查实践的检验。随着统计工作的现代化，调查方案要求也日趋周密，统计人员应运用系统工程的原理和运筹学的方法实行各个环节的质量控制，层层把关，以保证调查任务的胜利完成。

## 【本章小结】

统计调查是按照统计研究的目的，运用科学的调查方法，有计划、有组织地向客观实际搜集统计数据的过程。它是决定整个统计工作质量的重要环节。统计调查必须达到准确性、及时性和完整性三个方面的基本要求。统计调查的组织形式多种多样：按其所包括的调查单位范围是否完全分为全面调查和非全面调查；按登记时间是否连续分为经常性调查和一次性调查；按组织方式不同分为统计报表和专门调查。各种调查方式应结合运用。统计调查应当以周期性普查为基础，以经常性抽样调查为主体，以必要的统计报表、重点调查、综合分析等为补充，搜集、整理基本统计数据。统计调查的方法很多，但在实际运用中主要采用直接观察法、报告法、采访法、登记法、问卷调查法、互联网调查法、卫星遥感法和实验设计法。

一个完整的统计调查方案应该包括以下各方面的内容：确定调查目的与任务；确定调查对象和调查单位；确定调查项目；确定调查时间和调查期限以及制订调查工作实施计划等。

## 【本章案例】

### 第七次全国人口普查综合试点方案

一、调查目的

为最终检验第七次全国人口普查方案、完善普查表和各项实施细则、积累普查组织工作经验、推进各地普查试点工作，特进行本次试点。

二、标准时点

试点调查的标准时点为 2020 年 5 月 7 日零时。

三、试点范围

试点在江苏省镇江市京口区的象山街道进行，规模约 7 万人。

四、调查对象

调查对象为试点地区的全部人口，不包括现役军人和武警。

试点调查以户为单位进行，在本户登记的人口包括：（1）调查时点居住本户的人；（2）户口在本户，调查时点未居住本户的人。

五、调查内容和调查表

调查的主要内容包括：姓名、公民身份号码、性别、年龄、民族、受教育程度、行业、职业、迁移流动、婚姻生育、死亡、住房情况等。

根据不同的调查对象和调查内容，具体分为四种试点调查表。

（一）第七次全国人口普查综合试点短表。

短表包括反映人口基本状况的项目，由试点地区的全部住户（不包括港澳台居民和外籍人员）填报。

（二）第七次全国人口普查综合试点长表。

长表包括所有短表项目和人口的经济活动、婚姻生育和住房等情况的项目，在试点地区的全部住户中抽取10%的户（不包括港澳台居民和外籍人员）填报。

（三）第七次全国人口普查综合试点港澳台居民和外籍人员调查表。

港澳台居民和外籍人员调查表包括反映人口基本状况的项目以及入境目的、居住时间、身份或国籍、就业情况等项目，由在试点地区居住的港澳台居民和外籍人员填报。

（四）第七次全国人口普查综合试点死亡人口调查表。

死亡人口调查表包括死亡人口的基本信息，由2019年5月7日至2020年5月6日期间有死亡人口的户填报。

六、调查方法

试点调查采用按现住地登记的原则，每个人必须在现住地进行登记。调查对象不在户口登记地居住的，户口登记地要登记相应信息。

调查登记采用调查员入户询问、当场填报，或由调查对象自主填报等方式进行。

数据采集采用电子化的方式。采取调查员使用电子采集设备登记调查对象信息并联网实时上报，或由调查对象通过互联网自主填报等方式进行。

七、数据处理

各级试点机构负责数据处理工作。国务院人口普查办公室负责制定数据采集处理程序。

八、组织实施

（一）组织领导。由国家、省人口普查办公室和试点所在市、区人口普查领导小组共同组成试点领导机构，负责综合试点的组织领导工作。

（二）调查人员选聘和培训。调查人员的选聘工作由试点地区调查领导机构负责。每个调查小区至少配备1名调查员，每4—5个调查小区配备1名调查指导员。

市、区试点机构统一组织对调查指导员、调查员进行业务培训，明确人员职权、职责和工作任务。调查指导员和调查员经过培训、考核合格并签订保密协议后，颁发统一的证件。

（三）宣传动员。试点区域内要充分利用各种方式宣传试点工作的意义和要求，广泛动员和组织各方力量支持、参与试点。

九、主要工作时间安排

（一）方案制定：3月20日前，国家完成试点方案制定工作。

（二）工作布置：3月25日前，成立试点领导机构，并进行工作布置。

（三）户口整顿：3月底前，完成户口整顿工作。户口整顿工作由试点领导机构统一领导，具体由试点地区公安部门组织实施。

（四）区域划分：4月5日前，核实试点区域村、居委会边界，完成建筑物标绘和调查小区划分工作。

（五）资料整理：4月10日前，按调查小区整理户口整顿资料和部门相关资料。

（六）物资准备：4月10日前，完成各种物资准备工作。

（七）选聘与培训：4月10日前完成调查指导员和调查员的选聘工作，4月15日前完成培训工作。

（八）摸底工作：4月16—30日，绘制《调查小区图》，编制《户主姓名底册》，根据住户意愿确定自主填报户。4月30日完成摸底数据上报工作。

（九）短表登记：5月7—16日，调查员入户登记，自主填报户需于5月11日前完成数据上报，对于没有完成自主填报的住户，调查员于5月12日起开始入户登记。

（十）长表抽样、登记：5月17—23日，调查指导员根据平台推送的长表抽中户入户登记长表。

（十一）比对复查：5月17—28日，调查指导员、调查员根据平台反馈信息，进行现场核实。

（十二）编码：5月23—28日，进行编码员培训和编码工作。

（十三）质量控制和验收：5月28日前，完成各阶段质量控制和验收工作。

（十四）进行特定人群调研。5月28日前，联合相关部门完成对试点地区特定人群登记方法的调研工作。

（十五）数据处理：4月16日至5月28日，进行数据处理工作。

十、工作总结

在试点过程中要注意总结好做法、新经验，注重发现问题，摸清情况，分阶段做好总结，于5月31日前将试点总结报国务院人口普查领导小组办公室。

●案例问题

通过本案例了解并把握调查方案设计的基本内容。

## 思考与练习题

### 一、单项选择题

1. 经常性调查与一次性调查的划分依据是（　　）。

A. 调查的组织形式　　B. 调查登记的时间是否连续

C. 调查单位包括的范围是否全面　　D. 调查资料的来源

2. 统计调查是进行资料整理和分析的（　　）。

A. 基础环节　　B. 中间环节　　C. 最终环节　　D. 关键环节

3. 调查几个铁路枢纽，就可以了解我国铁路货运量的基本情况和问题，这种调查属于（　　）。

A. 普查　　B. 重点调查　　C. 典型调查　　D. 抽样调查

4. 某市工业企业 2020 年生产经营成果年报呈报时间规定在 2021 年 1 月 31 日，则调查期限为（　　）。

A. 一日　　B. 一个月　　C. 一年　　D. 一年零一个月

5. 调查时间的含义是（　　）。

A. 调查资料所属的时间　　B. 进行调查的时间

C. 调查工作期限　　D. 调查资料报送的时间

6. 重点调查中重点单位是指（　　）。

A. 标志总量在总体中占有很大比重的单位

B. 具有典型意义或代表性的单位

C. 那些具有反映事物属性差异的品质标志的单位

D. 能用以推算总体标志总量的单位

7. 对全市工业企业职工的生活情况进行调查，调查对象是（　　）。

A. 该市全部工业企业　　B. 该市全部工业企业的所有职工

C. 该市每一个工业企业　　D. 该市各工业企业的职工

8. 下列调查中，调查单位与填报单位一致的是（　　）。

A. 企业设备调查　　B. 人口普查

C. 农村耕地调查　　D. 工业企业现状调查

9. 在对总体现象进行分析的基础上，有意识地选择若干调查单位进行调查，这种调查方法是（　　）。

A. 抽样调查　　B. 典型调查　　C. 重点调查　　D. 普查

10. 对一批商品进行质量检验，最适宜采用的调查方法是（　　）。

A. 全面调查　　B. 抽样调查　　C. 典型调查　　D. 重点调查

11. 人口普查的调查单位是（　　）。

A. 每一户　　B. 所有的户　　C. 每一个人　　D. 所有的人

12. 抽样调查与重点调查的主要区别是（　　）。

A. 作用不同　　B. 组织方式不同

C. 灵活程度不同　　D. 选取调查单位的方法不同

13. 对全国各铁路交通枢纽的货运量、货物种类等进行调查，以了解全国铁路货运概况。这种调查属于（　　）。

A. 不连续性典型调查　　B. 连续性典型调查

C. 重点调查　　D. 抽样调查

14. 调查单位与填报单位的关系是（　　）。

A. 两者是一致的　　B. 两者有时是一致的

C. 两者没有关系　　D. 调查单位大于填报单位

15. 下列调查属于不连续调查的是（　　）。

A. 每月统计商品库存额　　B. 每旬统计产品产量

C. 每月统计商品销售额　　D. 每季统计进出口贸易额

16. 全面调查是对调查对象的所有单位都进行调查。下述调查属于全面调查的是（　　）。

A. 对某种连续生产的产品质量进行调查　B. 某地区对工业企业设备进行普查

C. 对钢铁生产中的重点单位进行调查　D. 抽选部分地块进行农产量调查

17. 抽样调查的主要目的是（　　）。

A. 计算和控制抽样误差　B. 推断总体总量

C. 对调查单位做深入研究　D. 广泛运用数学方法

## 二、多项选择题

1. 我国统计调查的基本方法有（　　）。

A. 统计报表　B. 普查　C. 抽样调查

D. 重点调查　E. 典型调查

2. 下面对抽样调查和重点调查的陈述中，正确的是（　　）。

A. 两者都是非全面调查　B. 两者选取单位都不受主观因素的影响

C. 两者选取单位都按随机原则　D. 两者选取单位都按非随机原则

E. 两者都用以推算总体数量特征

3. 普查是一种（　　）。

A. 专门组织的调查　B. 一次性调查　C. 经常性调查

D. 非全面调查　E. 全面调查

4. 在工业设备普查中（　　）。

A. 工业企业是调查对象　B. 工业企业的全部设备是调查对象

C. 每台设备是填报单位　D. 每台设备是调查单位

E. 每个工业企业是填报单位

5. 抽样调查方式的优越性表现在以下几个方面（　　）。

A. 全面性　B. 经济性　C. 时效性

D. 准确性　E. 灵活性

6. 统计报表的特点是（　　）。

A. 资料口径范围的统一性　B. 按统一的报送时间上报

C. 报送方式不同　D. 建立在原始记录的基础上，资料可靠

E. 自上而下逐级填报

7. 制订一个周密的统计调查方案，应确定（　　）。

A. 调查目的和调查对象　B. 调查单位和填报单位　C. 调查项目

D. 调查资料的使用范围　E. 调查的时间和时限

8. 下列情况下调查单位和填报单位不一致的是（　　）。

A. 工业企业生产设备调查　B. 人口普查　C. 工业企业现状调查

D. 农产量调查　E. 城市零售商店销售情况调查

9. 下列情况的统计调查，哪些属于连续性调查（　　）。

A. 商店的月末商品库存量　B. 运输部门的客运周转量

C. 企业发生的工伤事故次数　D. 学校年底在校生人数

E. 某地区年出生人数

10. 重点调查的特点可以表述为（　　）。

A. 重点单位的数目占总体单位总数的比重很小

B. 重点单位可以随调查标志的改变而改变

C. 其主要目的是要了解调查对象的基本情况

D. 重点单位的标志值总量占总体标志总量的绝大比重

E. 有时也可用来推算总体指标值

11. 典型调查的含义包括（　　）。

A. 有意识地选择调查单位　　B. 事先对调查对象有所了解

C. 调查少数具有代表性的单位　　D. 进行深入细致的调查

E. 为特定的目的专门组织的调查

## 三、判断题

1. 全面调查和非全面调查是根据调查结果所得的资料是否全面来划分的。（　　）
2. 对有限总体进行调查只能采用全面调查。（　　）
3. 调查单位和填报单位在任何情况下都不可能一致。（　　）
4. 我国的人口普查每十年进行一次，因此它是一种连续性调查方法。（　　）
5. 全面调查包括普查和统计报表。（　　）
6. 典型调查和抽样调查的根本区别是选择调查单位的方法不同。（　　）
7. 调查时间就是进行调查工作所需要的时间。（　　）
8. 在统计调查中，调查标志的承担者是调查单位。（　　）
9. 对全国各大型钢铁生产基地的生产情况进行调查，以掌握全国钢铁生产的基本情况。这种调查属于非全面调查。（　　）
10. 典型调查既可以搜集数字资料，又可以搜集不能用数字反映的实际情况。（　　）
11. 重点调查中的重点单位是根据当前的工作重点来确定的。（　　）
12. 调查方案的首要问题是确定调查对象。（　　）
13. 统计调查误差就是指由于错误判断事实或者错误登记事实而发生的误差。（　　）
14. 如果调查间隔的时间相等，这种调查就是经常性调查。（　　）
15. 一般而言，当调查项目较多时，宜用一览表。（　　）
16. 重点调查中的重点单位是标志值所占比重较大的单位。（　　）
17. 经常性调查就是调查时期现象，而一次性调查就是调查时点现象。（　　）
18. 抽样调查是非全面调查中最有科学根据的调查方式方法，因此它适用于完成任何调查任务。（　　）
19. 各种调查方法的结合运用会造成重复劳动，因此不应得到提倡。（　　）
20. 我国人口普查的总体单位和调查单位都是每一个人，而填报单位是户。（　　）

## 四、简答题

1. 完整的统计调查方案应包括哪些基本内容？
2. 调查对象、调查单位和填报单位有何区别？
3. 重点调查、典型调查与抽样调查这三种非全面调查的区别是什么？

4. 如何理解统计调查对统计工作的基础作用？
5. 什么是统计调查？统计调查的基本任务是什么？
6. 调查对象与调查单位的关系是什么？
7. 抽样调查的优越性和作用表现在哪些方面？
8. 普查和全面统计报表都是全面调查，两者有何区别？

# 第三章 统计整理

**重点与难点提示**

本章着重讲述统计整理的基本概念和基本问题。学习时要重点理解和掌握：

1. 统计整理的工作内容与程序；
2. 统计分组的概念、作用，统计分组方法；
3. 分配数列的概念、构成要素与种类；
4. 变量数列的编制方法与编制技术；
5. 统计图表的编制技术及其应用。

其中，变量数列的编制方法与编制技术是本章学习的难点。

## 第一节 统计整理概述

### 一、统计整理的概念

在通过统计调查获取统计数据后，由于这些数据资料是个别的、分散的，缺乏系统性和综合性，因此，只有通过进一步的加工处理，才能获得反映研究对象总体的综合数量特征和数量关系，进而获得有用的统计信息。

统计资料整理（statistical data arrangement），简称统计整理，就是按照统计研究的目的和要求，对所搜集的原始资料进行分组、汇总，使资料条理化、系统化的工作过程。对已整理过的初级资料进行再整理，也属于统计整理。

从统计工作的全过程来讲，统计数据整理是统计工作过程的第三阶段，它是从对研究对象的感性认识过渡到理性认识的开始，是这个过程的连续点，并为这个过程提供坚实的基础。它在统计工作中起着承前启后的作用，通过整理将人们对社会经济现象的个体数量特征的描述，过渡到对总体的综合数量特征及数量关系认识。例如，人口普查中普查员入户调查搜集到的人口资料，只能说明每一个人的具体情况，包括每个人的姓名、性别、年龄、文化程度等。我们必须对人口总体中每个人的资料进行分组、汇总等加工处理后，才能得到人口总体的综合情况，从而了解人口总体的规模、结构、增减变动状况等，达到对人口总体的全面系统的认识。如我国历次人口普查中的性别比的特征为："男女性别基本趋于平衡，男性略多于女性。"不恰当的加工整理往往使调查得来的丰富、准确、全面的资料失去应有的价值，使人们得出错误甚至荒谬的结论。因此，统计整理的正确与否，将直接影响到对现象总体数量特征描述的准确性和数量分析的有效性。

## 二、统计整理的原则与工作程序

### （一）统计整理的原则

统计整理是根据统计研究的目的进行的，它要为统计研究提供统计数据。因此，统计整理工作中必须遵循的原则是：在对所研究的社会经济现象进行深刻分析的基础上，抓住最基本、最能说明问题本质特征的统计分组和统计指标对统计数据进行加工整理。

### （二）统计整理的工作程序

1. 制订统计整理方案

统计整理方案是根据统计研究的目的和要求，事先对整理工作做出全面安排，制订周密的工作计划。

统计整理中也要设计方案，这些方案通常表现为整理表或汇总表，表中包括了数据整理所需的分组体系和指标体系。统计整理方案是否科学，对数据整理及分析的质量至关重要。

统计整理方案的内容包括：确定统计整理的数据汇总方式，制订统计整理表，并对统计整理的各个环节做出规定，确保统计整理有计划有步骤地进行。

2. 审核调查资料

为确保统计数据整理的质量，汇总前，需要对调查获得的原始数据从准确性、及时性和完整性三个方面进行严格审核，以便及时发现问题加以改正。

准确性审核主要采用逻辑检查和计算检查。逻辑检查主要审核数据是否符合逻辑、内容是否合理、各项目或数据之间有无相互矛盾或不符合实际的现象。例如，中学文化程度的人所填的职业是大学教师，对于这种违背逻辑的项目应查明原因。计算检查是计算复核表中的各项数字有无差错，检查各项指标的计算方法是否恰当，计算单位是否正确，有关指标间的平衡关系是否得到保持等。例如，各分项数据之和是否等于相应的合计，各结构比例之和是否等于 1 或 100%，出现在不同表格上的同一指标数值是否相同，统计数据出现大起大落的现象要进行查询等。而计算检查主要用于对定量数据的审核。发现有重大差错或疑问的数字，由有关专业统计人员负责查对核实或调整。

及时性审核主要检查统计数据是否符合调查规定的时间，统计数据的报送是否及时等。

完整性审核主要检查统计数据是否有重复或遗漏，所有的调查项目或指标是否填写齐全等。

3. 对调查资料进行分组、汇总和计算

根据统计整理方案的要求，按已确定的汇总组织形式和具体方法，依照一定标志，对统计数据进行分组。统计分组是统计整理的关键步骤，应该选择最基本的、最能说明事物本质特征的标志对调查资料进行科学分组。然后，在分组的基础上，对各项数据进行汇总，计算分组单位数、总体单位数、分组标志总量和总体标志总量等。在统计整理过程中，对大量的原始数据进行分组、汇总和计算是统计整理的一项中心工作，也是工作量最大的一项工作。

4. 整理后的统计数据的再审核

对整理后的统计数据再次审核，及时更正汇总过程中产生的各种差错。

（1）复计审核，即对每个统计数据进行复核计算。

（2）表表审核，即审核不同统计表上重复出现的同一统计数据是否一致，对统计表中互有联系的各个统计数据，审核它们之间是否衔接和符合逻辑性。

（3）表实审核，即对汇总得到的统计数据，与了解的实际情况联系起来进行检查。

（4）对照审核，即对某些统计、会计、业务三种核算都进行计算的指标数值，应进行相互对照检查，审核数据是否相同，以便从中发现可能出现的错误。

5. 将整理结果编制成统计表或绘制成统计图

用统计图表显示统计数据整理的结果，简明扼要地表达社会经济现象之间的数量关系。关于统计表的编制方法和基本统计图的绘制方法将在本章第四节中详细讲述。

# 第二节　统计分组

## 一、统计分组的概念

统计分组（statistical grouping）是根据统计研究的目的，结合研究对象的特点，将统计总体按照一定的标志区分为若干组成部分的统计方法。

统计分组是在统计总体内部进行的一种特定分类，它同时具有两方面的含义：① 对总体而言是“分”，即将总体分为性质相异的若干部分；② 对个体而言是“合”，即将性质相同的个体归并在一起。通过统计分组，使同一组内的各单位性质相同，不同组的单位性质相异。对于统计总体中的各个单位，一方面，在某一个或某一些标志上具有相同的性质，可以结合在同一性质的总体中；另一方面，在其他一些标志上具有彼此相异的性质，又可以被区分为性质不同的若干个组成部分。例如，在工业企业这个总体中，我们可以按照企业的生产规模将工业企业划为大型企业、中型企业和小型企业三个组。每组内各企业的生产规模相同，组与组之间的企业的生产规模不同。

由此可见，统计分组实质上是在统计总体内部进行的一种定性分类。只有对统计总体进行科学的分组，才能对统计资料进行科学的加工和分析，得出正确的结论。因此，统计分组是统计整理的关键，分组的好坏直接关系到能否整理出正确的统计数据，能否得出正确的结论。从某种意义上说，没有统计分组，就没有科学的统计数据整理，也就没有科学的统计分析。

## 二、统计分组的作用

统计分组在统计研究中占有重要地位，其基本作用有以下三个方面：

1. 划分现象的类型

统计分组的首要作用就是区分事物现象质的差别。统计分组的过程就是区分事物性质的过程。社会经济现象有复杂多样的类型，各种不同的类型有不同的质的差别以及不同的发展规律。在占有大量的统计资料时，有必要运用统计分组法对所研究的社会经济现象总体分为不同的类型组进行研究。

社会经济现象的类型各异，其中最重要的类型是直接反映社会生产关系的类型，因为它可以直接反映一定社会经济结构的特点。例如，我国经济成分分为公有经济和非公有经济两大类型。另外，对一个事物的整体按某一标志进行分类，也有利于对该事物进行经济分析。如工业划分为重工业和轻工业两大类型；社会产品划分为生产资料和消费资料两大类；农业划分为农、林、牧、渔四大类型；轻工业又可分为以农产品为原料的轻工业和以非农产品为原料的轻工业；等等，都是常见的统计分组。

2. 反映总体的内部结构

统计总体经过分组后，被划分为若干个性质不同的组成部分，在此基础上，通过汇总，可以计算、分析出总体在各方面的结构性比重和比例，从而认识现象的发展过程和发展规律。

社会经济现象所包括的大量单位，不但在性质上不尽相同，而且在总体中所占比重也不一样。各组比重数大小不同，说明它们在总体中所处地位不同，对总体分布特征的影响也不同；其中比重数相对大的部分，决定着总体的性质或结构类型。表 3-1 反映出了某地区 2017—2020 年产业结构的变化。该地区经过连续三年的努力，改变了产业之间的比例关系，产业结构由 2017 年的“28∶48.2∶23.8”到 2020 年的“26.9∶40.7∶32.4”，说明该地区产业结构得到了优化升级，经济调整取得了显著的效果。

表 3-1　某地区国内生产总值构成

| 产　业 | 2017 年 | | 2018 年 | | 2019 年 | | 2020 年 | |
|---|---|---|---|---|---|---|---|---|
| | 绝对数（万元） | 比重（%） | 绝对数（万元） | 比重（%） | 绝对数（万元） | 比重（%） | 绝对数（万元） | 比重（%） |
| 第一产业 | 8 144 | 28 | 10 168 | 28.4 | 11 860 | 27.2 | 14 008 | 26.9 |
| 第二产业 | 13 960 | 48.2 | 15 468 | 43.1 | 19 470 | 44.5 | 21 216 | 40.7 |
| 第三产业 | 6 888 | 23.8 | 10 224 | 28.5 | 12 338 | 28.3 | 16 860 | 32.4 |
| 合　计 | 28 992 | 100 | 35 856 | 100 | 43 668 | 100 | 52 084 | 100 |

3. 揭示现象之间的依存关系

任何社会经济现象之间都不是彼此孤立的，而是相互联系、相互依存和相互制约的。当研究目的在于探讨同一总体范围内两个可变标志的依存关系时，可以将其中一个可变标志（自变量）作为分组标志，以观察另一标志（因变量）相应的变动情况。这种分组称为分析分组，它可以揭示现象之间的依存关系。

表 3-2 是某乡镇 40 户居民家庭按月收入分组的资料。资料显示，随着居民家庭月收入的增加，居民的月支出也相应增加，说明了居民家庭月收入水平及支出水平之间的依存关系。

表 3-2　某乡镇 40 户居民家庭月收入及支出情况

| 家庭月收入（元） | 家庭户数（户） | 家庭月平均支出（元） |
|---|---|---|
| 3 000 以下 | 4 | 2 500 |
| 3 000 ~ 3 500 | 7 | 2 750 |
| 3 500 ~ 4 000 | 4 | 2 940 |
| 4 000 ~ 4 500 | 9 | 3 109 |
| 4 500 ~ 5 000 | 7 | 3 290 |
| 5 000 以上 | 9 | 3 450 |
| 合计 | 40 | — |

统计分组的上述三方面的作用是分别从类型分组、结构分组和分析分组角度来说明的，它们不是彼此孤立的，而是相辅相成、相互补充、配合运用的。

## 三、统计分组的原则

1. 组内同质、组间异质原则

统计分组的目的是把同质总体中具有不同性质的单位分开，性质相同的单位合在一起，保持各组内统计数据的一致性和组间数据的差异性，以便进一步运用各种统计方法，研究现象的数量表现和数量关系，从而正确地认识研究对象的本质及其规律性。选择一种分组方法会突出其某种差异，显示其某种矛盾，研究必然同时也掩盖了研究对象的其他差异，忽略了其他矛盾。缺乏科学根据的分组，不但无法显示事物的主要特征，甚至会把不同性质的事物混淆在一起，歪曲实际情况，得出错误结论。例如，按生产定额完成情况分组，分为 85% 以下、85% ~ 95%、95% ~ 105%、105%以上 4 组，由于在 95% ~ 105% 这组中不能区分未完成生产定额、完成生产定额和超额完成生产定额的质的差别，因而这样的分组是不合适的。

2. 穷尽原则

穷尽原则就是使总体中的每一个单位都有组可归，或者说各分组的空间足以容纳总体所有的单位。例如，从业人员按文化程度分组，分为小学毕业、中学毕业（含中专）和大学毕业 3 组，那么，文盲或识字不多的则无组可归，就会造成遗漏统计。如果将分组适当调整为：文盲或识字不多、小学毕业、中学毕业、大学毕业，这样分组就可以包括全部从业人员的各种不同层次的文化程度，符合了分组的穷尽原则。

3. 互斥原则

互斥原则就是在特定的分组标志下，总体中任何一个单位只能归属于某一组，而不能同时或可能归属于几个组。例如，某商场把服装分为男装、女装、童装 3 类，这不符合互斥原则，容易造成重复统计。因为童装也有男装、女装之分。若先把服装分为成年与儿童两类，然后每类再分为男女两组，这就符合互斥原则了。

## 四、统计分组的类型

1. 按分组标志的多少分

按分组标志的多少，统计分组可分为简单分组和复合分组。根据所研究现象总体的复杂程度和分析研究的任务，分组仅按一个标志进行时，称为简单分组（simple grouping）。选择两个或两个以上的标志分别进行简单分组，就形成了平行分组体系。例如，为了解企业职工基本情况，可以选择工龄、文化程度等标志进行简单分组如表 3-3 和表 3-4 所示。

表 3-3　某企业职工工龄分组

| 工龄分组（年） | 人数 |
|---|---|
| 5 以下 | 16 |
| 5 ~ 10 | 13 |
| 10 ~ 15 | 25 |
| 15 ~ 20 | 39 |
| 20 以上 | 18 |
| 合计 | 111 |

表 3-4　某企业职工受教育程度分组

| 受教育程度分组 | 人数 |
|---|---|
| 未上过学 | 0 |
| 小学 | 5 |
| 初中 | 26 |
| 高中 | 60 |
| 大学 | 18 |
| 研究生及以上 | 3 |
| 合计 | 112 |

复合分组（composite grouping）是指对同一个总体在同一分组表上，把两个或两个以上的标志交叉起来进行分组，如表 3-5 所示。

表 3-5　某地区部分年份支出法 GDP 结构　　单位：元

| 构成分类 | | 2019 年 | 2020 年 |
|---|---|---|---|
| 最终消费 | 总计 | 1 1365.2 | 54 617.2 |
| | 其中：居民消费 | 9 113.2 | 42 911.9 |
| | 政府消费 | 2 252 | 11 705.3 |
| 资本形成 | 总计 | 6 444 | 32 255 |
| | 其中：固定资本 | 4 732 | 32 623.8 |
| | 存货增加 | 1 712 | −368.8 |
| 合　计 | | 17 809.2 | 86 872.2 |

复合分组体系的特点：第一层次分组只固定一个主要因素对差异的影响，第二层次分组则同时固定两个因素对差异的影响，当进入最后一个层次分组时，所有被选择标志对差异的影响则全部被固定了。在复合分组体系中，分组层次的多少决定于所选分组标志的多少，从而决定了人们对社会经济现象总体认识的深度。

复合分组适用于调查单位足够多的条件，由于把分组标志复合在一起，使组数大大增加，当调查单位为数不多时，势必发生各组单位数很少的情况，以此进行分析、得出结论时就没有充分的根据，尤其是在研究总体内各标志间依存关系时，更是如此。

2. 按分组标志的性质分

按分组标志的性质分，统计分组分为品质分组和变量分组。品质分组（attributive grouping）是按品质标志进行的分组。例如，人口按性别、民族、文化程度、职业等标志分组，工业企业按经济类型、部门、轻重工业、甲乙部类、所属地区等标志分组，这些分组在性质上、界限上都是稳定明确的。也有的品质标志分组非常复杂，类别繁多，这种分组在统计上称作分类。这种复杂的分组，各组界限不易划分，一组与另一组之间存在各种过渡状态，边缘不清。例如，农业与动植物采集工业和森林采伐等的区分就比较困难。还有商业零售额按城乡分组时，怎样划分城乡的界限也是比较复杂的问题。在实际工作中，对于这些比较复杂的分组，国家规定了统一的统计分类标准或分类目录，对不同的现象总体确定分类名称、分类标准、计量单位和编码方法，作为分组的统一依据，以供长期稳定使用。完善统计分类目录，做到分类标准化是统计工作现代化的重要要求。根据国家统计局和国家标准局的《国民经济行业分类标准》，其中，工业部门有 40 个大类，204 个中类及 547 个小类。

变量分组（variable grouping）是指按数量标志进行的分组。例如，人口按年龄分组，工业企业按职工人数、生产能力、资金利润率分组等。变量分组反映总体数量特征的差异情况，通过数量变化区分各组的不同类型和性质。

## 五、统计分组的方法

### （一）品质分组的方法

按品质标志分组比较简单，分组标志一经确定，组名称和组数也就确定，不存在组与组之间界限区分的困难。例如，人口按性别分为男女两组，工业企业按经济类型等分组。上面已经介绍，这里就不赘述了。

### （二）变量分组的方法

它是指按数量标志分组的方法。按数量标志分组的目的并不是单纯确定各组在数量上的差别，而是要通过数量上的变化区分各组的不同类型和性质。因此，应以什么数量标志作为划分标准，都要依据研究的任务和现象的性质确定。在实际工作中，变量分组常用来分析某种指标的变动及其在各组的分配情况，这时，被研究的统计指标就成为分组的标志。如企业按产量计划完成程度、利税率分组，工人按劳动生产率分组等。

1. 变量分组方法

在变量分组情况下，组与组之间的性质划分要具体至数值。能否找出这种数量界限，是决定变量分组作用和意义的关键。同时，变量的性质特点不同，其分组的方法也不同。综合考虑上述因素，变量分组有两种基本方法：

（1）单项式分组。单项式分组是指在对离散变量分组时，一个变量值设为一个组的分组方式。采用单项式分组方法时，离散型变量只取整数，以组与组之间自然断开。但是，离散型变量也不是在任何情况下都可以单项式分组，从分组的科学性、合理性来讲，只有当离散型变量取值连续不断，且相对于总体单位总量来说，变量取值不多的情况下，才可以作单项式分组。如表 3-6 所示。

表 3-6　某厂按职工日产零件数分组情况

| 工人平均日产量（件） | 工人数 | |
|---|---|---|
| | 绝对数（人） | 比重（%） |
| 5 | 10 | 8.33 |
| 6 | 20 | 16.67 |
| 7 | 30 | 25.00 |
| 8 | 35 | 29.17 |
| 9 | 25 | 20.83 |
| 合　计 | 120 | 100.00 |

（2）组距式分组。组距式分组是指在变量分组时，一段变量值设为一组的分组方式。连续型变量分组时，只能做组距式分组；而离散型变量可以采用单项式分组，也可以采用组距式分组。如表 3-7 所示。

表 3-7　某厂工人完成生产定额情况表

| 工人按完成生产定额分组（%） | 工人数 | |
|---|---|---|
| | 绝对数（人） | 比重（%） |
| 80 ~ 90 | 30 | 16.7 |
| 90 ~ 100 | 40 | 22.2 |
| 100 ~ 110 | 60 | 33.3 |
| 110 ~ 120 | 30 | 16.7 |
| 120 以上 | 20 | 11.1 |
| 合　计 | 180 | 100.0 |

组距式分组涉及以下几个常用概念：

① 组限。组限是指划分各组之间界限的变量值。按其在各组中的作用不同，可分为上限和下限两种。上限即每组的最大分组变量值，下限是指每组的最小分组变量值。

② 组距。组距是指每组分组变量值的长度。其计算公式为：

$$组距 = 上限 - 下限$$

③ 组中值。组中值是指每组分组变量的中间值。在一定条件下，组中值用来代表每组各单位在分组变量上的一般水平（平均数）。其计算公式为：

$$组中值 = \frac{上限 + 下限}{2}$$

2. 组距式分组方法

（1）按组限的完备程度不同，组距式分组有开口式分组和闭口式分组两种。

闭口式分组是指在组距式分组中，每一个组都有明确的上、下限，即每个组都不缺少上、下限；开口式分组则是指在组距式分组中，不是每一组的组限都完备，一般是在第一组即分组变量值最小的组缺少下限，在最后一组即分组变量值最大的一组缺少上限，也可能只有一组缺少组限。由于缺少组限，开口组无法直接计算组距和组中值，所以一般讲组距时，不包括开口组。

闭口式分组适合于分组变量有规定的或客观的极限性要求的情况。不符合这一规定要求的，即低于最低限和高于最高限的单位，不属于总体单位。例如，决定产品质量的标志，如果规定有限制范围，那么，按这一数量标志对合格产品进行分类时，就可以采用闭口式分组方法。

开口式分组适合于对分组变量没有最大、最小两方面的限制性规定，或者在分组变量上存在极端数值的现象。在社会经济客观现实当中，这种现象大量存在。因此，开口式分组是常用的统计分组方法。

进行开口式分组时，开口组的组距和组中值无法直接计算，统计上一般有两种处理方法：

第一种方法是按最邻近组推算。表 3-7 说明，第末组为开口组，离它最近的第四组组距为 10%，则推定第末组的组距也为 10%，依次可推定其上限为 130%，则组中值为 125%。

第二种方法是如果按最邻近组推算结果不合理，则可按客观上、下限计算，如表 3-8 所示。

表 3-8　某城镇 2020 年基建项目分组

| 基建投资额（万元） | 建设项目（个） |
|---|---|
| 100 以下 | 5 |
| 100 ~ 500 | 10 |
| 500 ~ 1 000 | 8 |
| 1 000 ~ 1 500 | 3 |
| 1 500 以上 | 1 |
| 合　　计 | 27 |

如果按第一种方法，第一组的推算结果为：

$$下限 = 上限 - 组距 = 100 - 400 = -300\text{（万元）}$$

$$组中值 = \frac{上限 + 下限}{2} = \frac{100 + (-300)}{2} = -100\text{（万元）}$$

这种结果显然不合理。在这种情况下，开口组的有关变量值按客观或理论计算。如本例中，第一组的投资额最低为零。则该组的有关变量为：

组距 = 100–0 = 100（万元）

组中值 =（0 + 100）÷ 2 = 50（万元）

（2）按组距长短的一致性不同，组距式分组分等距分组和不等距分组两种。

等距分组是指组距全部相等的分组方法；不等距分组是指组距不完全相等的分组方法，即只要有一个组距与其他组距不等，就叫不等距分组。这里要注意，无论是不是等距分组，一般都不考虑开口组，这一点在前面已经提到。所以，在开口式分组情况下，又可分为两种方法，即开口式等距分组和开口式不等距分组。

等距式分组一般适用于分组变量值的变化比较均匀，总体各部分、各单位之间的性质变化与分组变量值的均匀变化基本对应。这种关系从分布上来看，表现出对称性、均匀性的特点。例如，对一批蓄电池的试验结果做分析，就可以采用开口式等距分组，如表 3-9 所示。

表 3-9　蓄电池试验数据分组

| 充放电频数（频数） | 产品数量（只） |
|---|---|
| 2 000 以下 | 5 |
| 2 000 ~ 2 100 | 10 |
| 2 100 ~ 2 200 | 80 |
| 2 200 ~ 2 300 | 3 |
| 2 300 以上 | 2 |
| 合　　计 | 100 |

不等距分组一般适用于：总体各部分之间的性质变化，表现为分组变量值的不均匀分布。例如，在规模与效益之间，并不是完全的均匀增（减）关系。规模达到下限水平时，无论规模本身所包含的技术、管理水平，还是与之对应的产出，都会有质的飞跃。如果简单地进行等距分组，就会掩盖这种现象性质上的差别，所以应该按总体性质变化的客观要求，采用不等距分组。如按某种产品的生产水平分组，如表 3-10 所示。

表 3-10　× × 区工业企业技术水平与劳动生产率分组

| 人均固定基金（万元） | 企业数（个） | 年劳动生产率（万元/人） |
|---|---|---|
| 2 以下 | 3 | 2.5 |
| 2 ~ 5 | 4 | 3.2 |
| 5 ~ 10 | 11 | 3.9 |
| 10 ~ 50 | 5 | 5.7 |
| 50 以上 | 2 | 12.8 |
| 合计 | 25 | 5.3 |

总之，不等距分组的组距和组数应根据对研究现象本身质量关系的分析确定，通过不相等的组距和组限来区分现象的类型和性质。

# 第三节　分配数列

## 一、分配数列的概念和种类

### （一）分配数列的概念

在统计分组的基础上，将总体的所有单位按组归类排列，形成总体单位在各组间的分布，就称为次数分布或分配数列（frequency distribution）。分配数列反映了总体中所有单位在各组间的分布状态和分布特征，它是进行统计分析的一种重要手段。

分配数列由两个要素组成：一是按分组标志划分的各个组；二是各个组的单位个数。其中各组的单位数叫作次数或频数（frequency），各组单位数与总体单位总数之比叫频率。有时也可把频率列入分配数列中。

根据分组标志的性质不同，分配数列可以分为品质分配数列和变量分配数列，按品质标志分组形成的次数分配数列叫品质分配数列，简称品质数列，如表 3-11 所示。按数量标志分组形成的次数分配数列叫变量分配数列，简称变量数列，如表 3-12 所示。

表 3-11　某学校学生的性别分布

| 性　别 | 人　数 | 比率（%） |
|---|---|---|
| 男 | 250 | 32.1 |
| 女 | 530 | 67.9 |
| 合　计 | 780 | 100 |

各组名称　　　　次数或频数　　　　频率

表 3-12　某工业局所属企业总产值计划完成情况

| 计划完成程度分组（%） | 企业数（个） | 比率（%） |
|---|---|---|
| 100 以下 | 8 | 16 |
| 100～110 | 38 | 76 |
| 110 以上 | 4 | 8 |
| 合　计 | 50 | 100 |

各组变量值　　　　次数或频数　　　　频率

对于品质数列，如果分组标志选择得恰当，现象性质上的差异就表现得比较明显，总体中各组的划分也就比较容易。对于变量数列，现象在数量上的差异表现得比较明显，而现象在性质上的差异并不显著。决定现象性质差异的数量界限往往依赖于人的主观认识，按同一数量标志进行分组，也可能形成多种变量数列。因此，我们有必要对变量数列做进一步讨论。

### （二）变量数列的种类

变量数列有单项式变量数列和组距式变量数列两种。

1. 单项式变量数列

单项式变量数列是进行单项式分组后形成的变量数列，举例如表 3-13 所示。

表 3-13　某企业工人日产量完成情况

| 日产量分组（件） | 工人人数 | 比重（%） |
|---|---|---|
| 25 | 10 | 6 |
| 26 | 20 | 10 |
| 27 | 30 | 17 |
| 28 | 50 | 28 |
| 29 | 40 | 22 |
| 30 | 30 | 17 |
| 合　计 | 180 | 100 |

2. 组距式变量数列

组距式变量数列是进行组距式分组后形成的变量数列。举例如表 3-14、3-15 所示。

表 3-14　某工业局所属企业工业总产值计划完成情况（等距数列）

| 计划完成程度分组（%） | 企　业　数 | 比重（%） |
|---|---|---|
| 80 ~ 90 | 2 | 7.14 |
| 90 ~ 100 | 4 | 14.29 |
| 100 ~ 110 | 16 | 57.14 |
| 110 ~ 120 | 6 | 21.43 |
| 合计 | 28 | 100 |

表 3-15　某工业局所属企业工业总产值计划完成情况（异距数列）

| 计划完成程度分组（%） | 企　业　数 | 比重（%） |
|---|---|---|
| 100 以下 | 6 | 21.43 |
| 100 ~ 110 | 16 | 57.14 |
| 110 以上 | 6 | 21.43 |
| 合　计 | 28 | 100 |

依据表 3-15 中的数据可计算如下：

第二组的组中值 =（上限 + 下限）÷ 2 =（110% + 100%）÷ 2 = 105%

$$\text{缺下限的最小组的组中值} = \text{上限} - \frac{\text{相邻组的组距}}{2} = 100\% - \frac{110\% - 100\%}{2} = 95\%$$

$$\text{缺上限的最大组的组中值} = \text{下限} + \frac{\text{相邻组的组距}}{2} = 110\% + \frac{110\% - 100\%}{2} = 115\%$$

## 二、变量数列的编制

变量数列的编制步骤如下：

（1）整理数据资料，确定全距。对于一个杂乱无章的原始资料，把标志值按大小顺序排列后所得的最大值与最小值之差就是全距。

（2）确定变量数列的形式。确定变量数列的形式，也就是确定变量数列是编制单项式数列还是组距式数列。

（3）确定组数和组距。对于组数和组距先确定哪一个，不能机械地规定，应视具体情况而定。在编制等距数列的情况下，组数、组距和全距存在下列关系：

$$组数=\frac{全距}{组距}$$

确定组数和组距时，主要考虑如下原则：

① 要尽可能反映出总体单位的分布情况及集中趋势；

② 要尽可能区分出组与组之间性质上的差异。

为计算方便，组距宜取 5 或 10 的倍数；组数的经验数据一般取 5 ~ 9。

（4）确定组限（class limit）。当组距组数确定后，只需划分各组数量界限，便可编制组距数列。一般来讲，组限应是决定事物性质的数量界限，具体划分时应注意以下几点：第一，组限确定应当有利于表现各变量值实际分布的规律性。第二，最小组下限要略低于最小变量值，最大组上限要略高于最大变量值。第三，如果变量值相对集中，无特大或特小极端值时，则采用闭口式；反之，如果变量值相对比较分散时，则采用开口式。

对于连续型变量，划分组限时相邻组限必须重合。对越高越好的现象，习惯上规定各组不包括其上限变量值的单位，即所谓“上组限不在内”的原则；对越低越好的现象，习惯上规定各组要包括其上限变量值的单位，即所谓“上组限在内”原则。对于离散型变量，划分组限时相邻组限必须间断。但是，应当指出，在实际工作中，为了保证不重复、不遗漏总体单位，对于离散型变量也常常采用连续型变量的组限表示方法。

（5）编制变量数列。确定上述要素以后，就可以把变量值归类排列，最后把各组单位数综合后填入相应的各组次数栏中。

**【例 3-1】** 某单位 30 个职工的月基本工资额（单位：元）原始资料如下，试编制其变量数列。

| | | | | | |
|---|---|---|---|---|---|
| 2 120.00 | 1 680.00 | 2 200.00 | 1 820.00 | 2 180.00 | 1 820.00 |
| 2 220.00 | 2 140.00 | 1 980.00 | 1 880.00 | 2 380.00 | 1 740.00 |
| 2 360.00 | 1 940.00 | 2 060.00 | 2 120.00 | 1 700.00 | 2 120.00 |
| 2 020.00 | 2 100.00 | 1 920.00 | 2 100.00 | 2 140.00 | 2 420.00 |
| 2 100.00 | 1 900.00 | 2 120.00 | 2 560.00 | 2 220.00 | 2 020.00 |

**解** 第一步：将原始资料按大小顺序排列，并计算全距。

| | | | | | |
|---|---|---|---|---|---|
| 1 680.00 | 1 700.00 | 1 740.00 | 1 820.00 | 1 820.00 | 1 880.00 |
| 1 900.00 | 1 920.00 | 1 940.00 | 1 980.00 | 2 020.00 | 2 020.00 |
| 2 060.00 | 2 100.00 | 2 100.00 | 2 100.00 | 2 120.00 | 2 120.00 |

| | | | | | |
|---|---|---|---|---|---|
| 2 120.00 | 2 120.00 | 2 140.00 | 2 140.00 | 2 180.00 | 2 200.00 |
| 2 220.00 | 2 220.00 | 2 360.00 | 2 380.00 | 2 420.00 | 2 560.00 |

$$全距 = 2\ 560.00 - 1\ 680.00 = 880.00$$

第二步：确定变量数列的形式。根据数据特征，本例确定编制组距式变量数列。

第三步：确定组数与组距。根据本例资料情况，确定划分 5 个组，每组的组距为 200 元，这样，可以将原始资料编制成变量数列，如表 3-16 所示。

表 3-16　某单位职工月工资额情况

| 月工资额（元） | 职工人数 | 比率（%） |
|---|---|---|
| 1 600 ~ 1 800 | 3 | 10 |
| 1 800 ~ 2 000 | 7 | 23.3 |
| 2 000 ~ 2 200 | 13 | 43.3 |
| 2 200 ~ 2 400 | 5 | 16.7 |
| 2 400 ~ 2 600 | 2 | 6.7 |
| 合　计 | 30 | 100 |

## 三、累计频数与累计频率

有时为了更简便地概括总体各单位的分布特征，还需要编制累计频数数列和累计频率数列。累计有向上累计和向下累计的方法。向上累计是指将各组频数和频率由变量值低的组向变量值高的组累计，表明在这些数值以下所有数值所占的比重；向下累计是指将各组频数和频率，由变量值高的组向变量值低的组累计，表明在这些数值以上所有数值所占的比重。

例如，某专业某班学生统计学考试成绩的累计分布，如表 3-17 所示。

表 3-17　某班学生统计学考试成绩累计分布

| 考　分 | 次　数 | | 向上累计 | | 向下累计 | |
|---|---|---|---|---|---|---|
| | 人数 | 比率（%） | 人数 | 比率/% | 人数 | 比率（%） |
| 50 ~ 60 | 2 | 5 | 2 | 5 | 40 | 100 |
| 60 ~ 70 | 7 | 17.5 | 9 | 22 | 38 | 95 |
| 70 ~ 80 | 11 | 27.5 | 20 | 50 | 31 | 77.5 |
| 80 ~ 90 | 12 | 30 | 32 | 80 | 20 | 50 |
| 90 ~ 100 | 8 | 20 | 40 | 100 | 8 | 20 |
| 合　计 | 40 | 100 | — | — | — | — |

累计次数的特点是：同一数值的向上累计和向下累计次数之和等于总体总次数，而累计比率之和等于 1（或 100%）。表 3-17 资料表明：80 分以下累计为 20 人，比率为 50%；80 分以上累计为 20 人，比率为 50%。两个累计人数之和等于总体的 40 人，两个累计比率之和等于 100%。

由此可见，累计频数和累计频率可以更简便地概括总体各单位的分布特征。

## 四、次数分布的主要类型

由于社会经济现象性质的不同，各种统计总体都有不同的次数分布，从而形成了各种不同类型的分布特征。各种不同性质的社会现象的次数分布归纳起来主要有三种类型：钟型分布，U 型分布，J 型分布。

1. 钟型分布

钟型分布的特征是：“两头小，中间大”，即靠近中间的变量值分布的次数多，靠近两端的变量值分布的次数少。其分布曲线宛如一口古钟，如图 3-1 所示。

钟型分布可分为以下两种：

（1）对称分布。其特征是：中间变量值分布的次数最多，两侧变量值分布的次数随着与中间变量值距离的增大而渐次减少，并且围绕中心变量值两侧呈对称分布。一般次数分布呈正态分布曲线，正态分布是最重要的对称分布。

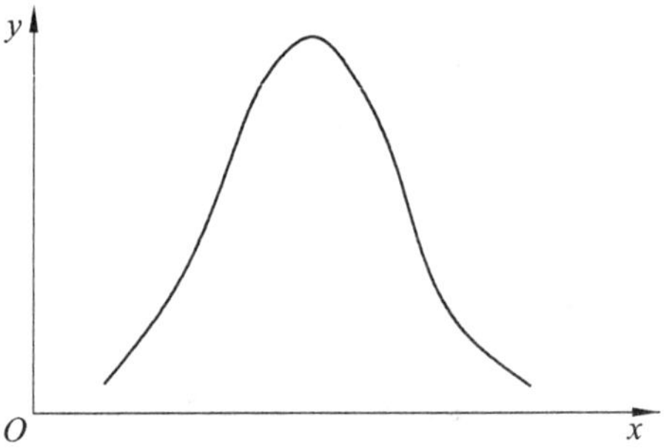

图 3-1　钟型分布曲线

（2）偏态分布。其特征是：中间变量值分布的次数最多，两侧变量值分布的次数逐渐减少，但两侧减少的速度快慢不同，致使分布曲线向某一方向偏斜。分布曲线偏斜分两种情况：① 右偏（上偏）。当变量值存在极大值时，次数分布曲线就会向右延伸，这种分布称右偏型分布。② 左偏（下偏）。当变量值存在极小值时，次数分布曲线就会向左延伸，这种分布称左偏型分布。

有许多社会经济现象是属于钟型分布的。例如，农作物亩产量、市场产品价格、学生的成绩、职工的工资等现象都属于上述两种钟型分布。

2. U 型分布

U 型分布的特征是：“两头大，中间小”，即靠近中间的变量值分布的次数少，靠近两端的变量值分布的次数多。其分布曲线像英文字母“U”，如图 3-2 所示。

在社会经济现象中，比如，按不同年龄的死亡率的分布，就表现为 U 型分布。据科学分析，在人口总体中，0～4 岁死亡率最高，5 岁起下降，10～14 岁达到最低，15 岁起死亡率又缓慢上升，50 岁后显著增快，60 岁以上达最高，其分布呈 U 型。

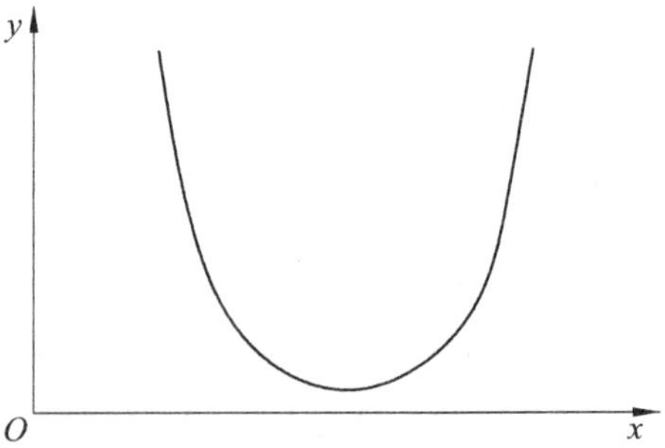

图 3-2　U 型分布曲线图

3. J 型分布

J 型分布的特征是：“一边小，一边大”，即大部分变量值集中分布在某一端，分布曲线图像英文字母“J”。J 型分布有正 J 型分布和反 J 型分布两种类型，分别如图 3-3 和图 3-4 所示。

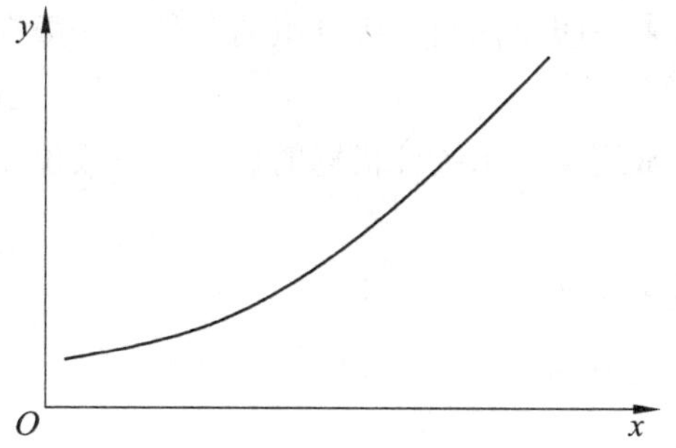


图 3-3　正 J 型分布曲线

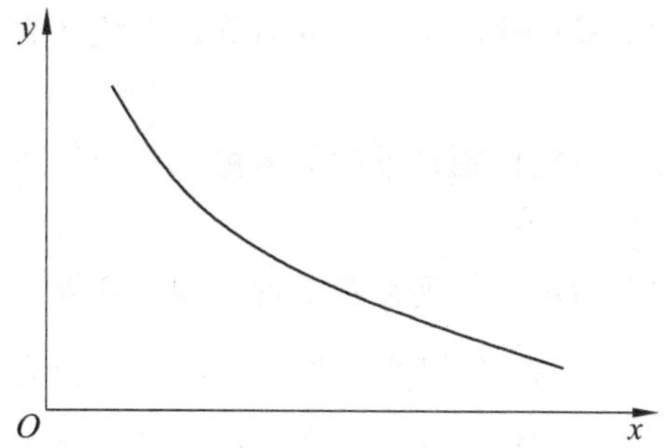


图 3-4　反 J 型分布曲线

图 3-3 是次数随着变量值的增大而增多，如供给量按市场价格高低分布（供给曲线）；图 3-4 是次数随着变量值的增大而减少，使得图形变为倒 J 型，如需求量按市场价格高低分布（需求曲线）。

## 第四节　统计表与统计图

统计表和统计图是显示统计数据的两种基本方式。一般来说，当数据资料较少时，可以用罗列统计数据的简单办法来展示统计数据；但当数据资料较多时，仍用简单罗列的形式来表达，就会显得连篇累牍，不便阅读，且难以进行数据间的比较。若采用统计表和统计图的形式表达，就会使那些枯燥的数据变得直观而生动。在日常生活中，阅读报纸杂志，或在电视、计算机网络上，常能看到大量的统计数据用统计表格和统计图形显示。正确使用统计表和统计图是做好统计分析的最基本的技能。

### 一、统计表

#### （一）统计表的概念

统计表（statistical table）是以纵横交叉的线条所绘制的表格来表现统计数据的一种形式。广义的统计表包括统计工作各阶段中所用的一切表格。狭义的统计表专指分析表和容纳各种统计数据的表格，也就是通常所说的统计表。它清楚地、有条理地显示统计数据，直观地反映统计分布特征。在实际工作中，利用统计表可以从各方面进行比较、分析和研究社会现象的数量表现，是统计分析的一种重要工具。

统计表的主要优点：能够使统计数据的表现条理化、系统化、标准化，使人们在阅读时一目了然；能够合理地、科学地组织统计数据，便于对比分析，以研究现象的规模、速度和比例关系等。

#### （二）统计表的构成

1. 统计表从形式上看，由总标题、横行标题、纵栏标题和指标数值四部分组成

（1）总标题是统计表的名称，用以概括说明统计表中所反映的统计数据的内容，一般位于表的上端正中央。

（2）横行标题是横行的名称，在统计表中用来说明总体及其各分组的名称，一般在表的左方。

（3）纵栏标题是纵栏的名称，在统计表中通常用来表示统计指标的名称，一般位于表的上方。

（4）指标数值列在各横行标题与各纵栏标题交叉处。

2. 统计表从内容上看，由主词栏和宾词栏两部分组成

（1）主词栏是统计表所要说明的总体及其分组。

（2）宾词栏是统计表用来说明总体数量特征的各个统计指标，如表 3-18 所示。

主词一般列在表的左方，宾词一般列在表的右方。必要时，主宾词可以变换位置。

此外，必要时可在统计表的下方加上表外附加，主要包括：补充资料、注解、资料来源、填表单位、填表人以及填表日期等。

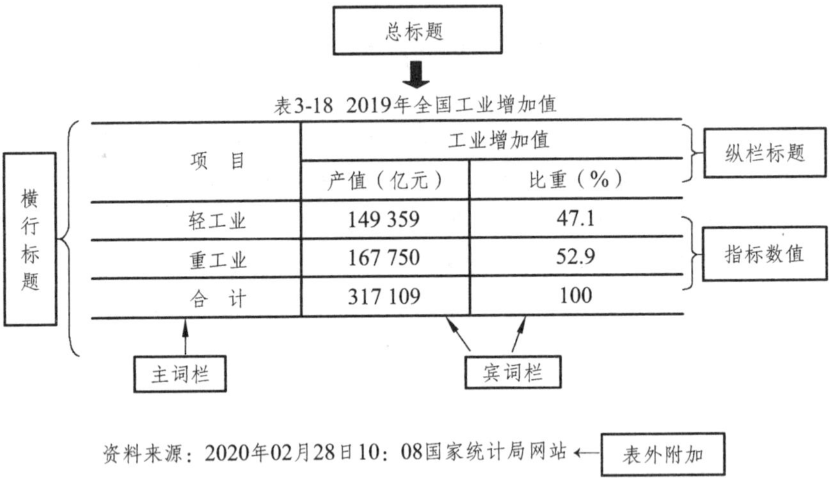


## （三）统计表的分类

统计表按照总体分组情况不同，可分为简单表、分组表和复合表三类。

1. 简单表

简单表是统计总体未经任何分组，仅按时序和空间罗列的统计表，如表 3-19 所示。

表 3-19　2020 年某汽车公司三个生产厂家的汽车产量

| 厂　名 | 合格品数量（万辆） |
|---|---|
| A | 250 |
| B | 380 |
| C | 416 |
| 合　计 | 1 046 |

2. 简单分组表

简单分组表是指统计总体仅按一个标志进行分组的统计表，举例如表 3-20 所示。利用分组表可以揭示不同类型现象的特征，说明现象内部的结构，分析现象之间的相互关系。

表 3-20　某地区工业企业按固定资产原值分组的劳动生产率和固定资产利用率

| 按固定资产原值分组（万元） | 企业数 | 职工人数 | | 人均产值（百元） | 每百元固定资产产值（元） |
|---|---|---|---|---|---|
| | | 人数 | 比重（%） | | |
| 200 以下 | 4 | 1 050 | 23.7 | 70.9 | 121 |
| 200～350 | 5 | 1 870 | 42.1 | 121 | 167 |
| 350～500 | 3 | 1 520 | 34.2 | 175.8 | 222 |
| 合计 | 12 | 4 440 | 100 | 128 | 170 |

3. 复合分组表

复合分组表是指统计总体按两个或两个以上标志进行重叠分组的统计表，举例如表 3-21 所示。复合表能更深刻、更详细地反映客观现象，但使用复合表应恰如其分，并不是分组越细越好。因为复合表中多进行一次分组，组数将成倍增加，分组太细反而不利于研究现象的特征。

表 3-21　2020 年某市工业企业产值和职工人数

| 项目 | | 产值（万元） | 职工人数（人） |
|---|---|---|---|
| 内资企业 | 大型 | 559 750 | 13 800 |
| | 中型 | 868 600 | 45 000 |
| | 小型 | 254 200 | 10 050 |
| 外资企业 | 大型 | 197 300 | 7 500 |
| | 中型 | 189 200 | 10 400 |
| | 小型 | 124 400 | 4 500 |
| 合计 | | 2 193 450 | 91 250 |

（四）统计表编制的一般规则

统计表表述资料总体上应力求做到科学、实用、简练、美观，便于人们阅读、比较和分析。编制时应具体注意以下规则：

（1）统计表的各种标题，特别是总标题的表达，应十分简明、确切、概括地反映表的基本内容。总标题还应该标明资料所属的时间和地点。

（2）表中主词各行和宾词各栏，一般应按先局部后整体的原则排列，即先列各个项目，后列总体。若无必要列出所有项目时，就要先列总体，后列其中一部分重要项目。

（3）表中必须注明数字资料的计量单位。当全表只有一种计算单位时就写在表的右上方。若有多种计量单位时，横行的计量单位，可以专设“计量单位”一栏，纵栏的计量单位，要与纵栏标目写在一起，用小字标写。

（4）表中数字上下位置要对齐。遇有相同数字应照写，不能用“同上”“同左”字样。无数字的空格，用符号“—”表示；当缺乏某项资料时，用符号“……”表示，以免使人误为漏项，表内还应列出合计数，便于核对和应用。

（5）统计表的表式，一般是开口式，即表的左右两端不画纵线，表的上下通常用粗线封口。对于栏数较多的统计表，通常加以编号。主词栏和计量单位栏用甲、乙等文字标明；宾词栏各栏用（1）、（2）、（3）等标明栏号。

（6）必要时，统计表应加以注解，连同数字的资料来源等一并写在表的下端。

## 二、统计图

### （一）统计图的概念

统计图是应用点、线、面、体、色彩等绘制的，表示统计数据数量关系及其变动情况的几何图形或形象图形。它是统计描述的重要工具，具有直观、形象、生动、具体等特点。因此，许多统计软件均提供了强大的统计制图功能。

### （二）统计图的意义

统计图是利用统计数据绘制成几何图形或形象图，来说明现象的数量方面。它与统计表一样，可以从数量方面反映出研究对象的规模、水平、结构和发展趋势，同时还能显示现象间的对比和依存关系，检查计划的执行情况以及说明现象在空间上的分布情况。绘制统计图也是统计整理的一项重要内容。

统计图作为表现统计数据的一种重要方法，不仅使统计数据鲜明醒目、生动活泼，而且使其具体、形象，使人一目了然地看出数量变化的特征和规律。所以，统计图是进行宣传教育的有效工具，也是进行统计分析、加强经营管理的一种重要手段。

### （三）几种常用的统计图

1. 柱形图和条形图

柱形图是使用最为普遍的统计图形。条形图即横向绘制的柱形图，它是用宽度相同的直条的高度或长短来表示数据多少的图形。

条形图的用途很广，它可以用于同一指标数值在不同的国家、地区或不同企业、部门之间的比较，也可以反映同类指标数值在不同时间上的发展变化，还可以进行实际指标数值与计划指标数值的对比。根据表现资料的内容看，可分为简单条形图、对比条形图和结构条形图。例如，某地区 2012—2018 年间社会固定资产投资情况如表 3-22 所示，将其绘制成柱形图和条形图，分别如图 3-5 和图 3-6 所示。

表 3-22　某地区 2012—2018 年间社会固定资产投资情况表

| 年份 | 2012 | 2013 | 2014 | 2015 | 2016 | 2017 | 2018 | 2019 |
|---|---|---|---|---|---|---|---|---|
| 投资（亿元） | 37 213.5 | 43 499.9 | 55 566.6 | 70 477.4 | 88 773.6 | 109 998.2 | 137 323.9 | 172 828.4 |

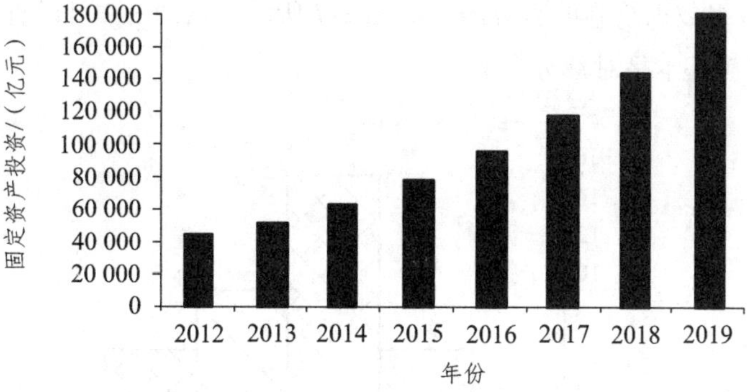


图 3-5　某地区 2012—2019 年社会固定资产投资柱状图

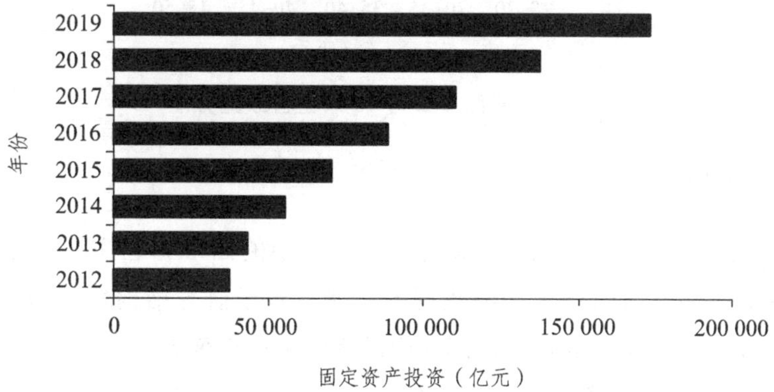


图 3-6　某地区 2012—2019 年社会固定资产投资条形图

2. 直方图

直方图是用于展示分组数据分布的一种图形，它是用矩形的宽度和高度（即面积）来表示频数分布的，是分析总体数据分布特征最有用的工具之一。绘制该图时，在平面直角坐标系中，用横轴表示数据分组，用纵轴表示频数或频率。这样，各组与相应的频数就形成了一个矩形，即直方图。与条形图中各直条分开排列不同的是，直方图的各矩形通常是连续排列的，因此直方图主要用于展示连续性的数值型数据的分布特征和规律。

【例 3–2】 表 3-23 是某百货公司连续 40 天的商品销售额的分组数据，试绘制直方图。

表 3-23　某百货公司 40 天商品销售额频数分布

| 日销售额（万元） | 天　数 |
|---|---|
| 25 ~ 30 | 4 |
| 30 ~ 35 | 6 |
| 35 ~ 40 | 15 |
| 40 ~ 45 | 9 |
| 45 ~ 50 | 6 |
| 合　计 | 40 |

根据表 3-23 分组数据绘制的直方图，如图 3-7 所示。从图 3-7 可以直观地看出，该百货公司的商品日销售额基本呈对称分布。

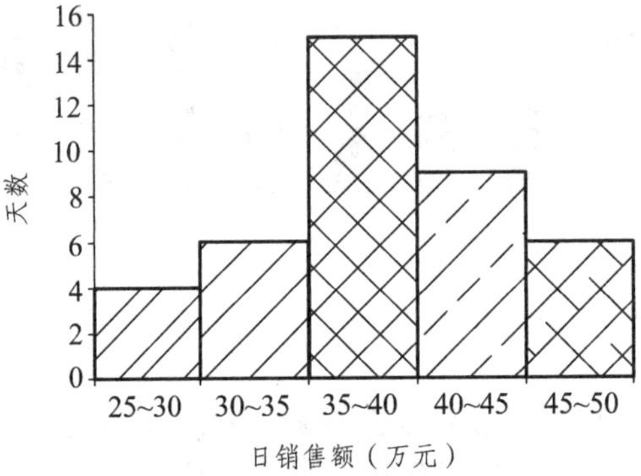


图 3-7　某百货公司 40 天销售额直方图

3. 饼图和环形图

饼图是用圆形及圆内扇形的角度来表示数值大小的图形，它主要用于表示一个样本（或总体）中各组成部分的数据占全部数据的比例，对于研究结构性问题十分有用。在绘制饼图时，样本中各部分所占的百分比用圆内的各个扇形角度表示。这些扇形的中心角度，是按各部分占 360°的相应百分比确定的。例如，根据表 3-23 中的数据绘制的饼图如图 3-8 所示。

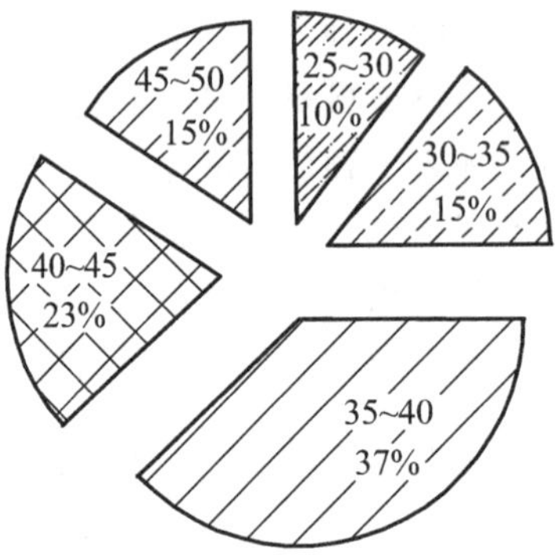


图 3-8　某百货公司 40 天不同日销售额构成饼图

环形图与饼图相类似，但又有区别。环形图中间有一个“空洞”，样本或总体中的每一部分数据用环中的一段表示。饼图只能显示一个样本或总体各部分所占的比例，而环形图则可以同时绘制多个样本或总体的数据系列，每一个样本或总体的数据系列为一个环。因此，环形图可显示多个样本或总体各部分所占的相应比例，从而有利于比较研究。

**【例 3–3】** 甲、乙两个班各有 40 名学生，期末统计学考试成绩的分布如表 3-24 所示。

表 3-24　甲、乙两个班学生期末统计学考试成绩分布

| 考试成绩 | 甲班 | | 乙班 | |
|---|---|---|---|---|
| | 人数 | 百分比（%） | 人数 | 百分比（%） |
| 优 | 3 | 7.50 | 6 | 15.00 |
| 良 | 6 | 15.00 | 15 | 37.50 |
| 中 | 18 | 45.00 | 9 | 22.50 |
| 及格 | 9 | 22.50 | 8 | 20.00 |
| 不及格 | 4 | 10.00 | 2 | 5.00 |
| 合计 | 40 | 100.00 | 40 | 100.00 |

根据表 3-24 的数据绘制两个班级学生考试成绩的环形图，如图 3-9 所示。

由图 3-9 显示,外边的一个环表示的是甲班学生统计学考试成绩评分各等级所占的百分比，里边的一个环则为乙班学生统计学考试成绩评分各等级所占的百分比。

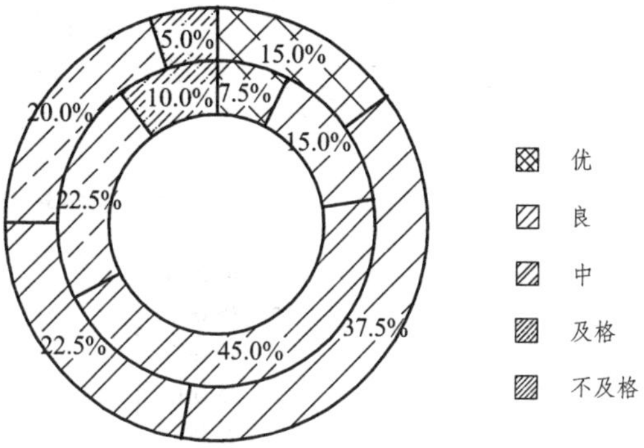


图 3-9　甲、乙两个班学生期末统计学考试成绩分布

4. 折线图

折线图经常用来描述时间序列数据，主要用于反映现象随时间变化的特征。

绘制折线图时，一般时间绘在横轴，观测值绘在纵轴。一般应绘成横轴略大于纵轴的长方形，其长宽比例大致为 10∶7。图形过扁或过于瘦高，不仅不美观，而且会给人造成视觉上的错觉，不便于对数据变化的理解。一般情况下，纵轴下端应从“0”开始，以便于比较。数据与“0”之间的间距过大，可采取折断的符号将纵轴折断。

【例 3-4】 已知 2009—2020 年某地区城镇居民人均可支配收入数据（见表 3-25），试绘制折线图。

表 3-25　2009—2020 年某地区城镇居民人均可支配收入

| 年　份 | 人均可支配收入（元） | 年　份 | 人均可支配收入（元） |
|---|---|---|---|
| 2009 | 10 320 | 2015 | 16 944 |
| 2010 | 10 850 | 2016 | 18 844 |
| 2011 | 11 708 | 2017 | 20 986 |
| 2012 | 12 560 | 2018 | 23 518 |
| 2013 | 13 720 | 2019 | 27 572 |
| 2014 | 15 460 | 2020 | 31 562 |

图 3-10 和图 3-11 都是反映我国城镇居民人均可支配收入增长情况的折线图，但由于对坐标轴比例选取的不同，可以使人产生两种完全不同的印象。

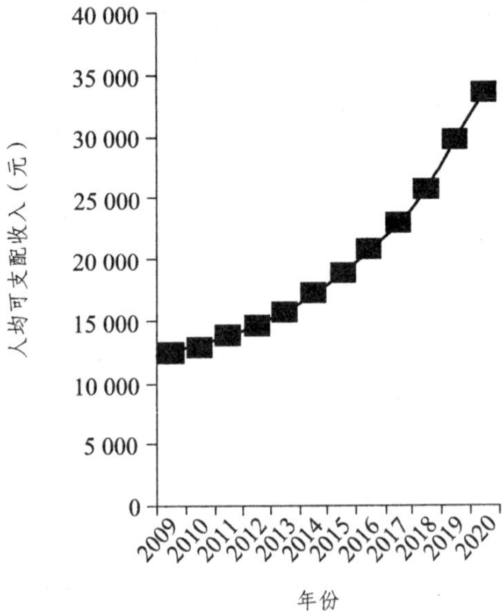


图 3-10　过分压缩了 $x$ 轴

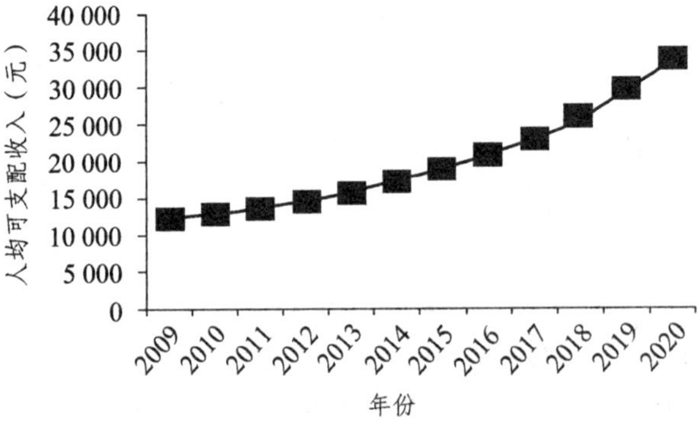


图 3-11　过分压缩了 $y$ 轴

## 【本章小结】

统计整理就是按照统计研究的目的和要求，对所收集的原始资料进行分组、汇总，使资料条理化、系统化的工作过程。对已整理过的初级资料进行再整理，也属于统计整理。其基本步骤是：设计和编制统计整理方案；对调查得来的原始资料进行审核；按照一定的组织方式和方法对原始资料进行分组、汇总和计算；对整理好的统计数据再次进行审核，改正在汇总过程中产生的各种差错；将汇总整理的结果编制成统计表或绘制成统计图。

统计分组是统计整理的关键。它是指根据事物内在的特点和统计研究的需要将统计总体按照一定的标志区分为若干组成部分的一种统计方法。统计分组的作用在于：（1）划分现象的类型；（2）反映总体的内部结构；（3）揭示现象之间的依存关系。统计分组必须遵循三个原则：组内同质、组间差异原则、穷尽原则和互斥原则。统计分组关键的问题在于选择分组标志和划分各组界限，而选择分组标志则是统计分组的核心问题。统计分组方法有按品质标志分组方法和按数量标志分组方法之分。

在统计分组的基础上，将总体中所有单位按组归类整理，形成总体中各单位数在各组间的分配，叫作次数分布。分配数列有两个构成要素：（1）总体按某一标志所分的组；（2）各组所出现的单位数，亦称频数。各组频数与总体单位数之比是频率。频率的数值介于 0 和 1 之间，各组频率之和等于 1（或 100%）。为消除异距分组组距大小不同的影响，必须计算频数（频率）密度。累计频数（频率）分为向上累计和向下累计。频数分布的类型主要有：钟型分布、U 型分布和 J 型分布。

统计表和统计图是显示统计数据的两种基本方式。

统计表是以纵横交叉的线条所绘制的表格来表现统计数据的一种形式。从形式上看，统计表由总标题、横行标题、纵栏标题和指标数值 4 部分组成；从内容上看，统计表由主词栏和宾词栏两部分组成。此外，必要时可在统计表的下方加上表外附加，主要包括：补充资料、注解、资料来源、填表单位、填表人以及填表日期等。统计表设计总的要求是：科学、实用、简练、美观。

统计图是应用点、线、面、体、色彩等绘制的，表示统计数据数量关系及其变动情况的几何图形或形象图形。它是统计描述的重要工具，具有直观、形象、生动、具体等特点。常用的统计图主要有：柱形图和条形图、直方图、饼图和环形图、折线图和面积图等。

## 【本章案例】

### ××汽车配件厂某月生产情况的统计整理

××汽车配件厂生产若干种汽车零件，共有一线生产工人 600 人，厂部决定生产工人的劳动报酬由基础工资和奖金相加而成。基础工资为每人月薪 1 800 元，奖金则按工人生产产量分为 5 档，高档为 3 200 元，以下依次为 2 800 元、2 500 元、2 300 元和 2 000 元。该厂某月职工生产量资料如下：

| | | | | | | | | | |
|---|---|---|---|---|---|---|---|---|---|
| 851 | 901 | 800 | 914 | 991 | 827 | 909 | 904 | 891 | 996 |
| 886 | 928 | 999 | 946 | 950 | 864 | 1 049 | 927 | 949 | 852 |
| 948 | 991 | 948 | 867 | 988 | 849 | 958 | 934 | 1 000 | 878 |
| 756 | 765 | 778 | 1 108 | 1 112 | 789 | 1 095 | 1 087 | 794 | 798 |
| 1 008 | 1 123 | 1 110 | 1 080 | 788 | 745 | 868 | 866 | 918 | 925 |
| 790 | 780 | 1 058 | 1 142 | 1 060 | 1 136 | 1 080 | 780 | 820 | 930 |

统计工作人员资料整理如表 3-26 所示。

表 3-26　某厂生产工人月生产量统计

| 月生产量分组（件） | 工人人数 |
|---|---|
| 800 以下 | 110 |
| 800 ~ 900 | 130 |
| 900 ~ 1 000 | 210 |
| 1 000 ~ 1 100 | 90 |
| 1 100 以上 | 60 |
| 合　计 | 600 |

统计人员将资料整理结果报厂长办公室后，厂部即按生产产量的五个组来决定奖金的档次。产量在 1 100 件以上的为最高档，以下依次类推。奖金发放后，一线工人大部分认为用这种方法决定工人的奖金额简单易行，且比较公平，能够接受；但另一部分工人则认为，该方法简单易行是其优点，但不够公平，需要改进。

●案例问题

1. 本案例中，工厂统计人员在整理工人生产量资料过程中运用了哪些统计学知识？
2. 本例是何种形式的统计分组？次数分布的特征属哪种类型？
3. 为什么有的工人认为比较公平，而有的工人则认为不够公平？

## 思考与练习题

### 一、单项选择题

1. 统计整理是（　　）。
   A. 统计分析的前提，统计调查的继续
   B. 统计研究的初始阶段
   C. 统计研究的最终阶段
   D. 统计调查的前提，统计分析的继续
2. 统计整理的资料（　　）。
   A. 只包括原始资料
   B. 只包括次级资料
   C. 包括原始资料和次级资料
   D. 是统计分析的结果
3. 统计分组的关键在于（　　）。
   A. 正确选择分组标志
   B. 正确确定组限与组数
   C. 正确划分分组界限
   D. 正确选择分组数列的类型
4. 分组标志一经选定（　　）。
   A. 就掩盖了总体在此标志下的性质差异
   B. 就突出了总体在此标志下的性质差异
   C. 就突出了总体在其他标志下的性质差异
   D. 就使得总体内部的差异消失了

5. 按某一标志分组的结果表现为（　　）。

A. 组内差异性，组间差异性　　B. 组内同质性，组间差异性

C. 组内同质性，组间同质性　　D. 组内差异性，组间同质性

6. 简单分组与复合分组的区别在于（　　）。

A. 总体的复杂程度不同　　B. 选择分组标志的性质不同

C. 组数的多少不同　　D. 选择分组标志的数量多少不同

7. 复合分组是（　　）。

A. 用同一标志对两个或两个以上的总体层叠起来进行分组

B. 对某一总体选择一个复杂的标志进行分组

C. 对同一总体选择两个或两个以上的标志层叠起来进行分组

D. 对同一总体选择两个或两个以上的标志并列起来进行分组

8. 采用两个或两个以上标志重叠起来对社会经济现象总体分组的统计方法是（　　）。

A. 品质分组　　B. 复合分组　　C. 混合分组　　D. 变量分组

9. 企业按资产总额分组（　　）。

A. 只能使用单项式分组

B. 只能使用组距式分组

C. 可以用单项式分组，也可以用组距式分组

D. 无法分组

10. 在全距一定的情况下，组距大小与组数多少成（　　）。

A. 正比例关系　　B. 反比例关系

C. 有时正比例关系，有时反比例关系　　D. 无比例关系

11. 在分组时，凡遇到某单位的标志值刚好等于相邻两组上下限数值时，一般是（　　）。

A. 将此值归入上限所在组　　B. 将此值归入下限所在组

C. 此值归入两组均可　　D. 另立一组

12. 划分连续变量的组限时，相邻的组限必须（　　）。

A. 重叠　　B. 相近　　C. 不等　　D. 间断

13. 某连续变量分组数列，其末组为开口组，下限为 500；又知其邻组的组中值为 480，则末组的组中值为（　　）。

A. 520　　B. 510　　C. 500　　D. 490

14. 按组距式分组（　　）。

A. 不会使资料的真实性受到损害　　B. 会增强资料的真实性

C. 会使资料的真实性受到一定的影响　　D. 所得资料是虚假的

15. 次数分配数列是（　　）。

A. 按数量标志分组形成的数列

B. 按品质标志分组形成的数列

C. 按统计指标分组所形成的数列

D. 按数量标志和品质标志分组所形成的数列

16. 一般情况下，按成绩分组的学生人数表现为（　　）。

A. 钟形分布　　B. U 型分布　　C. J 型分布　　D. 统计分布

17. 次数分布的类型主要决定于（　　）。

A. 统计总体所处的条件　　B. 社会经济现象本身的性质

C. 分组标志的选择　　D. 影响次数分布的要素

18. 将某地区国有企业按利润计划完成程度分为以下四组，正确的是（　　）。

A. 第一种 80%～89%　90%～99%　100%～109%　110%以上　110.1%以上

B. 第二种 80%以下　80.1%～90%　90.1%～100%　100%～110%　110%以上

C. 第三种 80%以下　80%～90%　90%～100%　100%～110%　110%以上

D. 第四种 85%以下　85%～95%　95%～105%　105%～115%

## 二、多项选择题

1. 统计整理是（　　）。

A. 统计调查的继续　　B. 统计设计的继续　　C. 统计调查的基础

D. 统计分析的前提　　E. 统计分析的基础

2. 统计分组是（　　）。

A. 在统计总体内进行的一种定性分类

B. 在统计总体内进行的一种定量分类

C. 将同一总体区分为不同性质的组

D. 将不同的总体划分为性质不同的组

E. 把总体划分为一个个性质不同的、范围更小的总体

3. 统计分组的作用是（　　）。

A. 划分社会经济类型　　B. 说明总体的基本情况

C. 研究同质总体的结构　　D. 说明总体单位的特征

E. 分析被研究现象总体诸标志之间的联系和依存关系

4. 对变量值进行组距式分组，则（　　）。

A. 各组分配的规律性更容易显示出来

B. 掩盖了各组分配的规律性

C. 如组数过多，分组过细，容易将不同性质的单位划分到同一组

D. 如组数过少，容易将属于同类的单位划分到不同的组

E. 组数的确定，应根据资料的经济内容与标志值的分散程度而定

5. 在组距数列中，组中值是（　　）。

A. 上限和下限之间的中点数值

B. 用来代表各组标志值的平均水平

C. 在开口式分组中无法确定

D. 在开口式分组中，可以参照相邻组的组距来确定

E. 就是组平均数

6. 在等距数列中，组距的大小与（　　）。

A. 总体单位的多少成正比　　B. 组数的多少成正比　　C. 组数的多少成反比

D. 全距的大小成反比　　E. 全距的大小成正比

7. 组距数列中，影响各组次数分布的要素是（　　）。

A. 总体单位数的多少　　B. 变量值的大小　　C. 组距

D. 组限　　E. 组数

8. 在次数分配数列中（　　）。

A. 总次数一定，频数和频率成反比

B. 各组的频数之和等于 100

C. 各组频率大于 0，频率之和等于 1

D. 频率又称为次数

E. 频率越小，则该组的标志值所起的作用越小

9. 统计表按主词是否分组及分组的程度，可分为（　　）。

A. 简单表　　B. 一览表　　C. 简单分组表

D. 单一表　　E. 复合分组表

10. 次数分配数列（　　）。

A. 由总体按某标志所分的组和各组对应的单位数两个因素构成

B. 由组距和组数、组限和组中值构成的

C. 包括品质分配数列和变量数列两种

D. 可以用图表形式表现

E. 可以表明总体结构和分布特征

## 三、判断题

1. 统计分组就是依据各不相同的分组标志对总体进行划分。（　　）

2. 按一个标志进行的分组是简单分组，按多个标志进行的分组是复合分组。（　　）

3. 进行组距分组时，当标志值刚好等于相邻两组上下限数值时，一般把此值归并在作为上限的那一组。（　　）

4. 连续型标志变量的分组，只能是组距式的。（　　）

5. 按两个或两个以上标志进行的分组称为复合分组。（　　）

6. 在组距数列中，开口组与闭口组求组中值的公式是相同的。（　　）

7. 统计表的主词栏用以说明总体各种统计指标。（　　）

8. 由于离散型变量不能用小数表示，因此只能以单项数列来表现资料。（　　）

9. 统计分组的关键问题是确定组距和组数。（　　）

10. 统计资料的表达方式有统计表和统计图，由于统计图形象生动，因此，统计资料的表达主要是统计图而非统计表。（　　）

## 四、简答题

1. 什么是统计分组？统计分组的形式和作用是什么？

2. 单项式分组和组距式分组的运用条件是什么？

3. 为什么说统计分组的关键在于分组标志的选择？

4. 什么是统计分布？它包括哪两个要素？

5. 统计表在结构与内容上包括哪几个方面？

## 五、计算题

1. 某车间 30 个工人看管机器数量的资料如下：

| | | | | | | | | | | | | | | |
|---|---|---|---|---|---|---|---|---|---|---|---|---|---|---|
| 5 | 4 | 2 | 4 | 3 | 4 | 3 | 4 | 4 | 5 | 4 | 3 | 4 | 2 | 6 |
| 4 | 4 | 2 | 5 | 3 | 4 | 5 | 3 | 2 | 4 | 3 | 6 | 3 | 5 | 4 |

根据以上资料编制变量分配数列。

2. 某班 40 名学生统计学考试成绩为：

| | | | | | | | | | |
|---|---|---|---|---|---|---|---|---|---|
| 68 | 89 | 88 | 84 | 86 | 87 | 75 | 73 | 72 | 68 |
| 75 | 82 | 97 | 58 | 81 | 54 | 79 | 76 | 95 | 76 |
| 71 | 60 | 90 | 65 | 76 | 72 | 76 | 85 | 89 | 92 |
| 64 | 57 | 83 | 81 | 78 | 77 | 72 | 61 | 70 | 81 |

学校规定：60 分以下为不及格，60 ~ 70 分为及格，70 ~ 80 分为中，80 ~ 90 分为良，90 ~ 100 分为优。要求：

（1）将该班学生按成绩分为不及格、及格、中、良、优五组，编制一张次数分配表。

（2）指出分组标志及类型、分组方法的类型，并分析本班学生考试情况。

# 统计分析指标

第四章

重点与难点提示

统计分析指标是反映和分析社会经济现象总体数量特征的综合统计指标，其表现形式有三种：总量指标（绝对数指标）、相对数指标和平均数指标。变异指标则是平均数指标的补充。本章的重点是：

（1）总量指标的概念与分类；

（2）相对数指标的概念、分类及计算方法；

（3）平均数指标的概念和作用，加权算术平均数、加权调和平均数与简单几何平均数的计算；

（4）中位数、众数的概念与计算；

（5）标志变异指标的概念和作用，标准差及标准差系数的概念与计算方法。

学习时要特别注意加权算术平均数、加权调和平均数、标准差及标准差系数的计算与应用，这是本章的难点。

## 第一节 总量指标

### 一、总量指标的概念和作用

#### （一）总量指标的概念

总量指标（total amount indicator）是反映社会经济现象在一定时间、地点、条件下的总体规模或水平的统计指标。它的数值表现是绝对数，因此也称为统计绝对数（absolute amount）。例如，一个国家（或地区、部门）在一定时间上的人口总数、土地面积、国内生产总值等，都是总量指标。

#### （二）总量指标的作用

总量指标是统计指标中最基本的指标，在实际统计工作中应用十分广泛。

1. 总量指标可以反映一个国家、地区、部门或单位的基本情况

总量指标常用来反映一个国家的国情、国力和生产建设成果，也是反映某地区、部门、

单位等人、财、物的基本数据。例如，一个国家的国内生产总值、钢铁产量、粮食产量、原煤产量等总量指标，标志着该国的生产水平和经济实力；某企业的职工人数、产品产量、固定资金、工业增加值、利税总额等，可以反映该企业人、财、物的基本状况和生产经营成果。

2. 总量指标是制定政策、编制计划、科学管理的重要依据

无论宏观调控还是微观管理，都必须以反映客观事物的总量指标作为重要的参考依据。例如，一个国家的资源储备量、人口数、生产力水平和消费水平等总量指标是该国资源开发、利用和管理的重要参考依据。再如，城乡居民储蓄存款余额、全社会固定资产投资总额、货币流通量等总量指标是国家制定货币发行量、存贷款利率、存贷款额度、基本建设投资规模等各项金融政策和财政政策的基础。

3. 总量指标是计算相对指标和平均指标的基础

相对指标和平均指标一般是由两个有联系的总量指标数值对比计算出来的，是总量指标的派生指标。因而，总量指标的计算是否正确将会直接影响相对指标和平均指标的准确性。

## 二、总量指标的分类

### （一）总体单位总量和总体标志总量

总量指标按其反映内容的不同，分为总体单位总量和总体标志总量。

总体单位总量（population size total amount）是反映总体中总体单位数目的总量指标；表示总体本身的规模大小，简称为总体总量。如企业数、人口数、商店数等。总体标志总量（population mark total amount）是反映总体中某一数量标志值总和的总量指标，是说明总体特征的总数量，简称为标志总量。如工业总产值、工资总额、利税总额等。

需要指出的是，总体总量和标志总量的地位是随着统计研究目的的不同和研究对象的变动而变化的。当以全体工业企业为总体时，职工人数是标志总量；当以全部职工为总体时，职工人数则是总体总量。明确总体单位总量和总体标志总量，对于计算和区分相对指标、平均指标具有重要意义。

### （二）时期指标和时点指标

总量指标按其反映的时间状况不同，分为时期指标和时点指标。

时期指标（time-period indicator）是反映社会现象在一段时期内发展过程的总数量，如产品产量、工资总额、商品流转额等。时点指标（time-point indicator）是反映现象在某一时刻（瞬间）上的状况的总量指标，如人口数、商品库存量、企业数等。时点指标是表示现象处在某一时刻上的状态，反映非连续变化的现象。

时期指标和时点指标各有不同的特点：

（1）数据获得方式不同。

时期指标是通过连续计数和连续登记取得的，如某商业企业的月商品销售额是通过逐日登记得到的。时点指标是通过一次性计数和登记取得的，如某地区某年末的人口数，某商业企业某月月末的商品库存额等都是间隔一定时间，通过一次性计数和登记取得的。

（2）是否具有可加性。

时期指标可以相加，相加结果表示更长一段时间内事物发展过程的总数量，如每日的商品销售额相加得到某月商品销售额，各月的商品销售额相加得到某年商品销售额。时点指标不可以相加，即各时点指标数值相加无实际意义，如某商业企业各月末商品库存额相加并不等于年末库存额，某地区各年末人口数相加毫无意义。

（3）与时间量纲的关系不同。

时期指标数值的大小与时期长短直接相关，时期越长，指标数值越大；时期越短，指标数值越小。例如，对某一商业企业而言，其年商品销售额必然大于月商品销售额。时点指标数值的大小与时点间隔长短无直接关系。例如，某商业企业年末商品库存额不一定大于月末商品库存额，因为商品库存额的高低只取决于购、销的数量，而与时间间隔的长短无关。

### （三）实物指标、价值指标和劳动量指标

总量指标按其采用的计量单位不同，分为实物指标、价值指标和劳动量指标。

实物指标 （indicator in kind）是根据事物的属性和特点，采用自然的、度量衡的、物理的或化学的计量单位计算的总量指标。如机器以台、粮食以公斤或吨、汽车以辆为单位表示等。实物指标可以直接反映产品的使用价值或现象的具体内容。但是对于属性和计量单位不同的实物指标不能直接汇总，因此无法用实物指标来反映非同类现象的总规模和总水平，而需要以价值指标来反映非同类现象的总规模和总水平。

价值指标（merit indicator）是以货币为单位计算的总量指标。如社会总产值、商品销售额、资金占用额等。价值指标代表一定的社会必要劳动量，具有最广泛的综合性和概括性。但是，价值指标脱离了具体的物质内容，比较抽象，因此，应将价值指标和实物指标结合起来使用，才能全面地认识问题。

劳动量指标（labor indicator）是以劳动时间为单位计算的总量指标。如出勤工日、实际工时等。劳动指标主要在企业范围内使用，是企业编制和检查计划的重要依据。不同类型、不同经营水平的企业的劳动量指标不能直接相比。

## 三、总量指标应用中的问题

正确计算和应用总量指标绝不是一个简单加总的技术问题，要保证所计算的总量指标能正确反映社会经济现象总体的数量特征，就必须遵循以下原则。

1. 科学性

必须以科学的理论来确定总量指标的含义、范围和计算方法。例如，对工业企业数的统计，表面看来是比较简单的，但是首先要明确“工业企业”的含义。只有明确了工业与农业、建筑业等行业的区别，才能准确地统计工业企业数。再如，计算国内生产总值时，不仅要明确国内生产总值是反映常住单位生产活动成果的指标，还要明确常住单位是指一国经济领土内具有经济利益中心的经济单位，并确定经济领土的具体范围和经济利益中心的确切含义。只有这样，才能将国内生产总值与国民生产总值等指标区别开来，明确国内与国外的核算界限以及各种交易量的范围，才能进行准确的统计计算。

2. 可比性

（1）计算和应用总量指标时应注意历史条件变化对指标内容和范围的影响，使不同时期的指标具有可比性，有利于进行动态研究。例如，在研究我国税制改革前后时期的各种税收总量的变化时，就要注意其含义和范围的变化情况。

（2）总量分析应注意经济现象的同类性，只有同类的经济现象才能进行直接的比较分析。

（3）总量分析要注意事物的总体范围是否一致。由于总量指标的大小直接决定着现象的总体范围和规模，所以，在根据总量指标进行比较评价时，要保证相比较现象的总体范围的一致性，否则，就不能使用总量分析。例如，比较一个大型企业与一个小型企业工人的工作情况时，因为企业的规模不同，所以就不能直接比较两个企业的总产量、总产值等总量指标，而采用工人人均产量或劳动生产率等质量指标进行对比更具科学性。

3. 一致性

计算总量指标要注意计算口径、计算方法和计量单位的一致性。不同时期、不同国家（或地区）在计算同一经济现象总量指标时，常会出现计算口径、计算方法不一致的情况。例如，在不同地区或不同系统，常因行政区划分的变动或管理体制的改变，使该地区或系统的人口、土地和各种社会经济指标的计算口径前后不一致。我们在计算这样的总量指标或对它们进行动态分析研究时，就必须将其调整为统一的口径，才能汇总计算，便于对比研究。

## 第二节　相对指标

### 一、相对指标的概念、作用及表现形式

#### （一）相对指标的概念

相对指标（relative indicator）是两个相互联系的指标数值的比值，也叫统计相对数（relative amount）。它用以反映现象的计划完成程度、发展速度、结构、比例、强度和普遍程度等，即

$$\text{相对指标}=\frac{\text{比数}}{\text{基数}} \tag{4-1}$$

例如，将实际完成数与计划数相比，反映计划的完成程度；将不同时间的同类指标数值相比，反映现象的发展速度；将两个性质不同而有联系的同期总量指标数值相比，反映现象的强度、密度和普遍程度等。相对指标在国民经济管理、企业经济活动分析和统计研究中有广泛的应用。

#### （二）相对指标的作用

1. 可以揭示社会经济现象的各种比例关系，深化对事物的认识

我们研究一个总体的数量特征，首先得到的是总量指标，总量指标是我们认识客观事物的基础。但总量指标只能反映现象总的规模、水平的情况，其发展速度是快是慢、是大是小难以看出，而相对指标是把有关指标联系起来进行比较分析，就能把问题的实质和全貌反映

出来。例如，我们可以通过人口总量、男性人口总量、女性人口总量、出生人口数量、死亡人口数量等指标对一个国家的人口规模有基本的认识，但从这些总量中我们无法得知该国人口的性别结构、出生强度、死亡强度、发展速度等数量特征。相对指标就可以回答上述问题，即在总量指标的基础上进行计算，通过各种数量对比形式对总体的数量特征做进一步的描述，是对总体数量特征分析的深化。

2. 可以使原本不便于直接对比的事物具有比较的基础

由于总量指标所代表的事物的性质、规模各不相同，不同的总量指标之间往往无法直接对比。在这种情况下，只有将它们转化为适当的相对指标，才便于对比。例如，有甲、乙两个企业，甲企业生产皮鞋，乙企业生产化妆品，我们不能根据两企业的生产水平直接评价它们经营的好坏。但是，通过产值计划完成程度、产值利润率、产值发展速度等相对指标，就使它们有了共同的比较基础，从而可以相互比较。

3. 相对指标是进行经济管理和绩效评价的重要指标

在经济工作中，许多指标的制定、检查、考核与分析都要利用相对指标，如计划完成程度、产值利润率、产值发展速度、流通费用率等，都要用相对指标的形式下达计划，并进行检查、考核和分析。

### （三）相对指标的表现形式

相对指标有两种表现形式：有名数和无名数，其中多为无名数，只有少数指标用有名数表示。

1. 有名数

有名数是主要用来表现强度相对指标的数值。它是将相对指标中的分子与分母指标的计量单位同时使用，以表明事物的密度、普遍程度和强度等。例如，人口密度用“人/平方公里”表示，人均国内生产总值以“元/人”表示等。

2. 无名数

无名数是一种抽象化的数值，通常有系数、倍数、成数、百分数和千分数等具体形式。

系数和倍数是将对比的基数确定为 1 时计算出来的相对数。将两个指标数值进行对比，当其分子数值与分母数值相差不大时，常用系数表示，如奖金系数、标准实物产量的折合系数等；如果分子数值比分母数值大很多时，则用倍数表示。

成数是将对比的基数确定为 10 时计算出来的相对数，如今年粮食产量比去年增长一成，即增长 1/10。

百分数则是将对比的基数确定为 100 时计算出来的相对数，它是相对数中最常用的一种表现形式，通常以符号“%”表示。如计划完成百分数、物价指数等。当对比的分子数值比分母数值小得多的时候，如人口出生率、死亡率等，宜用千分数表示。而千分数是将对比的基数确定为 1 000 时计算出来的相对数。

## 二、相对指标的分类计算方法

由于研究目的、比较基础不同，相对指标通常分为结构相对指标、比例相对指标、比较相对指标、强度相对指标、计划完成相对指标、动态相对指标等。现将各种相对指标的计算方法介绍如下。

### （一）结构相对指标

结构相对指标（structure relative indicator）是表明总体内部的各个组成部分在总体中所占比重的综合指标，也叫比重指标。其计算公式为：

$$结构相对数=\frac{总体中某部分数值}{总体全部数值}\times 100\% \tag{4-2}$$

结构相对指标的分母一定是总体的指标数值，将总体作为比较基础是结构相对指标计算的特点。其中，总体总量可以是总体单位总量，也可以是总体标志总量。计算结果用百分数或成数表示，各组比重总和等于100%或1。

例如，第七次全国人口普查结果表明：我国大陆31个省、自治区、直辖市和现役军人的人口共141 178万人，其中，汉族人口占总人口的91.11%；各少数民族人口占总人口的8.89%；从性别来看，男性人口占51.24%，女性人口占48.76%。

结构相对指标用以研究总体内各组成部分的分配比重及其变化情况，从而深刻揭示事物各个部分的特殊性质及其在总体中所占有的地位和地位的变化。

反映某一部分占全体比重的结构相对数也叫比率。比率在统计中应用广泛，如产品合格率、废品率、出勤率、缺勤率、设备利用率等。

### （二）比例相对指标

比例相对指标（ration relative indicator）是同一总体内不同组成部分的指标数值对比的结果，用来表明总体内部的比例关系。其计算公式为：

$$比例相对数=\frac{总体中某一部分数值}{总体中另一部分数值} \tag{4-3}$$

比例相对指标通常用百分数、倍数或比例来表示。

例如，我国第七次人口普查中，男女性别比例为105.07∶100。再如，2006年某地区国民经济核算指标中，第一产业生产总值为13 884亿元，第二产业为33 613亿元，第三产业为32 589亿元，其比例关系为1∶2.4∶2.3。

计算比例相对指标对于分析研究国民经济的平衡比例关系、保持国民经济稳定协调发展具有重要意义。而国民经济中客观存在着各种各样的比例关系。例如，物质生产和非物质生产部门的比例关系；社会再生产中生产、流通、分配的比例关系；积累与消费的比例关系；农轻重比例关系；工业、农业、商业、建筑业、货物运输等各部门在总体中的地位和作用。

### （三）比较相对指标

比较相对指标（comparison relative indicator）是不同空间同期同类指标数值的比值，说明某种现象在同一时间内各空间发展的不平衡程度，一般用百分数或倍数表示。其计算公式为：

$$\text{比较相对数}=\frac{\text{甲地区（单位）某类指标数值}}{\text{乙地区（单位）的同类指标数值}} \tag{4-4}$$

式中：分子与分母现象所属统计指标的含义、口径、计算方法和计量单位必须一致。比较相对数一般用百分数或倍数表示。例如，某年有甲、乙两企业同时生产一种性能相同的产品，甲企业工人劳动生产率为 19 307 元，乙企业工人劳动生产率为 27 994 元，则

$$\text{两企业劳动生产率比较相对数}=\frac{19307}{27994}\times 100\%=69\%$$

计算结果说明甲企业劳动生产率比乙企业低 31%（1 – 69% = 31%）。

比较相对数可以用总量指标进行对比，也可以用相对指标和平均指标进行对比。但由于总量指标易受总体范围大小的影响，因此，计算比较相对数时更多地采用相对指标或平均指标。比较相对数的主要作用是对事物发展在不同地区、不同部门或不同单位之间进行比较分析，以反映现象之间的差别程度，找出工作中的差距，从而为提高生产水平和管理水平提供依据。

### （四）强度相对指标

1. 强度相对数的概念

强度相对指标（intensity relative indicator）是两个性质不同而又密切联系的总量指标之间的对比，用来表明现象发展的强度、密度和普遍程度。即

$$\text{强度相对数}=\frac{\text{某一现象总量指标}}{\text{另一性质不同但有密切联系的现象总量指标}} \tag{4-5}$$

例如，2012 年某地区人口数为 2 000 万，其中有大学学历的人数为 120 万，则反映该地区大学学历情况的强度相对数为 6 人/百人。

强度相对数的数值表示有两种方法：（1）一般用复名数表示，如“人/平方公里”“人/百人”等。（2）少数用百分数或千分数表示，如流通费用率用百分数表示，产值利润率、人口自然增长率则用千分数表示。

应该指出，强度相对数虽有“平均”含义，但它不是同质总体的标志总量与总体单位数之比，所以不是平均数。

2. 强度相对数的正逆指标

强度相对数是两个有联系的不同事物的总量指标数值的对比，因此，分子与分母可以互换，这就产生了有些强度相对数有正指标和逆指标之分。例如，某城市人口 200 万人，有零售商业机构 10 000 个，则

$$\text{商业网点密度的正指标}=\frac{10000\text{个}}{2000000\text{人}}=5\text{（个/千人）}$$

$$\text{商业网点密度的逆指标}=\frac{2000000\text{人}}{10000\text{个}}=200\text{（人/个）}$$

强度相对指标数值的大小与现象的强度、密度或普遍程度成正比关系的为正指标，反之则为逆指标。如上例，正指标的数值越大，说明商业网点密度越大；逆指标的数值越小，则说明商业网点密度越大。

### （五）计划完成相对指标

1. 计划完成相对数的概念

计划完成相对指标（relative quantities of fulfillment of plan）是一定时期内实际完成数与计划规定数的比值，常用百分数表示。其一般公式为：

$$计划完成相对数=\frac{实际完成数}{计划任务数}\times 100\% \qquad (4\text{-}6)$$

公式中，计划任务数值是对比的基础，必须放在分母的位置；而实际完成数值是被比较的对象，必须放在分子的位置。计划完成相对指标的分子分母不能互换位置。

计划完成相对指标可以准确地说明计划的完成情况，为正确评价工作成绩提供依据；还可以用来监督和检查国民经济的执行情况，进而分析计划完成或未完成的原因。

2. 计划完成相对数的计算

计划完成相对指标的基数是任务数，由于基数的表现形式有绝对数、相对数和平均数三种，因而计划完成相对指标在计算方法上仍然以计划数为对比基础或标准，但形式有所不同。

（1）根据总量指标计算计划完成相对数。它一般适用于考核社会经济现象的规模或水平的计划完成程度。计算计划完成相对指标的公式为：

$$计划完成相对数=\frac{实际完成总量}{计划任务总量}\times 100\% \qquad (4\text{-}7)$$

**【例 4–1】** 某工厂某年计划工业增加值为 200 万元，实际完成 220 万元，则

$$工业增加值计划完成相对数=\frac{220}{200}\times 100\%=110\%$$

$$超额的绝对值=220-200=20（万元）$$

计算结果表明该厂超额 10%完成增加值计划，超产 20 万元。

（2）根据相对指标计算计划完成相对数。以这类指标检查计划完成情况，用于考核各种社会经济现象的降低率、劳动生产率提高率等。这时的计划完成相对指标不能用实际提高率（或降低率）除以计划提高率（或降低率）求得，而应包括原有基数（100%）在内。这样计算，才能满足计划完成程度的基本公式。即

$$计划完成相对数=\frac{实际完成数}{计划数}\times 100\%$$

$$=\frac{100\%+实际提高率（-实际降低率）}{100\%+计划提高率（-计划降低率）}\times 100\% \qquad (4\text{-}8)$$

**【例 4–2】** 某企业生产某产品，本年度计划单位成本降低 6%，实际降低 7.6%，则

$$成本降低计划完成相对数=\frac{1-7.6\%}{1-6\%}\times 100\%=98.29\%$$

计算结果表明，成本降低率比计划多完成 1.71%。

【例 4–3】 某销售公司计划销售额提高 10%，实际提高 12%，则

$$销售额计划完成相对数=\frac{100\%+12\%}{100\%+10\%}=101.82\%$$

计算结果表明，销售额超额 1.82%（ = 101.82%–100%）完成任务。

（3）根据平均指标计算计划完成相对数。它适用于考核以平均水平表示的技术经济指标的计划完成情况，如劳动生产率、原材料消耗、单位产品成本等。其计算公式为：

$$计划完成相对数=\frac{实际平均水平}{计划平均水平}\times100\% \tag{4-9}$$

【例 4–4】 某企业某月生产某产品，计划每人每日平均产量为 50 件，实际每人每日平均产量为 60 件，则

$$劳动生产率计划完成相对数=\frac{60}{50}\times100\%=120\%$$

计算结果表明，该企业实际劳动生产率超额 20%完成了计划任务。

3. 计划执行进度的检查

如果实际完成数所包含的时期只是计划期的一部分，这种情况被称为计划执行进度，它不是在计划期末，而是在计划执行的过程中进行计算的。一般适用于检查计划执行进度和计划执行的均衡性。其计算公式为：

$$计划执行进度=\frac{计划期初至某时间止的累计完成数}{整个计划期计划任务数}\times100\% \tag{4-10}$$

以检查年度计划的进度为例，上式中累计完成数是指从年初至检查日止实际完成任务的累计数。

【例 4–5】 某工业公司三家企业计划完成情况如表 4-1 所示，考核其计划执行进度情况。

表 4-1　某工业公司三家企业计划完成情况

| 企　业 | 全年计划总产值（万元） | 截至第 3 季度累计实际完成产值（万元） | 截至第 3 季度对全年计划的执行进度（%） |
|---|---|---|---|
| ① | ② | ③ | ④ = ③ ÷ ② |
| 甲 | 6 000 | 4 590 | 76.5 |
| 乙 | 4 000 | 2 980 | 74.5 |
| 丙 | 1 000 | 680 | 68.0 |
| 合　计 | 11 000 | 8 250 | 75.0 |

从对全年的计划执行进度来看，截至第 3 季度，全年的时间已经过了 3/4（即 75%），各企业和全公司的计划执行情况也应达到这一进度。从表 4-1 可以看出，全公司的计划执行情况达到了 75% 的进度要求，但从三个企业来看，发展是不平衡的，尚有乙、丙两个企业未完成累计进度计划，未能达到 75% 的进度要求，尤其是丙企业，距 75% 的进度要求还有相当差距。可见，丙企业是个薄弱环节。因此，促进丙企业完成累计进度计划是保证全公司完成全年计划的关键。

4. 长期计划的检查与考核

长期计划是指计划期至少为五年的经济计划。检查与考核长期计划的执行情况，既要从相对数上计算计划完成的程度，也要从时间上计算提前完成计划的时间。

长期计划任务的下达形式有两种：一种是规定计划期内应完成的累计总量；另一种是规定计划期末应达到的水平。相应地，考核长期计划执行情况的方法也有两种，下面分别做详细介绍。

（1）水平法（horizontal method）。水平法适用于中、长期计划中只规定最后一年应达到的水平情况，其计算公式为：

$$计划完成相对数=\frac{计划期末年实际达到的水平}{计划规定末年应达到的水平}\times 100\% \qquad (4\text{-}11)$$

计算提前完成的时间的方法，是根据连续一年时间（即连续 12 个月，可以跨年度或季度计算，但不能间隔）的产量和计划规定最后一年的产量相比较来确定的，只要连续一年完成了计划，则后面的时间即为提前完成的时间。

**【例 4–6】** 某产品 5 年计划规定，最后一年产量应达到 100 万吨。计划执行情况如表 4-2 所示。

表 4-2　某产品实际产量计划执行情况　（单位：万吨）

| 时间 | 第 1 年 | 第 2 年 | 第 3 年 | | 第 4 年（季度） | | | | 第 5 年（季度） | | | |
|---|---|---|---|---|---|---|---|---|---|---|---|---|
| | | | 上半年 | 下半年 | 1 | 2 | 3 | 4 | 1 | 2 | 3 | 4 |
| 产量 | 90 | 95 | 50 | 46 | 22 | 23 | 24 | 25 | 26 | 25 | 25 | 26 |

根据表 4-2 资料计算：

$$计划完成相对数=\frac{26+25+25+26}{100}=\frac{102}{100}=102\%$$

提前完成时间的计算，按连续一年时间计算，从第 4 年第 3 季度到第 5 年第 2 季度连续一年的产量已达到 100 万吨，从而完成了计划。因此，提前完成的时间为 2 个季度。如果该产品产量从第 4 年第 3 季度到第 5 年第 2 季度连续一年的产量是 102 万吨，则提前完成计划的时间还应加上一定的天数，这个数可通过把超过的 2 万吨除以计划平均日产量 0.274 万吨（100 ÷ 365）来求得其近似值，即

$$2\div(100\div 365)=7.3（天）$$

于是可知该企业提前 2 个季度零 7 天完成了计划。

（2）累计法（cumulative method）。计划指标如按计划期内各年的总和规定任务，如基本建设投资额、造林面积、新增生产能力等，则要求用累计法计算计划完成程度。它的计算方法是将计划期内实际完成的累计数与计划规定的累计数进行比较，所得到的比率，就是计划完成相对指标，其计算公式为：

$$计划完成相对数=\frac{计划期实际累计完成数}{计划期规定的累计完成数}\times 100\% \qquad (4\text{-}12)$$

例如，某高校计划 5 年内共招生 20 000 人，5 年内实际累计招生 24 600 人，则

$$5年计划完成相对数=\frac{24600}{20000}\times100\%=123\%$$

【例 4–7】 某地区“十三五”期间规定 5 年累计造林 30 000 公顷，而实际完成造林面积累计达 31 500 公顷，则可知：

$$该地区造林面积“十三五”计划完成相对数=\frac{31500}{30000}=1.05=105\%$$

计算结果表明，超额 5% 完成了计划。

用累计法计算的计划完成程度，如超额完成任务，计算提前完成计划时间的方法是：从计划期开始至某一时间，累计的实际完成数达到了计划数就算完成了计划。将计划全部时间减去完成计划所用时间，即为提前完成计划的时间。例 4-7 中，若截至 2021 年 10 月底已累计造林 30 000 公顷，则“十一五”计划将提前 2 个月完成。

### （六）动态相对指标

动态相对指标（dynamic relative indicator）是指同类指标在不同时期的比值，它反映事物发展变化的方向与程度。其表现形式为动态相对数，一般用百分数表示。其计算公式为：

$$动态相对数=\frac{报告期水平}{基期水平}\times100\% \tag{4-13}$$

式（4-13）中基期是指作为比较基础的那个时期，报告期是指被比较的那个时期。动态相对数在统计分析中应用广泛，将在第五章中详细阐述。

## 三、计算、运用相对指标的原则

1. 可比性原则

相对指标是两个有联系的指标之比，要使对比的结果能正确反映现象之间的联系，用来对比的两个指标必须具有可比性。可比性的内容主要包括以下几个方面：

（1）总体范围可比。指标值的大小往往会受总体范围大小的影响。在计算相对指标时，往往由于机构的变更、行政区域的调整等而造成总体范围不一致，影响指标数值的大小。这就需要以报告期总体范围为准，对基期的指标数值做调整后再对比。

（2）计算方法和计算价格可比。随着时间的推移，统计指标的内涵与外延、计算方法以及价格等都会发生变化，也会影响到指标间的可比性。因此，在计算相对指标时，要注意两个对比指标的计算方法和计算价格的一致性。例如，比较不同企业劳动生产率时，必须明确是全员劳动生产率还是工人劳动生产率；计算价值量指标的发展（增长）速度时，应扣除价格变动的影响，采用不变价格计算，然后再对比。

（3）指标包含的经济内容可比。指标的经济内容也就是指标的外延。同一指标在不同时期的经济内容可能发生变化，在不同国家（或地区）也可能存在差别。在进行对比时，应注意消除这种差别。例如，在计算和对比第三产业的产值时，须注意第三产业所包含内容的变化。在对比分析这些指标时，必须进行调整，使其尽量保持一致。

除以上几个方面外，可比性还包括计算时间、计量单位等方面的可比。指标的可比性是一个相当复杂的问题，不应片面追求两个指标的所有条件必须严格相同才可以比较，而应具体情况具体分析。

2. 相对指标和总量指标结合运用原则

相对数具有抽象化的特点，从而掩盖了现象之间绝对量的差别。为了全面分析问题，运用相对数时，必须与计算相对数所依据的绝对水平联系起来考察，要看到相对数背后所隐藏的问题指标数值，这样才能使我们对客观事物有正确的认识。曾有这样一则趣事：美国约翰·霍普金斯大学开始接收女学生时，一个不赞成异性同校的记者做了一个惊人的报道：约翰·霍普金斯大学 1/3 的女学生嫁给了该校的教师。一时舆论哗然。后来，另一位记者到该校摸清了真相，该校总共招收了 3 名女生，其中 1 人嫁给了教师。

由此可见，大的相对数背后的绝对数可能很小，而小的相对数背后的绝对数可能很大，即同样的相对数背后隐藏的绝对数可能不同。因此，我们不能只凭相对数大小判断事物，只有将相对数和绝对数结合起来运用，才能对事物做出正确的评价。

3. 多种相对指标结合运用原则

一种相对指标只说明一方面的情况，若把各种相对指标联系起来研究问题，就能较全面地说明客观事物的情况及其发展的规律性。例如，要评价一个工业企业的生产情况，既要利用生产计划的完成情况指标，也要分析生产发展的动态指标，以及与先进单位的比较指标，并把这几个相对指标结合起来运用。又如，研究生产计划的完成情况，就要全面分析产量产值计划、品种计划、劳动生产率计划、成本计划、利润计划等方面的完成情况，这样才能正确判断企业生产工作的好坏。

# 第三节　平均指标

## 一、平均指标的概念和作用

### （一）平均指标的概念

平均指标（average indicator）也称统计平均数，它是说明同质总体内某一数量标志在具体时间、地点、条件下达到的一般水平的综合指标。

由于统计平均数是反映各总体单位的一般水平、抽象概括总体数量特征的指标，因此它具有以下几个特点：

（1）同质性。平均指标只能就同类现象计算，也就是计算平均指标的各单位必须具有同类性质，这是计算平均数的基本前提。如果把不同类现象混同起来计算平均数，就会掩盖现象间本质的差别，所得出的结论也必然不符合客观实际的真实情况。

例如，若在计算反映生产工人的劳动生产率时把管理人员、技术人员以及其他人员同时包括在内，那么得出的数字就不能反映生产工人劳动生产率的真实情况。又如，在计算住校大学生平均每月支出时，便不能将走读生列入其内，否则会掩盖两者的区别，使平均数失去代表性。

（2）抽象性。统计平均数将总体各单位某一数量标志的各个差异数值进行抽象，概括地反映这一数量标志在具体时间、地点、条件下达到的一般水平，使我们无法观察各单位的具体数值。

（3）代表性。统计平均数以一般水平代表总体各单位数量标志的具体表现，反映总体某一数量标志的典型水平或代表性水平。例如，平均工资代表工资的一般水平，平均物价代表物价的一般水平等。

### （二）平均指标的作用

由于平均指标能综合反映所研究现象在具体条件下的一般水平，因此在统计研究的各项经济管理和分析中被广泛应用。其作用概括如下：

#### 1. 比较同类现象在不同空间的发展水平

利用平均指标，可以对若干同类现象在不同单位、地区间进行比较研究。例如，在评价工业企业和乡村生产的工作成绩时，如果用总量指标进行对比，因其规模大小不同，无法评价，如果用平均指标可消除这种影响，便可比较评价。

#### 2. 比较分析现象在不同时间上的发展变化趋势

利用平均指标，可以研究总体某种数值的平均水平在时间上的变化，说明总体的发展过程和趋势。例如，我国劳动人民生活水平不断提高的趋势，可以从各年度人均收入的不断增长中反映出来。

#### 3. 分析现象之间的依存关系

利用平均指标，可以分析现象之间的依存关系。在对现象总体分组分类的基础上，应用平均指标可以观察现象之间存在的相互联系、相互制约的关系。例如，将耕地按自然条件、耕作深度或施肥状况等标志进行分组，计算单位面积产量，则可反映自然条件优劣、耕作深度和施肥多少对单位面积产量的影响。

#### 4. 作为某些科学预测、决策和推算的依据

例如，企业的劳动定额、生产定额、物资消耗定额等都要求依据相应的平均指标来确定，抽样推断则依抽样平均数来推断总体平均数和总体的总量指标。

### （三）平均指标的种类

设置平均指标有两种方法，所以对应两类平均指标，即数值平均数和位置平均数。

（1）数值平均数是以统计数列的所有各项数据来计算平均数，用以反映统计数列的所有各项数据的平均水平。这类平均数的特点是，统计数列中任何一项数据的变动，或大或小都会在一定程度上影响到数值平均数的计算结果。加之计算方法的不同，数值平均数又有算术平均数、调和平均数和几何平均数之分。

（2）位置平均数是根据标志值所处的位置来确定的，它通常不是对统计数列中所有各项数据进行计算的结果，而是根据总体中处于特殊位置上的个别单位或部分单位的标志值来确定的代表值。常用的位置平均数有中位数和众数。

虽然这些平均数都用来反映现象的一般水平，但它们所反映的一般水平有不同的意义，同时每种平均数无论从计算方法还是从适用场合上都有各自不同的特点。

## 二、算术平均数

### （一）算术平均数的基本形式

算术平均数（arithmetic mean）是分析社会经济现象一般水平的最基本指标，它是将总体各单位的标志值相加得到标志总量，然后除以总体单位数而得到的商。其基本形式为：

$$\text{算术平均数} = \frac{\text{总体标志总量}}{\text{总体单位总量}} \tag{4-14}$$

这里需要注意，对算术平均数和强度相对数要加以区别。平均数是同一总体内标志总量与总体单位总数之比，它要求标志总量与单位总数相适应，即标志总量必须是总体各单位标志值的总和，如计算 1 000 个工人的平均工资时，作为分子的工资总额只能是这 1 000 个工人工资的总和。而强度相对指标则是两个性质不同但有联系的总量指标之比，作为分子的总量指标并不随着作为分母的总量指标的变动而变动，两者在数量上没有依存关系。如人均钢铁产量是全国钢铁产量与全国人口数之比，但钢铁产量不是全部人口生产的，它不是全国每个人都具有的标志，所以它不是平均数，而是强度相对指标。

### （二）算术平均数的计算方法

根据掌握的不同资料和计算的复杂程度，算术平均数可分为简单算术平均数和加权算术平均数。

1. 简单算术平均数

资料未分组时采用简单算术平均数（simple arithmetic mean）进行计算。简单算术平均数就是直接将总体各单位的标志值相加得到标志总量，然后除以总体单位总数而求得的平均数。其计算公式为：

$$\bar{x} = \frac{x_1 + x_2 + \cdots + x_n}{n} = \frac{\sum x}{n} \tag{4-15}$$

式中：$\bar{x}$ 为算术平均数；$x$ 为各单位变量值；$n$ 为总体单位总数。

**【例 4-8】** 某机械厂某生产班组有 10 名工人，生产某种零件，每个工人的日产量（件）分别为 45，48，52，62，69，44，52，58，38，64。要求计算工人平均日产量。

**解** 根据简单算术平均数计算公式，得工人平均日产量为

$$\bar{x} = \frac{\sum x}{n} = \frac{45+48+52+62+69+44+52+58+38+64}{10} = \frac{532}{10} = 53.2\text{（件）}$$

2. 加权算术平均数

根据分组整理所形成的变量数列来计算算术平均数的方法，称为加权算术平均数（weighted arithmetic mean）。加权算术平均数就是用变量乘以权数（次数），先求出每组的标

志总量，并加总取得总体的标志总量，再把权数相加，得到总体单位总数，然后用标志总量除以总体单位总数所得的平均数。

设原始数据被分为 $n$ 组，各组的组中值分别用 $x_1$，$x_2$，$x_3$，…，$x_n$ 表示，各组变量值出现的频数分别用 $f_1$，$f_2$，$f_3$，…，$f_n$ 表示，计算公式为：

$$\bar{x}=\frac{x_1f_1+x_2f_2+\cdots+x_nf_n}{f_1+f_2+\cdots+f_n}=\frac{\sum xf}{\sum f} \tag{4-16}$$

式中：$\bar{x}$ 为算术平均数；$x$ 为各组标志值；$f$ 为各组单位数。

（1）由单项式分布数列计算加权算术平均数。

**【例 4–9】** 某厂机械车间有 180 名工人，日产零件数据如表 4-3 所示，试根据表中资料计算工人平均日产零件数。

表 4-3　180 名工人日产零件数据

| 每人日产零件数分组（件）$x$ | 工人数 | | 生产零件数 $xf$ | 日产零件数乘权重系数 $xf/\sum f$ |
|---|---|---|---|---|
| | 人数 $f$ | 权重系数 $f/\sum f$ | | |
| 15 | 10 | 0.05 | 150 | 0.75 |
| 16 | 20 | 0.11 | 320 | 1.76 |
| 17 | 30 | 0.17 | 510 | 2.89 |
| 18 | 50 | 0.28 | 900 | 5.04 |
| 19 | 40 | 0.22 | 760 | 4.18 |
| 20 | 30 | 0.17 | 600 | 3.40 |
| 合　计 | 180 | 1.00 | 3 240 | 18.0 |

平均每个工人日产零件数为：

$$\bar{x}=\frac{15\times10+16\times20+17\times30+18\times50+19\times40+20\times30}{10+20+30+50+40+30}=\frac{3240}{180}=18\text{（件）}$$

由上例可以看出，加权算术平均数受两个因素的影响：一是变量值。变量值大，平均数就大。二是各组次数。次数多的那一组变量值对平均数的影响较大。也就是说，当变量值比较大的组次数多时，平均数就接近于变量值大的一方，当变量值比较小的组次数多时，平均数就接近于变量值小的一方。由此可见，次数的多少对平均数大小的影响具有权衡轻重的作用。因此，在统计中通常把次数称为权数，从而把用权数计算出来的平均数叫作加权算术平均数。应该指出的是，当各组权数相等时，即 $f_1=f_2=f_3=\cdots=f_n$ 时，权数就失去了权衡轻重的作用。这时加权算术平均数等于简单算术平均数，即

$$\bar{x}=\frac{\sum xf}{\sum f}=\frac{f\sum x}{nf}=\frac{\sum x}{n}$$

权数除了用绝对数的形式表示外，也可以采用相对数的形式，即用各组单位数占总体单位数的比重 $\frac{f}{\sum f}$ 来表示。因此，加权算术平均数的计算公式又可表示为：

$$\bar{x}=\frac{\sum xf}{\sum f}=\sum x\cdot\frac{f}{\sum f} \tag{4-17}$$

现仍用前例资料（见表 4-3）采用权重系数形式计算加权算术平均数如下：

$$\bar{x}=\sum x\cdot\frac{f}{\sum f}=15\times0.05+16\times0.11+17\times0.17+18\times0.28+19\times0.22+20\times0.17=18\text{（件）}$$

（2）由组距数列计算的加权算术平均数。

计算方法与由单项数列计算的加权算术平均数方法基本相同，只要计算出各组的组中值，然后以组中值作为变量值代入公式计算即可。

**【例 4–10】** 某企业 2 000 名职工月工资资料如表 4-4 所示，要求计算该企业工人的月平均工资。

表 4-4　职工月工资资料

| 月工资额分组（元） | 组中值（千元） | 工人人数 | 各组工人工资额（元） |
|---|---|---|---|
| | $x$ | $f$ | $xf$ |
| 2 500 以下 | 2 250 | 180 | 405 000 |
| 2 500 ~ 3 000 | 2 750 | 350 | 962 500 |
| 3 000 ~ 3 500 | 3 250 | 900 | 2 925 000 |
| 3 500 ~ 4 000 | 3 750 | 520 | 1 950 000 |
| 4 000 以上 | 4 250 | 50 | 212 500 |
| 合　计 | — | 2 000 | 6 455 000 |

**解**　由表 4-4 计算可得，该企业工人的平均月工资为：

$$\bar{x}=\frac{\sum xf}{\sum f}=\frac{6455000}{2000}=3227.5$$

应该指出，这种计算方法具有一定的假定性，即假定各单位标志值在组内是均匀分布的，这时各组的平均数正好等于它的组中值。但实际上各单位标志值在组内是不可能完全均匀分布的，所以用组中值计算得出的平均数只能是一个近似值。

## 三、调和平均数

调和平均数（harmonic mean）是各个标志值倒数的算术平均数的倒数，故又称倒数平均数。根据所掌握的资料不同，分为简单调和平均数和加权调和平均数两种形式。

### （一）简单调和平均数

简单调和平均数（simple harmonic mean）是各单位标志值倒数的简单算术平均数的倒数。简单调和平均数是先计算总体单位标志值的倒数的简单算术平均，然后求其倒数，其计算公式为：

$$H=\frac{n}{\frac{1}{x_1}+\frac{1}{x_2}+\cdots+\frac{1}{x_n}}=\frac{n}{\sum\frac{1}{x}} \qquad (4\text{-}18)$$

式中：$H$ 为调和平均数；$x$ 为各单位变量值；$n$ 为总体单位总数。

**【例 4–11】** 某市场出售某种蔬菜，早、午、晚价格各异，某人购买蔬菜金额及价格如表 4-5 所示，试根据表中资料计算其全天购买蔬菜的平均价格。

表 4-5 某人购买蔬菜及价格资料

| 时间 | 价格（元/斤）$x$ | 购买金额（元） | 购买量（斤）$1/x$ |
|---|---|---|---|
| 早 | 1 | 1 | 1 |
| 午 | 0.8 | 1 | 1.25 |
| 晚 | 0.5 | 1 | 2 |
| 合 计 | — | 3 | 4.25 |

**解** 蔬菜的平均价格为：

$$H=\frac{n}{\sum\frac{1}{x}}=\frac{3}{\frac{1}{1}+\frac{1}{0.8}+\frac{1}{0.5}}=\frac{3}{4.25}=0.71\text{（元/斤）}$$

一般来说，简单调和平均数是在各标志值相应的标志总量均为一个单位的情况下求平均数时采用的。如果各个标志值相应的标志总量是不等的，就要采用加权调和平均数计算。

### （二）加权调和平均数

加权调和平均数（weighted harmonic mean）适用于计算已分组资料的调和平均数。其计算公式如下：

$$H=\frac{m_1+m_2+\cdots+m_n}{\frac{m_1}{x_1}+\frac{m_2}{x_2}+\cdots+\frac{m_n}{x_n}}=\frac{\sum m}{\sum\frac{m}{x}} \qquad (4\text{-}19)$$

式中：$m$ 为标志总量（$m=xf$）；$x$ 为各组标志值；$\sum m$ 为总体标志总量。

**【例 4–12】** 某农产品采购站本月购进三批同种产品，每批价格及采购金额如表 4-6 所示，求三批产品的平均价格。

表 4-6 农产品采购情况

| 批 次 | 价格（元/kg）$x$ | 采购金额（元）$m$ | 采购量（kg）$m/x$ |
|---|---|---|---|
| 第一批 | 50 | 11 000 | 220 |
| 第二批 | 55 | 27 500 | 500 |
| 第三批 | 60 | 18 000 | 300 |
| 合 计 | — | 56 500 | 1 020 |

**解**　根据表 4-6 中的计算数据，可得三批产品采购的平均价格为：

$$H=\frac{\sum m}{\sum\frac{m}{x}}=\frac{56\ 500}{1\ 020}=55.39（元/kg）$$

从上式计算可以看出，$\sum m$ 是总体标志总量，$\frac{m}{x}$ 是各组单位数，$\sum\frac{m}{x}$ 是总体单位总数。所以，加权调和平均数仍然符合算术平均数基本公式的要求。加权调和平均数实质上只是加权算术平均数的一种变换形式，二者的计算结果相等，这一点可以用公式证明如下：

$$\bar{x}=\frac{\sum xf}{\sum f}=\frac{\sum xf}{\sum\frac{xf}{x}}=\frac{\sum m}{\sum\frac{m}{x}}=H$$

可见，加权调和平均数实际上是加权算术平均数的变形。在实际工作中，经常会遇到只有总体标志总量和各变量值，缺少总体单位数的资料，这时就需要利用调和平均数公式计算。

### （三）算术平均数与调和平均数的应用

1. 由相对数计算平均数

【例 4-13】某局所属三家企业，各企业计划完成程度和计划产值如表 4-7 所示，求该局三家企业平均计划完成程度。

表 4-7　某局计划完成程度和计划产值

| 企　业 | 计划完成程度（%）<br>$x$ | 计划产值（万元）<br>$f$ | 实际产值（万元）<br>$xf$ |
|---|---|---|---|
| A | 90 | 120 | 108 |
| B | 105 | 100 | 105 |
| C | 110 | 80 | 88 |
| 合　计 | — | 300 | 301 |

**解**　根据表 4-7 中资料，平均计划完成程度应采用以计划产值为权数的加权算术平均数公式计算，即

$$平均计划完成程度=\bar{x}=\frac{\sum xf}{\sum f}=\frac{301}{300}=100.3\%$$

如果掌握的资料是实际产值，而不是计划产值，则应采用以实际产值为权数的加权调和平均数公式计算，如表 4-8 所示。

表 4-8　某局计划完成程度和计划产值

| 企　业 | 计划完成程度（%）<br>$x$ | 计划产值（万元）<br>$m/x$ | 实际产值（万元）<br>$m$ |
|---|---|---|---|
| A | 90 | 120 | 108 |
| B | 105 | 100 | 105 |
| C | 110 | 80 | 88 |
| 合　计 | — | 300 | 301 |

$$\text{平均计划完成程度} = H = \frac{\sum m}{\sum \frac{m}{x}} = \frac{301}{300} = 100.3\%$$

从本例可以看出，加权算术平均数与加权调和平均数两种计算的结果是相同的。

2. 由平均数计算平均数

【例 4–14】已知某商品在三个市场上的平均价格及销售量如表 4-9 所示，要求依据表中资料计算总平均价格。

表 4-9　某商品平均价格及销售量

| 市　场 | 平均价格（元/kg）<br>$x$ | 销售量（kg）<br>$f$ | 销售额（元）<br>$m=xf$ |
|---|---|---|---|
| A | 90 | 120 | 10800 |
| B | 105 | 100 | 10500 |
| C | 110 | 80 | 8800 |
| 合　计 | — | 300 | 30100 |

**解**　本例所平均的标志是各市场的平均价格，所以是由平均数求平均数。

（1）已知销售量，需用加权算术平均法。总平均价格为：

$$\bar{x} = \frac{\sum xf}{\sum f} = \frac{90\times120+105\times100+110\times80}{300} = \frac{30100}{300} = 100.33\ （元/kg）$$

（2）若未知销售量，只掌握销售额，则应用加权调和平均法。总平均价格为：

$$H = \frac{\sum m}{\sum \frac{m}{x}} = \frac{10800+10500\times8800}{\frac{10800}{90}+\frac{10500}{105}\times\frac{8800}{110}} = \frac{30100}{300} = 100.33\ （元/kg）$$

例 4-13、例 4-14 的计算结果表明，加权算术平均数和加权调和平均数两种计算的结果完全相同，只是所依据的资料不同，计算过程也就不同。

由此可见，在由相对数或平均数计算平均数时，如果掌握的权数资料是相对数或平均数的子项数值，要用加权调和平均数公式计算；若掌握的权数资料是相对数或平均数的母项数值，则用加权算术平均数公式计算。

## 四、几何平均数

几何平均数（geometric mean）是 $n$ 个变量值连乘积的 $n$ 次方根，是计算平均比率和平均速度最适用的一种方法。凡是变量值的连乘积等于总比率或总速度的现象，求平均比率或平均速度都可以采用几何平均法。几何平均数根据掌握资料的不同，分为简单几何平均数和加权几何平均数两种。

### （一）简单几何平均数

简单几何平均数适用于未分组资料，其计算公式为：

$$G=\sqrt[n]{x_1 \cdot x_2 \cdots\cdots x_n}=\sqrt[n]{\prod x} \tag{4-20}$$

式中：$G$ 为几何平均数；$x$ 为各单位变量值；$n$ 为总体单位总数；$\Pi$ 为连乘号。

**【例 4-15】** 某机械加工企业有毛坯车间、粗加工车间、精加工车间、装配车间共计 4 个连续作业车间。某批产品中毛坯车间制品合格率为 97%，粗加工车间制品合格率为 93%，精加工车间制品合格率为 91%，装配车间制品合格率为 87%。要求：计算该企业各车间的产品平均合格率。

**解** 由于各车间制品合格率总和并不等于企业产品的总合格率，后续车间的合格率是在前一车间合格的基础上计算的。企业产品总合格率等于各车间制品合格率的连乘积，因此要采用几何平均法来计算各车间的平均合格率，即

$$G=\sqrt[n]{\prod x}=\sqrt[4]{97\% \times 93\% \times 91\% \times 87\%}=91.93\%$$

### （二）加权几何平均数

加权几何平均数（weighted geometric mean）适用于计算已分组资料的平均比率或平均速度，其计算公式为：

$$G=\sqrt[f_1+f_2+\cdots+f_n]{x_1^{f_1} \cdot x_2^{f_2} \cdots\cdots x_n^{f_n}}=\sqrt[\Sigma f]{\prod x^f} \tag{4-21}$$

式中：$G$ 为几何平均数；$x$ 为各组变量值；$f$ 为各组变量值出现的次数。

**【例 4-16】** 某投资银行某笔投资的年利率是按复利计算的，若过去 25 年的年利率资料如表 4-10 所示，要求计算该笔投资 25 年的平均年利率。

表 4-10 年利率资料

| 年利率（%） | 本利率（%）$x$ | 年 数（次数）$f$ |
| --- | --- | --- |
| 3 | 103 | 1 |
| 5 | 105 | 4 |
| 8 | 108 | 8 |
| 10 | 110 | 10 |
| 15 | 115 | 2 |
| 合 计 | — | 25 |

解　$G=\sqrt[25]{103\%\times(105\%)^4\times(108\%)^8\times(110\%)^{10}\times(115\%)^2}=108.65\%$

计算结果说明，该 25 年的平均年利率为 8.65%（108.65%–1）。

### （三）加权几何平均数的特点

几何平均数较算术平均数而言应用范围较窄，它有如下特点：

（1）如果数列中有一个标志值等于零或负值，就无法计算几何平均数。

（2）该方法适用于反映特定现象的平均水平，即现象的总标志值不是各单位标志值的总和，而是各单位标志值的连乘积。对于这类社会经济现象，不能采用算术平均数来反映其一般水平，而需采用几何平均数。

## 五、众数和中位数

算术平均数、调和平均数和几何平均数都是根据全部总体单位的标志值计算的，所以被称为数值平均数。在有些情况下，我们还可以直接根据标志值在变量数列中的位置确定平均数，这样确定的平均数称为位置平均数，主要包括众数和中位数两种。下面分别加以介绍。

### （一）众　数

1. 众数的概念

众数（mode）是指总体中出现次数最多的标志值，用字母 $M_0$ 表示。例如，某种商品在集市贸易中绝大部分以每千克 1.5 元的价格成交，则 1.5 元即可用来代表这种商品的一般价格水平。再如，在大批量生产的男式衬衫中有多种尺码，其中 40 cm 是销售量最多的尺码，则 40 cm 也就是众数，可代表男式衬衫尺码的一般水平。

用众数来表现给定总体的一般水平或分布数列的集中趋势，显然具有非常直观的代表性意义。它既适用于变量数列，也适用于品质数列。例如，销售量最多的服装款式或色彩，也即通常所谓的“流行款式”或“流行色”，就属于这种意义的众数。在总体单位数很多且有明显的集中趋势的情况下，采用众数来代表现象数量方面的一般水平，既简便又富有代表性，有其独到的使用效果。

2. 众数的确定方法

（1）由单项数列确定众数。由单项数列确定众数的方法比较简单，只需找出出现次数最多的标志值即为众数。

**【例 4–17】** 某商场某月女式羊绒衫的销售资料如表 4-11 所示，试确定其众数。

表 4-11　羊绒衫销售资料

| 羊绒衫规格（cm） | 销售量（件） |
|---|---|
| 85 | 15 |
| 90 | 25 |
| 95 | 105 |
| 100 | 75 |
| 105 | 30 |
| 合　计 | 250 |

**解** 从表 4-11 可知，95 cm 羊绒衫的销售数量最多，即出现的次数最多，则 95 cm 就是众数。

（2）由组距数列确定众数。首先需要根据出现次数的多少确定众数所在的组，然后计算众数的近似值。其计算公式如下：

下限公式：

$$M_0 = X_L + \frac{\Delta_1}{\Delta_1 + \Delta_2} \cdot d \tag{4-22}$$

上限公式：

$$M_0 = X_U - \frac{\Delta_2}{\Delta_1 + \Delta_2} \cdot d \tag{4-23}$$

式中：$M_0$代表众数；$X_L$、$X_U$分别表示众数组的下限、上限；$\Delta_1$表示众数组次数与前一组次数之差；$\Delta_2$表示众数组次数与后一组次数之差；$d$代表众数组组距。

**【例 4-18】** 某山区农户按人均纯收入分组资料如表 4-12 所示，试计算众数。

表 4-12　农户人均纯收入分组资料

| 人均纯收入分组（万元） | 农 户 数 |
|---|---|
| 1 以下 | 44 |
| 1 ~ 2 | 79 |
| 2 ~ 3 | 236 |
| 3 ~ 4 | 260 |
| 4 ~ 5 | 223 |
| 5 以上 | 158 |
| 合　计 | 1 000 |

**解** 首先确定众数组：次数最多者是 260 户，对应的分组为 3 ~ 4，则 3 ~ 4 这一组就是众数所在的组。

然后利用公式计算众数的近似值：代入下限公式计算得

$$M_0 = X_L + \frac{\Delta_1}{\Delta_1 + \Delta_2} \cdot d = 3 + \frac{24}{24+37} \times 1 = 3.3934 \text{（万元）}$$

代入上限公式计算得

$$M_0 = X_U + \frac{\Delta_2}{\Delta_1 + \Delta_2} \cdot d = 4 - \frac{37}{24+37} \times 1 = 3.3934 \text{（万元）}$$

利用下限公式和上限公式计算的结果完全相同。众数也可以根据各组单位数占总体单位总数的比重来确定，变量数列中出现的比重最大的标志值即为众数。其确定方法与由绝对数表示的次数确定众数的方法相同，这里不再赘述。

### （二）中位数

1. 中位数的概念

将总体各单位的标志值按大小顺序排列，处于中间位置的那个标志值即为中位数（median），用 $M_e$ 表示。中位数将数列分为相等的两部分，一部分的标志值小于中位数，另一部分的标志值大于中位数。由于中位数的位置居中，其数值不受极端数值的影响，也能代表总体标志值的一般水平。

2. 中位数的确定方法

（1）由未分组的资料确定中位数。首先要将总体各个标志值按大小顺序依次排列，然后确定中位数所在的位置，与中位数所在位置相对应的标志值即为中位数，即

$$中位数位置=\frac{n+1}{2}\text{（}n\text{ 代表项数）}$$

如果标志值的项数是奇数，那么居于中间位置的那个标志值就是中位数。如果标志值的项数是偶数，则居于中间位置的两项数值的算术平均数就是中位数。

（2）由单项数列确定中位数。首先用公式 $\frac{\sum f}{2}$ 确定中位数的位置；其次计算各组的累计次数（向上累计次数或向下累计次数）；最后根据中位数的位置找出中位数。

**【例 4-19】** 某商场某月羊绒衫销售资料如表 4-13 所示，试确定其中位数。

表 4-13　某商场羊绒衫销售资料

| 羊绒衫规格（cm） | 销售量（件） | 向上累计次数（件） | 向下累计次数（件） |
|---|---|---|---|
| 85 | 15 | 15 | 250 |
| 90 | 25 | 40 | 235 |
| 95 | 105 | 145 | 210 |
| 100 | 75 | 220 | 105 |
| 105 | 30 | 250 | 30 |
| 合　计 | 250 | — | — |

**解**　　中位数位置 $=\frac{\sum f}{2}=\frac{250}{2}=125$（件）。

从向上累计次数看，第一组和第二组的累计次数为 40 件，小于 125 件，到第三组的累计次数为 145 件，大于 125 件，因此中位数的位置必然在第三组，该组对应的标志值 95 cm 即为中位数。（向下累计次数法与此类似，不再赘述。）

（3）由组距数列确定中位数。首先用公式 $\frac{\sum f}{2}$ 确定中位数的位置；其次计算各组的累计次数（向上累计次数或向下累计次数）；最后依据公式计算中位数的近似值。其计算公式如下：

下限公式（向上累计时用）：

$$M_e = X_L + \frac{\frac{\sum f}{2} - S_{m-1}}{f_m} \cdot d \quad (4\text{-}24)$$

上限公式（向下累计时用）：

$$M_e = X_U - \frac{\frac{\sum f}{2} - S_{m+1}}{f_m} \cdot d \quad (4\text{-}25)$$

式中：$X_L$、$X_U$ 分别表示中位数所在组的下限、上限；$f_m$ 表示中位数所在组的次数；$S_{m-1}$ 表示中位数所在组以前各组的累计次数；$S_{m+1}$ 表示中位数所在组以后各组的累计次数；$\sum f$ 表示总体单位总数；$d$ 表示中位数所在组的组距。

**【例 4-20】** 某年某家电商场营业员销售额资料如表 4-14 所示，试计算销售额的中位数。

表 4-14　某家电商场营业员销售额资料

| 年销售额分组（万元） | 营业员人数 | 向上累计次数（件） | 向下累计次数（件） |
|---|---|---|---|
| 50 ~ 60 | 24 | 24 | 300 |
| 60 ~ 70 | 48 | 72 | 276 |
| 70 ~ 80 | 105 | 177 | 228 |
| 80 ~ 90 | 60 | 237 | 123 |
| 90 ~ 100 | 37 | 274 | 63 |
| 100 以上 | 26 | 300 | 26 |
| 合　计 | 300 | — | — |

**解**　　中位数位置 $= \frac{\sum f}{2} = \frac{300}{2} = 150$（人）。

从计算的累计次数可以看出，无论向上累计还是向下累计，150 人都包括在第三组中，所以第三组对应的销售额 70 万 ~ 80 万元这一组就是中位数组。计算中位数的近似值如下：

下限公式：

$$M_e = X_L + \frac{\frac{\sum f}{2} - S_{m-1}}{f_m} \cdot d = 70 + \frac{\frac{300}{2} - 72}{105} \times 10 = 77.43 \text{（万元）}$$

上限公式：

$$M_e = X_U - \frac{\frac{\sum f}{2} - S_{m+1}}{f_m} \cdot d = 80 - \frac{\frac{300}{2} - 123}{105} \times 10 = 77.43 \text{（万元）}$$

利用下限公式和上限公式计算的结果也是相同的。按照一般习惯，用下限公式计算中位数比较多见。

### （三）众数、中位数和算术平均数的比较

1. 众数、中位数与算术平均数的关系

众数、中位数、算术平均数之间存在着一定的关系，这种关系取决于总体内的次数分配情况。

（1）当数据分布呈对称状态时，则 $\bar{X}=M_e=M_0$（见图 4-1）。

（2）当数据分布呈右偏时，说明数据中偏大的数较多，算术平均数向大的一方靠拢，而众数和中位数由于是位置代表值，不受极值的影响，因此三者之间的关系表现为：$M_0<M_e<\bar{X}$（见图 4-2）。

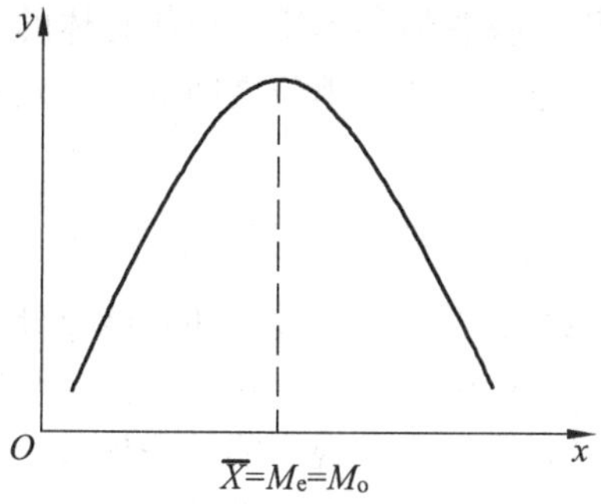


图 4-1 对称分布

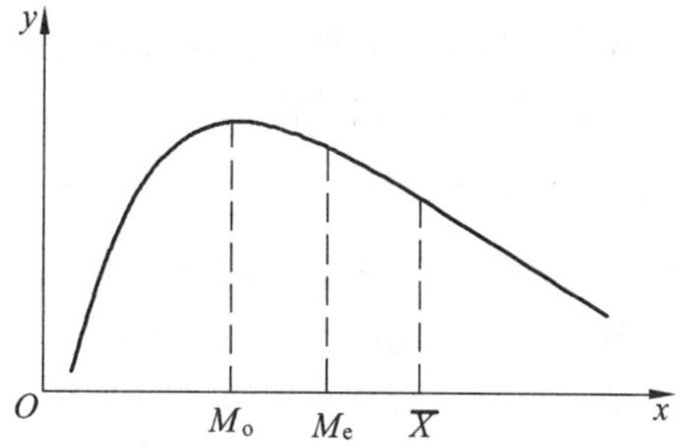


图 4-2 右偏分布

（3）当数据分布呈左偏时，说明数据中偏小的数较多，算术平均数向小的一方靠拢，而众数和中位数由于是位置代表值，不受极值的影响，因此三者之间的关系表现为：$\bar{X}<M_e<M_0$（见图 4-3）。

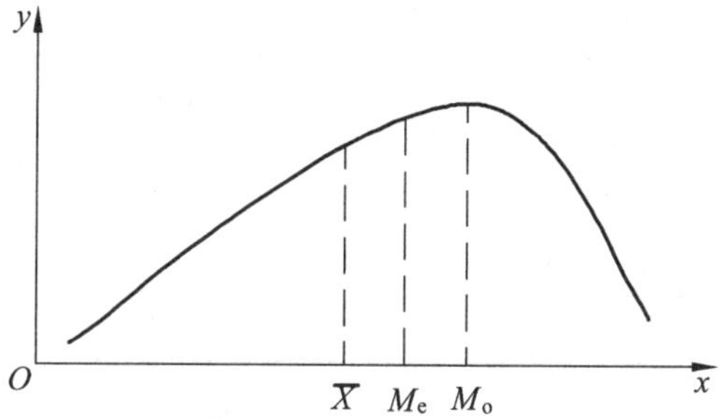


图 4-3 左偏分布

2. 众数、中位数和算术平均数的特点与应用

（1）众数是一组数据分布的峰值，是位置代表值。其优点是易于理解，不受极端值的影响。当数据的分布具有明显的集中趋势时，尤其是对于偏态分布，众数的代表性比算术平均数要好。其特点是具有不唯一性，对于一组数据可能有一个众数，也可能有两个或多个众数，也可能没有众数。

（2）中位数是一组数据中间位置上的代表值，其特点是不受极端值的影响。对于具有偏态分布的数据，中位数的代表性要比算术平均数好。

（3）算术平均数由全部数据计算所得，它具有优良的数学性质，是实际应用最广泛的集中趋势测度值。其主要缺点是易受极端值的影响，对于偏态分布的数据，算术平均数的代表性较差。作为算术平均数变形的调和平均数和几何平均数是适用于特殊数据的代表值，调和平均数主要用于不能直接计算算术平均数的数据，几何平均数则主要用于计算比率数据的平均数，这两个测度值与算术平均数一样，易受极端值的影响。

## 六、应用平均指标应注意的问题

1. 平均数只能在同质总体中进行计算

计算和应用平均指标的基本前提是被研究现象必须具有某种共同的性质，也就是说，总体各个单位在某一标志上性质是相同的。只有这样才能反映总体的本质，说明总体的一般水平。如果现象总体是不同质的，所计算的平均指标就会掩盖总体各单位之间的本质差异，甚至歪曲事实真相，得出错误的结论。

2. 必须注意用组平均数补充说明总平均数

按同质总体所计算的总平均数，是一个“笼统平均数”，在许多情况下还不能充分地反映所研究现象的特征和规律性。也就是说，在同质总体中各单位之间还存在着其他一些性质上的重要差别，而它们对总平均数往往有着重要影响。因而我们应重视影响总平均数的各个有关因素的作用，用有关标志对总体进行分组，计算组平均数对总平均数做补充说明，来揭示现象内部结构组成的影响。

**【例 4-21】** 甲、乙两企业职工人数及工资情况如表 4-15 所示，要求对两企业各类工人的实际工资水平进行分析。

表 4-15　甲、乙两企业职工人数及工资情况

| 工人情况 | 甲企业 | | | 乙企业 | | |
|---|---|---|---|---|---|---|
| | 职工人数 | 工资总额（元） | 平均工资（元/人） | 职工人数 | 工资总额（元） | 平均工资（元/人） |
| 熟练工人 | 200 | 1 000 000 | 5 000 | 100 | 520 000 | 5 200 |
| 非熟练工人 | 50 | 175 000 | 3 500 | 300 | 1 140 000 | 3 800 |
| 合　计 | 250 | 1 175 000 | 4 700 | 400 | 1 660 000 | 4 150 |

**解**　从表 4-15 可以看出，甲企业职工的总平均工资 4 700 元高于乙企业职工的总平均工资 4 150 元，但分组计算的熟练工人和非熟练工人的平均工资情况恰好相反。乙企业熟练工人和非熟练工人的平均工资均高于甲企业，出现这种现象是由于总体内部结构的不同。甲企业平均工资高的熟练工人占总职工人数的 80%，使总平均工资靠近熟练工人的平均工资，而乙企业的情况恰好相反。正是这种工资水平不同的职工人数结构差别的影响，使得甲企业的总平均工资高于乙企业。而通过分组计算组平均数就消除了这种结构因素的影响，从而反映了两企业各类工人的实际工资水平。

3. 必须注意用分配数列来补充说明平均数

平均数只是说明现象的一般水平，它一方面将总体各单位数量差异抽象化，另一方面又

掩盖了总体各单位的差异及其分布情况。为了更深入地说明问题，需按被平均标志对总体进行分组，用分配数列补充说明总平均数。

**【例 4-22】** 某公司包括 20 家下属企业，经计算已知该公司的产值计划完成程度是 106.5%，各下属企业工业总产值计划完成情况如表 4-16 所示，要求对该公司的计划完成情况进行简要分析。

表 4-16 某公司工业总产值计划完成情况

| 计划完成程度分组（%） | 企业数（家） | 比重数（%） |
|---|---|---|
| 90～100 | 3 | 15 |
| 100～110 | 12 | 60 |
| 110～120 | 5 | 25 |
| 合 计 | 20 | 100 |

**解** 已知公司的总产值平均计划完成程度是 106.5%，若单看平均数则该公司超额完成了计划。如果结合分配数列，可以更具体地看出有 3 家企业没有完成计划，有 5 家企业计划完成程度超过了 110%。

# 第四节 标志变异指标

## 一、标志变异指标的概念和作用

### （一）标志变异指标的概念

标志变异指标是反映总体各项标志值差异程度的综合指标，又叫标志变动度。

在统计研究中，一方面要计算平均数，借以反映总体各单位标志值的一般水平（集中趋势）；另一方面也要测定变异指标，借以反映总体各单位标志值的差异程度（离散趋势）。同时，平均数的代表性还必须用变异指标来度量，变异指标数值越大，平均数的代表性就越差；相反，变异指标数值越小，平均数的代表性就越好；如果变异指标数值等于零，则说明平均数具有完全的代表性。所以，为了全面准确地反映出总体特征，在计算平均数之后，还需计算标志变异指标，以便更好地说明平均数的代表性。

常用的标志变异指标有：全距、平均差、标准差、离散系数等。

### （二）标志变异指标的作用

1. 标志变异指标可以说明平均指标的代表性

平均指标作为数据分布的代表值，其代表性如何，取决于各变量值之间的差异程度。这种关系表现为：标志变异指标越大，平均指标的代表性越小；反之，标志变异指标越小，平均指标的代表性就越大。

**【例 4-23】** 某车间有甲、乙两个班组各 10 名工人，每人日产某种零件数如下：

甲组　20，25，30，35，50，70，75，85，90，120

乙组　50，51，52，53，56，60，62，71，72，73

通过计算可知，甲、乙两组的平均日产量均为60件，但两个小组日产零件数的离散程度不一样。直观地看，乙组工人日生产零件数比较接近，而甲组工人日产零件数差异较大，因此平均数60件，对于乙组代表性就大，而对于甲组代表性就小。

注：这里反映出来的就是平均指标代表程度受总体各单位标志值离散程度大小的影响，故可以通过标志变异指标来反映和衡量。

2. 标志变异指标可以说明现象变动的稳定性、均衡性

例如，工业企业在检验产品质量时，如果标志变异指标小，则表明产品质量较稳定。在检查计划执行情况时，利用标志变异指标可以分析执行计划过程的均衡性。

**【例 4-24】** 甲、乙两企业全年计划产量都是200万吨，计划完成情况如表4-17所示。

表 4-17　甲、乙两企业各季度计划完成情况　　（单位：万吨）

| 企　业 | 第1季度 | 第2季度 | 第3季度 | 第4季度 | 全　年 |
|---|---|---|---|---|---|
| 甲 | 46 | 54 | 50 | 50 | 200 |
| 乙 | 40 | 38 | 44 | 78 | 200 |

**解**　表4-17中数据反映，甲、乙两企业全年均完成了计划任务，但计划执行的均衡性不同。甲企业各季比较均衡地完成了计划，而乙企业则是前松后紧，在第4季度突击完成的。

3. 标志变异指标可以用来评价风险程度

标志变异指标是衡量投资风险程度的尺度。如果投资收益的标准差大，说明投资收益的不确定性大，即风险大；如果投资收益的标准差小，则说明投资收益的风险小。

## 二、标志变异指标的计算方法

### （一）全　距

全距（range）又称极差，它是总体分布中最大标志值与最小标志值之差，常用 $R$ 表示。其计算公式为：

$$R = X_{max} - X_{min} \tag{4-26}$$

如果是组距数列，其全距则通过下式计算：

$$R = \text{最高组上限} - \text{最低组下限}$$

全距数值越小，说明变量值越集中，标志变动度越小，平均数的代表性就越大；反之，全距数值越大，说明变量值越分散，标志变动度越大，平均数的代表性则越小。

全距指标比较简便，也容易计算，在实际工作中常用来检验产品质量。如一些零件的尺寸，要求其差距要在一定范围内波动，如果超出一定范围，则说明质量有问题。

全距指标是根据两个极端标志值计算的，没有考虑中间各个变量的变动情况。因此，它只能说明总体中两个极端标志值的差异范围，而不能全面反映所有标志值的综合变动程度，

在使用上有很大的局限性。如果要全面测定标志值的变动程度，则需要计算其他标志变异指标。

**【例 4–25】** 根据例 4-23 两组工人日生产零件的资料计算极差。

**解**　　$R_{甲} = 120 - 20 = 100$（件）

$R_{乙} = 73 - 50 = 23$（件）

从极差可以看出，甲组工人日产量差异大于乙组，即甲组资料的标志变动度大于乙组。

### （二）平均差

平均差（mean deviation）是总体各单位标志值与其算术平均数离差的绝对值的算术平均数，通常以 A.D 表示。

由于各标志值对其算术平均数的离差总和恒等于 0（即 $\sum(x-\bar{x})=0$），因此，在计算平均差时，采取离差的绝对值 $|x-\bar{x}|$ 来计算。所以平均差实质是以算术平均数为中心，各标志值距平均数的平均距离。

平均差的计算方法，由于依据的资料条件不同，可分为简单算术平均式和加权算术平均式两种。

1. 简单平均差

对于未分组的资料，采用简单平均差方法计算。其公式为：

$$\mathrm{A.D} = \frac{\sum|x-\bar{x}|}{n} \tag{4-27}$$

式中：A.D 代表平均差；$n$ 为项数。

**【例 4–26】** 以例 4-23 资料，用平均差指标比较说明两组工人的生产技术均衡情况（见表 4-18）。

表 4-18　甲、乙两组工人日产零件情况　　　　（单位：件）

| 甲组（$\bar{x}=60$） | | | 乙组（$\bar{x}=60$） | | |
|---|---|---|---|---|---|
| 日产数 $x$ | 离差 $x-\bar{x}$ | 离差绝对值 $\|x-\bar{x}\|$ | 日产数 $x$ | 离差 $x-\bar{x}$ | 离差绝对值 $\|x-\bar{x}\|$ |
| 20 | −40 | 40 | 50 | −10 | 10 |
| 25 | −35 | 35 | 51 | −9 | 9 |
| 30 | −30 | 30 | 52 | −8 | 8 |
| 35 | −25 | 25 | 53 | −7 | 7 |
| 50 | −10 | 10 | 56 | −4 | 4 |
| 70 | 10 | 10 | 60 | 0 | 0 |
| 75 | 15 | 15 | 62 | 2 | 2 |
| 85 | 25 | 25 | 71 | 11 | 11 |
| 90 | 30 | 30 | 72 | 12 | 12 |
| 120 | 60 | 60 | 73 | 13 | 13 |
| 合　计 | — | 280 | 合　计 | — | 76 |

**解** 计算结果如表 4-18 所示。

甲组的平均差：

$$A.D=\frac{\sum|x-\bar{x}|}{n}=\frac{280}{10}=28（件）$$

乙组的平均差：

$$A.D=\frac{\sum|x-\bar{x}|}{n}=\frac{76}{10}=7.6（件）$$

在两组工人平均日产量相等的情况下，甲组的平均差（28 件）大于乙组的平均差（7.6 件），因此甲组平均数的代表性小于乙组。

2. 加权平均差

对于已分组的资料，采用加权平均差方法计算。其公式为：

$$A.D=\frac{\sum|x-\bar{x}|f}{\sum f} \tag{4-28}$$

**【例 4-27】** 某厂某月工人日包装箱分组数列资料如表 4-19 所示，要求计算平均差并说明平均数的代表性。

表 4-19 某厂某月工人月包装箱资料

| 日包装数分组（箱）$x$ | 工人数 $f$ | 总包装数（箱）$xf$ | 离差（$\bar{x}=9.05$）$x-\bar{x}$ | 离差绝对值 $\lvert x-\bar{x}\rvert$ | 以工人数加权计算的离差绝对值 $\lvert x-\bar{x}\rvert f$ |
|---|---|---|---|---|---|
| 7 | 100 | 700 | –2.05 | 2.05 | 205.0 |
| 8 | 250 | 2 000 | –1.05 | 1.05 | 262.5 |
| 9 | 300 | 2 700 | –0.05 | 0.05 | 150.0 |
| 10 | 200 | 2 000 | 0.95 | 0.95 | 190.0 |
| 11 | 150 | 1 650 | 1.95 | 1.95 | 292.5 |
| 合　计 | 1 000 | 9 050 | — | — | 965.0 |

**解** 计算该厂工人日包装箱平均差：

$$\bar{x}=\frac{\sum xf}{\sum f}=\frac{9050}{1000}=9.05（箱）$$

$$A.D=\frac{\sum|x-\bar{x}|f}{\sum f}=\frac{965}{1000}=0.965（箱）$$

计算结果表明，全厂某月各工人包装数与全厂平均数平均差为 0.965 箱。

一般而言，平均差越大，标志变动度越大，平均数的代表性越小；反之，则平均数的代表性越大。

平均差的特点：不易受极端数值的影响，能综合反映全部单位标志值的实际差异程度；但用绝对值的形式消除各标志值与算术平均数离差的正负值问题，不便于做数学处理和参与统计分析运算。

## （三）标准差

标准差（standard deviation）是总体各单位标志值与算术平均数离差平方的算术平均数的平方根，又称均方差。通常用$\sigma$表示。

标准差的意义与平均差基本相同，都表示总体各单位标志值对算术平均数的平均距离，所不同的是在数学处理上的区别。由于平均差采取绝对值的办法来消除离差的正负号，因此，不便于数学处理，且有碍于运用它来做进一步的统计分析。而标准差采用离差平方的方法来消除离差的正负号，在数学处理上比平均差更为合理和优越。因此，标准差是综合反映标志变异程度最合理的指标，在实际中应用比较广泛。

标准差的计算方法，根据所掌握资料的不同，可分为简单平均法和加权平均法两种。

1. 简单标准差

对于未分组的资料，采用简单标准差计算。其公式为：

$$\sigma=\sqrt{\frac{\sum(x-\bar{x})^2}{n}} \tag{4-29}$$

2. 加权标准差

对于已分组的资料，采用加权标准差计算。其公式为：

$$\sigma=\sqrt{\frac{\sum(x-\bar{x})^2 f}{\sum f}} \tag{4-30}$$

**【例 4-28】** 仍根据例 4-23 的资料，用标准差分析说明某工厂某车间两个班组的工人生产技术情况（见表 4-20）。

表 4-20　甲、乙两组工人日产零件情况

| 甲组 ($\bar{x}=60$) | | | 乙组 ($\bar{x}=60$) | | |
|---|---|---|---|---|---|
| 日产量（件）<br>$x$ | 离差<br>$x-\bar{x}$ | 离差平方<br>$(x-\bar{x})^2$ | 日产量（件）<br>$x$ | 离差<br>$x-\bar{x}$ | 离差平方<br>$(x-\bar{x})^2$ |
| 20 | −40 | 1 600 | 50 | −10 | 100 |
| 25 | −35 | 1 225 | 51 | −9 | 81 |
| 30 | −30 | 900 | 52 | −8 | 64 |
| 35 | −25 | 625 | 53 | −7 | 49 |
| 50 | −10 | 100 | 56 | −4 | 16 |
| 70 | 10 | 100 | 60 | 0 | 0 |
| 75 | 15 | 225 | 62 | 2 | 4 |
| 85 | 25 | 625 | 71 | 11 | 121 |
| 90 | 30 | 900 | 72 | 12 | 144 |
| 120 | 60 | 3 600 | 73 | 13 | 169 |
| 合　计 | — | 9 900 | 合　计 | — | 748 |

**解** 根据例 4-23 的资料，列表计算（见表 4-20）。由此，可计算两组标准差分别为：

$$\sigma_{甲}=\sqrt{\frac{\sum(x-\bar{x})^2}{n}}=\sqrt{\frac{9900}{10}}=\sqrt{990}=31.46\text{（件）}$$

$$\sigma_{乙}=\sqrt{\frac{\sum(x-\bar{x})^2}{n}}=\sqrt{\frac{748}{10}}=\sqrt{74.8}=8.6\text{（件）}$$

计算结果表明，在甲、乙两组工人日均产量相等的条件下，甲组的标准差大于乙组，则甲组平均日产量的代表性就比乙组差，即甲组工人的生产技术水平不如乙组整齐。

【例 4-29】 某班 40 名学生统计学考试成绩如表 4-21 所示，计算其标准差。

表 4-21 某班学生统计学考试成绩

| 成绩（分） | 学生人数 $f$ | 组中值 $x$ | 总分数 $xf$ | 离差 $x-\bar{x}$ | 离差平方加权 $(x-\bar{x})^2 f$ |
|---|---|---|---|---|---|
| 60 以下 | 2 | 55 | 110 | –24.25 | 1 176.13 |
| 60 ~ 70 | 7 | 65 | 455 | –14.25 | 1 421.44 |
| 70 ~ 80 | 11 | 75 | 825 | –4.25 | 198.69 |
| 80 ~ 90 | 12 | 85 | 1 020 | 5.75 | 396.75 |
| 90 ~ 100 | 8 | 95 | 760 | 15.75 | 1 984.5 |
| 合　计 | 40 | — | 3 170 | — | 5 177.51 |

**解**

$$\bar{x}=\frac{\sum xf}{\sum f}=\frac{3170}{40}=79.25\text{（分）}$$

$$\sigma=\sqrt{\frac{\sum(x-\bar{x})^2 f}{\sum f}}=\sqrt{\frac{5177.51}{40}}=\sqrt{129.44}\approx 11.4\text{（分）}$$

3. 是非标志的标准差计算

在社会经济统计中，有时把某种社会经济现象的全部单位分为具有某一标志的单位和不具有某一标志的单位两组。比如，将全部产品分为合格品和不合格品两组；将全部农作物播种面积分为受灾与不受灾面积两组；等等。这种用“是”“否”或“有”“无”来表示的标志，叫作是非标志，又称为交替标志。

是非标志既然是用“是”“否”或“有”“无”来回答，那么就可量化，即用 1 表示具有所研究的标志值，用 0 表示不具有所研究的标志值，即具有的为 $x=1$，不具有的为 $x=0$。全部单位数用 $N$ 表示，具有所研究的标志值的单位数用 $N_1$ 表示，不具有所研究标志值的单位数用 $N_0$ 表示，则 $N=N_1+N_0$，$N_0=N-N_1$。这两部分的单位数（$N_1$ 或 $N_0$）占全部单位数 $N$ 的比重（即成数）表示如下：

全部单位中具有所研究的标志值的单位数所占成数即 $p=N_1/N$，全部单位中不具有所研究的标志值的单位数所占成数即 $q=N_0/N$，两个成数之和等于 1，即 $p+q=1$，$q=1-p$。

是非标志的平均数和标准差的计算方法如下：

是非标志的算术平均数为：

$$\overline{x}=\sum x\frac{f}{\sum f}=1\times p+0\times q=p \tag{4-31}$$

是非标志的标准差为：

$$\sigma=\sqrt{\sum(x-\overline{x})^2\frac{f}{\sum f}}=\sqrt{(1-p)^2p+(0-p)^2q}$$

$$=\sqrt{q^2p+p^2q}=\sqrt{pq(q+p)}=\sqrt{pq}=\sqrt{p(1-p)}$$

即

$$\sigma=\sqrt{pq}=\sqrt{p(1-p)} \tag{4-32}$$

可见，是非标志的标准差是具有某一标志的单位在总体中所占比重（也叫成数）和不具有某一标志的单位在总体中所占比重的乘积的平方根。而且，当 $p=q=0.5$ 时，是非标志的方差达到最大的可能值，即 0.25。

**【例 4–30】** 某机械厂铸造车间生产 6 000 吨铸件，合格品 5 400 吨，不合格品 600 吨。要求计算产品质量分布的集中趋势指标与离散趋势指标。

**解** 已知 $N=6\,000$ 件，$N_1=5\,400$ 件，$N_0=600$ 件，则

$$p=\frac{N_1}{N}=\frac{5400}{6000}=90\%$$

所以

$$\overline{x}=p=90\%$$

$$\sigma=\sqrt{p(1-p)}=\sqrt{0.9\times(1-0.9)}=\sqrt{0.09}=30\%$$

### （四）离散系数

以上介绍的全距、平均差、标准差都是绝对数，而且与算术平均数有着相同的计量单位，其中，标准差是最常用的指标。但是标准差的数值要受到平均指标数值大小的影响。当总体平均指标数值较大时，标准差的数值就大；反之，当总体平均指标数值较小时，标准差的数值就小。因此，在比较不同平均水平或不同计量单位的总体变异程度时，就要采用反映标志变动度的相对指标，这就是离散系数。

#### 1. 离散系数的概念

离散系数是标志变异指标与其算术平均数相比的百分数，也叫标志变异系数。离散系数不受计量单位和标志值水平的影响。离散系数主要有全距系数、平均差系数和标准差系数，但最常用的是标准差系数。

#### 2. 标准差系数的计算方法

标准差系数（coefficient of variation）是标准差与其算术平均数相比的百分数，用 $V_\sigma$ 表示。其计算公式为：

$$V_\sigma=\frac{\sigma}{\overline{x}}\times 100\% \tag{4-33}$$

离散系数要是用于对不同组别数据的离散程度进行比较，则离散系数大的说明该组数据的离散程度大，离散系数小的说明该组数据的离散程度小。

【例 4-31】 某地两个不同类型的企业全年平均月产量资料如表 4-22 所示，试用离散系数分析两企业全年生产的稳定性。

表 4-22 离散系数比较分析

| 企 业 | 计量单位 | 月平均产量 $\bar{x}$ | 标准差 $\sigma$ | 标准差系数 $V_\sigma=\frac{\sigma}{\bar{x}}\times100\%$ |
|---|---|---|---|---|
| 钢铁厂 | 吨 | 500 | 10 | 2.0% |
| 棉纺厂 | 锭 | 200 | 5 | 2.5% |

**分析** 表 4-22 中计算结果表明，虽然钢铁厂产量的标准差比棉纺厂的大，但不能直接断定钢铁厂的平均月产量的代表性就比棉纺厂的小。这是因为两个厂的平均月产量相差悬殊，产量的计量单位也不同，因此只能根据离散系数的大小来判断。通过计算发现，钢铁厂产量的离散系数比棉纺厂的小，这表明，钢铁厂的平均月产量的代表性比棉纺厂的要好，生产较稳定。

注：其结果与用标准差判断的结果正好相反。

## 【本章小结】

统计指标是统计学的语言。综合指标的计算和运用是统计分析的基本方法。统计指标可分为三大类，即总量指标、相对指标、平均指标与平均指标相匹配的变异指标。

总量指标是反映现象在一定时间、地点、条件下的总体规模或水平的一类指标，它以绝对数的形式出现，是计算相对指标和平均指标的基础。总量指标按其反映的内容不同分为总体单位总量和总体标志总量；按其反映的时间状况不同分为时期指标和时点指标；按其采用的计量单位不同分为实物指标、价值指标和劳动量指标。使用时要注意区分各类指标，特别要注意时期指标和时点指标的不同特点及区别，它与动态平均指标有密切的关系。

相对指标是由两个有联系的指标对比而成的。它能够揭示总体内部的结构、比例、比重等数量关系，确定相关事物之间的数量联系程度。其表现形式有两种，即有名数和无名数。常用的相对指标有结构相对指标、比例相对指标、比较相对指标、强度相对指标、计划完成相对指标和动态相对指标等。运用相对指标的基本原则是：可比性原则、相对指标与总量指标的结合运用原则以及多种相对指标结合运用原则。

平均指标是说明同质总体内某一数量标志在具体时间、地点、条件下达到的一般水平的综合指标。其特点是具有总体同质性、数量抽象性和一般代表性。常用的平均指标有数值平均数和位置平均数。数值平均数有算术平均数、调和平均数、几何平均数。位置平均数有中位数和众数，它们各有其特点和适用的条件，计算方法不同，对同一资料的计算结果也不同。因此，必须根据研究的具体目的和数据分布特点，正确选择平均指标。应用平均指标时必须注意几个原则：平均数只能在同质总体中进行计算；用组平均数补充说明总平均数；用分配数列来补充说明总平均数。

变异指标反映数据分布的离散趋势，是与平均指标相匹配的重要特征指标。变异指标主要有全距、平均差、标准差和离散系数等，并应掌握各种指标的计算方法。其中标准差是最重要、应用最广泛的一种，它与抽样推断有着密切联系。但要对平均水平相差较大、计量单位不同的变量的离散程度进行比较时，比较的依据必须是离散系数（特别是标准差系数）。

## 【本章案例】

### 辉煌“十三五”——湖南交通基础设施不断升级 美好出行直抵人心

“十三五”以来，湖南立足“一带一部”战略定位，把实施交通重大项目、构建综合交通枢纽体系作为全省高质量发展的基础性工作，怀邵衡、黔张常、长沙磁浮、岳望高速、湘江航道、岳阳机场等重大项目相继建成，张吉怀、常益长、“三干一轨”等加快实施，全省交通设施不断升级，运行效率不断提升，群众出行的获得感、幸福感、安全感不断增强。

湖南省3月底公布的《关于湖南省重大交通项目实施情况的报告》显示，“十三五”以来，湖南铁路新增通车里程991千米，总里程达5 582千米，其中高铁1 986千米，居全国第3，通达12个市州。

其中，公路方面：新增高速公路1 151千米，总里程达6 802千米，居全国第7，年内即将实现“县县通高速”；新改建国省干线超过4 000千米，农村公路突破20万千米。

水运方面：内河航道总里程近1.2万千米，居全国第3，千吨级及以上航道达1 139千米，千吨级以上泊位112个。

民航新增2个支线机场2个通用机场，形成了“一枢纽一干六支”高效民航交通。长沙轨道交通运营里程突破100千米。

交通运输成为近年来湖南变化最大、群众感受最深、成效最显著的行业。截至2020年7月底，全省贫困地区公路通车总里程达11.1万千米，建设完成通组公路4.3万千米，实现全省通组道路全覆盖，惠及全省3.6万个自然村，为决胜脱贫攻坚、实现全面小康提供强有力支撑。

公共交通高质量发展。截至2019年年底，湖南新能源公交车占全部公交车的比例达86.8%，占比数居全国第一；创建了28个城乡客运一体化示范县，全省具备条件的建制村通客车率达100%。全省122个县市区全面实现交通一卡通互联互通。凡有“交通联合”标志的交通卡，均可在湖南任何城市的公交车、地铁、磁浮列车乘车时使用。

今日之三湘，外联内通、覆盖城乡、功能完善的综合交通体系基本形成，为全省高质量发展和老百姓美好出行提供了强力交通保障。

资料来源：https：//hn.rednet.cn/content/2020/10/07/8471852.html

●案例问题

1. 本案例分析说明了什么问题？运用了什么统计分析方法？

2. 本例中所运用的统计指标有哪些种类？根据各类指标的性质、作用，分析这些指标所说明的问题。

3. 联系实际，谈谈你对运用统计指标分析经济问题的看法。

## ✎ 思考与练习题

### 一、单项选择题

1. 总量指标数值大小（　　）。

A. 随总体范围扩大而增大　　B. 随总体范围扩大而减小

C. 随总体范围缩小而增大　　D. 与总体范围大小无关

2. 总量指标按其反映的时间状况不同可以分为（　　）。

A. 数量指标和质量指标　　B. 实物指标和价值指标

C. 总体单位总量和总体标志总量　　D. 时期指标和时点指标

3. 由反映总体各单位数量特征的标志值汇总得出的指标是（　　）。

A. 总体单位总量　　B. 总体标志总量

C. 质量指标　　D. 相对指标

4. 计算结构相对指标时，总体各部分数值与总体数值对比求得比重之和（　　）。

A. 小于 100%　　B. 大于 100%

C. 等于 100%　　D. 小于或大于 100%

5. 下列相对数中，属于不同时期对比的指标有（　　）。

A. 结构相对数　　B. 动态相对数　　C. 比较相对数　　D. 强度相对数

6. 假设计划任务数是五年计划中规定最后一年应达到的水平，计算计划完成程度相对指标可采用（　　）。

A. 累计法　　B. 水平法　　C. 简单平均法　　D. 加权平均法

7. 统计平均数反映的是同质总体（　　）。

A. 各单位不同标志值的一般水平

B. 某一单位标志值的一般水平

C. 某一单位不同标志值的一般水平

D. 各单位某一数量标志的标志值的一般水平

8. 计算平均指标最常用的方法和最基本的形式是（　　）。

A. 中位数　　B. 众数　　C. 调和平均数　　D. 算术平均数

9. 某地区有 10 万人口，共有 80 个医院。平均每个医院要服务 1 250 人，这个指标是（　　）。

A. 平均指标　　B. 强度相对指标　　C. 总量指标　　D. 发展水平指标

10. 全国的粮食产量与人口数之比是（　　）。

A. 总量指标　　B. 平均指标　　C. 相对指标　　D. 数量指标

11. 某单位某月份职工的出勤率是 95%，这个指标是（　　）。

A. 结构相对指标　　B. 比较相对指标

C. 比例相对指标　　D. 强度相对指标

12. 权数对加权算术平均数的影响，决定于（　　）。

A. 各组标志值的数值大小　　B. 权数的绝对数多少

C. 各组单位数占总体单位数比重的大小　　D. 总体单位数的多少

13. 标准差系数抽象为（　　）。

A. 总体指标数值大小的影响　　B. 总体单位数多少的影响

C. 各组单位数占总体单位总数比重的影响　　D. 平均水平高低的影响

14. 已知 4 个水果商店苹果的单价和销售额，要求计算 4 个商店苹果的平均单价，应该采用（　　）。

A. 简单算术平均数　　B. 加权算术平均数

C. 加权调和平均数　　D. 几何平均数

15. 如果分配数列把频数换成频率，那么方差（　　）。

A. 不变　　B. 增大　　C. 减小　　D. 无法预期其变化

16. 某种产品单位成本计划规定比基期下降 3%，实际比基期下降 3.5%，单位成本计划完成相对指标为（　　）。

A. 96.5%　　B. 87.5%　　C. 99.5%　　D. 93.5%

17. 按照计划，今年产量比上年增加 30%，实际比计划少完成 10%，同上年比今年产量实际增长程度为（　　）。

A. 75%　　B. 40%　　C. 13%　　D. 17%

18. 某商店在制定男式衬衫进货计划时，需了解已售衬衫的平均尺寸，则应计算（　　）。

A. 算术平均数　　B. 调和平均数　　C. 几何平均数　　D. 众数

19. 现有一数列：3，9，27，81，243，729，2 187，反映其平均水平最好用（　　）。

A. 算术平均数　　B. 调和平均数　　C. 几何平均数　　D. 中位数

20. 某高新技术开发区现有人口 11 万，有 8 家医院（其病床数合计为 700 床），则该开发区的每万人的病床数为 63.636。这个指标属于（　　）。

A. 平均指标　　B. 相对指标　　C. 总量指标　　D. 发展水平指标

21. 某企业 2009 年职工平均工资为 5 200 元，标准差为 110 元，2010 年职工平均工资增长了 40%，标准差增大到 150 元。职工平均工资的相对变异（　　）。

A. 增大　　B. 减小　　C. 不变　　D. 不能比较

22. 在变异指标中，其数值越小则（　　）。

A. 反映变量值越分散，平均数代表性越低

B. 反映变量值越集中，平均数代表性越高

C. 反映变量值越分散，平均数代表性越高

D. 反映变量值越集中，平均数代表性越低

23. 两个总体的平均数不等，但标准差相等，则（　　）。

A. 平均数小，代表性大　　B. 平均数大，代表性大

C. 两个平均数代表性相同　　D. 无法进行正确判断

24. 若把全部产品分为合格品与不合格品，所采用的标志属于（　　）。

A. 品质标志　　B. 数量标志　　C. 不变标志　　D. 是非标志

## 二、多项选择题

1. 下列指标中，属于时期指标的有（　　）。

A. 工业总产值　　B. 商品销售额　　C. 产品产量

D. 商品库存额　　E. 年末职工人数

2. 分子和分母可以互换的相对指标有（　　）。

A. 比较相对指标　　B. 比例相对指标　　C. 结构相对指标

D. 强度相对指标　　E. 动态相对指标

3. 检查长期计划执行情况的方法有（　　）。

A. 累计法　　B. 方程法　　C. 回归法

D. 相关分析法　　E. 水平法

4. 下列指标中比例相对指标是（　　）。

A. 新生婴儿的男女性比例是 105∶100

B. 新生婴儿中，男性占 57.2%

C. 在工农业总产值中，工业是农业的 2.5 倍

D. 某厂工人中技术工人与辅助工人的配比是 2∶3

E. 某年某国人均粮食产量为另一国的 13.3 倍

5. 下列指标中的强度相对数是（　　）。

A. 某地今年工业企业利润超额完成计划 1.7%

B. 人口密度为 103 人/平方千米

C. 某地区人均粮食产量达到 500kg

D. 职工人均工资为 1 200 元

E. 职工出勤率为 98%

6. 下列指标中，属于平均指标的是（　　）。

A. 城市居民平均收入　　B. 职工平均工资　　C. 工人劳动生产率

D. 人均国内生产总值　　E. 产品单位成本

7. 加权算术平均数的计算公式是（　　）。

A. $\frac{\sum x}{n}$　　B. $\frac{\sum xf}{\sum f}$　　C. $\sum x \cdot \frac{f}{\sum f}$

D. $\frac{\sum m}{\sum \frac{m}{x}}$　　E. $\frac{n}{\sum \frac{1}{x}}$

8. 应采用算术平均数计算的有（　　）。

A. 已知工资总额及工人数求平均工资

B. 已知计划完成百分比和实际产值，求平均计划完成程度

C. 已知某公司 2006 年至 2010 年的产值，求产值的平均发展速度

D. 已知各级工人月工资额和相应的工人数，求工人的平均工资

E. 已知计划完成百分比和计划产值，求平均计划完成百分比

9. 几何平均数主要适用于（　　）。

A. 具有等比关系的数列　　B. 具有等差关系的数列

C. 总比率等于各组比率之积　　D. 总量等于各组变量值之和

E. 总速度等于各期速度之积

10. 标志变异指标可以反映（　　）。

A. 平均数的代表性大小　　B. 总体各单位标志值分布的集中趋势

C. 总体各单位标志值的离中趋势　　D. 社会生产的规模和水平

E. 产品质量的稳定性

11. 标准差的意义是（　　）。

A. 标准差越大，表示标志变异越大　　B. 标准差越小，表示标志变异越小

C. 标准差越大，表示总体离中趋势越大　　D. 标准差越大，表示平均数代表性越好

E. 标准差等于零，表示平均数代表性为 100%

12. 是非标志的标准差是（　　）。

A. $\sqrt{p+q}$　　B. $\sqrt{pq}$　　C. $\sqrt{p-qd}$

D. $\sqrt{(1-p)(1-q)}$　　E. $\sqrt{p(1-p)}$

## 三、判断题

1. 比较相对指标也可以是两个相对指标对比。（　　）
2. 结构相对数的计算方法灵活，分子和分母可以互换。（　　）
3. 假设甲、乙、丙三个企业今年产量计划完成程度分别为 95%、100%和 105%，则这三个企业产量平均计划完成程度为 100%。（　　）
4. 强度相对指标的计量单位必须用复名数来表示。（　　）
5. 当各组的变量值所出现的次数相等时，加权算术平均数中的权数就失去作用，因而加权算术平均数也就等于简单算术平均数。（　　）
6. 算术平均数反映总体各单位标志值的离中趋势。（　　）
7. 中位数是位置平均数，不受极端数值的影响。（　　）
8. 全距易受极端数值的影响。（　　）
9. 是非标志的方差就是具有某一标志的成数和不具有某一标志的成数的乘积。（　　）
10. 平均差和标准差都表示各标志值对算术平均数的平均离差。（　　）
11. 交替标志的平均数就是被研究标志的成数。（　　）
12. 国民收入中积累额与消费额之比为 1∶3，这是一个比较相对指标。（　　）

## 四、简答题

1. 简述时期指标与时点指标的概念及其特点，并举例说明。
2. 强度相对指标与平均指标的差异有哪些？
3. 正确运用相对指标应遵循哪些原则？
4. 应用平均数分析经济现象时应注意哪些问题？
5. 什么是标志变异指标？其作用有哪些？

## 五、计算题

1. 某公司按计划规定今年第 1 季度的全员劳动生产率应比去年同期提高 10%，单位产品成本应比去年同期降低 5%。实际执行结果，该季度的全员劳动生产率比去年同期提高了 12%，单位产品成本比去年同期降低了 4%。要求：

（1）计算该公司今年第 1 季度的全员劳动生产率计划完成百分比，并说明计划完成情况；

（2）计算该公司今年第 1 季度的单位产品成本计划完成百分比，并说明计划完成情况。

2. 甲地区 2010 年人口数量为 1 600 万，全年生产粮食 260 万吨；乙地区 2010 年人口数量为 1 200 万，全年生产粮食 210 万吨。试从比较相对指标和强度相对指标两个方面对两个地区的粮食生产情况进行比较分析。

3. 某企业生产某种产品，按五年计划规定最后一年产量应达到 100 万吨。企业产量计划执行情况如下表所示。

| 时　间 | 第1年 | 第2年 | 第3年 | | 第4年（季度） | | | | 第5年（季度） | | | |
|---|---|---|---|---|---|---|---|---|---|---|---|---|
| | | | 上半年 | 下半年 | 1 | 2 | 3 | 4 | 1 | 2 | 3 | 4 |
| 产量（万吨） | 78 | 82 | 44 | 45 | 23.5 | 24 | 24.5 | 25 | 25 | 26 | 26.5 | 27.5 |

试分析该企业产量计划完成情况（包括计划完成程度及提前完成计划的时间）。

4. 甲、乙两单位工人的生产资料情况如下表所示。

| 日产量（件/人） | 甲单位工人数（人） | 乙单位总产量（件） |
|---|---|---|
| 1 | 120 | 30 |
| 2 | 60 | 120 |
| 3 | 20 | 30 |
| 合　计 | 200 | 180 |

试分析：

（1）哪个单位工人的生产水平高？

（2）哪个单位工人的生产水平整齐？

5. 已知某地区各工业企业产值计划完成情况及计划产值如下表所示。

| 计划完成程度（%） | 企业数（家） | 平均计划产值（万元） |
|---|---|---|
| 90以下 | 7 | 1 400 |
| 90～100 | 22 | 3 100 |
| 100～110 | 57 | 1 6500 |
| 110～120 | 26 | 7 100 |
| 120以上 | 3 | 400 |
| 合　计 | 115 | — |

要求：

（1）根据上述资料计算产值计划平均完成程度；

（2）如果表中所给资料不是计划产值，而是实际产值，试计算产值计划平均完成程度。

6. 某市农产品收购公司五个收购站某年某种农产品的收购资料如下表所示。

| 站　别 | 收购价格（元/kg） | 收购金额（万元） |
|---|---|---|
| A | 2.2 | 26.4 |
| B | 2.1 | 16.8 |
| C | 2.5 | 20.0 |
| D | 2.3 | 29.9 |
| E | 2.0 | 18.0 |
| 合　计 | — | 111.1 |

试计算该市农产品收购公司五个收购站某年对该种农产品的平均收购价格。

7. 某银行利息按复利计算，前 6 年年利率为 5%，后 4 年年利率为 6%，中间 5 年年利率为 8%。求这 15 年间的平均年利率。

# 第五章 时间数列分析

重点与难点提示

利用时间数列进行统计分析在实际应用中非常普遍，所以，本章是统计学课程学习中的一个重要内容。学习中要重点掌握：

（1）时间数列的概念、种类和编制原则；

（2）时间数列各种水平指标、平均指标的含义及其计算方法；

（3）时间数列速度指标的计算方法与应用；

（4）时间数列的变动分析方法。

要特别注意：（1）由时点数列和相对数时间数列计算序时平均数的方法；（2）利用几何平均法计算平均发展速度的方法；（3）在时间数列变动分析中，要掌握通过最小平方法拟合直线方程的方法。这同时也是本章的难点所在。

## 第一节　时间数列概述

### 一、时间数列的概念和作用

#### （一）时间数列的概念

将反映社会经济现象变动的一系列指标数值按照时间的先后顺序进行排列所形成的数列，被称为时间数列（times series）。由于时间数列表现了事物在时间上的动态变化，故又称之为动态数列（dynamic series）。表 5-1 就是一个时间数列。

表 5-1　2015—2020 年我国国内生产总值

| 年　份 | 2015 | 2016 | 2017 | 2018 | 2019 | 2020 |
|---|---|---|---|---|---|---|
| 国内生产总值（亿元） | 688 858 | 746 395 | 832 036 | 919 281 | 990.865 | 1 013 567 |

资料来源：国家统计局。

任何一个时间数列都具有两个基本要素：

（1）现象所属的时间，如表 5-1 中每年国内生产总值所属年份。

（2）现象在不同时间上的统计数据，如表 5-1 中各年度实际达到的国内生产总值。

### （二）编制时间数列的作用

编制和分析时间数列的目的在于分析研究客观事物的动态，认识其发展变化的特征和规律性。一切事物都处于不断地变化发展之中，人们认识事物，须从事物发展变化的过程来分析研究。分析研究事物的过去，才有可能明白事物的现在；了解事物的过去和现在，才有可能比较准确地预见事物的未来。

具体来说，编制和分析时间数列的作用在于：

（1）它可以描述被研究现象的发展过程和结果；

（2）可以用来分析被研究现象的发展速度、趋势，探索其发展变化的规律性；

（3）可以根据时间数列所反映的发展趋势和发展规律进行经济预测；

（4）不同总体的同类指标可以通过时间数列进行动态对比。因此，时间数列是动态分析的基础。

## 二、时间数列的种类

时间数列按其排列的指标不同，可以分为绝对数时间数列、相对数时间数列和平均数时间数列三种。

### （一）绝对数时间数列

将一系列同类的总量指标按时间先后顺序排列而形成的数列，叫绝对数时间数列。它反映社会经济现象在各个时期所达到的绝对水平及其发展状况。绝对数时间数列按其指标本身的性质不同，又分为时期数列和时点数列。

1. 时期数列（period series）

凡排列在绝对数时间数列中的每个指标数值，均反映现象在一段时期内发展的结果，即“过程总量”，该时间数列称为时期数列。例如，表 5-1 中的“国内生产总值”就是一个时期数列。

时期数列具有以下三个特点：

（1）连续统计的特点。由于时期数列指标反映的现象是各个时期内的发展总过程或总水平，所以，在研究的时间范围内都应该进行统计。

（2）可加性特点。即时期数列中的各项指标数值可以相加，相加后的指标数值就表示研究现象在更长一段时期内发展的总量。

（3）时期数列指标数值的大小与时期长短直接相关。在时期数列中每个指标所包括的时期长度叫作“时期”。一般来说，时期越长，指标数值越大；时期越短，指标数值越小。

2. 时点数列（time point series）

在绝对数时间数列中，有些数列的指标是反映现象在某一时点（或一瞬间）所处的水平，由这类指标组成的动态数列叫作时点数列。表 5-2 就是一个时点数列。

表 5-2　某地区 2015—2020 年人口统计

| 年　份 | 2015 | 2016 | 2017 | 2018 | 2019 | 2020 |
| --- | --- | --- | --- | --- | --- | --- |
| 年末人口数（万人） | 1 847.41 | 1 976.19 | 1 905.20 | 1 933.78 | 1 957.56 | 1 998.31 |

时点数列具有以下三个特点：

（1）时点数列不具有连续统计的特点。时点数列只反映现象在某一时刻所处的水平，只要求在某一时点上进行统计，以取得该时点上的资料，不必连续进行登记。

（2）时点数列中的各项指标数值不具有可加性。因为几个时点数列指标相加后，无法说明这个数值是属于哪一时点上现象的数量，没有实际意义。

（3）时点数列指标数值的大小与时间间隔长短没有直接联系。在时点数列中，两个相邻指标在时间上的距离叫作“间隔”。因为时点数列的每一个指标值只表明现象在某一瞬间的数量，因而时间间隔的长短对指标数值的大小不发生直接影响。

### （二）相对数时间数列

把一系列同类的相对指标按时间先后顺序排列起来而形成的时间数列称为相对数时间数列。它反映现象对比关系的发展变化情况，说明社会经济现象的比例关系、结构、速度的发展变化过程。在相对数时间数列中，各个指标数值是不能相加的。

### （三）平均数时间数列

把一系列同类的平均指标按时间先后顺序排列起来而形成的时间数列称为平均数时间数列。它反映社会经济现象一般水平的发展趋势。在平均数时间数列中，各个指标数值一般来说也是不能相加的，相加没有实际意义。但有时为了计算序时平均数，各个指标数值在计算过程中也需要相加。

在时间数列中，绝对数时间数列是动态分析的基本数列，相对数时间数列和平均数时间数列则是由绝对数时间数列所派生出来的。为了对社会经济现象的发展变化情况进行全面的分析研究，往往需要同时将这三种动态数列结合起来运用。

## 三、动态数列的编制原则

编制动态数列的目的是通过同一指标不同时间的数值对比来反映社会现象的发展过程及其规律性。因此，保证数列中各个指标之间的可比性，就成为编制动态数列应遵守的基本原则。具体来说，应注意下列四点：

1. 时期长短应该统一

对于时期数列，由于各个指标数值的大小与时期长短有直接的关系，因此各个指标所属的时期长短前后应当统一。时间越长，指标数值就越大，反之就越小。如果时期长短不统一，往往就很难直接做比较。

而对于时点数列来说，由于各个指标只反映现象在某一时点的状态，则不存在时期长短应该统一的问题。但是间隔相等比间隔不等更能准确反映现象的发展过程及其规律性。为了便于分析，各指标的时间间隔最好也能够相等。

2. 总体范围应该一致

在动态数列中，各个指标所包括的总体范围前后应该一致。如要研究某地区的人口变动情况，就必须保证地区前后有相同的行政区划，若有变动，就要先进行调整，然后再做动态分析。

3. 指标的经济内容应该相同

就是说要注意动态数列各个指标经济内容的一致性，指标的经济内容和含义不同，不能混合编制成一个动态数列。例如，不能把全员劳动生产率与工人劳动生产率不加区别地编在一个动态数列中，也不能把商品产值与销售产值不加区别地编在一起。

4. 计算口径应该统一

计算口径主要是指计算方法、计量单位等。例如，我们在研究某企业劳动生产率的增长情况时，如果各期指标的计算方法不一致，有的按产品的实物量计算，有的按价值量计算；或有的按生产工人计算，有的按全部职工计算；或有的按小时计算，有的按实际工作日计算。这样，各指标之间显然没有可比性，从而也就不能运用动态分析方法来正确说明该企业劳动生产率的变动情况。

## 第二节　时间数列水平分析指标

为了研究现象在时间上的发展水平和速度，分析其发展的规律，需要在时间数列基础上确定一系列时间数列的分析指标。这些分析指标大体上可分为两类：一类是时间数列水平分析指标，有发展水平、平均发展水平、增长量、平均增长量等，它们都应用于对现象发展水平的分析；另一类是时间数列速度分析指标，有发展速度、平均发展速度、增长速度、平均增长速度等。

### 一、发展水平

发展水平（developing level）又称发展量。它反映社会经济现象在各个时间上所达到的规模或水平。发展水平既可以表现为总量指标，也可表现为相对指标或平均指标。发展水平实际上就是时间数列中的每一项具体数值。

由于发展水平指标在动态分析中所处的地位作用不同，可将其分为以下几种水平：

（1）最初水平：动态数列中的第一项指标数值；

（2）最末水平：动态数列中的最后一项指标数值；

（3）中间各期水平：动态数列中除了第一项和最后一项以外的其余各项指标数值；

（4）基期水平：在动态对比时作为对比基础时间的水平；

（5）报告期水平：所要分析的时间水平。

如果用符号 $a_0$，$a_1$，$a_2$，…，$a_{n-1}$，$a_n$ 表示动态数列中各个不同时间的发展水平，则 $a_0$ 为最初水平，$a_n$ 为最末水平，$a_1$，$a_2$，…，$a_{n-1}$ 为中间各期水平。如果研究 $a_0$ 和 $a_n$ 之间的对比关系，则 $a_n$ 为报告期水平，$a_0$ 为基期水平。如果研究 $a_2$ 和 $a_1$ 之间的对比关系，那么 $a_2$ 就为报告期水平，$a_1$ 为基期水平。

最初水平、最末水平以及基期水平和报告期水平并不是固定不变的，而是随着研究时间和目的的改变而相互转化的。这个时间数列的最末水平，在编制另一时间数列时也可能成为最初水平；现在的报告期水平，也可能成为将来的基期水平。

## 二、平均发展水平

平均发展水平（average developing level）又称序时平均数。它是时间数列中各项发展水平的平均数，反映现象在一段时期内发展的一般水平。

序时平均数与一般平均数既有共性又有区别。其共性是：它们都是将研究现象的个别数量差异抽象化，概括地反映现象的一般水平。其区别是：第一，计算的依据不同。序时平均数是根据时间数列计算得出的；而一般平均数是根据变量数列计算得出的。第二，平均的对象不同。序时平均数所平均的，是社会经济现象在不同时间上的数量差异；而一般平均数所平均的，是总体中各单位某一标志值的数量差异。第三，说明的问题不同。序时平均数是从动态上表明被研究现象在一段时间内的平均发展水平；而一般平均数是从静态上说明总体各单位某个标志值的平均水平。序时平均数在动态分析中被广泛地运用。

时间数列有三种，且三种时间数列的序时平均数的计算方法不尽相同，但根据总量指标时间数列计算序时平均数的方法是基本的，现分别说明如下。

### （一）根据绝对数时间数列计算序时平均数

绝对数时间数列分为时期数列和时点数列，两者计算序时平均数的方法是不一样的，现分别说明如下。

1. 由时期数列计算序时平均数

由于数列中各项指标值相加等于全部时期的总量，因此，可直接用数列中各时期指标值之和除以时期项数即得序时平均数。其计算公式如下：

$$\bar{a}=\frac{a_1+a_2+\cdots+a_{n-1}+a_n}{n}=\frac{\sum a}{n} \tag{5-1}$$

式中：$\bar{a}$ 代表序时平均数；$a_1$，$a_2$，…，$a_{n-1}$，$a_n$ 分别代表各期发展水平；$n$ 为时期项数。

**【例 5–1】** 某企业 2020 年上半年各月的工业增加值如表 5-3 所示，试计算该企业各月的平均工业增加值。

表 5-3　某企业 2020 年上半年各月工业增加值

| 月　份 | 1 | 2 | 3 | 4 | 5 | 6 |
|---|---|---|---|---|---|---|
| 工业增加值（万元） | 214 | 186 | 235 | 392 | 357 | 282 |

**解**　　月平均工业增加值 $=\dfrac{214+186+235+392+357+282}{6}=\dfrac{1666}{6}=278$（万元）。

2. 由时点数列计算序时平均数

时点数列的指标值反映现象在某一时点上的瞬间水平。要正确计算其平均数，从理论上讲，应当掌握每一时点上的指标值，然后计算平均时点指标数值。在社会经济统计中一般将一天看作一个时点，即以“天”作为最小时间单位。这样便有连续时点数列和间断时点数列的区分。资料逐日登记的是连续时点数列；资料不是逐日登记，而是间隔较长一段时间（月、季或年）再登记一次，然后依序排列的是间断时点数列。时点数列序时平均数的类型不同，计算方法也有所不同。

（1）根据连续时点数列计算序时平均数。

在连续时点数列中有连续变动和非连续变动两种情形：

① 对连续变动的连续时点数列求序时平均数。如果连续时点数列每日的指标数值都有变动，称为连续变动的连续时点数列。可用简单算术平均法求序时平均数，其计算公式为：

$$\overline{a}=\frac{\sum a}{n} \tag{5-2}$$

例如，已知某企业一个月内每天的工人人数，要计算该月内每天的平均工人人数，可将每天的工人人数相加，除以该月的日历日数即得。

② 对非连续变动的连续时点数列求序时平均数。如果被研究现象不是逐日变动，而是间隔几天变动一次，这样的数列称为非连续变动的连续时点数列。可用加权算术平均法计算序时平均数。其计算公式为：

$$\overline{a}=\frac{a_1f_1+a_2f_2+\cdots+a_nf_n}{f_1+f_2+\cdots+f_n}=\frac{\sum af}{\sum f} \tag{5-3}$$

式中：$a_i$ 为各时点指标值；$f_i$ 为时点指标值 $a_i$ 持续不变的时间天数。

**【例 5–2】** 某企业 2020 年 4 月 1 日职工有 300 人，4 月 11 日新进厂 9 人，4 月 16 日离厂 4 人。求该企业 2020 年 4 月份的平均职工人数。

**解** $\overline{a}=\dfrac{300\times10+309\times5+305\times15}{10+5+15}=304$（人）

（2）根据间断时点数列计算序时平均数。

在间断时点数列中有间隔相等和间隔不等两种情况：

① 对间隔相等的间断时点数列求序时平均数。间断的间隔相等时，假定指标值在两个相邻时点之间的变动是均匀的，先将相邻两个时点的指标数值相加后除以 2，得到这两个时点之间的序时平均数。然后根据这些平均数，再用简单算术平均法求得整个研究时间的序时平均数。将两个步骤合并所得计算方法称为“首末折半法”。其计算公式为

$$\overline{a}=\frac{\frac{a_1}{2}+a_2+a_3+\cdots+a_{n-1}+\frac{a_n}{2}}{n-1} \tag{5-4}$$

式中：$\overline{a}$ 为序时平均数；$a_i$ 为各项时点指标数值；$n$ 为时点个数。

**【例 5–3】** 某养殖场 2020 年第 4 季度生猪存栏数资料如表 5-4 所示，求第 4 季度平均生猪存栏头数。

表 5-4　某养殖场 2020 年第 4 季度生猪存栏数资料

| 时间（月末） | 9 | 10 | 11 | 12 |
|---|---|---|---|---|
| 生猪存栏数（头） | 2 040 | 2 035 | 2 045 | 2 058 |

**解**　上月月末资料可作为下月月初资料（或下月月初资料可作为上月月末资料）。

根据公式（5-4）计算得：

$$\overline{a}=\frac{\frac{2040}{2}+2035+2045+\frac{2058}{2}}{4-1}=2043\text{（头）}$$

② 对间隔不等的间断时点数列求序时平均数。在时点数列中，如果相邻时点间隔不等时，就须在每一个时段首末折半后用相应的时点间隔数加权计算。其计算公式为：

$$\overline{a}=\frac{\overline{a}_1 f_1+\overline{a}_2 f_2+\cdots+\overline{a}_n f_n}{f_1+f_2+\cdots+f_n}=\frac{\frac{a_0+a_1}{2}f_1+\frac{a_1+a_2}{2}f_2+\cdots+\frac{a_{n-1}+a_n}{2}f_n}{\sum_{i=1}^{n}f_i} \tag{5-5}$$

式中：$\overline{a}$ 为序时平均数；$a_i$ 为各时点指标值；$f_i$ 为各时点间隔长度。

间隔不相等的间断时点数列序时平均数的计算也采用“两次平均”的思路，且第一次的平均计算与间隔相等的间断时点数列相同；进行第二次平均时，由于各间隔不相等，所以应当用间隔长度作为权数，计算加权算术平均数。

【例 5-4】 某养殖场某年生猪存栏数如表 5-5 所示，求其全年平均生猪存栏数。

表 5-5　某养殖场某年生猪存栏数

| 日　期 | 1 月 1 日 | 3 月 1 日 | 8 月 1 日 | 10 月 1 日 | 12 月 31 日 |
|---|---|---|---|---|---|
| 生猪存栏数（头） | 1 420 | 1 400 | 1 200 | 1 250 | 1 460 |

**解**　根据公式（5-5）计算得：

$$\overline{a}=\frac{\frac{1420+1400}{2}\times 2+\frac{1400+1200}{2}\times 5+\frac{1200+1250}{2}\times 2+\frac{1250+1460}{2}\times 3}{2+5+2+3}$$

$$=\frac{2820+6500+2450+4065}{12}\approx 1320\text{（头）}$$

## （二）根据相对数和平均数时间数列计算序时平均数——比值数列序时平均数的求法

相对数和平均数指标均是两个现象指标（一般是总量指标）对比的结果，所以又可以统称为比值指标。由这种比值指标构成的时间数列，可统称为比值数列。因此，求相对数和平均数时间数列的序时平均数又叫作求比值数列的序时平均数。

比值数列序时平均数的一般求解方法是：

（1）找出组成比值数列的分子数列和分母数列；

（2）分别求出分子数列 $a$ 和分母数列 $b$ 的序时平均数 $\overline{a}$ 和 $\overline{b}$；

（3）用分子数列的序时平均数 $\overline{a}$ 除以分母数列的序时平均数 $\overline{b}$，所得到的商，就是比值数列的序时平均数 $\overline{c}$。即

$$\bar{c}=\frac{\bar{a}}{\bar{b}} \tag{5-6}$$

式中：$\bar{c}$代表相对数或平均数动态数列的序时平均数；$\bar{a}$代表分子数列的序时平均数；$\bar{b}$代表分母数列的序时平均数。分子数列 $a$ 和分母数列 $b$ 既可以是时期数列也可以是时点数列。

具体计算时又分以下几种情况：

（1）若两个相关的总量指标时间数列均为时期数列，则有

$$\bar{c}=\frac{\bar{a}}{\bar{b}}=\frac{\frac{\sum a}{n}}{\frac{\sum b}{n}}=\frac{\sum a}{\sum b}=\frac{\sum cb}{\sum b}\xrightarrow{\text{或}}\frac{\sum a}{\sum\frac{a}{c}} \tag{5-7}$$

**【例 5–5】** 某企业 2020 年第 3 季度各月生产计划完成情况如表 5-6 所示，试计算该企业某年第 3 季度平均计划完成程度。

表 5-6　某企业 2020 年第 3 季度各月生产计划完成情况

| 月　份 | | 7 | 8 | 9 |
|---|---|---|---|---|
| 实际产量（台） | $a$ | 500 | 618 | 872 |
| 计划产量（台） | $b$ | 500 | 600 | 800 |
| 产量计划完成% | $c$ | 100 | 103 | 109 |

**解**　因为

$$\text{产量计划完成程度}(c)=\frac{\text{实际产量}(a)}{\text{计划产量}(b)}$$

所以该企业第 3 季度各月产量计划平均完成程度为：

$$\bar{c}=\frac{\bar{a}}{\bar{b}}=\frac{\sum cb}{\sum b}=\frac{100\%\times500+103\%\times600+109\%\times800}{500+600+800}=104.74\%$$

（2）由两个时点数列对比而成的相对数或平均数时间数列求序时平均数。

计算方法如下：如果两个都是间隔相等的时点数列，用式（5-4）先分别求出分子数列 $a$ 的 $\bar{a}$ 和分母数列 $b$ 的 $\bar{b}$，然后求 $\bar{c}=\frac{\bar{a}}{\bar{b}}$；如果两个都是间隔不等的时点数列，则用式（5-5）先分别求出 $a$ 数列的 $\bar{a}$ 和 $b$ 数列的 $\bar{b}$，然后求 $\bar{c}=\frac{\bar{a}}{\bar{b}}$。

（3）若两个相关的总量指标时间数列，一个是时期数列，另一个是时点数列。

其计算方法为：首先根据各自的计算方法求出各自的序时平均数 $\bar{a}$ 和 $\bar{b}$，然后再计算其相对数或平均数时间数列的序时平均数 $\bar{c}=\frac{\bar{a}}{\bar{b}}$。

**【例 5–6】** 某企业 2020 年第 2 季度总产值和职工人数情况如表 5-7 所示，计算该企业第 2 季度月均劳动生产率。

表 5-7　某企业 2020 年第二季度总产值、职工人数情况

| 月　份 | | 3 | 4 | 5 | 6 |
|---|---|---|---|---|---|
| 总产值（万元） | $a$ | — | 1 170 | 1 200 | 1 370 |
| 月末职工人数（人） | $b$ | 6 500 | 6 700 | 6 900 | 7 100 |

**解**　第 2 季度月平均全员劳动生产率为：

$$\bar{c}=\frac{\dfrac{1170+1200+1370}{3}}{\dfrac{\dfrac{6500}{2}+6700+6900+\dfrac{7100}{2}}{3}}=\frac{3740\div 3}{20400\div 3}=1833\text{（元/人）}$$

在实际工作中，时点指标多已按序时平均法计算出各时期的平均数，这样，分子和分母都按时期数列计算序时平均数的方法进行计算，然后再将计算结果进行对比就可以了。

【**例 5–7**】某商店 2020 年第 1 季度商品流转情况如表 5-8 所示，试计算该商店第 1 季度平均每月商品流转次数。

表 5-8　某商店 2020 年第 1 季度商品流转情况

| 月　份 | | 1 | 2 | 3 |
|---|---|---|---|---|
| 商品流转额（万元） | $a$ | 200 | 243 | 272 |
| 平均商品储存额（万元） | $b$ | 80 | 90 | 85 |
| 商品流转次数（$c=a/b$） | $c$ | 2.5 | 2.7 | 3.2 |

**解**　表 5-8 中的商品流转额是时期数列，平均商品储存额是时点数列的序时平均数，也是平均数动态数列；将商品流转额与平均商品储存额进行对比即得商品流转次数。如果要计算全季平均每月商品流转次数，则要先计算出两个动态数列的序时平均数，然后再进行对比，可采用如下公式：

$$\bar{c}=\frac{\bar{a}}{\bar{\bar{b}}}=\frac{\sum a}{n}\div\frac{\sum b}{n}=\frac{\sum a}{\sum b}$$

根据表 5-8 资料，可计算该商店第 1 季度平均每月商品流转次数，即

$$\bar{c}=\frac{200+243+272}{80+90+85}=2.8\text{（次）}$$

如果要求第 1 季度的商品流转次数，则不能用各月的商品流转次数直接相加，而是用季度的各月平均商品流转次数乘以月数，即

$$n\cdot\bar{c}=3\times 2.8=8.4\text{（次）}$$

也可以用季度商品流转额与季度平均商品库存额对比求得，即

$$\text{全季商品流转次数}=\frac{\sum a}{\bar{\bar{b}}}=\frac{200+243+272}{(80+90+85)\div 3}=8.4\text{（次）}$$

## 三、增长量

增长量（increment）是用来说明某种现象在一定时期内所增长的绝对数量，它等于报告期水平减去基期水平，即

$$增长量=报告期水平-基期水平 \quad (5\text{-}8)$$

增长量有正负之分，若为正值，表明报告期比基期增加，若为负值，说明报告期比基期减少，故又称为“增减量”指标。

按采用的基期不同，增长量可分为逐期增长量和累计增长量。逐期增长量是以报告期前一期水平为基期计算的，表示现象较短时期变动的数量；累计增长量是以固定的基期水平计算的，表示现象在较长时期变动的数量。

逐期增长量是报告期水平与前一期水平之差，即

$$a_1-a_0,\ a_2-a_1,\ \cdots,\ a_n-a_{n-1}$$

累计增长量是报告期水平与某一固定时期水平之差，即

$$a_1-a_0,\ a_2-a_0,\ \cdots,\ a_n-a_0$$

逐期增长量与累计增长量的关系是：

（1）逐期增长量之和等于累计增长量，即

$$(a_1-a_0)+(a_2-a_1)+\cdots+(a_n-a_{n-1})=a_n-a_0 \quad (5\text{-}9)$$

（2）两相邻时期的累计增减量之差等于相应时期的逐期增减量，即

$$(a_i-a_0)-(a_{i-1}-a_0)=a_i-a_{i-1} \quad (i=1,2,\cdots,n) \quad (5\text{-}10)$$

在实际工作中还经常计算年距增长量指标，它是报告期水平与上年同期水平之差。用公式表示如下：

$$年距增长量=报告期水平-上年同期水平 \quad (5\text{-}11)$$

计算年距增长量可以消除季节变动的影响，表明报告期水平较上年同期水平增加（或减少）的绝对数量。

## 四、平均增长量

平均增长量（average increment）是时间数列中各逐期增长量的序时平均数，用来说明某种现象在一定时期内平均每期增长的数量。其计算公式为：

$$平均增长量=\frac{逐期增长量之和}{逐期增长量个数}=\frac{累计增长量}{时间数列项数-1}$$

上式用符号表示为：

$$\overline{\Delta}=\frac{\sum_{i=1}^{n}(a_i-a_{i-1})}{n}=\frac{a_n-a_0}{n} \quad (5\text{-}12)$$

式中：$n$ 为逐期增长量个数，也即资料项数减 1。

【例 5-8】 某市工业系统产值如表 5-9 所示，试计算增长量指标。

表 5-9 某市工业系统产值增长量计算表

| 年 份 | | 2016 | 2017 | 2018 | 2019 | 2020 |
|---|---|---|---|---|---|---|
| 总产值（亿元） | | $a_0$ | $a_1$ | $a_2$ | $a_3$ | $a_4$ |
| | | 40 | 43 | 48 | 54 | 60 |
| 增长量 | 逐期 | — | 3 | 5 | 6 | 6 |
| | 累计 | — | 3 | 8 | 14 | 20 |
| 平均增长量（百万元） | | $\bar{\Delta}=\frac{a_n-a_0}{n}=\frac{60-40}{4}=5$ | | | | |

# 第三节 时间数列速度分析指标

水平指标反映的是某种社会经济现象在不同时间上的绝对变动或平均绝对变动；速度指标反映的是某种社会经济现象在不同时间上的相对变动或平均相对变动。动态分析的速度指标主要有发展速度、增长速度、平均发展速度和平均增长速度四种。

## 一、发展速度

发展速度（speed of development）是表明社会经济现象发展程度的相对指标。它根据两个不同时期发展水平相对比而求得，用公式表示为：

$$发展速度=\frac{报告期水平}{基期水平} \tag{5-13}$$

发展速度通常用百分数表示，当比值较大时，也可用倍数和翻番数表示。它说明现象的报告期水平为基期水平的百分之几或若干倍或翻几番。当它大于 100%（或 1）时，表明现象在增长；若小于 100%（或 1）时，表明现象在下降。

根据对比的基期不同，可分为定基发展速度、环比发展速度和年距发展速度三种。

1. 定基发展速度

定基发展速度是时间数列中报告期发展水平与固定基期发展水平（通常是最初水平）对比所得到的相对数，说明某种社会经济现象在较长时期内总的发展方向和速度，亦称总速度。即报告期的水平是该固定基期的若干倍或百分之几。用公式表示为：

$$\frac{a_1}{a_0},\frac{a_2}{a_0},\frac{a_3}{a_0},\cdots,\frac{a_n}{a_0}$$

2. 环比发展速度

环比发展速度是时间数列中报告期发展水平与前一期发展水平之比，说明某种社会经济现象的逐期发展方向和速度。即报告期是上一期的若干倍或百分之几。用公式表示为：

$$\frac{a_1}{a_0},\frac{a_2}{a_1},\frac{a_3}{a_2},\cdots,\frac{a_n}{a_{n-1}}$$

定基发展速度与环比发展速度之间的关系为：

（1）各个时期的环比发展速度的连乘积等于相应的定基发展速度，即

$$\frac{a_n}{a_0}=\frac{a_1}{a_0}\times\frac{a_2}{a_1}\times\frac{a_3}{a_2}\times\cdots\times\frac{a_n}{a_{n-1}}$$

（2）相邻两个定基发展速度之比等于相应的环比发展速度，即

$$\frac{a_n}{a_0}\div\frac{a_{n-1}}{a_0}=\frac{a_n}{a_{n-1}}$$

3. 年距发展速度

年距发展速度是报告期发展水平与上年同期发展水平之比。用公式表示为：

$$\text{年距发展速度}=\frac{\text{报告期发展水平}}{\text{上年同期发展水平}} \tag{5-14}$$

计算年距发展速度的目的是用来消除季节变动的影响，表明本期比上年同期的相对发展程度。

## 二、增长速度与增长 1% 的绝对值

### （一）增长速度

增长速度（increase speed）是反映现象增长程度的相对指标，由增长量与基期水平对比求得，用以说明报告期水平比基期水平增加了若干倍（或百分之几）。其计算结果一般用倍数或百分数表示。用公式表示为：

$$\text{增长速度}=\frac{\text{增长量}}{\text{基期发展水平}} \tag{5-15}$$

增长速度和发展速度既有区别又有联系。两者的区别在于概念的不同：增长速度表示社会经济现象报告期比基期增长的程度，而发展速度则表示报告期与基期相比发展了什么程度。两者的联系可用公式表示为：

$$\text{增长速度}=\frac{\text{报告期水平}-\text{基期水平}}{\text{基期水平}}=\text{发展速度}-1\text{（或 }100\%\text{）} \tag{5-16}$$

当报告期水平高于基期水平时，发展速度大于 1 或 100%，增长速度为正值，表示现象增长的程度，亦称增长率；当报告期水平低于基期水平时，发展速度小于 1 或 100%，增长速度为负值，表示现象降低的程度，亦称降低率。

由于采用基期的不同，增长速度也分为定基增长速度、环比增长速度和年距增长速度三种。

1. 定基增长速度

定基增长速度是从某一固定基期至报告期的累计增长量与基期发展水平之比，表明现象在这一时期内增长的速度。其公式为：

$$\text{定基增长速度}=\frac{\text{累积增长量}}{\text{固定基期水平}}=\frac{\text{报告期水平}-\text{固定基期水平}}{\text{固定基期水平}}=\text{定基发展速度}-1 \tag{5-17}$$

2. 环比增长速度

环比增长速度是逐期增长量与前一期发展水平之比，表明现象逐期增长的速度。其公式为：

$$\text{环比增长速度}=\frac{\text{逐期增长量}}{\text{前期水平}}=\frac{\text{报告期水平}-\text{前期水平}}{\text{前期水平}}=\text{环比发展速度}-1 \qquad (5\text{-}18)$$

必须指出，环比增长速度与定基增长速度无直接的数量关系。如果由一个环比增长速度数列求其定基增长速度数列，需先将各期环比增长速度换算成各期环比发展速度，再将它们连乘，得到各期的定基发展速度，最后，将各期定基发展速度减 1（减 100%），即得各期的定基增长速度。

3. 年距增长速度

年距增长速度是用来说明年距增长量与上年同期发展水平对比达到的相对增长程度。用公式可表示为：

$$\text{年距增长速度}=\frac{\text{年距增长量}}{\text{上年同期发展水平}}=\text{年距发展速度}-1 \qquad (5\text{-}19)$$

## （二）增长 1%的绝对值

增长速度是一种相对数，当比较不同总体的同类现象的增长程度时，如果各自的基期水平相差较大，仅用相对增长速度无法全面地认识现象的增长情况，所以，应该把速度指标与水平指标结合起来。统计上把增长速度和增长量结合起来的指标，称作增长 1 %的绝对值。其计算公式为：

$$\text{增长1\%的绝对值}=\frac{\text{逐期增长量}}{\text{环比增长速度}\times 100}=\frac{\text{前期水平}}{100} \qquad (5\text{-}20)$$

由于环比增长速度的计算是以前期水平作基期水平计算的，因此，在计算环比增长速度增长 1%的绝对值时，上式中的基期水平也可表述为前期水平。

增长 1%的绝对值这一指标不仅可用于比较同一事物不同时期增长速度的经济意义，还可以用于比较不同国家、不同地区、不同单位之间同一事物增长速度所隐含的不同经济意义，对我们正确评价和处理速度与效益的关系是颇有好处的。

**【例 5–9】** 以表 5-10 某市工业系统产值情况为例，说明动态分析的速度指标的计算。

表 5-10　某市工业系统产值动态分析速度指标

| 年　份 | | | 2016 | 2017 | 2018 | 2019 | 2020 |
|---|---|---|---|---|---|---|---|
| 总产值（百万元） | | （1） | $a_0$ | $a_1$ | $a_2$ | $a_3$ | $a_4$ |
| | | | 40 | 43 | 48 | 54 | 60 |
| 发展速度（%） | 定基 | （2） | — | 107.5 | 120.0 | 135.0 | 150.0 |
| | 环比 | （3） | — | 107.5 | 111.6 | 112.5 | 111.1 |
| 增长速度（%） | 定基 | （4） | — | 7.5 | 20.0 | 35.0 | 50.0 |
| | 环比 | （5） | — | 7.5 | 11.6 | 12.5 | 11.1 |
| 增长 1%的绝对值 | | （6） | — | 0.40 | 0.43 | 0.48 | 0.54 |

## 三、平均发展速度与平均增长速度

平均发展速度和平均增长速度统称为平均速度。平均速度是各个时期环比速度的平均数，说明社会经济现象在较长时期内速度变化的平均程度。平均发展速度（average speed of development）是各环比发展速度的平均数，说明现象每期变动的平均程度。平均增长速度（average increase speed）则说明现象逐期增长的平均程度。

但是，从计算平均速度的方法看，平均增长速度并不能根据各期环比增长速度直接计算得出，而是先计算平均发展速度，然后根据平均发展速度与平均增长速度的关系来计算平均增长速度，即

$$平均增长速度=平均发展速度-1（或100\%） \tag{5-21}$$

平均发展速度总是正值，而平均增长速度则可为正值也可为负值。当平均发展速度大于1时，平均增长速度为正值，表明现象在一段时间内逐期平均递增的程度；当平均发展速度小于1时，平均增长速度为负值，表明现象在一段时间内逐期平均递减的程度。

平均速度指标的计算首先是平均发展速度的计算，根据研究目的的不同，计算平均发展速度的方法可分为水平法和累计法两种。

### （一）水平法（几何平均法）

平均发展速度虽然是环比发展速度的序时平均数，但不能用算术平均法来计算，亦即不能用各个时期的环比发展速度直接相加求其平均数。这是因为它们的基数不同，时间数列的总速度即最末一期的定基发展速度并不等于各期环比发展速度之和，而等于它们的连乘积。因此各期环比发展速度的序时平均数不能在速度代数和基础上按算术平均数去计算，只能在速度连乘积基础上按几何平均法去计算。$R$ 代表总速度或最末一期（年）的定基发展速度，$x$ 代表环比发展速度，$n$ 代表时期（年）数，即

$$R=x_1x_2x_3\cdots x_{n-1}x_n$$

平均发展速度是各期环比发展速度的平均数，就是说，如果各期都按这样的平均速度发展，其结果应该达到同样的总速度。用 $\overline{x}$ 代表平均发展速度，则

$$R=\overline{x}\cdot\overline{x}\cdot\overline{x}\cdot\cdots\cdot\overline{x}=\overline{x}^n$$

根据以上两个关系式，可以确定平均发展速度的计算公式为：

$$\overline{x}=\sqrt[n]{R} \tag{5-22}$$

$$\overline{x}=\sqrt[n]{x_1x_2x_3\cdots\cdots x_n}=\sqrt[n]{\prod_{i=1}^{n}x_i} \tag{5-23}$$

由于各环比发展速度连乘积等于最后一期（年）的定基发展速度，因此公式（5-17）又可简化为：

$$\overline{x}=\sqrt[n]{\frac{a_n}{a_0}} \tag{5-24}$$

这个计算方法的实质，就是要求从时间序列的最初水平 $a_0$ 出发，按平均发展速度 $\overline{x}$ 逐期发展，经过 $n$ 个时期后，达到最末水平 $a_n$。

可以看出，用几何平均法计算发展速度的特点是着重考虑最后一年所达到的发展水平；不论中间水平变化过程怎样，只要期末水平确定，对平均发展速度的计算结果没有影响。所以计算平均发展速度的几何平均法也称为“水平法”。

对于水平法计算平均发展速度的三个公式，可根据所掌握资料的不同而分别加以选用。但不论选用哪个公式，一般来说 $n$ 的数字较大，都需要求高次方根，所以必须借助多功能计算器进行计算。

**【例 5–10】** 已知某地区 2020 年年末总人口为 9.870 5 万人，若要求 2023 年年末将人口控制在 10.15 万人以内，今后 3 年人口增长率应控制在什么水平上？又知该地区 2020 年的粮食产量为 3 805.6 万 kg，若 2023 年年末人均粮食产量要达到 400 kg 的水平，在今后 3 年内粮食产量每年应平均增长百分之几？仍按上述条件，如果粮食产量每年递增 3%，2023 年年末该地区人口为 10.15 万人，平均每人粮食产量可达到什么水平？

**解**　（1）$a_0 = 9.870\,5$（万人）；$a_n = 10.15$（万人）；$n = 3$

$$\overline{x}-1=\sqrt[n]{\frac{a_n}{a_0}}-1=\sqrt[3]{\frac{10.15}{9.8705}}-1=0.94\%$$

人口增长率应控制在 0.94%以内。

（2）$a_0 = 3\,805.6$（万 kg）；$a_n = 10.15 \times 400$（kg）；$n = 3$

$$\overline{x}-1=\sqrt[n]{\frac{a_n}{a_0}}-1=\sqrt[3]{\frac{10.15\times 400}{3805.6}}-1=2.18\%$$

粮食产量须平均每年增长 2.18%。

（3）$a_0 = 3\,805.6$（万 kg）；$\overline{x} = 100\% + 3\% = 103\%$；$n = 3$

$$a_n = a_0\overline{x}^3 = 3805.6\times 1.03^3 = 4\,158.49\text{（万 kg）}$$

人均粮食产量：

$$\frac{4158.49}{10.15} = 409.70\text{（kg/人）}$$

平均每人粮食产量可达到 409.70kg。

### （二）累计法（方程法）

累计法计算平均发展速度，仍假设 $\overline{x}$ 为所求的平均发展速度，那么从最初水平 $a_0$ 开始，根据 $\overline{x}$ 计算的逐期发展水平如下：

第 1 期　　$a_1 = a_0\overline{x}$；

第 2 期　　$a_2 = a_0\overline{x}\cdot\overline{x} = a_0\overline{x}^2$；

第 3 期　　$a_3 = a_0\overline{x}\cdot\overline{x}\cdot\overline{x} = a_0\overline{x}^3$；

…

第 $n$ 期　　$a_n = a_0\overline{x}^{n-1}\cdot\overline{x} = a_0\overline{x}^n$

采用累计法计算平均发展速度的实质，是要求各年根据 $x$ 计算所达到水平的累计总和与各年实际所具有的水平总和相一致，因此，这个方法称“累计法”，即

$$a_0\overline{x}+a_0\overline{x}^2+a_0\overline{x}^3+\cdots+a_0\overline{x}^n=\sum_{i=1}^{n}a_i$$

$$a_0(\overline{x}^n+\overline{x}^{n-1}+\cdots+\overline{x}^2+\overline{x})=\sum_{i=1}^{n}a_i$$

即

$$\overline{x}^n+\overline{x}^{n-1}+\cdots+\overline{x}^2+\overline{x}=\frac{\sum_{i=1}^{n}a_i}{a_0} \tag{5-25}$$

解此方程所得的正根就是要计算的平均发展速度。

如果所研究的现象是以最初期水平为基础，逐期按同一个发展速度发展，求至期末止各期累计能达到怎样一个水平时，就要用累计法来计算其平均发展速度。

解高次方程式比较麻烦。在实际统计工作中，一般采用查《累计法递增速度查对表》的方法解决。这种查对表分为平均增长和平均下降两部分，只要有现象某一段时期的总发展速度（即各年发展水平总和与基期水平之比，通常以 $M$ 且用百分数表示，$M=\frac{\sum_{i=1}^{n}a_i}{a_0}\times100\%$）和该段时间的间隔年数 $n$，就可查表直接得到平均增长速度或平均下降速度。但在查表前，要先判断现象是增长还是下降。当 $M/n>100\%$ 时，为增长，在增长部分查表；当 $M/n<100\%$ 时，为下降，在下降部分查表。现举例说明如下。

**【例 5-11】** 设某地区固定资产投资额 2016 年为 4 679 万元（$a_0$），2017 至 2020 年分别为 5 220 万元，5 628 万元，5 943 万元和 6 124 万元，共计 22 915 万元（$\sum_{i=1}^{4}a_i$）。试用累计法求此期间的年平均增长速度和年平均发展速度。

**解**

$$M=\frac{\sum_{i=1}^{n}a_i}{a_0}\times100\%=\frac{22915}{4679}\times100\%=489.74\%\text{，}n=4$$

则

$$\frac{M}{n}=\frac{489.74\%}{4}=122.43\%>100\%$$

属于增长，应在增长部分查表（见表 5-11）。

从 $n=4$ 看，总发展速度 489.74%是在 489.00%～490.18%，按比例计算：

$$\frac{489.74-489.00}{490.18-489.00}=0.6$$

则通过插值法计算如下

$$8.2+(8.3-8.2)\times0.6=8.26$$

即所求平均增长速度为 8.26%，平均发展速度为 108.26%。

表 5-11　累计法平均增长速度查对表（部分）

| 平均每年增长（%） | 总发展速度（%） | | | | |
|---|---|---|---|---|---|
| | 1 年 | 2 年 | 3 年 | 4 年 | 5 年 |
| 8.2 | 108.20 | 225.27 | 351.94 | 489.00 | 637.30 |
| 8.3 | 108.30 | 225.59 | 352.61 | 490.18 | 639.16 |

由此可见，用方程法计算平均发展速度，侧重于考察中长期计划各期水平的总和，亦即计划期间的累计总量。这种方法适用于计算基本建设投资额、新增固定资产额、住宅建筑面积、造林面积等指标的平均发展速度。

## 第四节　长期趋势的测定与预测

### 一、时间数列的构成要素与分解模型

社会经济现象总是随着时间的推移而发展变化，是许多错综复杂因素共同作用的结果。在诸多影响因素中，有些对事物的发展起着长期的、决定性的作用，致使社会经济现象的发展呈现出某种趋势和一定的规律性；有些则对事物的发展起着短期的、非决定性的作用，致使事物的发展呈现出某种不规则性。在分析时间数列的变动规律时，事实上不可能对每一个影响因素都一一划分开来，分别去做精确分析。但是，我们可以将众多影响因素按照对现象变化影响的类型划分为若干种时间数列的构成要素，然后对这几类构成要素分别进行分析，以揭示时间数列的变动规律性。

影响时间数列的因素通常可归纳为 4 种：①长期趋势（secular trend，以 T 表示）；②季节变动（seasonal fluctuation，以 S 表示）；③循环变动（cyclical variation，以 C 表示）；④不规则变动（irregular variation，以 I 表示）。把这些影响因素同时间数列变量 Y 的关系用一定的数学关系式表达出来，就构成了时间数列的分解模型。

按 4 种因素对时间数列的影响方式不同，可以设定为不同的组合模型，其中最常用的有：

（1）乘法模型。它是假定 4 种变动因素之间存在着交互作用，时间数列中各观察值表现为各种因素的乘积。即

$$Y = T \cdot S \cdot C \cdot I$$

（2）加法模型。它是假定 4 种变动因素的影响是独立的，时间数列中各观察值表现为各种构成因素的总和。即

$$Y = T + S + C + I$$

两种假设模型中，加法模型较为简单，各影响因素与原始时间数列有相同的单位；乘法模型只有趋势变动因素与原始序列有相同的单位，其他各影响因素均表示为趋势的比率。实际中应用较多的是乘法模型，一般认为它的假定比较合理。

本书主要讨论长期趋势和季节变动的分析方法。

### 二、长期趋势的测定

长期趋势（secular trend）是指现象在相当长的时间内，受某种基本因素的影响，持续增长或持续下降的总趋势。

测定长期趋势的主要目的是：首先，在于把握现象的趋势变化；其次，从数量方面来研究现象发展的规律性，探求合适的趋势线，为统计预测提供必要条件；最后，测定长期趋势，可以消除原有动态数列中长期趋势的影响，以便更好地显示和测定季节变动。

测定长期趋势时可根据不同的对象和情况，采用多种不同的方法。这些方法中既有数学模型法，也有非数学模型法。这里介绍常用的时距扩大法、移动平均法和数学模型法 3 种方法。其中，数学模型法又分线性方程法和非线性方程法。

### （一）时距扩大法

时距扩大法（time-distance enlarged method）是将时距较短的时间数列整理为时距较长的时间数列，以消除较小时距单位内偶然因素的影响，从而显示现象变动的基本趋势。这是测定长期趋势最原始最简便的方法。

**【例 5–12】** 某机器厂各月生产机器台数如表 5-12 所示，要求测定其长期趋势。

表 5-12　某机器厂某年各月生产机器台数

| 月　份 | 1 | 2 | 3 | 4 | 5 | 6 | 7 | 8 | 9 | 10 | 11 | 12 |
|---|---|---|---|---|---|---|---|---|---|---|---|---|
| 台　数 | 41 | 42 | 52 | 43 | 45 | 51 | 53 | 40 | 51 | 49 | 56 | 54 |

从表 5-12 中可以看出，数列变化并不均匀，即各月之间的机器台数起伏不定，用该动态数列不能清楚地反映该厂生产量变动的趋势。现将月资料整理成季资料，可将表 5-12 资料整理如表 5-13 所示。

表 5-13　某机器厂某年各季度生产机器台数

| 季　度 | 1 | 2 | 3 | 4 |
|---|---|---|---|---|
| 机器台数（台） | 135 | 139 | 144 | 159 |

注：时距扩大后的资料，可以明显地显示出生产的机器台数呈逐期增长的变化趋势。

时距扩大法，可以用时距扩大总数（见表 5-13），也可以用时距扩大平均数，从而编制新的动态数列。如把上例资料改用时距扩大平均数编制成新的动态数列如表 5-14 所示。

表 5-14　某机器厂某年各季平均生产机器台数

| 季　度 | 1 | 2 | 3 | 4 |
|---|---|---|---|---|
| 平均每月生产机器台数（台） | 45 | 46 | 48 | 53 |

由此也可以看出，该厂机器生产量呈逐期增长趋势。

应用时距扩大法时应注意：（1）同一数列前后时间间隔应当一致，以便于比较；（2）时距的长短，应根据具体现象的性质和特点而定，以能显示现象变化趋势为宜。

时距扩大法——不论总数扩大法还是平均数扩大法，都有一个缺点，就是将各年（或季、月）的水平抽象化后，编成新的时间数列项数比原来少得多，不能用来预测今后每年（或季、月）的趋势值，也不能用来消除原时间数列中各年（或季、月）的长期趋势，不能满足计算季节变动和循环变动的需要。

### （二）移动平均法

移动平均法（moving average method）是通过时距（项数）扩大，对原时间数列按一定项数逐次递移，并计算其序时平均数。这些序时平均数形成的新数列消除或削弱了原数列中由于短期偶然因素影响而形成的差异，达到对原始序列修匀的目的，从而显示现象在较长时期的基本发展趋势。

【例 5-13】某企业 2020 年各月工业增加值完成情况如表 5-15 所示，试分别采取 3 项和 4 项移动平均法进行修匀，并计算相应的移动平均数。

表 5-15　某企业 2020 年各月工业增加值完成情况

| 月　份 | 增加值（万元） | 3 项移动平均数 | 4 项移动平均数 |
|---|---|---|---|
| 1 | 50.5 | — | — |
| 2 | 45.0 | 49.2 | — |
| 3 | 52.0 | 49.5 | 49.7 |
| 4 | 51.5 | 51.3 | 51.0 |
| 5 | 50.4 | 52.5 | 52.5 |
| 6 | 55.5 | 53.0 | 53.5 |
| 7 | 53.0 | 55.6 | 55.2 |
| 8 | 58.4 | 56.1 | 56.4 |
| 9 | 57.0 | 58.2 | 57.5 |
| 10 | 59.2 | 58.1 | 58.4 |
| 11 | 58.0 | 59.2 | — |
| 12 | 60.5 | — | — |

移动平均后的结果可用图 5-1 表示。

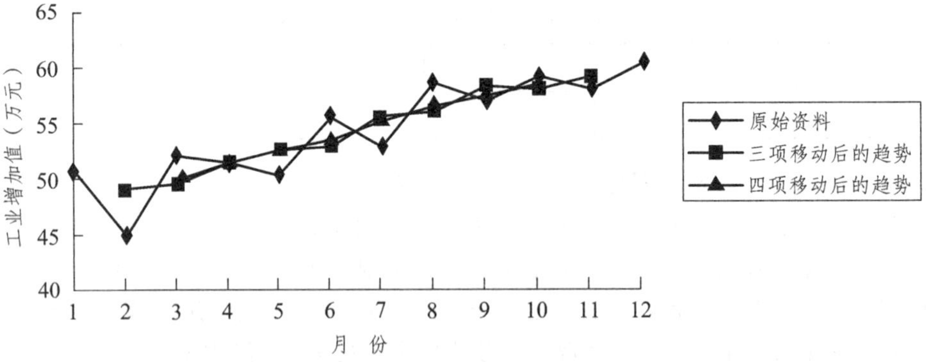


图 5-1　某企业 2020 年各月工业增加值完成情况移动平均数图示

应用移动平均法测定长期趋势时，应注意以下几点：

（1）移动平均时距项数 $N$ 的多少要根据时间序列的特点来定。移动平均有修匀序列、消除随机变动的作用。$N$ 的取值大，则修匀作用较强，但对趋势变化的反应能力较差；反之，$N$ 的取值小，移动平均数的敏感度较高，适应新水平的时间较短，但修匀作用相应减弱。当时间数列包含季节变动时，移动平均时距项数 $N$ 应与季节变动长度一致（如 4 个季度或 12 个月），以消除季节波动的影响；若时间数列包含循环变动时，则取 $N$ 等于波动周期长度，这样可消除周期性波动的影响。

（2）移动平均时距项数 $N$ 为奇数时，只需一次移动平均，将其平均值作为移动平均项数中间一期的数值；移动平均时距项数 $N$ 为偶数时，移动平均值无法对正某一时期，需再进行一次相邻两平均值的移动平均，才能使平均值对正某一时期，这称为移正平均。时间序列移动平均后会造成信息量的损失。奇数项移动平均所形成的新序列，头尾各减少（$N-1$）/ 2 项；偶数项移动平均所形成的新序列，头尾各减少 $N/2$ 项。因此，移动平均用于修匀和预测有不同的处理方法。

（3）移动平均法适用于分析时间序列的长期趋势，但一般不适合对现象未来的发展趋势进行预测。

### （三）数学模型法

数学模型法，就是根据时间数列发展形态的特点，选择一种合适的数学方程式，进而以自变量 $t$ 代表时间，$y$ 代表实际观测值，然后依据此方程式来分析长期趋势的方法。用数学模型法测定长期趋势，关键在于两个方面：

（1）科学地选择模型。数学模型有线性和非线性两种，而每一种类型又有很多种具体形式。因此，在建立模型之前首先要判断趋势的形态，即通过计算时间数列的动态分析指标来确定时间数列的类型。其基本结论是：① 若时间数列的环比增长量大体相等，则其趋势线近似于一条直线，即 $y_c = a + bt$；② 若时间数列的二次增长量大体相等（即逐期增长量大体上呈等量递增或递减态势），则其趋势线近似于一条抛物线，即 $y_c = a + bt + ct^2$；③ 若时间数列的各期环比发展速度大体相等，则其趋势线近似于一条比率曲线，即 $y_c = ab^t$。抛物线、比率曲线等都属于曲线型模型。在客观现实中，有很多现象是按照曲线的轨迹演进的，因此曲线模型在经济社会中是大量存在的。但是，曲线又是由很多直线连接而成，因此研究直线模型是研究各种曲线模型的基础。

（2）确定模型中的参数。求解模型，实际上就是确定模型中的待定系数，即参数。从数学方法的角度看，最理想的方法就是“最小平方法”。

#### 1. 线性趋势

线性趋势也称直线趋势，是指现象随着时间的推移而呈现出稳定增长或下降的线性变化规律。其一般方程是最简单、最基本的趋势方程形式，即

$$y_c = a + bt \tag{5-26}$$

式中：$y_c$ 为时间数列的趋势值；$t$ 为时间变量；$a$ 为截距；$b$ 为趋势线斜率，表示时间 $t$ 变动一个单位时趋势值 $y_c$ 的平均变动数量。

参数 $a$ 和 $b$ 可根据最小二乘法求解。最小二乘法（least square method）又称最小平方法，它要求各实际值与趋势值的离差平方和为最小，即 $\sum(y-y_c)^2 = \min$（最小值），同时 $\sum(y-y_c) = 0$，以此配合趋势线。

通过满足上述条件来估计参数 $a$ 和 $b$，根据微积分的极值定理，分别对 $a$ 和 $b$ 求偏导并令其为零，经整理得到如下规范方程：

$$\begin{cases}\sum y = na + b\sum t \\ \sum ty = a\sum t + b\sum t^2\end{cases}$$

解得

$$\begin{cases}b = \dfrac{n\sum ty - \sum t\sum y}{n\sum t^2 - \left(\sum t\right)^2} \\ a = \overline{y} - b\overline{t}\end{cases} \tag{5-27}$$

方程（5-23）中的变量 $t$ 可取时间数列中的任何时期为原点。为简便起见，可取时间序列的中间时期为原点，此时有 $\sum t = 0$，公式（5-23）可简化为

$$\begin{cases}\sum y = na \\ \sum ty = b\sum t^2\end{cases}$$

解得

$$\begin{cases}b = \dfrac{\sum ty}{\sum t^2} \\ a = \overline{y} = \dfrac{\sum y}{n}\end{cases} \tag{5-28}$$

**【例 5–14】** 某地区粮食产量情况如表 5-16 所示，要求：

（1）根据最小二乘法拟合直线趋势方程；

（2）计算 2016—2021 年该地区各年粮食产量的趋势值；

（3）预测 2022 年该地区粮食产量。

表 5-16　某地区粮食产量计算情况　　单位：万吨

| 年　份 | 时间代码 $t$ | 粮食产量 $y$ | 逐期增长量 | $t^2$ | $ty$ | $y_c$ |
|---|---|---|---|---|---|---|
| 2016 | –5 | 85.6 | — | 25 | –428.0 | 85.6 |
| 2017 | –3 | 91.0 | 5.4 | 9 | –273.0 | 90.9 |
| 2018 | –1 | 96.1 | 5.1 | 1 | –96.1 | 96.2 |
| 2019 | 1 | 101.2 | 5.1 | 1 | 101.2 | 101.5 |
| 2020 | 3 | 107.0 | 5.8 | 9 | 321.0 | 106.8 |
| 2021 | 5 | 112.2 | 5.2 | 25 | 561.0 | 112.1 |
| 合　计 | 0 | 593.1 | — | 70 | 186.1 | 593.1 |

**解**　（1）已知 $n = 6$，$\sum t = 0$，$\sum y = 593.1$，$\sum t^2 = 70$，$\sum ty = 186.1$

代入公式（5-24），得

$$b = \frac{\sum ty}{\sum t^2} = \frac{186.1}{70} = 2.66$$

$$a=\frac{\sum y}{n}=\frac{593.1}{6}=98.85$$

所以趋势直线方程为：

$$y_c=98.85+2.66t$$

（2）将各年 $t$ 值代入上列方程式，可得各年的趋势值 $y_c$，如表 5-16 最后一栏所示。

（3）预测：

$$y_{2022}=98.85+2.66t=98.85+2.66\times 7=117.47\ （万吨）$$

2. 非线性趋势

常用的非线性趋势包括抛物线和指数曲线两种。

（1）抛物线方程

抛物线的一般方程为：

$$y_c=a+bt+ct^2 \tag{5-29}$$

用最小平方法配合抛物线趋势方程的道理与配合直线方程相同，只不过抛物线趋势方程有 3 个参数，所以相应的标准方程组由 3 个标准方程式组成，即

$$\begin{cases}\sum y=na+b\sum t+c\sum t^2\\ \sum ty=a\sum t+b\sum t^2+c\sum t^3\\ \sum t^2y=a\sum t^2+b\sum t^3+c\sum t^4\end{cases} \tag{5-30}$$

同样，为了计算方便，我们可以通过假设 $t$，使 $\sum t=0$，$\sum t^3=0$，则上列联立方程组可简化为

$$\begin{cases}\sum y=na+c\sum t^2\\ \sum ty=b\sum t^2\\ \sum t^2y=a\sum t^2+c\sum t^4\end{cases} \tag{5-31}$$

**【例 5–15】** 某公司近 9 年产品销量如表 5-17 所示，要求：拟合优良趋势方程。

表 5-17　某工业产品销量

| 年　份 | 2013 | 2014 | 2015 | 2016 | 2017 | 2018 | 2019 | 2020 | 2021 |
|---|---|---|---|---|---|---|---|---|---|
| 销量（万吨） | 988 | 1 012 | 1 043 | 1 080 | 1 126 | 1 179 | 1 239 | 1 307 | 1 382 |

**解**　根据表 5-17 中资料初步计算分析，各年二级增长量大体相等，所以该公司产品销量发展的基本趋势，比较接近于抛物线形，可拟合一条抛物线方程。现列表 5-18 说明其计算过程。

表 5-18　某工业产品产量抛物线方程计算情况

| 年 份 | $t$ | $y$ | $ty$ | $t^2$ | $t^2y$ | $t^4$ | $y_c$ |
|---|---|---|---|---|---|---|---|
| 2013 | −4 | 988 | −3 952 | 16 | 15 808 | 256 | 988.27 |
| 2014 | −3 | 1 012 | −3 036 | 9 | 9 108 | 81 | 1 011.64 |
| 2015 | −2 | 1 043 | −2 086 | 4 | 4 172 | 16 | 1 042.39 |
| 2016 | −1 | 1 080 | −1 080 | 1 | 1 080 | 1 | 1 080.52 |
| 2017 | 0 | 1 126 | 0 | 0 | 0 | 0 | 1 126.03 |
| 2018 | 1 | 1 179 | 1 179 | 1 | 1 179 | 1 | 1 178.92 |
| 2019 | 2 | 1 239 | 2 478 | 4 | 4 956 | 16 | 1 239.19 |
| 2020 | 3 | 1 307 | 3 921 | 9 | 11 763 | 81 | 1 306.84 |
| 2021 | 4 | 1 382 | 5 528 | 16 | 22 112 | 256 | 1 381.87 |
| 合计 | 0 | 10 356 | 2 952 | 60 | 70 178 | 708 | 10 355.67 |

由表 5-18 可知

$$\sum y = 10356，\ \sum ty = 2952，\ \sum t^2 = 60，$$
$$\sum t^2 y = 70178，\ \sum t^4 = 708$$

代入式（5-27）联立方程组，得

$$\begin{cases} 10\,356 = 9a + 60c \\ 2\,952 = 60b \\ 70\,178 = 60a + 708c \end{cases}$$

用消元法，解得

$$\begin{cases} a = 1\,126.03 \\ b = 49.20 \\ c = 3.69 \end{cases}$$

将 $a$、$b$、$c$ 值代入抛物线方程，得

$$y_c = 1126.03 + 49.20t + 3.69t^2$$

如果将这条趋势线向外延伸，可预测该产品 2022 年的销量，也即当 $t = 5$ 时，有

$$y_c = 1126.03 + 49.20 \times 5 + 3.69 \times 5^2 = 1464.28\ （万吨）$$

这个数字可作为经济预测的参考数据。

（2）指数曲线方程

对于现象的发展，如果其环比发展速度或环比增长速度大体相同，则可考虑曲线趋势——配合指数曲线方程。指数曲线的一般方程为：

$$y_c = ab^t \qquad （5\text{-}32）$$

式中：$a$、$b$ 均为待定参数（其中 $a$ 为动态数列的基期水平，$b$ 为现象的发展速度）；$t$ 为时间序数。

进行指数曲线拟合时，一般是将指数方程取对数转化成直线方程，然后按直线方程的办法确定出参数，再对直线方程求得的结果查反对数表还原。

先对上述方程式两边各取对数，得

$$\lg y_c = \lg a + t \lg b$$

设 $Y=\lg y_c$，$A=\lg a$，$B=\lg b$，则

$$Y = A + Bt$$

运用最小二乘法可估计出 $\lg a$ 和 $\lg b$，再取反对数即求得参数 $a$、$b$ 的估计值。

**【例 5-16】** 根据表 5-19 中的资料，拟合趋势方程，并预测 2022 年的工业净产值。

**解** 由于数据的各期环比增长速度在 33% ~ 36%，故可确定应拟合指数曲线。有关计算过程如表 5-19 所示。

表 5-19 某地区工业净产值指数曲线方程计算情况

| 年 份 | 净产值 y（亿元） | $t$ | $Y=\lg y$ | $t\lg y$ | $t^2$ | $\lg y_c$ | $y_c$ |
|---|---|---|---|---|---|---|---|
| 2016 | 5.3 | –5 | 0.724 3 | –3.621 5 | 25 | 0.726 9 | 5.331 5 |
| 2017 | 7.2 | –3 | 0.857 3 | –2.571 9 | 9 | 0.854 3 | 7.150 0 |
| 2018 | 9.6 | –1 | 0.982 3 | –0.982 3 | 1 | 0.981 8 | 9.588 9 |
| 2019 | 12.9 | 1 | 1.110 6 | 1.110 6 | 1 | 1.109 2 | 12.819 7 |
| 2020 | 17.1 | 3 | 1.233 0 | 3.699 0 | 9 | 1.236 7 | 17.246 1 |
| 2021 | 23.2 | 5 | 1.365 5 | 6.827 5 | 25 | 1.364 2 | 23.131 3 |
| 合 计 | 75.3 | 0 | 6.2730 | 4.461 4 | 70 | — | 75.267 5 |

由表 5-19 资料可知：

$$\sum Y = \sum \lg y = 6.2730\text{，}\ \sum tY = \sum t\lg y = 4.4614\text{，}\ \sum t^2 = 70$$

代入上述联立方程组，得

$$\begin{cases} 6.273\,0 = 6A \\ 4.461\,4 = 70B \end{cases}$$

解得 $\begin{cases} A = 1.045\,5 \\ B = 0.063\,73 \end{cases}$。

因为 $A=\lg a=1.045\,5$，所以 $a=11.104\,5$；又因为 $B=\lg b=0.063\,73$，所以 $b=1.158\,1$。则对数趋势直线方程式为：

$$Y = \lg y_c = \lg a + t\lg b = 1.045\,5 + 0.063\,73t$$

指数曲线方程式为：

$$y_c = ab^t = 11.1045 \times (1.158\,1)^t$$

将代表各年的 $t$ 值代入上列方程式，就可求得各年的趋势值 $y_c$，如表 5-19 最后一栏所示，由于 $\sum y_c$ 的数值非常接近于 $\sum y$ 的数值，所以此方程拟合较好。

如果将这条趋势线向外延伸，可预测该地区 2022 年的工业净产值，也即当 $t=7$ 时，有

$$y_c = 11.104\,5 \times (1.158\,1)^7 = 31.03\text{（亿元）}$$

或
$$\lg y_c = \lg a + t\lg b = 1.045\,5 + 0.063\,73 \times 7 = 1.481\,61$$

所以 $y_c = 31.03$（亿元）。

可见，代入对数趋势直线方程进行预测，计算较为方便。这个数字可作为经济预测的参考数据。

综上所述，我们在分析社会经济现象发展的长期趋势时，应该注意到，不论将哪一种趋势线向外延伸来预测未来可能达到的数值，都具有一定的假设性。因此，要做好经济预测工作，除了用必要的数学方法来建立数学模型外，一定要结合调查研究，具体情况具体分析，才能得出较为准确的结果。

## 第五节　季节变动的测定与预测

### 一、季节变动分析的意义

季节变动（seasonal fluctuation）是指客观现象因受自然因素或社会因素的影响，在一年或更短的时间内随着时序的更换而发生的有规律的周期性变动。

尽管一般考虑的季节变动是指因一年四季的变化而产生的周期性变动，但季节变动也可以用来描述时间小于一年的、有规则性的、重复的运动。在现实生活中，季节变动是一种极为普遍的现象，它是诸如气候条件、生产条件、节假日、风俗习惯等各种因素作用的结果。如冷饮的销售旺季在夏季；旅游旺季在节假日；电视节目收视率一周之内会出现周期性变化；每天的车流量高峰为上下班时间；等等。

测算季节变动，主要有两个目的：（1）通过对客观现象季节变动的分析和研究，可以认识其变化规律、预测未来，为当前和未来的行动决策提供依据。如卫生部门认识和掌握了各种传染病发病的季节变动规律，就可在某种传染病发病季节到来之前及时采取预防措施，适时做好防治准备，这样有助于减少发病率、提高治愈率。（2）通过测定季节变动还能够消除时间序列中的季节变动，使之成为不包含季节变动的时间数列，以便更好地分析其他因素的影响。

### 二、季节变动的测定方法

测定季节变动的方法很多，从是否考虑受长期趋势的影响来看，有两种方法：一是不考虑长期趋势的影响，直接根据原始的动态数列来计算，常用的方法是按月平均法；另一是根据剔除长期趋势影响后的数列资料来计算，常用的方法是移动平均趋势剔除法。不管使用哪种方法来计算季节变动，都须用 3 年或更多年份的资料（至少 3 年）作为基本数据进行计算分析，这样才能较好地消除偶然因素的影响，使季节变动的规律性更切合实际。

#### （一）按月（季）平均法

按月（季）平均法，是分析和测定季节变动最常用最简便的方法。这种方法对原时间序

列数据不剔除长期趋势因素，直接计算季节比率。季节比率可以按月计算，也可以按季计算。其计算步骤如下：

（1）列表。将各年同月（季）的数值列在同一栏内。

（2）将各年同月（季）数值加总，并求出各年同月（季）平均数。

（3）将所有月（季）数值加总，求出全期总的月（季）平均数。

（4）求季节指数（或季节比率）S.I.，其计算公式为：

$$\text{S.I.}=\frac{\text{各年同月(季)平均数}}{\text{全期总月(季)平均数}}\times 100\% \tag{5-33}$$

（5）计算调整系数，得出调整后的季节指数。从理论上说各月份的季节指数之和应为 1 200%，如果为季度资料，则各季度的季节指数之和为 400%。但由于计算中舍入误差的影响，有时季节指数之和不等于 1 200%或 400%，这时可计算调整系数进行调整，把差额按比例分摊到各月（季）中去。其计算公式为

$$\text{调整系数}=\frac{1200\%\ (\text{或}400\%)}{\text{各月(或季)季节指数之和}} \tag{5-34}$$

$$\text{调整后的季节指数}=\text{各月（季）实际季节指数}\times\text{调整系数}$$

通过季节指数的计算，可以观察和分析某种社会经济现象季节变动的规律性。季节指数大于或小于 100%，都说明存在季节变动。若大于 100%的幅度比较大，则说明现象在该月（季）的发展处于高峰期或“旺季”；若小于 100%的幅度比较大，则说明现象处于低谷期或“淡季”；等于 100%，则说明不受季节变动因素的影响。

**【例 5–17】** 根据表 5-20 中的数据，要求：

（1）用按月（或季）平均法计算各月的季节指数；

（2）分析该地区旅游人数的季节变动趋势；

（3）绘制季节指数变动图；

（4）2022 年第 1 季度该地区旅游人数为 59.2 万人，预测 2022 年第 3 季度的高峰旅游人数。

表 5-20　某地区旅游人数季节比率计算表　　单位：万人

| 年　份 | 季度 | | | | 合　计 | 季平均数 |
|---|---|---|---|---|---|---|
| | 1 | 2 | 3 | 4 | | |
| 2019 | 32 | 40 | 61 | 28 | 161 | 40.25 |
| 2020 | 41 | 51 | 74 | 36 | 202 | 50.50 |
| 2021 | 57 | 65 | 93 | 57 | 272 | 68.00 |
| 合　计 | 130 | 156 | 228 | 121 | 635 | 158.75 |
| 同季平均 | 43.33 | 52 | 76 | 40.33 | 211.66 | 52.915 |
| 季节指数（%） | 81.88 | 98.27 | 143.63 | 76.22 | 400 | 100 |

**解**　（1）计算各月的季节指数如表 5-20 所示。

（2）季节指数显示，该地区旅游旺季在第 3 季度，旅游低谷在第 4 季度。

（3）季节指数变动图如图 5-2 所示。

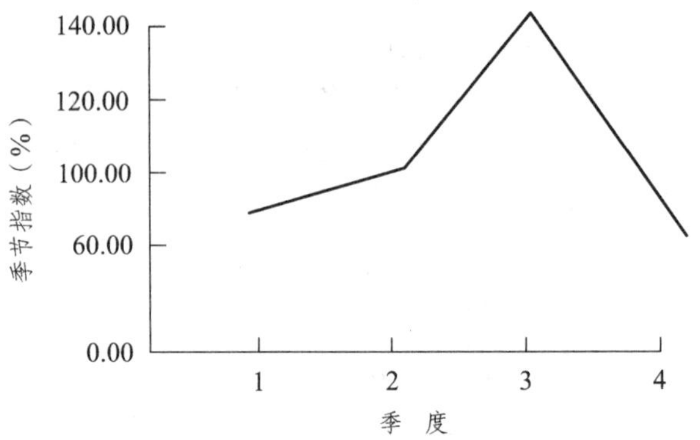


图 5-2　季节指数变动图

（4）已知 $Y_1 = 59.2$，S.I.（1）= 81.88%，S.I.（3）= 143.63%，则 2022 年第 3 季度的高峰旅游人数预计可达到：

$$Y_3 = \frac{\text{S.I.}(3)}{\text{S.I.}(1)} \cdot Y_1 = \frac{143.63\%}{81.88\%} \times 59.2 \approx 103.85\ (\text{万人})$$

## （二）移动平均趋势剔除法

如果三年或更多年份的资料表明，现象不仅有明显的季节变动，而且有逐年显著增长或显著减少的趋势，则需用趋势剔除法测定现象的季节变动。趋势剔除法的基本思路是：先从时间数列中将长期趋势剔除掉，然后再应用“同期平均法”通过计算季节比率来测定季节变动的程度。

剔除长期趋势的方法一般用移动平均法。因此，它是长期趋势的测定方法（移动平均法）和季节变动的测定方法（同期平均法）的结合运用。

基本步骤如下：

第一步，先根据各年的季度（或月度）资料（$Y$）计算 4 个季度（或 12 个月）的移动平均数，然后为了“正位”，再计算 2 季度（或月度）移动平均数，作为各期的长期趋势值（$T$）。

第二步，将实际数值（$Y$）除以相应的移动平均数（$T$），得到各期的 $Y/T$。这就是消除了长期趋势影响的时间数列，它是一个相对数，其结果为表 5-21 中第四列数值。

第三步，首先，将 $Y/T$ 重新按“同期平均法”计算季节比率的方式排列。其次，按照该方法的要求，先计算“各年同季平均数”，然后再计算“各年同季平均数的平均数”，即消除长期趋势变动后新数列的序时平均数；最后，计算季节比率。

第四步，加总各季（月）的季节比率，其总和应为 1 200%（或 400%）。如果不等，则需计算调整系数，并用调整系数对各季（月）的季节比率进行调整。这样求得的季节比率就是一个剔除了长期趋势影响后的季节比率。

**【例 5-18】** 某地区 2019—2021 年各季度的空调销售量情况如表 5-21 所示，用移动平均趋势剔除法测定其季节比率。

表 5-21　某地区 2019—2021 年各季度的空调销售量情况　　单位：万台

| 年　份 | 季　度 | 销售量 $Y$ | 四项移动平均趋势值 $T$ | $Y/T$（%） |
|---|---|---|---|---|
| 2019 | 1 | 1.4 | — | — |
| | 2 | 4.0 | — | — |
| | 3 | 9.0 | 3.875 0 | 232.26 |
| | 4 | 1.0 | 4.162 5 | 24.02 |
| 2020 | 1 | 1.6 | 4.575 0 | 34.97 |
| | 2 | 6.1 | 4.775 0 | 127.75 |
| | 3 | 10.2 | 4.850 0 | 210.31 |
| | 4 | 1.4 | 4.957 5 | 28.07 |
| 2021 | 1 | 1.8 | 5.362 5 | 33.57 |
| | 2 | 7.0 | 5.637 5 | 124.17 |
| | 3 | 12.3 | — | — |
| | 4 | 1.5 | — | — |

**解**　第一，用移动平均法，求出各期的长期趋势值（$T$）。因表 5-21 是季度资料，故先用四项移动平均后，再做二项移动正平均，得到趋势值 $T$。

第二，用原数列除以同一时期的趋势值，剔除长期趋势。在表 5-21 中，2021 年第 3 季度为 232.26%（9.0÷3.8750×100%），第 4 季度为 24%（1.0÷4.1625×100%），其余以此类推。

第三，求季节比率。用表 5-21 中 $Y/T$×100% 得到的数据重新排列，成为表 5-22 的基本数据，再按同期平均法求季节比率。

表 5-22　季节比率计算表

| 年　份 | 季度 | | | | 合　计 |
|---|---|---|---|---|---|
| | 1 | 2 | 3 | 4 | |
| 2019 | — | — | 232.26 | 24.02 | — |
| 2020 | 34.97 | 127.75 | 210.31 | 28.07 | — |
| 2021 | 33.57 | 124.17 | — | — | — |
| 同季平均 | 34.27 | 125.96 | 221.29 | 26.05 | 407.57 |
| 调整系数 | 0.981 426 5 | 0.981 426 5 | 0.981 426 5 | 0.981 426 5 | — |
| 季节指数（%） | 33.63 | 123.62 | 217.18 | 25.57 | 400.00 |

第四，调整季节比率。

调整系数 = 400%÷407.57% = 0.9814265。

然后根据该调整系数修正季节指数。

## 【本章小结】

本章利用时间数列，以动态分析方法，对事物的发展规律和结果采用水平分析指标、速度分析指标和趋势分析等分析方法进行了全面的阐述。并重点对影响时间数列的长期趋势和季节变动等因素逐一进行定量测定，以便管理者在实际运用中指导决策和预测。其主要内容如下。

第一，时间数列概述。本部分主要介绍了时间数列的概念和作用、种类及编制时间数列的基本原则。所谓时间数列是指将反映社会经济现象变动的一系列指标数值按照时间的先后顺序进行排列所形成的数列。它由两个基本要素构成：一个是现象所属的时间，另一个是反映客观现象的统计指标数值。动态数列按其排列的指标不同，可以分为绝对数动态数列、相对数动态数列和平均数动态数列三种。动态数列的编制原则包括：时期长短应该统一；总体范围应该一致；指标的经济内容应该相同；计算口径应该统一。

第二，时间数列的分析指标的计算。本部分主要介绍了3类动态分析指标：一类是时间数列水平分析指标，有发展水平、平均发展水平、增长量、平均增长量等，它们都应用于现象发展水平的分析；另一类是时间数列速度分析指标，有发展速度、平均发展速度、增长速度、平均增长速度等，它们都应用于现象发展速度的分析；还有一类是动态水平和动态速度相结合的分析指标，即增长 1%的绝对值，它们应用于把现象的发展水平和发展速度结合起来的分析。其中关于序时平均数的计算及分析是难点。

第三，时间数列的变动趋势分析，是本章的重点和难点。本部分主要介绍了长期趋势和季节变动的测定与预测方法。

长期趋势是指现象在一段较长的时间内，由于普遍的、持续的、决定性的基本因素的作用，使发展水平沿着一个方向逐渐向上或向下变动的趋势。长期趋势量化测定主要有时距扩大法、移动平均法和数学模型法3种方法。其中，数学模型法是用最小二乘法拟合线性或非线性模型。时距扩大法是将时距较短的时间数列整理为时距较长的时间数列，以消除较小时距单位内偶然因素的影响，从而显示现象变动的基本趋势。移动平均法是对原时间数列按一定项数逐次递移，并计算其序时平均数。这些序时平均数形成的新数列消除或削弱了原数列中由于短期偶然因素影响而形成的差异，达到了对原始数列修匀的目的，从而可以显示现象在较长时期的基本发展趋势。数学模型法是对时间数列运用理论知识、实际经验进行分析判断，或对曲线进行修匀观察，在确定其性质和特点的基础上，建立一个合适的趋势方程来描述时间序列的趋势变动，推算各时期的趋势值。

季节变动是指现象因受自然因素或社会因素的影响，在1年或更短的时间内随着时序的更换而发生的有规律的周期性变动。测定季节变动的方法有按季（月）平均法和移动平均趋势剔除法两种，它们是根据是否考虑长期趋势的影响而划分的。按季（月）平均法是不考虑长期趋势的影响，根据原始时间数列直接测定季节变动。移动平均趋势剔除法则是根据剔除长期趋势后的数据测定季节变动，季节指数高说明是“旺季”；季节指数低说明是“淡季”。

## 【本章案例】

### 2000—2020 年国民经济和社会发展统计公报（摘选）

2000 年：全年国内生产总值为 89 404 亿元，按可比价格计算，比上年增长 8.0%，增速加快 0.9 个百分点。其中第一产业增长 2.4%，第二产业增长 9.6%，第三产业增长 7.8%，按现行汇率计算，国内生产总值突破 1 万亿美元。

2001 年：全年国内生产总值为 95 933 亿元，按可比价格计算，比上年增长 7.3%。其中第一产业增加值 14 610 亿元，增长 2.8%；第二产业增加值 490 694 亿元，增长 8.7%；第三产业增加值 32 254 亿元，增长 7.4%。

2002 年：全年国内生产总值跃上 10 万亿元的新台阶，达到 102 398 亿元，按可比价格计算，比上年增长 8.0%。其中，第一产业增加值 14 883 亿元，增长 2.9%；第二产业增加值 52 982 亿元，增长 9.9%；第三产业增加值 34 533 亿元，增长 7.3%。

2003 年：全年国内生产总值 116 694 亿元，按可比价格计算，比上年增长 9.1%，加快 1.1 个百分点。其中，第一产业增加值 17 247 亿元，增长 2.5%，减慢 0.4 个百分点；第二产业增加值 61 778 亿元，增长 12.5%，加快 2.7 个百分点；第三产业增加值 37 669 亿元，增长 6.7%，减慢 0.8 个百分点。

2004 年：全年国内生产总值 136 515 亿元，按可比价格计算，比上年增长 9.5%。其中，第一产业增加值 20 744 亿元，增长 6.3%；第二产业增加值 72 387 亿元，增长 11.1%；第三产业增加值 43 384 亿元，增长 8.3%。第一、第三产业对国内生产总值增长的贡献率分别为 9.2%和 29.0%，分别比上年提高 5.2 个百分点和 2.8 个百分点。

2005 年：全年国内生产总值 182 321 亿元，比上年增长 9.9%。其中，第一产业增加值 22 718 亿元，增长 5.2%；第二产业增加值 86 208 亿元，增长 11.4%；第三产业增加值 73 395 亿元，增长 9.6%。第一、第二和第三产业增加值占国内生产总值的比重分别为 12.4%、47.3%和 40.3%。

2006 年：全年国内生产总值 209 407 亿元，比上年增长 10.7%。其中，第一产业增加值 24 700 亿元，增长 5.0%；第二产业增加值 102 004 亿元，增长 12.5%；第三产业增加值 82 703 亿元，增长 10.3%。第一、第二和第三产业增加值占国内生产总值的比重分别为 11.8%、48.7%和 39.5%。

2007 年：全年国内生产总值 246 619 亿元，比上年增长 11.4%。分产业看，第一产业增加值 28 910 亿元，增长 3.7%；第二产业增加值 121 381 亿元，增长 13.4%；第三产业增加值 96 328 亿元，增长 11.4%。第一产业增加值占国内生产总值的比重为 11.7%，与上年持平；第二产业增加值比重为 49.2%，上升 0.3 个百分点；第三产业增加值比重为 39.1%，下降 0.3 个百分点。

2008 年：全年国内生产总值 300 670 亿元，比上年增长 9.0%。分产业看，第一产业增加值 34 000 亿元，增长 5.5%；第二产业增加值 146 183 亿元，增长 9.3%；第三产业增加值 120 487 亿元，增长 9.5%。第一产业增加值占国内生产总值的比重为 11.3%，比上年上升 0.2 个百分点；第二产业增加值比重为 48.6%，上升 0.1 个百分点；第三产业增加值比重为 40.1%，下降 0.3 个百分点。

2009 年：全年国内生产总值 335 353 亿元，比上年增长 8.7%。分产业看，第一产业增加值 35 477 亿元，增长 4.2%；第二产业增加值 156 958 亿元，增长 9.5%；第三产业增加值 142 918 亿元，增长 8.9%。第一产业增加值占国内生产总值的比重为 10.6%，比上年下降 0.1 个百分点；第二产业增加值比重为 46.8%，下降 0.7 个百分点；第三产业增加值比重为 42.6%，上升 0.8 个百分点。

2010 年：全年国内生产总值 397 983 亿元，比上年增长 10.3%。其中，第一产业增加值 40 497 亿元，增长 4.3%；第二产业增加值 186 481 亿元，增长 12.2%；第三产业增加值 171 005 亿元，增长 9.5%。第一产业增加值占国内生产总值的比重为 10.18%，比上年下降 0.42 个百分点；第二产业增加值比重为 46.86%，增长 0.06 个百分点；第三产业增加值比重为 42.96%，上升 0.36 个百分点。

2011 年：全年国内生产总值 471 564 亿元，比上年增长 9.2%。其中，第一产业增加值 47 712 亿元，增长 4.5%；第二产业增加值 220 592 亿元，增长 10.6%；第三产业增加值 203 260 亿元，增长 8.9%。第一产业增加值占国内生产总值的比重为 10.1%，第二产业增加值比重为 46.8%，第三产业增加值比重为 43.1%。

2012 年：全年国内生产总值 519 322 亿元，比上年增长 7.8%。其中，第一产业增加值 52 377 亿元，增长 4.5%；第二产业增加值 235 319 亿元，增长 8.1%；第三产业增加值 231 626 亿元，增长 8.1%。第一产业增加值占国内生产总值的比重为 10.1%，第二产业增加值比重为 45.3%，第三产业增加值比重为 44.6%。

2013 年：全年国内生产总值 568 845 亿元，比上年增长 7.7%。其中，第一产业增加值 56 957 亿元，增长 4.0%；第二产业增加值 249 684 亿元，增长 7.8%；第三产业增加值 262 204 亿元，增长 8.3%。第一产业增加值占国内生产总值的比重为 10.0%，第二产业增加值比重为 43.9%，第三产业增加值比重为 46.1%，第三产业增加值占比首次超过第二产业。

2014 年：全年国内生产总值 636 463 亿元，比上年增长 7.4%。其中，第一产业增加值 58 332 亿元，增长 4.1%；第二产业增加值 271 392 亿元，增长 7.3%；第三产业增加值 306 739 亿元，增长 8.1%。第一产业增加值占国内生产总值的比重为 9.2%，第二产业增加值比重为 42.6%，第三产业增加值比重为 48.2%。

2015 年：全年国内生产总值 676 708 亿元，比上年增长 6.9%。其中，第一产业增加值 60 863 亿元，增长 3.9%；第二产业增加值 274 278 亿元，增长 6.0%；第三产业增加值 341 567 亿元，增长 8.3%。第一产业增加值占国内生产总值的比重为 9.0%，第二产业增加值比重为 40.5%，第三产业增加值比重为 50.5%，首次突破 50%。全年人均国内生产总值 49 351 元，比上年增长 6.3%。全年国民总收入 673 021 亿元。

2016 年：全年国内生产总值 744 127 亿元，比上年增长 6.7%。其中，第一产业增加值 63 671 亿元，增长 3.3%；第二产业增加值 296 236 亿元，增长 6.1%；第三产业增加值 384 221 亿元，增长 7.8%。第一产业增加值占国内生产总值的比重为 8.6%，第二产业增加值比重为 39.8%，第三产业增加值比重为 51.6%，比上年提高 1.4 个百分点。全年人均国内生产总值 53 980 元，比上年增长 6.1%。全年国民总收入 742 352 亿元，比上年增长 6.9%。

2017 年：全年国内生产总值 827 122 亿元，比上年增长 6.9%。其中，第一产业增加值 65 468 亿元，增长 3.9%；第二产业增加值 334 623 亿元，增长 6.1%；第三产业增加值 427 032 亿元，增长 8.0%。第一产业增加值占国内生产总值的比重为 7.9%，第二产业增加值比重为 40.5%，第三产业增加值比重为 51.6%。全年最终消费支出对国内生产总值增长的贡献率为 58.8%，资本形成总额贡献率为 32.1%，货物和服务净出口贡献率为 9.1%。全年人均国内生产总值 59 660 元，比上年增长 6.3%。全年国民总收入 825016 亿元，比上年增长 7.0%。

2018 年：全年国内生产总值 900 309 亿元，比上年增长 6.6%。其中，第一产业增加值

64 734 亿元，增长 3.5%；第二产业增加值 366 001 亿元，增长 5.8%；第三产业增加值 469 575 亿元，增长 7.6%。第一产业增加值占国内生产总值的比重为 7.2%，第二产业增加值比重为 40.7%，第三产业增加值比重为 52.2%。全年最终消费支出对国内生产总值增长的贡献率为 76.2%，资本形成总额的贡献率为 32.4%，货物和服务净出口的贡献率为-8.6%。人均国内生产总值 64 644 元，比上年增长 6.1%。国民总收入 896 915 亿元，比上年增长 6.5%。

2019 年：全年国内生产总值 990 865 亿元，比上年增长 6.1%。其中，第一产业增加值 70 467 亿元，增长 3.1%；第二产业增加值 386 165 亿元，增长 5.7%；第三产业增加值 534 233 亿元，增长 6.9%。第一产业增加值占国内生产总值比重为 7.1%，第二产业增加值比重为 39.0%，第三产业增加值比重为 53.9%。全年最终消费支出对国内生产总值增长的贡献率为 57.8%，资本形成总额的贡献率为 31.2%，货物和服务净出口的贡献率为 11.0%。人均国内生产总值 70 892 元，比上年增长 5.7%。国民总收入 988 458 亿元，比上年增长 6.2%。

2020 年：全年国内生产总值 1 015 986 亿元，比上年增长 2.3%。其中，第一产业增加值 77 754 亿元，增长 3.0%；第二产业增加值 384 255 亿元，增长 2.6%；第三产业增加值 553 977 亿元，增长 2.1%。第一产业增加值占国内生产总值比重为 7.7%，第二产业增加值比重为 37.8%，第三产业增加值比重为 54.5%。全年最终消费支出拉动国内生产总值下降 0.5 个百分点，资本形成总额拉动国内生产总值增长 2.2 个百分点，货物和服务净出口拉动国内生产总值增长 0.7 个百分点。分季度看，一季度国内生产总值同比下降 6.8%，二季度增长 3.2%，三季度增长 4.9%，四季度增长 6.5%。预计全年人均国内生产总值 72 447 元，比上年增长 2.0%。国民总收入 1 009 151 亿元，比上年增长 1.9%。

我们可以从国家统计局公布的我国 2000—2020 年《中华人民共和国国民经济和社会发展统计公报》的部分资料看出本世纪以来我国国民经济保持了良好的快速的增长趋势。

资料来源：根据我国各年国民经济和社会发展统计公报数据摘编。

●案例问题

1. 根据案例编制时间数列，并说明它们属于时间数列的哪一种，有什么特点。
2. 根据编制的时间数列计算水平分析指标和速度分析指标。

## ✎ 思考与练习题

### 一、单项选择题

1. 动态数列的构成要素是（　　）。
   A. 变量和次数　　B. 时间和指标数值
   C. 时间和次数　　D. 主词和宾词
2. 具有可加性的时间数列是（　　）。
   A. 时点数列　　B. 时期数列
   C. 相对指标动态数列　　D. 平均数动态数列
3. 按季平均法测定季节比率时，各季的季节比率之和应等于（　　）。
   A. 100%　　B. 400%　　C. 120%　　D. 1200%

4. 定基增长速度与环比增长速度的关系为（　　）。

A. 定基增长速度等于相应的各个环比增长速度的算术和

B. 定基增长速度等于相应的各个环比增长速度的连乘积

C. 定基增长速度等于相应的各个环比增长速度加 1 后的连乘积再减 1

D. 定基增长速度等于相应的各个环比增长速度连乘积加 1（或 100%）

5. 某地 2015—2020 年各年 6 月 30 日统计的人口资料如下表所示。

| 年　份 | 2015 | 2016 | 2017 | 2018 | 2019 | 2020 |
|---|---|---|---|---|---|---|
| 6 月 30 日人口数（万人） | 23 | 23 | 24 | 25 | 25 | 26 |

则该地区 2015 ~ 2020 年的年平均人数为（　　）。

A. $\dfrac{\dfrac{23}{2}+23+24+25+25+\dfrac{26}{2}}{5}=24.3$（万人）

B. $\dfrac{23+24+25+25+26}{5}=\dfrac{123}{5}=24.6$（万人）

C. $\dfrac{\dfrac{23}{2}+24+25+25+\dfrac{26}{2}}{5}=\dfrac{98.5}{5}=19.7$（万人）

D. $\dfrac{\dfrac{23}{2}+23+24+25+25+\dfrac{26}{2}}{6}=\dfrac{121.5}{6}=20.25$（万人）

6. 以 1949 年 $a_0$ 为最初水平，2020 年 $a_n$ 为最末水平，计算钢产量的年平均发展速度时，须开（　　）。

A. 69 次方　　B. 70 次方　　C. 71 次方　　D. 72 次方

7. 某厂五年的销售收入如下：200 万元，220 万元，250 万元，300 万元，320 万元，则平均增长量为（　　）。

A. $\dfrac{120}{5}$　　B. $\dfrac{120}{4}$　　C. $\sqrt[5]{\dfrac{320}{200}}$　　D. $\sqrt[4]{\dfrac{320}{200}}$

8. 某企业甲产品的单位成本是连年下降的，已知从 2016 年至 2021 年间总体降低了 60%，则平均每年降低速度为（　　）。

A. $\dfrac{60\%}{5}=12\%$　　B. $\dfrac{100\%-60\%}{5}=8\%$

C. $\sqrt[5]{60\%}=90.3\%$　　D. $100\%-\sqrt[5]{100\%-60\%}=16.7\%$

9. 定基发展速度和环比发展速度的关系是（　　）。

A. 两个相邻时期的定基发展速度之商等于相应的环比发展速度

B. 两个相邻时期的定基发展速度之差等于相应的环比发展速度

C. 两个相邻时期的定基发展速度之和等于相应的环比发展速度

D. 两个相邻时期的定基发展速度之积等于相应的环比发展速度

10. 按水平法计算的平均发展速度推算可以使（　　）。

A. 推算的各期水平之和等于各期实际水平之和

B. 推算的期末水平等于实际期末水平

C. 推算的各期定基发展速度等于实际的各期定基发展速度

D. 推算的各期增长量等于实际的逐期增长量

11. 增长1%的绝对值所用的计算公式是（　　）。

A. $\frac{\text{本期水平}}{100}$　　B. $\frac{\text{前期水平}}{100}$

C. $\frac{\text{本期水平}-\text{前期水平}}{100}$　　D. 本期水平 × 1%

12. 按季平均法测定季节比率时，各季的季节比率之和应等于（　　）。

A. 100%　　B. 120%　　C. 400%　　D. 1 200%

13. 年距增长速度的计算公式是（　　）。

A. 年距增长量÷最初水平　　B. 逐期增长量÷最初水平

C. 逐期增长量÷前期水平　　D. 年距增长量÷上年同期发展水平

14. 动态数列中的发展水平（　　）。

A. 只能是总量指标　　B. 只能是相对指标

C. 只能是平均指标　　D. 上述三种指标均可以

15. 某农贸市场土豆价格 2 月份比 1 月份上升 5%，3 月份比 2 月份下降 2%，则 3 月份土豆价格与 1 月份相比（　　）。

A. 提高 2.9%　　B. 提高 3%　　C. 下降 3%　　D. 下降 2%

16. 假定被研究现象基本上按不变的增长速度加速发展，为描述现象变动的趋势，借以进行预测，应拟合的合适方程为（　　）。

A. 直线趋势方程　　B. 指数曲线方程

C. 直线或指数曲线方程均可　　D. 无法判定

## 二、多项选择题

1. 下面哪几项是时期数列（　　）。

A. 我国近几年来的耕地总面积　　B. 我国历年新增人口数

C. 我国历年图书出版量　　D. 我国历年黄金储备

E. 某地区国有企业历年资金利税率

2. 下面哪些现象侧重于用几何平均法计算平均发展速度（　　）。

A. 基本建设投资额　　B. 商品销售量　　C. 垦荒造林数量

D. 居民消费支出状况　　E. 产品产量

3. 累积增长量与逐期增长量（　　）。

A. 前者基期水平不变，后者基期水平总在变动

B. 两者存在关系式：逐期增长量之和 = 累积增长量

C. 相邻的两个逐期增长量之差等于相应的累积增长量

D. 根据这两个增长量都可以计算较长时期内的平均每期增长量

E. 这两个增长量都属于速度分析指标

4. 下列数列哪些属于由两个时期数列对比构成的相对数或平均数动态数列（　　）。

A. 工业企业全员劳动生产率数列　　B. 百元产值利润率动态数列

C. 产品产量计划完成程度动态数列　　D. 某单位人员构成动态数列

E. 某种商品销售额所占比重动态数列

5. 影响动态数列发展水平变化的因素主要有（　　）。

A. 长期趋势　　B. 循环变动　　C. 季节变动

D. 季节比率　　E. 不规则变动

6. 增长 1%的绝对值（　　）。

A. 等于前期水平除以 100

B. 等于逐期增长量除以环比增长速度的百分点

C. 等于逐期增长量除以环比发展速度

D. 表示增加 1%所增加的绝对量

E. 表示增加 1%所增加的相对量

7. 编制时间数列应遵循的原则有（　　）。

A. 时间长短应该相等　　B. 总体范围应该一致

C. 指标经济内容应该相同　　D. 指标数值的变化幅度应该一致

E. 指标的计算方法、计算价格和计量单位应该一致

8. 时点指标动态数列中（　　）。

A. 指标的各个数值可以相加　　B. 指标的各个数值不能相加

C. 指标的各个数值加总起来没有实际意义　　D. 数列中的资料通过连续登记取得

E. 数列中各项指标数值的大小与时间间隔有直接关系

**三、判断题**

1. 总体的同质性是计算平均数和平均速度都应遵守的原则之一。（　　）

2. 年距增减水平是反映本期发展水平较上期发展水平的增减绝对量。（　　）

3. 编制时间数列时，各指标的经济内容可不一致。（　　）

4. 若各期的增长量相等，则各期的增长速度也相等。（　　）

5. 最佳拟合趋势最好的判断方法是用实际值 $y$ 与趋势值 $y_c$ 的离差平方和 $\sum(y-y_c)^2$ 的大小来判断。（　　）

6. 某企业产品产值同去年相比增加了 4 倍，即翻了两番。（　　）

7. 如果季节比率等于 1 或季节变差等于 0，说明没有季节变动。（　　）

8. 动态数列的指标数值只有用绝对数表示。（　　）

9. 一个动态数列，如中间年份的递增速度大于最末年份的递增速度，则按方程法计算的平均发展速度大于按几何平均法计算的平均发展速度。（　　）

10. 根据最小平方法建立直线方程后，可以精确地外推任意一年的趋势值。（　　）

11. 某企业产品的废品率逐月下降，一月份生产 12 500 件，废品率为 2.4%；二月份生产 13 800 件，废品率为 2.2%；三月份生产 11 200 件，废品率为 2%。则一季度的平均废品率为（2.4% + 2.2% + 2%）/3 = 2.2%。（　　）

12. 平均增长速度不是根据各个增长速度直接求得，而是根据平均发展速度计算的。（　　）

## 四、简答题

1. 什么是动态数列？编制动态数列有何意义？
2. 动态分析采用的分析指标有哪些？
3. 序时平均数和一般平均数有何区别和联系？
4. 什么是时期数列和时点数列？两者相比较各有什么特点？

## 五、计算题

1. 某商店 2020 年库存额资料如下表所示。

| 日　期 | 1 月<br>1 日 | 2 月<br>1 日 | 3 月<br>1 日 | 4 月<br>1 日 | 6 月<br>1 日 | 7 月<br>1 日 | 10 月<br>1 日 | 11 月<br>1 日 | 2021 年<br>1 月 1 日 |
|---|---|---|---|---|---|---|---|---|---|
| 库存额（百万元） | 8.14 | 7.83 | 7.25 | 8.28 | 10.12 | 9.76 | 9.82 | 10.04 | 9.56 |

要求：计算该商店各季度及全年的平均商品库存额。

2. 某企业 2021 年第 1 季度职工人数及产值资料如下表所示。

| 月　份 | 1 月 | 2 月 | 3 月 | 4 月 |
|---|---|---|---|---|
| 产值（万元） | 80 | 82 | 85 | — |
| 月初人数 | 60 | 64 | 68 | 67 |

要求：

（1）编制第 1 季度各月劳动生产率的动态数列；

（2）计算第 1 季度的月平均劳动生产率；

（3）计算第 1 季度的劳动生产率。

3. 某工业企业 2020 年各季度的计划产值和产值计划完成程度资料如下表所示。

| 季　度 | 1 | 2 | 3 | 4 |
|---|---|---|---|---|
| 计划产值（万元） | 800 | 840 | 860 | 900 |
| 产值计划完成（%） | 105 | 102 | 106 | 110 |

试计算该企业 2020 年产值计划平均完成程度。

4. 根据某企业“十三五”期间的工业增加值资料，计算各种动态分析指标，填入表中相应的空格里。

| 年　份 | | 2016 | 2017 | 2018 | 2019 | 2020 |
|---|---|---|---|---|---|---|
| 工业增加值（万元） | | 880 | 890 | 1 020 | 1 120 | 1 250 |
| 增长量（万元） | 逐期 | — | | | | |
| | 累计 | — | | | | |
| 发展速度（%） | 环比 | — | | | | |
| | 定基 | — | | | | |

续表

| 年　份 | | 2016 | 2017 | 2018 | 2019 | 2020 |
|---|---|---|---|---|---|---|
| 工业增加值（万元） | | 880 | 890 | 1 020 | 1 120 | 1 250 |
| 增长速度（%） | 环比 | — | | | | |
| | 定基 | — | | | | |
| 增长 1%的绝对值（万元） | | — | | | | |
| 平均发展速度（%） | | | | | | |
| 平均增长速度（%） | | | | | | |

5. 根据下表已有的数字资料，运用动态分析指标的相互关系，确定各年的发展水平及环比动态分析指标。

| 年　份 | 2017 | 2018 | 2019 | 2020 |
|---|---|---|---|---|
| 工业增加值（万元） | 400 | | | |
| 逐期增长量（万元） | — | 40 | | |
| 环比发展速度（%） | — | | 112.5 | |
| 环比增长速度（%） | — | | | 14.0 |

6. 已知某市 2020 年年末人数为 188 万人，若在 2025 年年末争取将该市人口控制在 200 万人以内，应把人口自然增长率控制在什么水平上？若从 2021 年起，人口自然增长率为 1.1%，则到 2025 年年末该市人口数将达到多少？

7. 某企业产品产量资料如下表所示。

| 年　份 | 2015 | 2016 | 2017 | 2018 | 2019 | 2020 | 2021 |
|---|---|---|---|---|---|---|---|
| 产量（万吨） | 2.4 | 2.3 | 2.6 | 2.8 | 3.0 | 3.2 | 3.1 |

试用最小平方法建立直线趋势方程，并预测该厂 2021 年的产量。要求：

（1）以 2015 年为原点；

（2）以 2018 年为原点。

8. 某企业连续四年的商品销售额资料如下表所示（单位：千万元）。

| 年份 | 季度 | | | |
|---|---|---|---|---|
| | 1 | 2 | 3 | 4 |
| 2018 | 2 | 8 | 4 | 1 |
| 2019 | 1 | 11 | 4 | 2 |
| 2020 | 2 | 14 | 3 | 2 |
| 2021 | 3 | 15 | 5 | 3 |

要求：

（1）用季平均法计算该商品销售额的季节比率；

（2）用移动平均趋势剔除法计算季节比率；

（3）该企业 2022 年产品销售额预计为 28 千万元，并估计长期趋势对全年各季影响不大，试估计 2022 年第 3、4 季度的销售额。

# 统计指数

第六章

重点与难点提示

指数是一种非常重要的统计方法，在社会经济统计中占有极其重要的地位。总指数的编制分析是本课程学习的重点。本章重点把握以下内容：

（1）指数的概念、分类与作用，注意弄清数量指标指数和质量指标指数的含义；

（2）综合指数的概念和编制方法；

（3）平均指数的概念、平均指数与综合指数的关系、平均指数的编制方法；

（4）指数体系及其因素分析法；

（5）平均数指标变动的因素分析方法。

其中，总指数（包括综合指数和平均指数）的编制方法、总量指标变动的因素分析、平均指标变动的因素分析是本章学习的难点，学习时要特别注意。

## 第一节　统计指数的概念与分类

### 一、统计指数的概念

统计指数（index number），是一种表明客观现象数量变动的相对数，其含义有广义和狭义之分。广义的统计指数，泛指所有反映社会经济现象数量变动差异程度的相对数，如我们前面讲到的动态相对数、比较相对数、计划完成相对数都属于广义的指数范畴。狭义的统计指数，则特指用来反映不能直接相加的复杂社会经济现象总体数量综合变动的相对数，这是一种特殊的相对数。

狭义的指数具有以下特点：

1. 综合性

狭义指数不是反映一种事物的变动，而是综合反映多种事物构成的总体的变动，所以它是一种综合性的指数。如股票价格指数是综合反映所有上市公司股票交易的价格变动，而不是某一上市公司股票价格的变动。

2. 平均性

由于各个个体的变动是参差不齐的，狭义指数所反映的总体的变动只能是一种平均意义上的变动，即表示各个个体变动的一般程度。例如，上海证券交易所综合指数中当天比昨天股票指数上涨了 1.2%，表示平均来说上海证券交易所挂牌交易的上市公司平均股票价格今天比昨天上涨了 1.2%，但有的上市公司股票上涨 10%，也有的上市公司股票下跌了 10%。

## 二、统计指数的作用

1. 综合反映复杂现象总体数量的变动方向、程度和绝对效果

统计指数的综合计算，把不能直接加总的诸多要素汇总为可比的总体数量进行分析，求得其变动的方向和程度。当计算结果大于或小于 100%时，说明现象总体数量变动的方向是上升或下降。它与 100%的偏差，则表示总体数量变动的程度，正数说明现象总体数量上升的幅度，负数说明现象总体数量下降的幅度。

2. 分析各种因素对现象总体变动的影响方向、程度和绝对效果

许多社会经济现象都是复杂现象，其变动受许多因素的影响。通过编制各种因素指数可以分析各因素影响的方向、程度和绝对效果。例如，产品总成本的变动是产品产量和产品单位成本两因素共同作用的结果。据此，可分别编制产量指数和单位产品成本指数，以分析产品产量和新产品单位成本对总成本的影响方向、程度和绝对效果。

3. 反映研究事物在长时期内的变动趋势

编制一系列反映同类现象变动情况的指数形成指数数列，可以反映被研究现象的变动趋势。例如，根据 2010 年至 2020 年 11 年间的零售价格资料，编制 10 个环比价格指数，从而构成了价格指数数列。这样就可以揭示价格在一段时间内的变动方向、程度和趋势，研究价格变化的规律。

4. 分析现象总体平均指标变动中各种因素的影响方向和程度

例如，单位职工平均工资受各类职工工资水平变动和各类职工人数结构变动的共同影响，用指数法可以分析测定以上两个因素对总平均工资变动的影响方向和程度。

## 三、统计指数的分类

统计指数可以从不同的角度进行分类。

### （一）按其反映对象范围的不同分

1. 个体指数

个体指数（single index number）是反映个别现象（即简单现象总体）数量变动的相对数。例如，某水果市场苹果的本周价格 $p_1$ 为 6 元/kg，上周价格 $p_0$ 为 4 元/kg，则苹果的价格指数 $K_p$ 为 150%（$K_p=\frac{p_1}{p_0}=\frac{6}{4}=150\%$）。

2. 总指数

总指数（combined index number）是指综合反映不能直接相加的复杂现象总变动的相对数。例如，价格总指数就是综合反映多种商品价格变动的相对数，产量总指数就是综合反映多种产品产量变动的相对数。

3. 类指数

类指数是介于个体指数和总指数之间的一种指数,是在分组的基础上计算的一种总指数。它所包含的范围比总指数窄，但在性质和计算方法上与总指数并无区别。

#### （二）按指数化指标性质的不同分

按指数化指标性质的不同，统计指数可分为数量指标指数和质量指标指数。

指数化指标，简单来讲，就是用于计算指数的指标。例如，销售量指数的指数化指标为销售量，价格指数的指数化指标为价格。若指数化指标为数量指标，则构成的指数为数量指标指数（quantity index number），可简称为数量指数，如销售量指数、产量指数；若指数化指标为质量指标，则构成的指数为质量指标指数（quality index number），可简称为质量指数，如价格指数、平均工资指数、单位成本指数。

#### （三）按总指数的编制形式分

按总指数的编制形式，统计指数可分为综合指数和平均指数。

综合指数（aggregative index number）是通过引入媒介因素，来解决复杂总体数量不能直接汇总的问题；而平均指数（average index number）则是对个体指数进行加权平均得到的总指数。需要注意的是，综合指数和平均指数是总指数的两种计算方法，两者的计算结果均为总指数，只是计算形式不同。

#### （四）按照在一个指数数列中所采用的基期不同分

按照在一个指数数列中所采用的基期不同，统计指数可分为定基指数和环比指数。

指数时常是连续编制的，形成在时间上前后衔接的指数数列。凡是一个指数数列中的各个指数都是以某一固定时期作为基期的，叫作定基指数（constant index number）；凡是各个指数都是以前一期作为基期的，就是环比指数（chain index number）。

## 第二节　总指数的编制与分析

### 一、总指数的编制原理

总指数的编制有综合指数与平均指数两种形式。

综合指数的编制原理是“先综合后对比”，换句话说，综合指数是将指数化指标加总之后进行对比的结果。即先解决不同度量单位的问题，使得不能直接相加的现象变得可以相加，然后再进行对比分析。所以，综合指数的编制方法有两个特点：第一，编制综合指数要从现象之间的联系中，确定与所要研究的现象有关联的同度量因素；第二，将引进的同度量因素固定，以测定指数化因素的变动，从而解决对比问题。

平均指数的编制原理是“先对比，后平均”，换句话说，平均指数是对个体指数进行平均的结果。编制平均指数时，往往是先计算该指标的个体指数，再用某个总量指标作权数进行加权平均。

编制总指数的核心问题是“权数”问题。综合指数的权数与平均指数的权数具有完全不同的含义，两者的确定方式也不同。下面围绕有关“权数”问题分别讨论综合指数与平均指数的编制。

## 二、综合指数

### （一）综合指数的编制原理

在编制综合指数时，为了解决复杂现象总体的指数化指标不能直接加总的问题，首先必须引入一个媒介因素，使其转化为相应的价值形态的总量指标。在统计实践中，不能直接加总也称为不能同度量。引入的媒介因素，就是将不同度量的现象转变为同度量的现象，统计中将引入的媒介因素，称为同度量因素。

（1）编制数量指标综合指数时，指数化指标是数量指标，必须以质量指标作为同度量因素，即

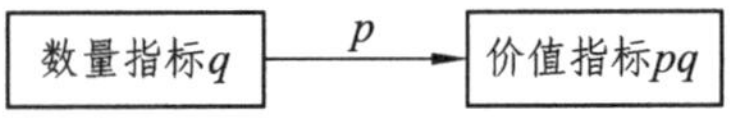


例如，要计算几种商品的销售量总指数，不能将它们的销售量直接相加。因为商品的种类不同，计量单位也就不同。由于销售量×价格＝销售额，所以商品的销售额可以相加。因此，通过价格这个媒介因素，可以将不能直接相加的“商品销量”转化为可以相加的“商品销售额”。此时，价格为同度量因素，是一个质量指标。

（2）编制质量指标综合指数时，指数化指标是质量指标，必须以数量指标作为同度量因素，即

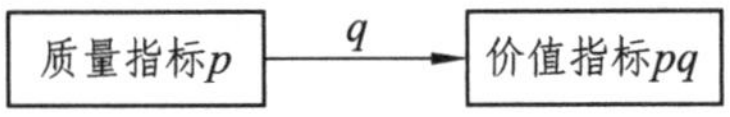


同理，要计算几种商品的价格总指数，价格也是不能够直接相加的，因为它们的价格相加无实际意义。由于销售量×价格＝销售额，商品的销售额可以相加，因此销售量指标在这里起着同度量因素的作用。

为了在综合对比过程中单纯反映指数化指标的变动或差异程度，又必须将同度量因素的水平固定在某一个时期，实践中可以固定在基期、报告期，也可以固定在某一固定时期。

### （二）综合指数的编制方法

根据综合指数的编制特点，用综合指数法编制数量指标综合指数或质量指标综合指数时主要有两种计算形式，即基期加权综合法和报告期加权综合法。

1. 基期加权综合法——拉氏综合指数

基期加权综合法是在编制数量指标综合指数或质量指标综合指数时，所加入的同度量因素固定在基期的水平上。该公式由德国学者拉斯贝尔（Etienre Laspeyres，1834—1913）于1864年首创，因而被称为拉氏公式。其计算公式为：

$$\begin{cases} \bar{K}_q = \dfrac{\sum q_1 p_0}{\sum q_0 p_0} \\ \bar{K}_p = \dfrac{\sum p_1 q_0}{\sum p_0 q_0} \end{cases} \tag{6-1}$$

式中：$\bar{K}_q$ 代表销售量综合指数；$\bar{K}_p$ 代表销售价格综合指数；$q_0$ 为基期销售量；$q_1$ 为报告期销售量；$p_0$ 为基期销售价格；$p_1$ 为报告期销售价格。

2. 报告期加权综合法——帕氏综合指数

报告期加权综合法是在编制数量指标综合指数或质量指标综合指数时，所加入的同度量因素固定在报告期的水平上。该公式由德国学者帕许（Herman Paasche，1851—1925）于1874年首先提出，因而被称为帕氏公式。其计算公式为：

$$\begin{cases} \bar{K}_q = \dfrac{\sum q_1 p_1}{\sum q_0 p_1} \\ \bar{K}_p = \dfrac{\sum p_1 q_1}{\sum p_0 q_1} \end{cases} \tag{6-2}$$

式中：$\bar{K}_q$ 代表销售量综合指数；$\bar{K}_p$ 代表销售价格综合指数；$q_0$ 为基期销售量；$q_1$ 为报告期销售量；$p_0$ 为基期销售价格；$p_1$ 为报告期销售价格。

纵观上述公式，拉氏公式的特点是将同度量因素固定在基期，而帕氏公式的特点是将同度量因素固定在报告期。事实上，在综合指数公式中，同度量因素不仅起着加总综合的作用，而且起着权衡轻重的作用。对于同一资料，无论采用基期数值作为同度量因素还是采用报告期数值作为同度量因素，其计算结果都是不一样的。以成本综合指数的计算为例，说明如下。

**【例 6–1】** 某企业生产 A、B、C 三种产品，其产品产量和产品成本如表 6-1 所示，要求：分别计算拉氏成本综合指数和帕氏成本综合指数。

表 6-1 某企业产品产量和产品成本

| 产品 | 计量单位 | 产量 | | 单位成本（万元） | | 总成本（万元） | | | |
|---|---|---|---|---|---|---|---|---|---|
| | | 基期 $q_0$ | 报告期 $q_1$ | 基期 $z_0$ | 报告期 $z_1$ | 基期 $q_0z_0$ | 报告期 $q_1z_1$ | 虚拟成本 $q_1z_0$ | 虚拟成本 $q_0z_1$ |
| 甲 | 乙 | （1） | （2） | （3） | （4） | （1）×（3） | （2）×（4） | （2）×（3） | （1）×（4） |
| A | 件 | 20 | 24 | 8 | 6 | 160 | 144 | 192 | 120 |
| B | 吨 | 8 | 11 | 10 | 8 | 80 | 88 | 110 | 64 |
| C | 台 | 4 | 6 | 20 | 17 | 80 | 102 | 120 | 68 |
| Σ | — | — | — | — | — | 320 | 334 | 422 | 252 |

**解** 根据上述资料，计算如下。

拉氏成本综合指数：

$$\bar{K}_z=\frac{\sum z_1q_0}{\sum z_0q_0}=\frac{252}{320}=78.75\%$$

帕氏成本综合指数：

$$\bar{K}_z=\frac{\sum z_1q_1}{\sum z_0q_1}=\frac{334}{422}=79.15\%$$

计算结果表明，在成本综合指数中，由于采用的权数不同，计算结果也有差异。同样，若计算产量综合指数，也会出现这种情况。因而，在计算综合指数中同度量因素所属时期的选择问题是一个重要的问题。

3. 同度量因素的一般使用原则

从理论上讲，同度量因素的时期可以固定在基期、报告期，也可以固定在某一固定时期。对于同一数据资料，不同计算方法下的计算结果也存在着差异。在统计实践中，为了有统一的计算口径，需要比较拉氏综合指数和帕氏综合指数，从而确定数量指标综合指数和质量指标综合指数的通用计算公式。

在实际应用中，一般通用的原则是：

编制数量指标综合指数时，指数化指标是数量指标，应该以基期的质量指标作为同度量因素；编制质量指标综合指数时，指数化指标是质量指标，应该以报告期的数量指标作为同度量因素。

数量指标综合指数和质量指标综合指数的通用公式为：

$$\begin{cases}\bar{K}_q=\dfrac{\sum q_1p_0}{\sum q_0p_0}\\[2ex]\bar{K}_p=\dfrac{\sum p_1q_1}{\sum p_0q_1}\end{cases}\tag{6-3}$$

**【例 6-2】** 某企业生产三种产品的产量与出厂价格情况如表 6-2 所示，要求：计算产量综合指数和出厂价格综合指数。

表 6-2　某企业生产情况

| 产品名称 | 计量单位 | 产　量 | | 出厂价格（元） | | 总产值（万元） | | |
|---|---|---|---|---|---|---|---|---|
| | | $q_0$ | $q_1$ | $p_0$ | $p_1$ | $q_0p_0$ | $q_1p_0$ | $q_1p_1$ |
| A | 件 | 1 000 | 1 150 | 100 | 100 | 10 | 11.50 | 11.5 |
| B | 千克 | 2 000 | 2 100 | 55 | 50 | 11 | 11.55 | 10.5 |
| C | 台 | 400 | 500 | 200 | 250 | 8 | 10.00 | 12.5 |
| 合计 | — | — | — | — | — | 29 | 33.05 | 34.5 |

**解** 根据综合指数计算的一般原则，得产量综合指数为：

$$\bar{K}_q=\frac{\sum q_1p_0}{\sum q_0p_0}=\frac{33.05}{29}=113.97\%$$

计算结果表明，三种产品的产量综合指数为 113.97%，表示综合来说，这些产品的产量增加了 13.97%。由于产量增加而使总产值增加的绝对额为：

$$\sum q_1p_0-\sum q_0p_0=33.05-29=4.05\text{（万元）}$$

出厂价格的综合指数：

$$\bar{K}_p=\frac{\sum p_1q_1}{\sum p_0q_1}=\frac{34.50}{33.05}=104.39\%$$

计算结果表明，三种产品的价格综合指数为 104.39%，表示综合来说，这些产品的价格增长了 4.39%。由于价格提高而使总产值增加的绝对额为：

$$\sum p_1q_1-\sum p_0q_1=34.5-33.05=1.45\text{（万元）}$$

## 三、平均指数

### （一）平均指数的编制特点

平均指数是编制总指数的另一种重要形式。在某些特定条件下，平均指数可作为综合指数的变形来应用。同时，平均指数还具有独立应用的意义。

平均指数反映复杂社会经济现象的总动态，是从所研究现象的个体指数出发，在计算所研究现象各个项目的个体指数的基础上，运用加权算术平均法或加权调和平均法对个体指数加权平均求得的。例如，对于多种工业产品组成的复杂总体，平均指数反映产量或价格总变动时，先计算产品产量或价格的个体指数，然后对所有产品产量个体指数加权平均计算产量总指数或对所有产品价格个体指数加权平均计算价格总指数。

### （二）平均指数的计算形式和常用公式

平均指数对个体指数加权平均的方法包括加权算术平均法和加权调和平均法两种。

1. 加权算术平均指数

加权算术平均指数是对个体指数采用加权算术平均法计算的总指数。其计算公式为：

$$\bar{K}_q=\frac{\sum q_1p_0}{\sum q_0p_0}=\frac{\sum \frac{q_1}{q_0}q_0p_0}{\sum q_0p_0}=\frac{\sum k_qq_0p_0}{\sum q_0p_0} \tag{6-4}$$

$$\bar{K}_p=\frac{\sum p_1q_0}{\sum p_0q_0}=\frac{\sum \frac{p_1}{p_0}q_0p_0}{\sum p_0q_0}=\frac{\sum k_pp_0q_0}{\sum p_0q_0} \tag{6-5}$$

从计算公式可以看出，对个体数量（质量）指标指数加权算术平均求平均指数时，其权数为基期的价值总量。

2. 加权调和平均指数

加权调和平均指数是对个体指数采用加权调和平均法计算的总指数。其计算公式为：

$$\bar{K}_q=\frac{\sum q_1p_1}{\sum q_0p_1}=\frac{\sum q_1p_1}{\sum \frac{q_0}{q_1}q_1p_1}=\frac{\sum q_1p_1}{\sum \frac{q_1p_1}{k_q}} \quad (6\text{-}6)$$

$$\bar{K}_p=\frac{\sum p_1q_1}{\sum p_0q_1}=\frac{\sum p_1q_1}{\sum \frac{p_0}{p_1}p_1q_1}=\frac{\sum p_1q_1}{\sum \frac{p_1q_1}{k_p}} \quad (6\text{-}7)$$

从计算公式可以看出，对个体数量（质量）指标指数加权调和平均求平均指数时，其权数为报告期的价值总量。

3. 平均指数计算的常用公式

平均指数作为综合指数的变形进行应用时，拉氏数量指标指数和帕氏质量指标指数具有明确的经济意义，是计算综合指数的一般公式。因而，以基期总值指标加权计算的数量指标的算术平均指数和以报告期总值指标加权计算的质量指标调和平均指数，就成了计算平均指数的一般公式。即

$$\begin{cases}\bar{K}_q=\dfrac{\sum k_q q_0 p_0}{\sum q_0 p_0}\\[2ex] \bar{K}_p=\dfrac{\sum p_1q_1}{\sum \dfrac{p_1q_1}{k_p}}\end{cases} \quad (6\text{-}8)$$

在实际工作中，只是由于掌握资料不同，才分别采用综合指数或平均数指数的一般公式计算总指数。对于同一总体，用两种方法计算的结果是一致的。

## 四、平均指数与综合指数的联系与区别

1. 平均指数与综合指数的联系

平均指数与综合指数的联系主要表现为：在一定的权数条件下，两类指数间具有变形关系。由于这种变形关系的存在，当掌握的资料不能直接用综合指数形式计算时，可用它的变形的平均指数形式计算。这种条件下的平均指数与其相应的综合指数具有完全相同的经济意义和计算结果。

2. 平均指数与综合指数的区别

（1）研究复杂总体不能同度量问题的思路不同：综合指数是先综合后对比；平均指数是先对比后综合。

（2）运用资料的条件不同：综合指数需具备研究总体的全面资料；平均指数同时适用于全面及非全面资料。

根据以上阐释，编制数量指标总指数和质量指标总指数的一般公式可以归纳成表 6-3。

表 6-3　总指数编制的一般公式

| 指数形式 | | 指数名称 | |
|---|---|---|---|
| | | 数量指数 | 质量指数 |
| 综合指数 | 拉氏指数 | $\bar{K}_q=\dfrac{\sum q_1p_0}{\sum q_0p_0}$ | |
| | 帕氏指数 | | $\bar{K}_p=\dfrac{\sum p_1q_1}{\sum p_0q_1}$ |
| 平均指数 | 加权算术平均 | $\bar{K}_q=\dfrac{\sum k_qq_0p_0}{\sum q_0p_0}$ | |
| | 加权调和平均 | | $\bar{K}_p=\dfrac{\sum p_1q_1}{\sum \dfrac{p_1q_1}{k_p}}$ |

# 第三节　几种常用的经济指数

## 一、居民消费价格指数（CPI）

居民消费价格指数是反映一定时期（年、季、月）内城市、农村居民所购买消费品价格和服务项目价格综合变动的相对数。居民消费价格总指数曾被称为“居民生活费用价格总指数”。居民消费价格总指数是综合了职工、农民消费价格指数计算而取得的。运用居民消费价格总指数，可以观察居民生活消费品及服务项目价格的变动对城乡居民生活的影响，对于各级部门制定居民消费价格政策、工资政策以及测定通货膨胀等，具有重要的理论和现实意义。

编制居民消费价格指数的商品和服务项目基本上是根据用途进行分类的，共分为 8 个大类，即食品、烟酒及用品、衣着、家庭设备用品及服务、医疗保健及个人用品、交通和通信、娱乐教育文化用品及服务、居住。食品类下设 6 个中类，即粮食、肉禽及其制品、蛋、水产品、鲜菜、在外用餐。其他大类也分别下设中、小类。一般在小类之下选择有的商品和服务项目作为规格品编制指数。

居民消费价格指数采用加权算术平均公式编制。年度指数或月度指数就是分别计算以上年同期或上月为基期的同比或月环比两种指数。其计算公式为：

$$\bar{K}=\frac{\sum kW}{\sum W} \tag{6-9}$$

式中：$\bar{K}$ 代表居民消费价格总指数；$k$ 为商品（或类）价格指数；$W$ 为权数。

目前，我国的居民消费价格指数主要反映居民消费价格的变动，在分类上也包含了居民居住类价格的变动，包括房租、自有住房以及水、电、燃气等项目。对租房者来说，其居住价格变动是通过实际租金来体现的。对拥有住房者来说，其居住价格变动是通过虚拟租金，即一定时期居民住房状况可能要通过付出的租金来体现。按国际惯例，商品房价格不直接计入居民消费价格指数。

## 二、工业生产指数（IPI）

工业生产指数（industry production index）概括地反映一个国家或地区各种工业产品产量的综合变动程度，它是衡量经济增长水平的重要指标之一。世界各国都非常重视工业生产指数的编制，但采用的编制方法不完全相同。在我国，工业生产指数是通过计算各种工业产品的不变价格产值来加以编制的。其基本编制过程是：

（1）对各种工业产品分别制定相应的不变价格标准（$p_n$）；

（2）逐项计算各种产品的不变价格产值，加总起来得到全部工业产品的不变价格总产值；

（3）将不同时期的不变价格总产值加以对比，得到相应时期的工业生产指数。

设 $t$ 时期的不变价格总产值为 $\sum q_t p_n$（$t=0$，1，2，…），则该时期的工业生产指数就是固定加权综合指数的形式：

$$I_q=\frac{\sum q_t p_n}{\sum q_0 p_n} \tag{6-10}$$

或

$$I_q=\frac{\sum q_t p_n}{\sum q_{t-1} p_n} \tag{6-11}$$

采用不变价格编制工业生产指数的特点是：只要具备了完整的不变价格产值资料，就能很容易地计算出有关的生产指数；可以在不同层次（如各地区、各部门、各企业等）上进行编制，以满足各方面的分析需要。

然而，不变价格的制定和不变价格产值的计算本身却是一项非常浩繁的工作，这项工作又必须连续不断地、全面地展开，其难度可想而知。尤其是在市场经济条件下，要在整个工业生产领域内运用不变价格计算完整的产值资料，需要面临很多的实际问题。因此，我国工业生产指数编制方法的改革势在必行。

在实践中，为了简化指数的编制工作，常常以各种工业品的增加值比重作为权数，并且将这种比重权数相对固定起来，连续地编制各个时期的工业生产指数：

$$I_q=\frac{\sum i_q W_i}{\sum W} \tag{6-12}$$

这里运用了固定加权算术平均指数。

## 三、工业生产者价格指数（PPI）

工业生产者价格指数（Producer Price Index）是衡量工业企业产品出厂价格变动趋势和变动程度的指数，是反映某一时期生产领域价格变动情况的重要经济指标，也是制定有关经济政策和国民经济核算的重要依据。

工业生产者价格指数是用来衡量生产者在生产过程中，所需采购品的物价状况，因而这项指数包括了原料、半成品和最终产品等（美国约采用 3 000 种产品）三个生产阶段的物价资讯。过去衡量大宗物资批发价格状况的称为批发物价指数或零售物价指数（Whole sale Price Index，WPI），它是消费者物价指数（CPI：以消费者的立场衡量财货及劳务的价格）的先声。

工业生产者价格指数并不仅仅是一个指数，它是一族指数，是生产的三个渐进过程中的每一个阶段的价格指数：原材料、中间品和产成品。在这一族指数中对金融市场最有影响的是最后一个，即产成品的 PPI。它代表着这些商品被运到批发商和零售商之前的最终状态。在生产最后状态的价格常常由原材料和中间品过程中遇到的价格压力来决定。这就是为什么观察这所有的三个过程都很重要的原因。

在工业数据方面，国家统计局从 2011 年 1 月开始实施新的工业生产者价格统计调查制度方法。“工业品价格统计”改称为“工业生产者价格统计”，相应地将“工业品出厂价格指数”和“原材料、燃料、动力购进价格指数”分别改称为“工业生产者出厂价格指数”和“工业生产者购进价格指数”。采用国际通行的链式拉氏公式，建立起了以 2010 年为基期的价格指数序列。

工业生产者价格指数跟 CPI 一样，采用加权算术平均公式编制。年度指数或月度指数就是分别计算以上年同期或上月为基期的同比或月环比两种指数。其计算公式为：

$$\bar{K}_p = \frac{\sum kW}{\sum W} \qquad (6\text{-}13)$$

式中：$\bar{K}_p$代表工业生产价格总（类）指数；$k$ 为单项工业产品（或类）价格指数；$W$ 为权数。

目前，我国 PPI 共调查 8 大类商品：（1）燃料、动力类；（2）有色金属类；（3）有色金属材料类；（4）化工原料类；（5）木材及纸浆类；（6）建材类：钢材、木材、水泥；（7）农副产品类；（8）纺织原料类等。调查的产品有 4 000 多种（含规格品 9 500 多种），覆盖全部 39 个工业行业大类，涉及调查种类 186 个。

工业生产价格指数（PPI）与 CPI 不同，主要的目的是衡量工业企业购买的一篮子物品和劳务的总费用。由于企业最终要把它们的费用以更高的消费价格的形式转移给消费者，所以，通常认为 PPI 的变动对预测消费物价指数的变动更具实际意义。

## 四、农副产品收购价格指数

农副产品收购价格指数是反映国家、有关部门、工商企业等以各种不同形式收购农副产品的价格的综合变动趋势及程度的相对数。它可用于观察和研究农副产品收购价格总水平的变化情况，分析其对农民家庭收入和国家、有关部门及工商企业支出的影响，以作为制定和检查农副产品价格政策的依据。由于农副产品收购季节性强，时间比较集中，产品品种比较少，通常在年末能够较快地取得各类农副产品实际收购金额和各代表规格品收购价格的资料，从而可以用报告期农副产品实际收购金额作为权数，对各类代表规格品个体指数采用加权调和平均法来计算农副产品收购价格总指数。

我国一般是从 11 类农副产品中选择 276 种主要产品，以它们各自的报告期收购额为权数，用加权调和平均法编制农副产品收购价格指数。其计算公式如下：

$$\bar{K}_p=\frac{\sum p_1q_1}{\sum\frac{1}{k_i}p_1q_1} \qquad (6\text{-}14)$$

式中：$\bar{K}_p$代表农副产品收购价格总（类）指数；$k_i$为单项农副产品收购价格指数；$p_1q_1$为报告期各类农产品实际收购额。

## 五、股票价格指数

股价指数是反映股票市场中股票价格变动总体水平的重要尺度，更是分析、预测股市发展趋势进而决定投资行为的主要依据。股票价格指数（stock price index）是根据精心选择的那些具有代表性和敏感性强的样本股票某时点平均市场价格计算的动态变化相对数，用以反映某一股市股票价格总的变动趋势。股价指数的单位习惯上用“点”（point）表示，即以基期为 100，每上升或下降 1 个单位称为 1 点。

### （一）股票价格指数的编制

（1）确定股票样本。股票市场上的股票数目很多，为了确保股票价格指数反映股票市场价格的变化情况和计算的方便，需要选择一定数量的、有代表性的公司的股票作为样本股。

（2）不同种类的股票价格不能相加，故股票价格指数属于总指数，其计算一般采用综合指数方法。其计算公式为：

$$\bar{K}_p=\frac{\sum p_{1i}q_{1i}}{\sum p_{0i}q_{1i}} \qquad (6\text{-}15)$$

式中：$p_{1i}$和$p_{0i}$分别为第$i$种样本股票的报告期价格和基期价格，$q_{1i}$为第$i$种股票的报告期发行量（也有采用基期的）。

股价指数是反映证券市场行情变化的重要指标，不仅是广大证券投资者进行投资分析的依据，而且也被视为一个地区或国家宏观经济态势的“晴雨表”。

### （二）常见的股票价格指数

1. 道·琼斯股价指数

道·琼斯股价指数（Dow Jone’s Stock Price Index）是由美国新闻出版商道·琼斯公司计算并发布的，是历史最悠久的股票价格指数。最初组成道·琼斯股票价格平均数的股票只有 11 种，并采用简单算术平均法计算。后来几经变动，选择的股票种类不断增加，从 1938 年至今增加到 65 种，其中包括 30 种工业股票、20 种交通运输业股票及 15 种公用事业股票，编制方法也从简单算术平均改为平均修正法。由于各种股份公司经常有股数增加和股票拆细的情况发生，这样，作为分母的股票总股数必然增加，促使单位股份降低，难以体现股票价格变动的真实情况，因此，需要对分母做适当处理，以免平均数受到影响。道·琼斯股票价格平均数以 1928 年 10 月 1 日为基期，即以该日的股份平均数为基数，以后各期股票价格同基期相比计算出来的百分数就成为各期的股票价格指数。

由于道·琼斯指数的采样股票数目较少，且多是热门股，缺乏广泛性，并且没有考虑权数，导致少数几种流动性较小的股票价格的大幅度涨落对平均数产生很大影响。

2. 标准普尔股价指数

标准普尔混合指数（Standard and Poor's Composite Index）是 1923 年由美国最大的证券研究组织标准普尔公司编制发布。该指数最初包括 233 种上市的工业、铁路、公用事业的普通股票，以后逐步调整为 500 种。其中工业股票 400 种，公用事业股票 40 种，金融机构股票 40 种，交通运输业股票 20 种。

标准普尔公司每半小时计算并报道该公司编制的指数，发表在该公司主办的《展望》刊物上。许多报纸每天登载它的最高、最低及收盘价指数。美国著名的《商业周刊》杂志每期公布标准普尔混合指数。

标准普尔混合指数包括的 500 种普通股票总价值很大，其成分股有 90%在纽约证券交易所上市，其中也包括一些在别的交易所和店头市场交易的股票，所以它比道·琼斯平均指数要广泛很多，更能真实地反映股票市价变动的实际情况。比较而言，道·琼斯工业股票指数对股价的短期走势具有一定的敏感性；而标准普尔混合指数用于分析股价的长期走势则较为可靠。从对股票市场价格分析研究的角度，一些银行的证券专家和经济学家偏向采用标准普尔混合指数；而从实用的角度，大多数证券公司和投资者则喜欢采用道·琼斯工业股票指数。

3. 纳斯达克指数

纳斯达克市场的英文直译名为“全美证券交易商协会自动报价系统”（the National Association of Securities Dealers Automated Quotations），它是全球第一个电子化的股票市场。纳斯达克指数由纳斯达克证券市场编制发布。纳斯达克证券市场有限公司隶属于美国国家证券交易委员会 NASD（the National Association of Securities Dealers），该协会是一个自律性的管理机构，几乎所有的美国证券经纪和交易商都是它的会员。纳斯达克证券市场创立于 1971 年，同年 2 月 8 日，纳斯达克股市开始正式交易。美国设立纳斯达克证券交易所的主要目的是在电脑软件、硬件及生物工程等高科技领域，为一些崭露头角而又无法在纽约证券交易所和美国证券交易所上市的小型公司提供风险资本的支持，以推动高科技产业的迅速发展。

纳斯达克指数的编制始于 1985 年 1 月，对在纳斯达克股市上市的公司股票价格，以资本量的大小为权数加权平均计算得出。纳斯达克指数主要有两个：NASDAQ 综合指数（NASDAQ Composite Index）和 NASDAQ-100 指数（NASDAQ-100 Index）。NASDAQ 综合指数包括在纳斯达克上市的所有美国公司和非美国公司，每一家公司的股票通过其市值在综合指数中的比例来影响 NASDAQ 综合指数。现在 NASDAQ 综合指数包括 5 000 多家公司，超过了其他证券市场指数，具有广泛的基础，已成为最有影响力的证券市场指数之一。NASDAQ-100 指数，是由在纳斯达克全国市场上市的、最大的 100 家非金融性国内公司的 4 个指数综合而成，反映纳斯达克成长最快的主要非金融性公司的情况，每一家公司的股票通过其市值在综合指数中的比例来影响 NASDAQ-100 指数。

4. 上证指数体系

国内外普遍采用的衡量中国证券市场表现的权威统计指标，是由上海证券交易所编制并发布的上证指数、A 股指数、B 股指数、分类指数、债券指数、基金指数等的指数系列，其中最早编制的为上证综合指数。为推动长远的证券市场基础建设和规范化进程，2002 年 6 月，上海证券交易所对原上证 30 指数进行了调整并更名为上证成份指数（简称上证 180 指数）。上证成份指数的编制方案，是结合中国证券市场的发展现状，借鉴国际经验，在原上证 30 指数编制方案的基础上做进一步完善后形成的，目的在于通过科学客观的方法挑选出最具市场影响力的样本股票，建立一个反映上海证券市场规模大、流动性好的最具市场影响力的 50 只股票组成的样本股，以便综合反映上海证券市场最具市场影响力的一批龙头企业的整体状况。上证红利指数挑选在上海证券交易所上市的现金股息率高、分红比较稳定、具有一定规模及流动性的 50 只股票作为样本，以反映上海证券市场高红利股票的整体状况和走势。

上证指数系列从总体和各个不同侧面反映了上海证券交易所上市证券品种价格的变动情况，可以反映不同行业的景气状况及其价格的整体变动状况，从而给投资者提供不同的投资组合分析参照系，随着证券市场在国民经济中的地位日渐重要，上证指数也将逐步成为观察中国经济运行的“晴雨表”。

## 第四节　指数体系与因素分析

### 一、指数体系的概念及作用

#### （一）指数体系的概念

1. 广义的指数体系

广义的指数体系泛指由若干个内容上相互关联的统计指数所构成的体系。根据考察问题的需要，构成这种体系的指数可多可少。例如，工业品批发价格（或出厂价格）指数、农产品收购价格指数、消费品零售价格指数等构成了“市场物价指数体系”；而国民经济运行的生产、流通和使用各环节以及国民经济各部门的多种经济指数则构成了“国民经济核算指数体系”。其中除了上面列举的有关价格指数之外，还包括诸如国内总产出价格指数和物量指数、国内生产总值（GDP）价格指数和物量指数、投资价格指数和物量指数，以及资产负债存量价格指数等，其内容构成庞大复杂。

2. 狭义的指数体系

狭义的指数体系是指三个或三个以上指数之间在一定的经济联系基础上所结成的严密的数量关系式。例如：

$$商品销售额指数=商品销售量指数\times商品销售价格指数$$

这就是一个指数体系。在指数体系中，商品销售量与商品销售价格两个指数成为商品销售额指数的两个因素，在上面的关系式中是作为因式出现的。

狭义的指数体系一般保持两个对等关系，即若干因素指数的乘积等于总变动指数；若干因素对总变动指标的影响之和等于总变动指标的实际增减额。以商品销售额指数体系为例：

总变动指数　　质量指标指数　　数量指标指数

⇓　　⇓　　⇓

商品销售额指数 = 商品销售价格指数 × 商品销售量指数

$$\frac{\sum q_1p_1}{\sum q_0p_0}=\frac{\sum q_1p_1}{\sum q_1p_0}\times\frac{\sum q_1p_0}{\sum q_0p_0} \tag{6-16}$$

商品销售额实际增减额 = 商品销售价格变动的影响额 + 商品销售量变动的影响额

$$\sum q_1p_1-\sum q_0p_0=\left(\sum q_1p_1-\sum q_1p_0\right)+\left(\sum q_1p_0-\sum q_0p_0\right) \tag{6-17}$$

在上述指数体系中，商品销售额指数是反映总体变动的指数，而商品销售价格指数和商品销售量指数是商品销售额指数的两个因素指数，它们分别反映商品销售额变动中，受价格变动的影响程度以及受销售量变动的影响程度。

### （二）指数体系的作用

指数体系的作用可以概括为两点：

（1）利用指数体系，可以对现象进行因素分析，对现象总变动中影响因素进行定量分析，测定各因素变动对现象总变动在方向、程度和绝对量上的影响。这种分析方法，即指数因素分析法，是统计分析中广泛运用的一种重要分析方法。

（2）利用指数体系中各指数之间的数量关系，可以进行指数之间的互相推算。比如，可以根据总成本指数和产量指数，推算单位成本指数等。

## 二、因素分析法的种类与工作步骤

因素分析法是根据指数体系理论从数量方面研究现象总变动中各因素变动的影响方向、程度和绝对效果的一种分析方法。

### （一）因素分析法的种类

1. 按分析时所包含的因素多少划分

按分析时所包含的因素多少划分，可分为两因素分析和多因素分析。

两因素分析仅对两个因素的变动情况进行分析，它是因素分析的基本方法。如销售价格和销售量对销售额的影响分析。

多因素分析则是对研究对象中包含有两个以上因素变动的影响分析。如原材料支出额受产品产量、原材料单耗、原材料单价的影响分析。

2. 按分析指标的种类划分

按分析指标的种类划分，可分为总量指标因素分析和平均指标因素分析。

总量指标因素分析是指分析的对象是总量指标。例如，产值受产量、出厂价格因素影响的分析；原材料支出额受产品产量、原材料单耗、原材料单价的影响分析。这里产值和原材料支出额都是总量指标。

平均指标因素分析是指分析对象是平均指标。例如，同一单位不同时期职工平均工资受各类职工资水平和职工人数构成因素变动影响的分析。

### （二）因素分析法的工作步骤

运用因素分析法首先应建立指数体系，并依据指数体系从相对数及绝对数两个方面进行分析计算。其一般步骤是：

（1）根据现象之间的经济关系，建立指数体系；

（2）计算被分析指标的总变动程度和增减变动的绝对数；

（3）计算各因素的变动程度和对分析指标影响的绝对数；

（4）对指数体系间的等量关系进行综合分析。

## 三、总量指标的因素分析法

### （一）总量指标的两因素分析

总量指标的变动往往是由数量因素指标和质量因素指标变动共同作用的结果。总量指标变动的两因素分析，就是根据编制综合指数的一般原理，分别编制数量指标因素指数和质量指标因素指数，建立指数体系，以此来分析总量指标变动中各因素指标的变动关系。

总量指标两因素分析要注意以下问题：

（1）必须明确社会经济现象总体各因素间的相互联系。例如，在经济生活中，客观上存在着如下关系式：

$$\text{商品销售额总量}=\sum(\text{商品销售量}\times\text{销售价格})$$

$$\text{工业总产值}=\sum(\text{产品产量}\times\text{出厂价格})$$

$$\text{生产总成本}=\sum(\text{产品产量}\times\text{单位产品成本})$$

只有明确了现象总体各因素间的相互联系，才能据此建立指数体系。依据上面的关系式，可建立相应的指数体系：

$$\text{商品销售额指数}=\text{商品销售量指数}\times\text{销售价格指数}$$

$$\text{工业总产值指数}=\text{产品产量指数}\times\text{出厂价格指数}$$

$$\text{生产总成本指数}=\text{产品产量指数}\times\text{单位产品成本指数}$$

（2）编制各因素指数时，必须以编制综合指数的一般原则为依据。也就是说，编制数量指标因素指数时，要以基期的质量指标为同度量因素；编制质量指标因素指数时，要以报告期的数量指标为同度量因素。只有这样，才能保证指数体系在经济内容上的完整和在数学关系上的等式的成立。

**【例 6-3】** 已知某生产企业三种产品的产量及价格情况如表 6-4 所示，计算分析工业总产值的总变动及其变动原因。

表 6-4　某企业 3 种产品产量及价格情况

| 产品名称 | 计量单位 | 产　量 | | 出厂价格（元） | | 总产值（万元） | | |
|---|---|---|---|---|---|---|---|---|
| | | 基期 $q_0$ | 报告期 $q_1$ | 基期 $p_0$ | 报告期 $p_1$ | $q_0p_0$ | $q_1p_1$ | $q_1p_0$ |
| A | 万吨 | 350 | 380 | 540 | 554 | 189 000 | 210 520 | 205 200 |
| B | 万台 | 78 | 70 | 420 | 405 | 32 760 | 28 350 | 29 400 |
| C | 万件 | 2 350 | 2 480 | 32 | 42 | 75 200 | 104 160 | 79 360 |
| 合计 | — | — | — | — | — | 296 960 | 343 030 | 313 960 |

**解**　（1）工业总产值的总体变动分析。

相对数：

$$\bar{K}_{qp}=\frac{\sum q_1p_1}{\sum q_0p_0}=\frac{343030}{296960}=115.5\%$$

绝对差额：

$$\sum q_1p_1-\sum q_0p_0=343030-296960=46070\text{（万元）}$$

计算结果说明，三种产品的工业总产值报告期比基期增长了 15.5%，增加的绝对量为 46 070 万元。由于

产品产值 = 产品产量×产品价格

即工业总产值的变动是产品产量和出厂价格两个因素综合变动影响的结果，因此可以分别测算产品产量及出厂价格的变动对总产值变动的影响。

（2）产品产量的变动影响。

相对数：

$$\bar{K}_{q}=\frac{\sum q_1p_0}{\sum q_0p_0}=\frac{313900}{296960}=105.7\%$$

绝对差额：

$$\sum q_1p_0-\sum q_0p_0=313900-296960=17000\text{（万元）}$$

计算结果表明，该企业产品产量综合起来看，报告期比基期增长了 5.7%，从而影响工业总产值增加了 17 000 万元。

（3）出厂价格的变动影响。

相对数：

$$\bar{K}_{p}=\frac{\sum q_1p_1}{\sum q_1p_0}=\frac{343030}{313900}=109.3\%$$

绝对差额：

$$\sum q_1p_1-\sum q_1p_0=343030-313960=29070\text{（万元）}$$

计算结果表明，该企业产品出厂价格总体变动，报告期比基期提高了 9.3%，从而影响工业总产值增加了 29 070 万元。

（4）两因素影响的结果分析。

工业总产值指数、产品产量指数和出厂价格指数三者形成以下指数体系。

相对数：

$$\frac{\sum q_1 p_1}{\sum q_0 p_0}=\frac{\sum q_1 p_0}{\sum q_0 p_0}\times\frac{\sum q_1 p_1}{\sum q_1 p_0}$$

$$115.5\% = 105.7\% \times 109.3\%$$

绝对差额：

$$\sum q_1 p_1-\sum q_0 p_0=\left(\sum q_1 p_0-\sum q_0 p_0\right)+\left(\sum q_1 p_1-\sum q_1 p_0\right)$$

$$46070 = 17000 + 29070$$

据此可以综合分析说明如下：由于产品产量增加 5.7%，使工业总产值增长 17 000 万元；由于产品出厂价格提高了 9.3%，使工业总产值增加 29 070 万元；两个因素共同作用的结果是使全部产品的工业总产值增加 46 070 万元。

**【例 6-4】** 已知某商业企业销售商品情况如表 6-5 所示，计算分析销售额的总体变动及变动原因。

表 6-5　某商店商品的销售情况

| 商品名称 | 销售额（万元） | | 销售量个体指数（%）（$K_q=q_1/q_0$） |
|---|---|---|---|
| | 基期（$q_0p_0$） | 报告期（$q_1p_1$） | |
| A | 10 | 12 | 105.0 |
| B | 15 | 18 | 110.0 |
| C | 30 | 35 | 112.0 |
| 合　计 | 55 | 65 | — |

**解**　根据表 6-5 中的资料可计算：

（1）商品的销售额总体变动

相对数：

$$\overline{K}_{qp}=\frac{\sum q_1 p_1}{\sum q_0 p_0}=\frac{12+18+35}{10+15+30}=118.18\%$$

绝对差额：

$$\sum q_1 p_1-\sum q_0 p_0=65-55=10\text{（万元）}$$

计算结果说明，商品销售额报告期比基期增长了 18.18%，增加的绝对量为 10 万元。

（2）商品的销售量总体变动

相对数：

$$\overline{K}_q=\frac{\sum k_q q_0 p_0}{\sum q_0 p_0}=\frac{10\times105\%+15\times110\%+30\times112\%}{10+15+30}=\frac{60.6}{55}=110.18\%$$

绝对差额：

$$\sum k_q q_0 p_0-\sum q_0 p_0=60.6-55=5.6\text{（万元）}$$

（3）商品的价格总体变动

相对数：

$$\bar{K}_p=\frac{\sum q_1p_1}{\sum k_q q_0 p_0}=\frac{65}{60.6}=107.26\%$$

绝对差额：

$$\sum q_1p_1-\sum k_q q_0 p_0=65-60.6=4.4\ （万元）$$

（4）综合影响结果

相对数：

$$118.18\%=110.18\%\times 107.26\%$$

绝对数：

$$10=5.6+4.4$$

计算结果说明，报告期与基期相比，该商店销售总额增长了 18.18%，绝对额增加了 10 万元。其中，由于商品销售量提高 10.18%，使销售额增加 5.6 万元；由于商品价格提高 7.26%，使销售额增加 4.4 万元。

### （二）总量指标的多因素分析

总量指标多因素分析，是指一个现象总变动受两个以上因素变动的影响，借助指数体系可以测定其中每一个因素的变动对现象总变动的具体影响。例如，工业产品原材料支出额的变动就受产品产量、单位产品原材料消耗量和单位材料价格三个因素共同变动的影响，因此利用指数体系可进行多因素分析。又如，工业总产值可分解为职工人数、工人占职工比重和工人劳动生产率三个因素；利税总额可分解为全部职工人数、工人占职工比重、工人劳动生产率和产值利税率四个因素；等等，它们都可利用指数体系进行多因素分析。

对总量指标的变动，进行多因素分析时，总量指标可以表示为若干个数量指标（$q$）和质量指标（$p$）的乘积。例如：

原材料消耗总额＝原材料消耗量×原材料单价

＝产量×单位产品消耗量×原材料单价

总量指标变动的多因素分析与两因素分析方法相同，但要注意以下两点：

（1）多因素分析要注意指标的排列顺序。排序的原则是：① 总体上要按照数量指标在前、质量指标在后的顺序排列；② 各因素的排序应使相邻两变量的乘积具有独立的意义。

（2）同度量因素的时期选择。当分析某一因素对总体变动的影响时，已分析过的因素，作为同度量因素固定在报告期，未被分析的诸因素，作为同度量因素应固定在基期。例如，分析单位产品消耗量对消耗额的影响时，要将产量固定在报告期，原材料单价固定在基期水平，从而单纯反映单位产品消耗量对消耗额的影响。

研究三个因素变动影响的方法，仍然像研究两个因素变动影响的方法一样，即假设其中两个因素固定不变，只分析其中一个因素的变化。

【例 6-5】 某企业生产三种产品原材料消耗情况如表 6-6 所示，要求运用有关指数体系分析产品产量、单位产品原材料消耗量及原材料单价对原材料费用总额的影响。

表 6-6 某企业生产三种产品原材料消耗情况

| 产品名称 | 原材料种类 | 产量 | | 原材料单耗 | | 原材料单价（元） | |
|---|---|---|---|---|---|---|---|
| | | $q_0$ | $q_1$ | $m_0$ | $m_1$ | $p_0$ | $p_1$ |
| 甲（件） | A（kg） | 150 | 200 | 10 | 9.0 | 100 | 110 |
| 乙（台） | B（m） | 500 | 600 | 2 | 1.8 | 20 | 24 |
| 丙（套） | C（kg） | 300 | 400 | 5 | 6.0 | 50 | 40 |

**解** （1）根据现象之间的经济关系，建立指数体系。

$$\begin{cases}\dfrac{\sum q_1m_1p_1}{\sum q_0m_0p_0}=\dfrac{\sum q_1m_0p_0}{\sum q_0m_0p_0}\times\dfrac{\sum q_1m_1p_0}{\sum q_1m_0p_0}\times\dfrac{\sum q_1m_1p_1}{\sum q_1m_1p_0}\\ \sum q_1m_1p_1-\sum q_0m_0p_0=\left(\sum q_1m_0p_0-\sum q_0m_0p_0\right)+\left(\sum q_1m_1p_0-\sum q_1m_0p_0\right)+\left(\sum q_1m_1p_1-\sum q_1m_1p_0\right)\end{cases}$$

依指数体系分析计算如表 6-7 所示。

表 6-7 原材料费用总额因素分析计算表 单位：万元

| 原材料种类 | $q_0m_0p_0$ | $q_1m_1p_1$ | $q_1m_0p_0$ | $q_1m_1p_0$ |
|---|---|---|---|---|
| A（kg） | 15.0 | 19.800 | 20.0 | 18.00 |
| B（m） | 2.0 | 2.592 | 2.4 | 2.16 |
| C（kg） | 7.5 | 9.600 | 10.0 | 12.00 |
| Σ | 24.5 | 31.992 | 32.4 | 32.16 |

（2）分析原材料费用总额的变动。

原材料费用总额指数：

$$\bar{K}_{qmp}=\frac{\sum q_1m_1p_1}{\sum q_0m_0p_0}=\frac{31.992}{24.5}=130.58\%$$

原材料费用总额变动的绝对量：

$$\sum q_1m_1p_1-\sum q_0m_0p_0=31.992-24.5=7.492\text{（万元）}$$

（3）分别计算原材料产品产量指数、原材料单耗指数和原材料价格指数，具体测定三种因素变动的影响。

产品产量指数：

$$\bar{K}_q=\frac{\sum q_1m_0p_0}{\sum q_0m_0p_0}=\frac{32.4}{24.5}=132.24\%$$

受产量变动影响而变动的原材料费用总额：

$$\sum q_1 m_0 p_0 - \sum q_0 m_0 p_0 = 32.4 - 24.5 = 7.9\text{（万元）}$$

原材料单耗指数：

$$\bar{K}_m = \frac{\sum q_1 m_1 p_0}{\sum q_1 m_0 p_0} = \frac{32.16}{32.4} = 99.26\%$$

受原材料单耗变动影响而变动的原材料费用总额：

$$\sum q_1 m_1 p_0 - \sum q_1 m_0 p_0 = 32.16 - 32.4 = -0.24\text{（万元）}$$

原材料单价指数：

$$\bar{K}_p = \frac{\sum q_1 m_1 p_1}{\sum q_1 m_1 p_0} = \frac{31.992}{32.16} = 99.48\%$$

受原材料价格变动影响而变动的原材料费用总额：

$$\sum q_1 m_1 p_1 - \sum q_1 m_1 p_0 = 31.992 - 32.16 = -0.168\text{（万元）}$$

（4）对指数体系间的等量关系进行综合分析。可知

$$\begin{cases} 130.58\% = 132.24\% \times 99.26\% \times 99.48\% \\ 7.492 = 7.9 + (-0.24) + (-0.168) \end{cases}$$

计算结果显示：由于产品产量增长 32.24%，使原材料费用总额增加 7.9 万元；由于单位产品原材料消耗降低 0.74%，节约原材料费用 0.24 万元；由于原材料价格降低 0.52%，少支出原材料费用 0.168 万元。三个因素共同影响，使得该企业报告期原材料费用总额与基期相比上升 30.58%，增加的绝对额为 7.492 万元。

# 第五节　平均数指数及其因素分解

## 一、平均数指数的概念与平均数指标变动的因素分解

在统计实践中，常常需要对平均数指标的变动进行对比分析。平均数指数就是两个不同时期的加权算术平均数进行动态对比而形成的相对数，它反映了总平均水平变动的方向和程度。可用公式表示为：

$$K_{\bar{x}} = \frac{\bar{x}_1}{\bar{x}_0} = \frac{\sum x_1 \cdot \frac{f_1}{\sum f_1}}{\sum x_0 \cdot \frac{f_0}{\sum f_0}} \tag{6-18}$$

编制平均数指数的目的就是要测定影响总平均水平变动的因素及其具体的影响方向与影响程度，这就是平均数指数的因素分解。

前面第四章提到，在分组资料条件下，平均数指标的变动受两个因素影响：（1）各组的变量水平；（2）总体的结构，即各组单位数占总体单位数的比重（权重）。

$$\bar{x}=\frac{\sum xf}{\sum f}=\sum x\cdot\frac{f}{\sum f}$$

即　　　　加权算术平均数 = $\sum$变量值×权重

两个时期的加权算术平均数进行对比时，仍然存在着这两个因素的影响。平均数指数的因素分解，就是把变量值和权重这两个因素分开编制成两个独立的指数。

## 二、平均数指数的因素分解方法

简单现象总体在划分为各个部分或局部的条件下，平均数指标的变动往往取决于各个部分平均水平变动的影响和各个部分的单位数在总体中比重（权重）变动的影响。在平均数指数的因素分解中，就是要把各部分平均水平视为质量指标，把各部分单位数占总体单位数的比重（权重）视为数量指标。编制平均数指数体系，仍按编制综合指数的一般原理进行编制。其公式如下：

相对数：

$$\frac{\sum x_1\cdot\frac{f_1}{\sum f_1}}{\sum x_0\cdot\frac{f_0}{\sum f_0}}=\frac{\sum x_1\cdot\frac{f_1}{\sum f_1}}{\sum x_0\cdot\frac{f_1}{\sum f_1}}\cdot\frac{\sum x_0\cdot\frac{f_1}{\sum f_1}}{\sum x_0\cdot\frac{f_0}{\sum f_0}} \tag{6-19}$$

绝对数：

$$\left(\frac{\sum x_1 f_1}{\sum f_1}-\frac{\sum x_0 f_0}{\sum f_0}\right)=\left(\frac{\sum x_1 f_1}{\sum f_1}-\frac{\sum x_0 f_1}{\sum f_1}\right)+\left(\frac{\sum x_0 f_1}{\sum f_1}-\frac{\sum x_0 f_0}{\sum f_0}\right) \tag{6-20}$$

式中：$x$ 为各组平均数（即变量值）；$\frac{f}{\sum f}$ 为比重权数；下标 1、0 分别代表报告期和基期。

如果我们令

$$\bar{x}_{11}=\frac{\sum x_1 f_1}{\sum f_1},\quad \bar{x}_{00}=\frac{\sum x_0 f_0}{\sum f_0},\quad \bar{x}_{01}=\frac{\sum x_0 f_1}{\sum f_1}$$

式（6-18）与式（6-19）则分别表示为：

$$\frac{\bar{x}_{11}}{\bar{x}_{00}}=\frac{\bar{x}_{11}}{\bar{x}_{01}}\cdot\frac{\bar{x}_{01}}{\bar{x}_{00}} \tag{6-21}$$

$$\bar{x}_{11}-\bar{x}_{00}=(\bar{x}_{11}-\bar{x}_{01})+(\bar{x}_{01}-\bar{x}_{00}) \tag{6-22}$$

式（6-20）显示，在平均数指数体系中，总平均数指数可以分解为两个因素指数，从而需要编制三种不同的平均数指数。习惯上我们把它们分别命名为可变构成指数、固定构成指数和结构影响指数。

1. 可变构成指数

即报告期总平均数与基期总平均数的对比值，反映总平均数的变动程度。用公式表示为：

$$可变构成指数 = \frac{\bar{x}_{11}}{\bar{x}_{00}} = \frac{\dfrac{\sum x_1 f_1}{\sum f_1}}{\dfrac{\sum x_0 f_0}{\sum f_0}} \quad (6\text{-}23)$$

（$\bar{x}_{11} - \bar{x}_{00}$）表示报告期与基期相比，总平均数变动的绝对数。由于该指数既受各组平均数（变量值）变动的影响，又受总体构成变动的影响，故称为可变构成指数。

2. 固定构成指数

即在平均数指数中，将总体构成情况固定在报告期突出考察组平均数变动对总平均数变动的影响程度与方向。其计算公式为：

$$固定构成指数 = \frac{\bar{x}_{11}}{\bar{x}_{01}} = \frac{\dfrac{\sum x_1 f_1}{\sum f_1}}{\dfrac{\sum x_0 f_1}{\sum f_1}} \quad (6\text{-}24)$$

$(\bar{x}_{11} - \bar{x}_{01})$表示报告期与基期相比，由于各组平均数（或变量值）的变动影响总平均数变动的绝对数。

3. 结构影响指数

即在平均数指数中，将质量指标固定在基期突出考察结构变动对总平均数变动的影响程度与方向。其计算公式为：

$$结构影响指数 = \frac{\bar{x}_{01}}{\bar{x}_{00}} = \frac{\dfrac{\sum x_0 f_1}{\sum f_1}}{\dfrac{\sum x_0 f_0}{\sum f_0}} \quad (6\text{-}25)$$

$(\bar{x}_{01} - \bar{x}_{00})$表示报告期与基期相比，由于总体结构的变动影响总平均数变动的绝对数。显然，有

$$\boxed{可变构成指标} = \boxed{固定构成系数} \times \boxed{结构影响指数} \quad (6\text{-}26)$$

利用上述指数体系可以进行平均指标变动的因素分析。

**【例 6–6】** 某企业人事与工资改革情况如表 6-8 所示。

表 6-8　某企业人事与工资改革情况

| 组　别 | 工人数 | | 月平均工资（元） | | 工资总额（元） | | |
|---|---|---|---|---|---|---|---|
| | 基期 $f_0$ | 报告期 $f_1$ | 基期 $x_0$ | 报告期 $x_1$ | $x_0 f_0$ | $x_1 f_1$ | $x_0 f_1$ |
| 技术工 | 70 | 66 | 8 000 | 8 600 | 560 000 | 567 600 | 528 000 |
| 普通工 | 30 | 74 | 5 000 | 5 500 | 150 000 | 407 000 | 370 000 |
| 合　计 | 100 | 140 | 7 100 | 6 960 | 710 000 | 974 600 | 898 000 |

要求：对该企业高级员工总平均工资变动情况进行因素分析。

**解** （1）依据表 6-8 中数据，计算有关平均数。

$$\bar{x}_{00}=\frac{\sum x_0 f_0}{\sum f_0}=\frac{710000}{100}=7100\text{（元）}$$

$$\bar{x}_{11}=\frac{\sum x_1 f_1}{\sum f_1}=\frac{974600}{140}=6960\text{（元）}$$

$$\bar{x}_{01}=\frac{\sum x_0 f_1}{\sum f_1}=\frac{898000}{140}=6414\text{（元）}$$

（2）根据现象之间的经济关系，建立平均数指数体系。

$$\frac{\bar{x}_{11}}{\bar{x}_{00}}=\frac{\bar{x}_{11}}{\bar{x}_{01}}\cdot\frac{\bar{x}_{01}}{\bar{x}_{00}}$$

$$\bar{x}_{11}-\bar{x}_{00}=(\bar{x}_{11}-\bar{x}_{01})+(\bar{x}_{01}-\bar{x}_{00})$$

（3）分析总平均工资变动。

$$\text{可变构成指数}=\frac{\bar{x}_{11}}{\bar{x}_{00}}=\frac{6960}{7100}=98.03\%$$

总平均工资变化的绝对量：

$$\bar{x}_{11}-\bar{x}_{00}=6960-7100=-140\text{（元）}$$

（4）分别计算固定构成指数和结构影响指数，并具体测定两个因素变动的影响。

$$\text{固定构成指数}=\frac{\bar{x}_{11}}{\bar{x}_{01}}=\frac{6960}{6414}=108.5\%$$

组平均数变动对总平均工资影响的绝对量：

$$\bar{x}_{11}-\bar{x}_{01}=6960-6414=546\text{（元）}$$

$$\text{结构影响指数}=\frac{\bar{x}_{01}}{\bar{x}_{00}}=\frac{6414}{7100}=90.34\%$$

总体工人人数结构变动对总平均工资影响的绝对量：

$$\bar{x}_{01}-\bar{x}_{00}=6414-7100=-686\text{（元）}$$

（5）对指数体系间的等量关系进行综合分析。

即

$$\begin{cases}98.03\%=108.5\%\times 90.34\%\\ -140=546-686\end{cases}$$

计算结果显示：由于各等级工资水平的变化，平均工资提高了 8.5%，人均增加工资 546 元；由于人员结构的调整，平均工资降低了 9.66%，人均减少 686 元。两者的共同影响，使得企业高级职工的总平均工资下降了 1.96%，人均降低了 140 元。

## 【本章小结】

统计指数分析是一种重要的统计分析方法。广义的统计指数，泛指所有反映社会经济现象数量变动差异程度的相对数。狭义的统计指数，则特指用来反映不能直接相加的复杂社会经济现象总体数量综合变动的相对数，它具有综合性和平均性的特点。狭义的统计指数，能综合反映复杂现象总体数量的变动方向、程度和绝对效果；能分析各种因素对现象总体变动的影响方向、程度和绝对效果；能反映研究现象在长时期内的变动趋势；能分析现象总体平均指标变动中各种因素的影响方向和程度。

指数按所反映的对象范围不同可划分为个体指数、类指数和总指数；按指数化指标性质的不同，分为数量指标指数和质量指标指数；按对比指标形式的不同，分为总量指标指数和平均指标指数；按总指数的编制形式，分为综合指数和平均数指数；按照在一个指数数列中所采用的基期不同，指数可分为定基指数和环比指数。

总指数的编制方法是本章的重点内容之一，包括两种计算方法，即综合指数和平均指数。综合指数的编制原理是“先综合，后对比”，即先解决不同度量单位的问题，使得不能直接相加的现象变得可以相加，然后再进行对比分析。所以，综合指数的编制方法有两个特点：第一，编制综合指数要从现象之间的联系中，确定与所要研究的现象有关联的同度量因素；第二，将引进的同度量因素固定，以测定指数化因素的变动，从而解决对比问题。而平均指数则是对个体指数进行加权平均得到的总指数，其编制原理是“先对比，后综合”，即编制平均指数时，往往是先计算该指标的个体指数，再用某个总量指标进行加权平均。具体有加权算术平均指数和加权调和平均指数两种形式。在一定的权数条件下，两种指数存在着变形关系。

统计指数的因素分析方法是本章的重点内容之二。统计指数的因素分析法以总指数的计算及统计指数体系为基础。其主要思路是：从相对数的角度分析总变动及影响因素变动的方向与程度，实质上就是计算总变动指数和影响因素指数；从绝对数的角度分析总变动增减的绝对值及每个因素对总变动的影响值。

总平均指标指数属于广义指数的范畴，它根据分组资料计算，有可变构成指数、固定构成指数、结构影响指数三种形式，在平均数因素分析中具有独特意义，也是利用平均数对总量指标变动进行因素分析的基础。

## ✎ 思考与练习题

### 一、单项选择题

1. 价格加权平均数指数的权数是（　　）。

A. 基期产值　　B. 报告期产值　　C. 基期产量　　D. 报告期产量

2. 编制综合数量指标指数（数量指标指数化）时，其同度量因素最好固定在（　　）。

A. 报告期　　B. 基期　　C. 计划期　　D. 任意时期

3. 产量指数 $\dfrac{\sum k p_0 q_0}{\sum q_0 p_0}$ 中的 $k$ 是（　　）。

A. 同度量因素　　B. 数量指标的项数

C. 产量个体指数　　D. 价格个体指数

4. 平均数指数可以分解为两个指数，所以（　　）。

A. 任何平均指标都能分解

B. 只有加权算术平均指标才能分解

C. 加权算术平均指标和加权调和平均指标才能分解

D. 按加权算术平均法计算的平均指标，并有变量数值和权数资料时才能进行分解

5. 某企业报告期产量比基期增长了 10%，生产费用增长了 8%，则其产品单位成本降低了（　　）。

A. 1.8%　　B. 2%　　C. 20%　　D. 18%

6. 狭义指数是反映（　　）数量综合变动的方法。

A. 有限总体　　B. 无限总体　　C. 复杂总体　　D. 简单总体

7. 数量指标综合指数 $\dfrac{\sum q_1p_0}{\sum q_0p_0}$ 变形为加权算术平均数指数时的权数是（　　）。

A. $q_1p_1$　　B. $q_0p_0$　　C. $q_1p_0$　　D. $q_0p_1$

8. 在由三个指数所组成的指数体系中，两个因素指数的同度量因素通常（　　）。

A. 都固定在基期　　B. 都固定在报告期

C. 一个固定在基期，一个固定在报告期　　D. 采用基期和报告期的平均数

9. 固定权数的加权算术平均数价格指数的计算公式是（　　）。

A. $\dfrac{\sum \frac{p_1}{p_0}w}{\sum w}$　　B. $\dfrac{\sum \frac{q_1}{q_0}w}{\sum w}$　　C. $\dfrac{\sum w}{\sum \frac{1}{k}}$　　D. $\dfrac{\sum w}{\sum \frac{p_1}{p_0}w}$

10. 结构影响指数大于 1，说明（　　）。

A. 基期平均水平较高组的权重下降　　B. 基期平均水平较高组的权重上升

C. 基期平均水平较低组的权重不变　　D. 基期平均水平较低组的权重上升

11. 某市 2016 年社会商品零售额为 120 亿元，2020 年为 220.8 亿元，这四年中物价上涨 47.2%，则商品零售量指数为（　　）。

A. 170.8%　　B. 86.8%　　C. 125%　　D. 289.8%

12. $\sum q_1p_0 - \sum q_0p_0$ 表示（　　）。

A. 由于价格的变动而引起的产值增减数

B. 由于价格的变动而引起的产量增减数

C. 由于产量的变动而引起的价格增减数

D. 由于产量的变动而引起的产值增减数

13. 如果产值增加 50%，职工人数增长 20%，则全员劳动生产率将增长（　　）。

A. 25%　　B. 30%　　C. 70%　　D. 150%

14. 某商品价格发生变化，现在的 100 元只值原来的 90 元，则价格指数为（　　）。

A. 10%　　B. 90%　　C. 110%　　D. 111%

15. 加权调和平均数指数用于编制下列哪种指数？（　　）

A. 工业生产指数　　B. 零售商品价格指数

C. 居民消费价格指数　　D. 农副产品收购价格指数

16. 能分解为固定构成指数和结构影响指数的平均数指数，它的分子、分母通常是（　　）。

A. 简单调和平均数　　B. 简单算术平均数

C. 加权调和平均数　　D. 加权算术平均数

## 二、多项选择题

1. 指数的作用是（　　）。

A. 综合反映复杂现象总体数量上的变动情况

B. 分析现象总体变动中受各个因素变动的影响

C. 反映现象总体各单位变量分布的集中趋势

D. 反映现象总体的总规模水平

E. 利用指数数列分析现象的发展趋势

2. 下列属于质量指标指数的是（　　）。

A. 商品零售量指数　　B. 商品零售额指数　　C. 商品零售价格指数

D. 职工劳动生产率指数　　E. 销售商品计划完成程度指数

3. 编制总指数的方法有（　　）.

A. 综合指数　　B. 平均指数　　C. 质量指标指数

D. 数量指标指数　　E. 平均指标指数

4. 编制综合指数时，其中的同度量因素（　　）。

A. 和指数化指标相乘有意义，并表现为价值量

B. 既有同度量作用又有权数作用

C. 只有权数作用

D. 必须固定在同一时期

E. 其时期可以不固定

5. 编制综合指数的原则是（　　）。

A. 质量指标指数以报告期的数量指标作为同度量因素

B. 质量指标指数以基期的数量指标作为同度量因素

C. 数量指标指数以基期的数量指标作为同度量因素

D. 数量指标指数以基期的质量指标作为同度量因素

E. 随便确定

6. 综合指数和平均指数的区别与联系表现在（　　）。

A. 在解决复杂总体不能直接相加时同度量问题的思想方法不同

B. 在计算时，综合指数先综合后对比，平均指数先对比后综合

C. 在运用资料的条件上不同

D. 在经济分析中的具体作用有所区别

E. 在一定权数条件下，两类指数有变形关系

7. 指数体系中，指数之间的数量对等关系表现在（　　）。

A. 结果指数等于它的因素指数的乘积

B. 结果指数等于它的因素指数的代数和

C. 结果指数等于它的因素指数之间的比值

D. 与结果指数相应的绝对增长额等于它的各因素指数所引起的绝对增长额的乘积

E. 与结果指数相应的绝对增长额等于它的各因素指数所引起的绝对增长额的代数和

8. 进行总量指标的因素分析时，因素指数是（　　）。

A. 可变指数　　B. 结构指数　　C. 固定指数

D. 数量指标指数　　E. 质量指标指数

9. 可变构成指数反映总体标志平均水平的变动受哪些因素变动的影响？（　　）

A. 总体单位总量变动的影响

B. 总体标志总量变动的影响

C. 总体中各组单位结构变动的影响

D. 总体中各组标志平均水平变动的影响

E. 总体中各组标志总量结构变动的影响

## 三、判断题

1. 反映现象总体数量变动的总指数都可称为数量指标指数。（　　）

2. 在编制总指数时，虽将同度量因素加以固定，但同度量因素仍起权数作用。（　　）

3. 在编制总指数时，经常采用非全面统计资料仅仅是为了节约人力、物力和财力。（　　）

4. 拉氏数量指数并不是编制数量指标综合指数的唯一公式。（　　）

5. 平均数指标变动因素分析中，可变构成指数是专门用以反映总体构成变化影响的指数。（　　）

6. 在由三个指数构成的指数体系中，两个因素指数的同度量因素指标是不同的。（　　）

7. 价格降低后，同样多的人民币可多购商品 15%，则价格指数应为 85%。（　　）

8. 某厂工人分为技术工和辅助工两类，技术工的工资水平大大高于辅助工。最近，该厂一财务人员对全厂工人的平均工资变动情况进行了动态对比。他发现与上年相比，全厂工人的平均工资下降了 5%。而另一人则通过分析认为，全厂工人的工资水平并没有下降，而实际上工人工资平均提高了 5%。因此认为这两人的分析结论是矛盾的。（　　）

9. 说明现象总的规模和水平变动情况的统计指数是质量指数。（　　）

10. 有人认为，定基发展速度等于相应环比发展速度的连乘积，动态指数相当于发展速度，因此，定基指数也总是等于相应环比指数的连乘积。（　　）

11. 综合指数是根据全面资料计算的，平均数指数是根据非全面资料计算的。（　　）

12. 如果产值增长 50%，职工人数增长 20%，则全员劳动生产率将增长 70%。（　　）

13. 加权调和平均数要成为综合指数的变形，其权数必须是 $q_0 p_0$。（　　）

14. 如果零售物价上涨 2%，商品销售量增长 5%，则商品销售额增长 10%。（　　）

## 四、简答题

1. 什么是同度量因素？编制综合指数时，选择同度量因素的一般原则是什么？

2. 综合指数与平均指数有何区别与联系？

3. 什么是指数体系？因素分析与指数体系的关系如何？因素分析主要分析哪两方面的问题？

4. 在总量指标多因素分析时，在方法上应注意哪些问题？

## 五、计算题

1. 某企业生产三种产品，其产量与出厂价格资料如下表所示。

| 产品名称 | 计量单位 | 出厂价格（元） | | 产　量 | |
|---|---|---|---|---|---|
| | | 基期 | 报告期 | 基期 | 报告期 |
| A | 吨 | 100 | 120 | 2 000 | 2 400 |
| B | 件 | 50 | 60 | 1 000 | 1 300 |
| C | 台 | 2 000 | 2 400 | 50 | 150 |

试计算：

（1）产量综合指数；

（2）由于产量增加而增加的产值。

2. 某公司三种产品产量及现行价格变动资料如下表所示。

| 产品名称 | 计量单位 | 出厂价格（元） | | 产　量 | |
|---|---|---|---|---|---|
| | | 基期 | 报告期 | 基期 | 报告期 |
| A | 吨 | 180 | 170 | 1 500 | 1 600 |
| B | 米 | 60 | 60 | 2 300 | 2 700 |
| C | 件 | 340 | 310 | 300 | 300 |

试计算：

（1）产量综合指数和价格综合指数；

（2）产量变动和价格变动对产值的影响。

3. 某企业三种产品产值和产量动态资料如下表所示。

| 产品名称 | 总产值（万元） | | 报告期比基期产量增长（%） |
|---|---|---|---|
| | 基期 | 报告期 | |
| A | 400 | 4 260 | 74 |
| B | 848 | 1 135 | 10 |
| C | 700 | 1 432 | 40 |

试计算三种产品的产量总指数，以及由于产量增加使企业所增加的产值。

4. 某企业资料如下表所示。

| 产品名称 | 总产值（万元） | | 报告期比基期价格增长（%） |
|---|---|---|---|
| | 基期 | 报告期 | |
| A | 1 450 | 1 680 | 12 |
| B | 2 200 | 2 760 | 15 |
| C | 3 500 | 3 780 | 5 |

要求：

（1）计算出厂价格指数和由于价格变化而增加的总产值；

（2）计算总产值指数和产品产量指数；

（3）试从相对数和绝对数两方面简要分析总产值变动所受的因素影响。

5. 根据下表资料分别计算总成本指数、单位成本指数和产量指数，并进行因素分析。

| 产品名称 | 计量单位 | 单位成本（百元） | | 产量 | |
|---|---|---|---|---|---|
| | | 基期 | 报告期 | 基期 | 报告期 |
| A | 只 | 10 | 8 | 3 000 | 5 000 |
| B | 台 | 8 | 6 | 4 500 | 7 000 |
| C | 件 | 6 | 5.4 | 10 000 | 20 000 |

6. 某市劳动局下属 3 个企业工人劳动生产率及工人人数资料如表所示。

| 企业名称 | 工人数（千人） | | 月劳动生产率（元/人） | |
|---|---|---|---|---|
| | 基期 | 报告期 | 基期 | 报告期 |
| A | 6 | 6.4 | 5 000 | 6 000 |
| B | 3 | 6.0 | 4 000 | 5 000 |
| C | 1 | 3.6 | 2 500 | 3 000 |

要求：

（1）计算劳动生产率可变构成指数、固定构成指数和结构影响指数；

（2）从相对数和绝对数两个方面对劳动生产率的变动原因进行简要分析。

7. 某厂有关资料如下表所示。

| 技术等级 | 工人数 | | 工资水平（元） | |
|---|---|---|---|---|
| | 基期 | 报告期 | 基期 | 报告期 |
| A | 45 | 50 | 6 000 | 6 800 |
| B | 120 | 180 | 5 000 | 5 400 |
| C | 40 | 135 | 3 000 | 3 700 |

试计算全厂平均工资指数，并从相对数和绝对数两个方面说明平均工资变动中两个因素的影响。

8. 已知某企业使用 A、B 两种材料生产甲、乙两种产品，生产情况如下表所示。

| 产品 | 材料名称 | 产量（百千克） | | 单耗 | | 单价（元） | |
|---|---|---|---|---|---|---|---|
| | | 基期 | 报告期 | 基期 | 报告期 | 基期 | 报告期 |
| 甲 | A | 11 | 10 | 10 | 9.6 | 4 | 4.8 |
| 乙 | B | 10 | 12 | 8 | 7.5 | 4.2 | 4.2 |
| 合　计 | | — | — | — | — | — | — |

要求：从相对数和绝对数两个方面对该企业原材料消耗变动进行因素分析。

# 第七章 抽样推断

**重点与难点提示**

抽样推断是非全面调查中最科学、应用最广泛的调查方法，在整个统计调查体系中占有非常重要的地位。学习本章内容应重点把握以下几个问题：

（1）基本概念：在掌握了抽样调查的概念与特点的基础上，着重领会总体与样本、总体指标与样本指标、重置抽样与不重置抽样、抽样平均误差、抽样极限误差等概念。

（2）抽样误差：重点掌握抽样平均误差的计算方法及其影响因素；抽样平均误差与抽样极限误差的关系；概率度与概率保证程度的关系。

（3）抽样估计的两种方法：一是点估计，另一种是区间估计。区间估计方法是本章的核心内容与关键。

（4）必要样本容量的确定：重点把握必要样本容量的计算与影响必要样本容量的因素。

（5）抽样调查的四种主要组织形式：主要注意它们构造样本的方法及抽样误差的计算。

（6）假设检验的基本方法：重点掌握总体均值与样本成数的假设检验。

## 第一节　抽样推断的基本概念

### 一、全及总体与样本总体

1. 全及总体

全及总体是指由研究对象的全部单位组成的整体，简称总体（population）或母体，由具有某种共同性质的许多个别事物组成。例如，某高校有 1 万名在校学生，现对该高校的所有在校学生进行一次抽样调查，则该高校的 1 万名学生就构成这次调查的总体。再如，我们要研究某城市职工的生活水平，则该城市全部职工即构成全及总体。我们要研究某乡的粮食亩产水平，则该乡的全部粮食播种面积即为全及总体。组成总体的每个个别事物称作总体单位，全及总体的单位数通常用 $N$ 表示。

2. 样本总体

样本总体是从全及总体中随机抽选出来的单位所组成的小总体，简称样本（sample）。如上例，若从该高校的 1 万名学生中随机抽取 100 名学生，则这 100 名学生所构成的集合就称为一个样本。样本中的各个单位称为样本单位。样本单位数的多少叫样本容量，通常用 $n$ 表示。根据样本容量的大小，可将样本划分为大样本和小样本。一般来说，当 $n \geqslant 30$ 时，称为大样本；当 $n<30$ 时，称为小样本。

## 二、总体指标和样本指标

1. 总体指标

总体指标是反映总体数量特征的综合指标，又称总体参数。在一个总体中，总体指标是唯一确定的量，而且是未知量，需要通过样本资料进行推算。常用的总体指标包括：

（1）总体平均数，用 $\overline{X}$ 表示；

（2）总体成数，用 $P$ 表示；

（3）总体标准差或总体方差，分别用 $\sigma$ 和 $\sigma^2$ 表示；

（4）总体成数的标准差或方差，分别用 $\sqrt{P(1-P)}$ 和 $P(1-P)$ 表示。

在抽样调查中，上述指标是唯一确定的不变量，是需要根据样本指标进行推断估计的未知数字，其真实值不能计算，所以上述总体指标又叫总体参数（population parameter）。

2. 样本指标

样本指标是反映样本数量特征的综合指标，又称样本统计量。样本指标有样本平均数及样本标准差、样本成数和样本成数的标准差。现在我们将上述指标总结如表 7-1 所示。

对某一总体进行调查时，总体是唯一确定的，但样本可以有多个，即可以从总体中抽取多个样本，每个样本可以计算出相应的抽样指标。当抽取一个样本后，样本指标的数值是可以确定的。但不同的样本有不同的指标数值，因此，样本指标是一个随机变量。抽样推断就是用已知的样本指标，对总体指标及其变化范围进行科学的估计和推算。

表 7-1　总体指标与样本指标比较

| 指标名称 | | 总体指标（参数） | 样本指标（统计量） |
| --- | --- | --- | --- |
| 平均数 | | $\bar{X}=\frac{\sum X}{N}$ | $\bar{x}=\frac{\sum x}{n}$ |
| | | $\bar{X}=\frac{\sum XF}{\sum F}$ | $\bar{x}=\frac{\sum xf}{\sum f}$ |
| 成　数 | | $P=\frac{N_1}{N}$ | $p=\frac{n_1}{n}$ |
| 方　差 | 平均数方差 | $\sigma^2=\frac{\sum(X-\bar{X})^2F}{\sum F}$ | $S^2=\frac{\sum(x-\bar{x})^2f}{\sum f-1}$ |
| | 成数方差 | $\sigma^2=P(1-P)$ | $S^2=p(1-p)$ |

## 三、重复抽样和不重复抽样

1. 重复抽样

重复抽样（sampling with replacement），亦称重置抽样。采用这种方法抽取样本单位的特点是：同一单位有多次被抽中的机会，并且总体单位数目始终不变，每个单位被抽中或抽不中的机会每次都是相同的。具体做法是：从总体 $N$ 个单位中随机抽取一个容量为 $n$ 的样本，每次只从总体中抽取一个单位，连续抽 $n$ 次，构成一个样本。每次抽出一个单位就把结果登记下来后，又放回，重新参加下一次的抽选。这样重置抽样的样本是由 $n$ 次连续抽取的结果所组成的，每次结果是相互独立的，而且每次抽取都是在相同的条件下进行的，因此，每一单位可能中选的机会在每一次都是相同的。例如，从 10 个单位中抽取 2 个单位为样本，抽取第 1 个时每个单位被抽中的机会为 1/10，抽取第 2 个时，每个单位被抽中的机会仍然是 1/10。

2. 不重复抽样

不重复抽样（sampling without replacement），亦称不重置抽样。采用这种方法抽取样本单位的特点是：同一单位只有一次被抽中的机会，并且总体单位数目随着样本单位数目抽取次数的增多而减少，每个单位被抽中或抽不中的机会在各次是不同的。具体做法是：从 $N$ 个单位的总体中抽取 $n$ 个单位构成样本，虽然也是每次抽取一个单位，连续抽 $n$ 次，但每次抽出一个单位后，就不再重新放回。因此，不重置抽样连续抽 $n$ 次，每抽一次总体单位数便少一个，所以各单位在每次抽取时中选的机会都不相同。例如，从总体 10 个单位中抽取 2 个单位构成样本，抽取第 1 个时每个单位都有 1/10 的中选机会，而抽取第 2 个时，每个单位就有 1/9 的中选机会，因此每个单位在各次抽取中的中选机会是不同的。

## 四、抽样方法与样本数目的关系

样本的可能数目既与每个样本的容量有关，又与抽样方法有关。当样本容量为既定时，则样本的可能数目便决定于抽样的方法。抽样方法的不同又可以从取样方式不同和对样本的要求不同两方面来研究。

根据取样的方式不同，抽样方式可分为重复抽样和不重复抽样两种。根据对样本的要求不同，抽样方法又有考虑顺序抽样和不考虑顺序抽样两种。以上两种分类还存在交叉情况，因而有：考虑顺序的不重复抽样、考虑顺序的重复抽样、不考虑顺序的不重复抽样和不考虑顺序的重复抽样等四种。

1. 考虑顺序的不重复抽样样本数目

即通常所说的不重复排列数。一般来说，从总体 $N$ 个不同单位中每次抽取 $n$ 个不重复的排列，组成样本的可能数目记作 $\mathrm{A}_N^n$。计算公式为：

$$\mathrm{A}_N^n = N(N-1)(N-2)\cdots(N-n+1) = \frac{N!}{(N-n)!} \tag{7-1}$$

2. 考虑顺序的重复抽样样本数目

即通常所说的可重复排列数。一般来说，从总体 $N$ 个不同单位每次抽取 $n$ 个允许重复的排列，组成样本的可能数目记作 $\mathrm{B}_N^n$。计算公式为：

$$B_N^n = N^n \tag{7-2}$$

3. 不考虑顺序的不重复抽样样本数目

即通常所说的不重复组合数。一般来说，从总体 $N$ 个不同单位中每次抽取 $n$ 个不重复的组合，组成样本的可能数目记作 $C_N^n$。计算公式为：

$$C_N^n = \frac{N(N-1)(N-2)\cdots(N-n+1)}{n!} = \frac{N!}{n!(N-n)!} \tag{7-3}$$

4. 不考虑顺序的重复抽样样本数目

即通常所说的可重复组合数。一般来说，从总体 $N$ 个不同单位中每次抽取 $n$ 个允许重复的组合记作 $D_N^n$。它等于（$N+n-1$）个不同单位每次抽取 $n$ 个不重复组合，计算公式为：

$$D_N^n = C_{N+n-1}^n = \frac{(N+n-1)!}{n!(N-1)!} \tag{7-4}$$

应用以上公式，首先应该注意分析样本的要求，采用恰当的抽样方法，针对提出的问题确定样本的数目，有时还需要多种方法结合起来应用。因为在抽样的实际工作中，要将所有可能样本数目全抽完，是不可能的，我们所能做到的只是抽到个别样本，而抽样法的科学性也正在于通过个别样本的指标来推断总体指标。关于这一点，我们还要在后面论述。

# 第二节　抽样误差

## 一、抽样误差的概念

抽样误差（sampling error）是指按照随机原则抽样，所得的样本指标和总体指标之间的数量差别。以数学符号表示为：$|\bar{x}-\bar{X}|$、$|p-P|$。抽样推断是用样本指标推断总体指标的一种调查方法，而推断的根据就是抽样误差。因此，怎样计算、使用和控制抽样误差是抽样调查的重要问题。为此，首先要把抽样误差的概念搞清楚。理解抽样误差可以从下面两方面着手：

第一，抽样误差是指由于抽样的随机性而产生的那一部分代表性误差，不包括登记误差，也不包括可能发生的偏差。

登记性误差也叫工作性误差，是指在调查过程中由于主观、客观原因引起的登记、汇总或计算等方面的差错而造成的误差。不论全面调查还是非全面调查，都可能存在这种误差。登记性误差虽然从理论上讲是可以避免的，但实际中难以完全避免。

另一类是代表性误差，是指在抽样调查中，由于样本不足以代表总体而产生的误差，按其产生的原因不同，又可分为两种：一种是系统性误差，它是指由于违反抽样的随机原则而使样本不足以代表总体而产生的误差；如抽选到一个单位后，调查者认为它偏低或偏高，把它剔除掉而产生的偏差。系统性误差在进行抽样调查时应该设法避免的，它不包括在抽样误差这个概念之内。另一种是随机误差，它是指完全遵循随机原则抽样，由于随机抽样本身一般会使样本内部结构与总体结构不完全一致而产生的误差。这种误差是必然会产生的，但可以对它进行计算，并设法加以控制，抽样误差就是指这种随机误差。

第二，随机误差有两种：实际误差和抽样平均误差。实际误差是一个样本指标与总体指标之间的差异$|\bar{x}-\bar{X}|$、$|p-P|$，这是无法知道的误差。抽样平均误差是指所有可能出现的样本指标的标准差，也可以说是所有可能出现的样本指标和总体指标的平均离差。抽样实际误差是无法知道的，而抽样平均误差是可以计算的。在讨论抽样误差时指的是抽样平均误差。

## 二、抽样平均误差

### （一）抽样平均误差的概念

抽样平均误差（average error of sampling）就是所有可能出现的样本指标的标准差，是由于抽样的随机性而产生的样本指标与总体指标之间的平均离差，以符号$\mu$表示，通常以$\mu_{\bar{x}}$代表平均数的抽样平均误差，以$\mu_p$代表成数的抽样平均误差，以$K$代表可能组成的样本总数。

### （二）抽样平均误差的理论公式

根据抽样平均误差的概念，可得其一般计算公式：

$$\mu_{\bar{x}}=\sqrt{\frac{\sum(\bar{x}_i-\bar{X})^2}{K}} \tag{7-5}$$

式中：$K$为样本的可能数目；$\bar{x}_i$为各样本的平均数；$\bar{X}$为总体的平均数。

上述公式只是为了说明抽样平均误差的实质，实际计算一般不用这个公式。这是因为，首先，在实际工作中一般从全及总体只抽取一个抽样总体，不可能抽取所有可能的抽样总体，并计算它们的抽样平均数；其次，在进行抽样调查的全过程中，全及平均数$\bar{X}$是未知的，因而上述抽样平均误差公式只是理论上的计算公式，现实中是无法计算的。

### （三）抽样平均误差的计算

1. 平均数抽样平均误差的计算

（1）在重复抽样条件下：

$$\mu_{\bar{x}}=\sqrt{\frac{\sigma^2}{n}}=\frac{\sigma}{\sqrt{n}} \tag{7-6}$$

式中：$\sigma$为总体标准差；$\sigma^2$为总体方差；$n$为样本单位数。

（2）在不重复抽样条件下：

$$\mu_{\bar{x}}=\sqrt{\frac{\sigma^2}{n}\left(\frac{N-n}{N-1}\right)} \tag{7-7}$$

式中：$N$为总体单位数。

当$N$很大时，有：

$$\mu_{\bar{x}}=\sqrt{\frac{\sigma^2}{n}\left(1-\frac{n}{N}\right)} \tag{7-8}$$

2. 成数抽样平均误差的计算

（1）在重复抽样条件下：

$$\mu_p = \sqrt{\frac{P(1-P)}{n}} \tag{7-9}$$

式中：$P$ 为总体成数；$n$ 为样本单位数。

（2）在不重复抽样条件下：

$$\mu_p = \sqrt{\frac{P(1-P)}{n}\left(\frac{N-n}{N-1}\right)} \tag{7-10}$$

式中：$N$ 为总体单位数。

当 $N$ 很大时，有：

$$\mu_p = \sqrt{\frac{P(1-P)}{n}\left(1-\frac{n}{N}\right)} \tag{7-11}$$

应用上述公式计算抽样平均误差时要注意以下两点：

（1）上式中的标准差 $\sigma$ 和成数 $P$ 是全及总体的标准差和成数，而全及总体的指标通常是不知道的，一般只能用经验数据或样本的标准差 $S$ 和成数 $p$ 来代替，得到近似值。

（2）不重复抽样的抽样平均误差小于重复抽样的抽样平均误差，这是因为不重复抽样的抽样平均误差与重复抽样的抽样平均误差的公式相比，两者相差一个修正系数 $(1-n/N)$，而这个修正系数永远小于 1 的缘故。在上面不重复抽样公式中，如果抽样单位数相对较少，而全及总体单位数相对较多，则 $(1-n/N)$ 这个系数接近 1，乘上这个系数后，对抽样平均误差的影响不大。为了简化，在实际工作中，对不重复抽样的情况也往往采用重复抽样公式来计算抽样平均误差。

**【例 7–1】** 某灯泡厂对 10 000 个新型聚光灯泡产品进行使用寿命检验，随机抽取 2% 样本进行测试，所得资料如表 7-2 所示。按照质量规定，电灯泡使用寿命在 1 000 小时以上者为合格品，请按以上资料计算抽样平均误差。

表 7-2 灯泡产品使用寿命检验数据

| 使用时间（小时） | 灯泡数 $f$ | 组中值 $x$ | $xf$ |
|---|---|---|---|
| 900 以下 | 2 | 875 | 1 750 |
| 900 ~ 950 | 4 | 925 | 3 700 |
| 950 ~ 1 000 | 11 | 975 | 10 725 |
| 1 000 ~ 1 050 | 71 | 1 025 | 72 775 |
| 1 050 ~ 1 100 | 84 | 1 075 | 90 300 |
| 1 100 ~ 1 150 | 18 | 1 125 | 20 250 |
| 1 150 ~ 1 200 | 7 | 1 175 | 8 225 |
| 1 200 以上 | 3 | 1 225 | 3 675 |
| 灯泡数合计 | 200 | — | 21 1400 |

**解** 灯泡平均使用时间：

$$\bar{x}=\frac{\sum xf}{\sum f}=1057\text{（小时）}$$

灯泡合格率：

$$P=91.5\%$$

灯泡平均使用时间标准差：

$$S=\sqrt{\frac{\sum(x-\bar{x})^2 f}{\sum f-1}}=53.63\text{（小时）}$$

以样本方差 $S$ 代替总体方差 $\sigma$ 计算灯泡使用时间抽样平均误差：

重复抽样时，有

$$\mu_{\bar{x}}=\sqrt{\frac{S^2}{n}}=\sqrt{\frac{53.63^2}{200}}=\pm 3.7922\text{（小时）}$$

不重复抽样时，有

$$\mu_{\bar{x}}=\sqrt{\frac{S^2}{n}\left(1-\frac{n}{N}\right)}=\sqrt{\frac{53.63^2}{200}\times\left(1-\frac{200}{10000}\right)}=\pm 3.7541\text{（小时）}$$

以样本成数代替总体成数 $P$ 计算灯泡合格率的抽样平均误差：

重复抽样时，有

$$\mu_p=\sqrt{\frac{P(1-P)}{n}}=\sqrt{\frac{0.915\times 0.085}{200}}=\pm 1.972\%$$

不重复抽样时，有

$$\mu_p=\sqrt{\frac{P(1-P)}{n}\left(1-\frac{n}{N}\right)}=\sqrt{\frac{0.915\times 0.085}{200}\left(1-\frac{200}{10000}\right)}=\pm 1.952\%$$

## 三、影响抽样平均误差的因素

1. 全及总体标志的变动程度

全及总体标志变动程度越大，抽样平均误差就越大；反之，全及总体标志变动程度越小，则抽样平均误差越小。两者成正比关系地变化。例如，总体各单位标志值都相等，即标准差为零时，那么抽样指标就等于全及指标，抽样平均误差也就不存在了。

2. 抽样单位数目的多少

在其他条件不变的情况下，抽样单位数越多，抽样误差就越小。因为抽样单位数越多，样本就越能反映总体的数量特征。如果把抽样单位数扩大到接近于总体单位数，那么抽样调查也就近似于全面调查，抽样误差就缩小到几乎完全消失的程度。

3. 抽样方法

对于一个既定的研究总体，在样本容量相同的情况下，重复抽样的抽样平均误差大于不重复抽样的抽样平均误差。

4. 抽样的组织形式

不同的抽样组织方式，其样本单位在总体中的分布不同，对总体的代表性大小也不同，因而就有不同的抽样误差。一般来说，类型抽样、等距抽样误差较小，而简单随机抽样、整群抽样误差较大。

## 四、抽样误差范围及其可靠程度

1. 抽样极限误差

用抽样指标来估计总体指标，要达到完全准确、毫无误差，几乎是不可能的。估计误差的大小是非常重要的，要力争估计误差小一些，这样估计的结论就有较大的参考价值。因为误差越大，估计的结论参考价值就越小，当误差超过了一定限度，估计就会毫无价值。所以在进行抽样估计时，应该根据所研究对象的差异程度和分析任务的需要，确定可允许的误差范围，并将估计误差限制在这一范围之内，这一范围称为抽样极限误差。

抽样极限误差（the limit error of sampling）是指样本指标与全及指标之间抽样误差的可能范围，也称为抽样允许误差（bound on sampling error）。由于全及指标是客观存在的唯一确定的数值，而样本指标是随不同样本取值不同并围绕全及指标变动的一个随机变量，因而样本指标与全及指标可能产生正或负、大或小的离差。极限误差就是指变动的样本指标与确定的全及指标之间离差的可能范围。

设 $\Delta_{\bar{x}}$, $\Delta_p$ 分别表示抽样平均数极限误差和抽样成数极限误差，则有

$$\begin{cases}\Delta_{\bar{x}}=\left|\bar{x}-\bar{X}\right| \\ \Delta_p=\left|p-P\right|\end{cases} \tag{7-12}$$

将上面等式变换为下列不等式关系：

$$\begin{cases}\bar{X}-\Delta_{\bar{x}}\leqslant\bar{x}\leqslant\bar{X}+\Delta_{\bar{x}} \\ P-\Delta_p\leqslant p\leqslant P+\Delta_p\end{cases} \tag{7-13}$$

不等式（7-13）表示，抽样平均数 $\bar{x}$ 是以全及平均数 $\bar{X}$ 为中心，在 $\bar{X}\pm\Delta_{\bar{x}}$ 之间变动；抽样成数 $p$ 是以全及成数 $P$ 为中心，在 $P\pm\Delta_p$ 之间变动。抽样误差范围是以 $\bar{X}$ 或 $P$ 为中心的两个 $\Delta$ 的距离，这是抽样误差范围的原意。但是由于全及指标是个未知的数值，而抽样指标通过实测是可以求得的。因此，抽样误差范围的实际意义是要求被估计的全及指标 $\bar{X}$ 或 $P$，落在抽样指标一定范围内，即落在 $\bar{X}\pm\Delta_{\bar{x}}$ 或 $P\pm\Delta_p$ 的范围内。所以，将（7-13）的不等式进行移项可得

$$\begin{cases}\bar{x}-\Delta_{\bar{x}}\leqslant\bar{X}\leqslant\bar{x}+\Delta_{\bar{x}} \\ p-\Delta_p\leqslant P\leqslant p+\Delta_p\end{cases} \tag{7-14}$$

（7-14）说明，全及指标 $\bar{X}, P$ 的范围估计（或称区间估计）可以按下式计算

$$\begin{cases}\bar{X}=\bar{x}\pm\Delta_{\bar{x}} \\ P=p\pm\Delta_p\end{cases} \tag{7-15}$$

2. 抽样误差的概率度

抽样误差范围Δ是用一定倍数的抽样平均误差来表示的，这个倍数一般用 $t$ 表示。它是以抽样平均误差为尺度来衡量的相对误差范围，我们称之为概率度。用公式表示为：

$$\Delta_{\bar{x}} = t\mu_{\bar{x}} \quad 或 \quad t = \frac{\Delta_{\bar{x}}}{\mu_{\bar{x}}} \tag{7-16}$$

$$\Delta_p = t\mu_p \quad 或 \quad t = \frac{\Delta_p}{\mu_p} \tag{7-17}$$

上述公式表明，在一定抽样平均误差条件下，概率度 $t$ 越大，则抽样误差范围Δ越大，区间 $(\bar{x}-\Delta_{\bar{x}}, \bar{x}+\Delta_{\bar{x}})$ 或 $(p-\Delta_p, p+\Delta_p)$ 越宽，总体参数落在该区间内的概率（可能性）越大，抽样估计的可靠程度就越高；反之，$t$ 越小，抽样误差范围Δ越小，估计区间 $(\bar{x}-\Delta_{\bar{x}}, \bar{x}+\Delta_{\bar{x}})$ 或 $(p-\Delta_p, p+\Delta_p)$ 越窄，总体参数落在该区间内的概率（可能性）越低，抽样估计的可靠程度也就越低。因此，概率度 $t$ 与概率 $F(t)$ 成正比，两者具有表 7-3 的数量关系。

表 7-3　常用概率度 $t$ 与概率 $F(t)$ 对照表

| 概率度 $t$ | 概率 $F(t)$ | 概率度 $t$ | 概率 $F(t)$ |
| --- | --- | --- | --- |
| 1.00 | 0.682 7 | 2.00 | 0.954 5 |
| 1.28 | 0.800 0 | 3.00 | 0.997 3 |
| 1.64 | 0.900 0 | 4.00 | 0.999 9 |
| 1.96 | 0.950 0 | | |

# 第三节　参数估计

## 一、参数估计的概念与要求

### （一）参数估计的概念

所谓参数估计，就是用样本统计量去推断总体的参数。比如，用样本均值 $\bar{x}$ 推断总体均值 $\bar{X}$；用样本方差 $S^2$ 推断总体方差 $\sigma^2$；用样本成数 $p$ 推断总体成数 $P$；等等。如果我们将总体参数笼统地用一个符号 $\theta$ 来表示，参数估计也就是如何用样本统计量来推断总体参数 $\theta$。

### （二）参数估计的要求

参数估计是用样本指标去推断总体指标。由于存在抽样平均误差，这种推断不可能是很精确的，因此问题在于对这个误差的大小要有一个科学的判断。

在前面提到抽样指标是一个随机变量，但当我们抽定一个样本时，该样本指标就是一个定值。所谓参数估计就是指按已经抽定的样本指标（样本平均数或样本成数）来估计总体指标（总体平均数或总体成数），或其所在的区间范围。一般来说，用抽样指标估计总体指标应该有三个要求或标准，只要满足了这三个要求，就可以将其认定为合理的估计或优良的估计。

1. 无偏性

即用抽样指标估计总体指标，要求所有可能样本指标的平均数等于被估计的总体指标。也就是说，虽然每一次的抽样指标和未知的总体指标可能不相同，但在多次反复的抽样中各个抽样指标的平均数应该等于总体指标，即抽样指标的估计平均来说是没有偏差的。

2. 一致性

即用抽样指标估计总体指标，要求当抽样单位数充分大时，抽样指标也充分地靠近总体指标。换句话说，随着样本单位数 $n$ 的无限增大，抽样指标和未知的总体指标之间的绝对离差为任意小的可能性也趋于必然性。

3. 有效性

即用抽样指标估计总体指标，要求作为优良估计量的方差应该比其他估计量的方差小。例如用抽样平均数和总体另一变量来估计总体平均数，虽然两者都是无偏的估计量，而且在每一次的估计中两种估计量和总体平均数都可能有离差，但样本平均数更靠近在总体平均数的周围，一般来讲它的离差比较小，所以对比而言，抽样平均数是更为优良的估计量。

## 二、参数估计的方法

参数估计的方法有点估计和区间估计两种。

### （一）点估计

点估计（point estimate）也叫定值估计（或直接估计），就是用样本指标直接代表总体指标的估计方法。也就是说，点估计是不考虑抽样误差的参数估计。例如，以实际计算的样本平均数作为相应总体平均数的估计值,以实际计算的样本成数作为相应总体成数的估计值等。设样本平均数 $\bar{x}$ 作为总体平均数 $\bar{X}$ 的估计值，样本成数 $p$ 作为总体成数 $P$ 的估计值，则有

$$\begin{cases}\bar{x}=\bar{X}\\ p=P\end{cases} \tag{7-18}$$

点估计的优点是原理直观，计算简便。其不足之处是这种估计方法没有考虑到抽样估计的误差，更没有指明误差在一定范围内的概率保证程度。要解决这些问题，就要采用区间估计的方法。

### （二）区间估计

1. 区间估计的概念

区间估计（interval estimate）就是把样本指标和抽样极限误差结合起来，推断总体指标的可能范围，并给出总体指标落在这个区间的概率保证程度。区间估计是抽样估计的主要方法，它包括对总体平均数的区间估计和对总体成数的区间估计两种。

总体平均数的估计区间：

$$\bar{x}-\Delta_{\bar{x}}\leqslant\bar{X}\leqslant\bar{x}+\Delta_{\bar{x}} \tag{7-19}$$

总体成数的估计区间：

$$p-\Delta_p \leqslant P \leqslant p+\Delta_p \tag{7-20}$$

2. 区间估计的一般模式

在进行区间估计时，根据所给定条件的不同，总体平均数和总体成数的估计有以下两套模式可供选择使用。

（1）根据已给定的置信度（概率），求抽样极限误差。

具体步骤如下：

第一步，抽取样本，计算抽样指标，即计算样本平均数 $Z$ 或样本成数 $p$ 作为总体指标的估计值，并计算样本标准差 $S$ 或方差 $S^2$ 以推算抽样平均误差$\mu$。

第二步，按照给定的置信度 $F(t)$ 的要求，查概率表求得概率度 $t$ 的值。

第三步，根据概率度 $t$ 和抽样平均误差$\mu$推算抽样极限误差$\Delta$，并根据抽样极限误差$\Delta$求出被估计总体指标的上限和下限。

**【例 7–2】** 对 10 000 只灯泡进行质量检查，随机抽取 100 只做实际检验，所得资料如表 7-4 所示。要求：① 试以 95.45%的概率保证，对 1 万只灯泡的平均耐用时间进行区间估计；② 若耐用时间在 1 000 小时以上者为合格品，试以 95%的概率保证，对 1 万只灯泡的合格率进行区间估计。

表 7-4 抽样产品使用寿命资料

| 使用时间（小时） | 灯泡数（个）$f$ | 组中值（小时）$x$ | $xf$ | $Z$ |
|---|---|---|---|---|
| 900 以下 | 3 | 850 | 2 550 | 250 560 |
| 900 ~ 1 000 | 7 | 950 | 6 650 | 250 047 |
| 1 000 ~ 1 100 | 28 | 1 050 | 29 400 | 221 788 |
| 1 100 ~ 1 200 | 32 | 1 150 | 36 800 | 3 872 |
| 1 200 ~ 1 300 | 20 | 1 250 | 25 000 | 246 420 |
| 1 300 以上 | 10 | 1 350 | 13 500 | 445 210 |
| 合　计 | 100 | — | 113 900 | 1 417 900 |

**解** ① 第一步，计算 $\overline{x}, S^2, \mu_{\overline{x}}$

$$\overline{x}=\frac{\sum xf}{\sum f}=\frac{113900}{100}=1139\text{（小时）}$$

$$S^2=\frac{\sum (x-\overline{x})^2 f}{\sum f-1}=\frac{1417900}{100-1}=14179\text{（小时）}^2$$

$$\mu_{\overline{x}}=\sqrt{\frac{S^2}{n}\left(1-\frac{n}{N}\right)}=\sqrt{\frac{14179}{100}\times\left(1-\frac{100}{10000}\right)}=11.85\text{（小时）}$$

第二步，根据给定的概率保证程度 $F(t)=95.45\%$，查正态分布概率表得概率度 $t=2$。

第三步，计算得出

$$\Delta_{\bar{x}} = t\mu_{\bar{x}} = 2 \times 11.85 = 23.70 \text{（小时）}$$

则 1 万只灯泡的平均耐用时间的上下限分别为：

$$\bar{x} + \Delta_{\bar{x}} = 1139 + 23.70 = 1162.70 \text{（小时）}$$

$$\bar{x} - \Delta_{\bar{x}} = 1139 - 23.70 = 1115.30 \text{（小时）}$$

即在 95.45%的概率保证程度下，1 万只灯泡的平均耐用时间为 1 115.30 ~ 1 162.70 小时。

② 第一步，计算 $p, \mu_p$

$$p = \frac{28 + 32 + 20 + 10}{100} = 0.9$$

$$\mu_p = \sqrt{\frac{p(1-p)}{n}\left(1 - \frac{n}{N}\right)} = \sqrt{\frac{0.9 \times (1-0.9)}{100} \times \left(1 - \frac{100}{10000}\right)} = 2.98\%$$

第二步，根据给定的概率保证程度 $F(t) = 95\%$，查正态分布概率表得概率度 $t = 1.96$；

第三步，计算得出

$$\Delta_p = t\mu_p = 1.96 \times 2.98\% = 5.85\%$$

则 1 万只灯泡合格率的上下限分别为：

$$p + \Delta_p = 90\% + 5.85\% = 95.85\%$$

$$p - \Delta_p = 90\% - 5.85\% = 84.15\%$$

即在 95%的概率保证程度下，1 万只灯泡的合格率为 84.15% ~ 95.85%。

（2）根据已给定的误差范围，求概率保证程度。

具体步骤如下：

第一步，抽取样本，计算抽样指标，即计算样本平均数 $\alpha$ 或样本成数 $p$ 作为总体指标的估计值，并计算样本标准差 $S$ 或方差 $S^2$ 以推算抽样平均误差 $\mu$；

第二步，根据给定的抽样极限误差 $\Delta$，估计总体指标的上限和下限；

第三步，将抽样极限误差 $\Delta$ 除以抽样平均误差 $\mu$，求出概率度 $t$，再根据 $t$ 值查正态分布概率表，求出相应的概率保证程度 $F(t)$。

**【例 7-3】**某服装设计师想了解推出的某款新式服装的市场目标顾客及其受欢迎的程度，故抽选了 100 名购买者进行调查。调查得到的样本数据为平均年龄 26 岁，标准差 10 岁。要求估计误差范围不超过 2 岁。问可以以多大的可靠性保证喜欢此款服装的顾客平均年龄的区间范围。

**解** 已知 $n = 100$，$\bar{x} = 26$，$S = 10$，$\Delta_{\bar{x}} = 2$，得

$$\mu_{\bar{x}} = \frac{S}{\sqrt{n}} = \frac{10}{\sqrt{100}} = 1$$

由

$$\bar{x} - \Delta_{\bar{x}} \leqslant \bar{X} \leqslant \bar{x} + \Delta_{\bar{x}}$$

可得出喜欢此款服装的顾客的平均年龄的区间范围为：

$$26 - 2 \leqslant \bar{X} \leqslant 26 + 2 \quad \text{即} \quad \alpha \ 24 \leqslant \bar{X} \leqslant 28$$

由

$$t = \frac{\Delta_{\bar{x}}}{\mu_{\bar{x}}} = \frac{2}{1} = 2$$

查表得 $F(t)=95.45\%$
即可以以 95.45%的可靠性保证，喜欢此款服装的顾客平均年龄为 24 ~ 28 岁。

### （三）对总体总量指标的推算

进行抽样调查，利用样本平均数推断全及总体平均数，利用样本成数推断全及总体成数，是抽样推断的主要内容，但还需要利用抽样调查资料进一步推算全及总体的总量指标。因为总体平均数（或成数）有点估计和区间估计之分，所以对总量指标的推算也分为点估计和区间估计两种。点估计是样本指标值乘以总体单位数，即 $\bar{x}N$，$pN$ 是总体总量指标的点估计值。区间估计是总体指标的区间估计值乘以总体单位数，即 $[(\bar{x}-\Delta_{\bar{x}})N, (\bar{x}+\Delta_{\bar{x}})N]$，$[(p-\Delta_p)N, (p+\Delta_p)N]$ 是总体总量指标的区间估计值。

**【例 7-4】** 某地区水稻播种面积为 20 万亩，根据抽样调查结果，平均亩产为 455 千克，抽样平均误差为 12 千克，试在 80%的概率保证下，推算该地区水稻总产量的范围。

**解** 已知 $N=20$ 万亩，$\bar{x}=455$ 千克，$\mu_{\bar{x}}=12$ 千克，$F(t)=80\%$，$t=1.28$，由

$$\bar{x}-\Delta_{\bar{x}} \leqslant \bar{X} \leqslant \bar{x}+\Delta_{\bar{x}}$$

得 $455-1.28\times12 \leqslant \bar{X} \leqslant 455+1.28\times12$，即 $439.64 \leqslant \bar{X} \leqslant 470.36$

则
$$439.64\times20 \leqslant \bar{X}N \leqslant 470.36\times20$$

所以 $8792.8 \leqslant \bar{X}N \leqslant 9407.2$。即在 80%的概率保证下，该地区水稻总产量范围为 8 792.8 ~ 9 407.2 万千克。

**【例 7-5】** 对 50 000 件零件进行抽样调查，调查结果中废品率为 1.5%，抽样平均误差为 0.5%，在 95%的概率保证下，推算全部零件废品量的区间范围。

**解** 已知 $N=50\,000$ 件，$p=1.5\%$，$\mu_p=0.5\%$，$F(t)=95\%$，$t=1.96$，由

$$p-\Delta_p \leqslant P \leqslant p+\Delta_p$$

得 $1.5\%-1.96\times0.5\% \leqslant P \leqslant 1.5\%+1.96\times0.5\%$，即 $0.52\% \leqslant P \leqslant 2.48\%$

则
$$0.52\%\times50000 \leqslant PN \leqslant 2.48\%\times50000$$

所以 $260 \leqslant PN \leqslant 1240$，即在 95%的概率保证下，全部零件废品量为 260 ~ 1 240 件。

# 第四节 必要样本容量的确定

## 一、确定必要样本容量的意义

必要样本容量（sample size）是指在一定的抽样误差以及可靠程度的要求下所必须抽足的最小样本的单位数。样本容量过大会增加调查的工作量，造成人力、财力、物力和时间的浪费；样本容量过小，则样本对总体缺乏足够的代表性，从而难以保证推算结果的精确度和可靠性，达不到预期的抽样效果。因此，确定必要的样本容量具有重要的意义，它是抽样推断必须解决的基本问题之一。

## 二、确定必要样本容量的计算公式

### （一）重复抽样的必要样本容量

1. 平均数的必要样本容量

$$n=\frac{t^2\sigma^2}{\Delta_{\bar{x}}^2} \tag{7-21}$$

推导过程：因为

$$\Delta_{\bar{x}}=t\cdot\mu_{\bar{x}}=t\cdot\sqrt{\frac{\sigma^2}{n}}$$

所以

$$\Delta_{\bar{x}}^2=t^2\cdot\frac{\sigma^2}{n}$$

则

$$n=\frac{t^2\sigma^2}{\Delta_{\bar{x}}^2}$$

2. 成数的必要样本容量

$$n=\frac{t^2P(1-P)}{\Delta_p^2} \tag{7-22}$$

### （二）不重复抽样的必要样本容量

1. 平均数的必要样本容量

$$n=\frac{Nt^2\sigma^2}{N\Delta_{\bar{x}}^2+t^2\sigma^2} \tag{7-23}$$

推导过程：因为

$$\Delta_{\bar{x}}=t\cdot\mu_{\bar{x}}=t\cdot\sqrt{\frac{\sigma^2}{n}\left(1-\frac{n}{N}\right)}$$

所以

$$\Delta_{\bar{x}}^2=t^2\cdot\frac{\sigma^2}{n}\left(1-\frac{n}{N}\right)=\frac{t^2\sigma^2}{n}-\frac{t^2\sigma^2}{N}$$

则

$$n=\frac{Nt^2\sigma^2}{N\Delta_{\bar{x}}^2+t^2\sigma^2}$$

2. 成数的必要样本容量

$$n=\frac{Nt^2P(1-P)}{N\Delta_p^2+t^2P(1-P)} \tag{7-24}$$

**【例 7-6】** 某市对居民家庭生活开支开展抽样调查。已知居民家庭平均每人每月生活费支出的标准差为 115 元，要求把握程度为 0.954 5，允许误差为 10 元，试问需要抽查多少户进行调查。

**解** 已知$\sigma=115$元，$\Delta_{\bar{x}}=10$元，$F(t)=95.45\%$，查表得$t=2$，则

$$n=\frac{t^2\sigma^2}{\Delta_{\bar{x}}^2}=\frac{2^2\times115^2}{10^2}=529\text{（户）}$$

【例 7–7】调查一批机械零件的合格品率，根据过去的资料，合格品率曾有过 99%，97%，95%三种情况，现在要求允许误差不超过 1%，要求推断的把握程度为 95%，试问需要抽查多少个零件。

**解** 已知 $P=99\%$，97%，95%，因为 95%→50%，所以取 $P=95\%$，则

$$\Delta_p\leqslant1\%$$

由 $F(t)=95\%$，查表得 $t=1.96$，所以

$$n=\frac{t^2P(1-P)}{\Delta_p^2}=\frac{1.96^2\times0.95\times(1-0.95)}{0.01^2}=1824.76\approx1825\text{（个）}$$

【例 7–8】欲调查了解某市 10 000 名高校教师的工资收入水平。根据以往资料，该市高校教师月工资的方差为 132.25，要求把握程度为 95.45%，抽样极限误差不超过 1 元，问需要抽查多少名教师。

**解** 已知 $N=10\,000$，$\sigma^2=132.25$，$\Delta_{\bar{x}}=1$元，$F(t)=95.45\%$，查表得 $t=2$，则

$$n=\frac{Nt^2\sigma^2}{N\Delta_{\bar{x}}^2+t^2\sigma^2}=\frac{10000\times2^2\times132.25}{10000\times1^2+2^2\times132.25}=503\text{（名）}$$

即需要抽查 503 名教师。

【例 7–9】某电子元件厂日产 10 000 只元件，经多次一般测试一等品率为 92%，现拟采用随机抽样方法进行抽检，如要求误差范围在 2%之内，可靠程度为 95.45%，问需要抽取多少只电子元件进行检测。

**解** 已知 $N=10\,000$，$P=92\%$，$\Delta_p\leqslant2\%$，$F(t)=95.45\%$，查表得 $t=2$，则

$$n=\frac{Nt^2P(1-P)}{N\Delta_p^2+t^2P(1-P)}=\frac{10000\times2^2\times0.92\times(1-0.92)}{10000\times0.02^2+2^2\times0.92\times(1-0.92)}=686\text{（只）}$$

即需要抽取 686 只电子元件进行检测。

## 三、影响必要样本容量的因素

1. 总体标志变动度，即标准差或方差的影响

在其他条件不变的前提下，总体标志变动度越大，样本容量应越大；反之，总体标志变动度越小，则样本容量应越小。两者成正比关系。

2. 抽样极限误差

在其他条件不变的前提下，抽样极限误差越小，即抽样估计的精确度要求越高，样本容量应越大；抽样极限误差越大，即精确度要求越低，样本容量应越小。两者成反比关系。

3. 概率保证程度

在其他条件不变的前提下，抽样估计所要求的概率保证程度越高，样本容量应越大；概率保证程度越低，样本容量应越小。两者成正比关系。

4. 抽样组织方式和方法

不同的抽样组织方式会有不同的抽样误差，因此，样本容量也应有所不同。一般来说，若用类型抽样和等距抽样，抽样的样本容量可定得小些；若用简单随机抽样和整群抽样方式，抽样的样本容量就要定得大些。至于抽样方法，由于不重复抽样的误差小于重复抽样的误差，因此，不重复抽样的样本容量可比重复抽样小些。

# 第五节　抽样方案设计

## 一、抽样方案设计的基本原则

如何科学地组织抽样调查是抽样推断中一个重要的问题，在抽样调查之前首先要有一个抽样方案的设计。抽样方案的设计是抽样调查的一个总体规划，应包括如何从总体中抽取样本、说明调查要取得哪些项目的数据资料、用什么方法取得这些资料、要求资料的精确程度和确定必要的样本单位数目等。完整的抽样方案还应该包括一些必要的附件，如调查人员的培训计划、调查的问卷或调查表的设计、调查项目的编码以及汇总表的格式等。搞好抽样方案设计必须掌握两个基本原则：

1. 保证实现抽样随机性的原则

因为随机原则是概率抽样的基础，只有排除了人们有意识地抽选样本，保证每个样本都有一个已知的概率被抽中，才能应用概率论的原理对总体作出正确的判断。若不遵守随机原则或者虽然按随机原则抽选，但抽样后未按规定进行调查，破坏了随机性的原则，就容易产生偏差。

2. 保证实现最大的抽样效果原则

抽样调查和其他工作一样，也有一个经济效益的问题，就是如何以较小的费用支出取得一定准确程度的数据。因为任何一项抽样调查都是在一定费用的限制条件下进行的，抽样方案设计应该力求调查费用最省。在通常情况下，提高精度的要求和节省费用的要求两者是有矛盾的。因为要求抽样误差小，就要增加抽样单位数目，相应地也要增加调查费用。但实际工作中并非抽样误差最小的方案就是最好的方案，因为不同的调查项目对于精度的要求往往是不同的，因此在抽样方案设计时要视具体情况而定。

调查费用取决于很多因素，其中一个重要的因素是抽样单位数目，因此要确定适当的抽样单位数目，而抽样单位数目又取决于精度和可靠性的要求。精度是指希望估计区间的长度越短越好；而可靠性是希望估计区间包含参数的概率越大越好。在样本容量确定的条件下两者是矛盾的。可靠性增加，区间长度必然增加，精度就降低；反之，精度提高，可靠性则将降低。因此，抽样设计的原则应在一定的误差和可靠性的要求下选择费用最少的样本设计。但是，如何达到这一要求又与抽样调查的组织方式有关。下面介绍一些主要的抽样调查组织形式。

## 二、简单随机抽样

简单随机抽样（simple random sampling）又称纯随机抽样。它是对总体中的所有单位不进行任何分组、排队，完全随机地从总体中抽选样本单位进行调查，它可使总体中的各个单位具有同等被抽中的机会。这种抽样方法简单易行，是抽样调查中最基本的方式。其具体方法又有以下几种。

1. 直接抽选法

从调查对象中直接抽选样本，如从仓库中存放的所有同类产品中随机指定若干箱产品进行质量检验，从粮食仓库中不同的地点取出若干粮食样本进行含杂量、含水量的检验等。

2. 抽签法

先给每个单位编上序号，将号码写在纸片上，掺和均匀后从中抽选，抽到哪个单位就调查哪个单位，直到抽够预定的数量为止。这种方法简单易行，若总体单位数目不多时可以使用。

3. 随机数码表法

首先要将全及总体中所有的单位加以编号，根据编号的位数确定选用随机数码表中的若干栏数字。然后从任意一栏、任意一行的数字开始数，可以向任何方向数过去，碰上属于编号范围内的数字号码就定下来作为样本单位。如果是不重复抽样，则碰上重复的数字时不要它，直到抽够预定的数量为止。

表 7-5 是从随机数码表中摘取一部分组成的表，举个简单例子说明其抽选过程。假如要从 30 个总体单位中抽取 5 个单位，首先要将总体单位按 1～30 编号。编号最多是两位数，因此，从随机数码表上取两列作为计算单位。假定从下列随机数码表的第 3 列开始，即从 43 开始，按顺次序向下数。第二个数字 24 在编号范围内，这算一个，下面的 62、85、56、77 超出了范围，全不用，17 是在编号范围之内的，因此 17 号作为样本单位，依次还可取出 12、07、28 作为样本单位。

这种办法虽要编号，但免除了做签和掺匀的工作，因而比较简单。如果总体单位数很多，只要把数字栏数放宽就可以了。例如，从 4 000 个单位中抽选 50 个单位，则从随机数码表中任取 4 列数字作为计算单位顺次序数下去，只要碰到 4 000 以内的数字号码就作为样本单位，超过 4 000 的不要，重复的不要，直到取够 50 个单位为止。

表 7-5　随机数码表

| | | | | | | | | | |
|---|---|---|---|---|---|---|---|---|---|
| 03 | 47 | 43 | 73 | 86 | 36 | 96 | 47 | 36 | 61 |
| 97 | 74 | 24 | 67 | 62 | 42 | 81 | 14 | 57 | 20 |
| 16 | 76 | 62 | 27 | 66 | 56 | 50 | 26 | 71 | 07 |
| 12 | 56 | 85 | 99 | 26 | 96 | 96 | 68 | 27 | 31 |
| 55 | 59 | 56 | 35 | 64 | 38 | 54 | 82 | 46 | 22 |
| 16 | 22 | 77 | 94 | 39 | 49 | 54 | 43 | 54 | 82 |
| 84 | 42 | 17 | 53 | 31 | 57 | 24 | 55 | 06 | 88 |
| 63 | 01 | 63 | 78 | 59 | 16 | 95 | 55 | 67 | 19 |
| 33 | 21 | 12 | 34 | 29 | 78 | 64 | 56 | 07 | 82 |
| 57 | 60 | 86 | 32 | 44 | 09 | 47 | 27 | 96 | 54 |
| 18 | 18 | 07 | 92 | 45 | 44 | 17 | 16 | 58 | 09 |
| 26 | 62 | 38 | 97 | 75 | 84 | 16 | 07 | 44 | 99 |
| 23 | 42 | 40 | 64 | 74 | 82 | 97 | 77 | 77 | 81 |
| 52 | 36 | 28 | 19 | 95 | 50 | 92 | 26 | 11 | 97 |
| 37 | 85 | 94 | 35 | 12 | 83 | 39 | 50 | 08 | 30 |

简单随机抽样方法简单，主要用于以下情况：

（1）对调查对象的情况很少了解；

（2）总体单位的排列没有秩序；

（3）抽到的单位比较分散时也不影响调查工作。

前面所讨论的抽样误差计算方法就是从简单随机抽样的组织方式出发的，因此，简单随机抽样的误差公式分两种。

在重复抽样条件下：

$$\mu_{\bar{x}}=\sqrt{\frac{\sigma^2}{n}}=\frac{\sigma}{\sqrt{n}} \tag{7-25}$$

$$\mu_p=\sqrt{\frac{P(1-P)}{n}} \tag{7-26}$$

在不重复抽样条件下：

$$\mu_{\bar{x}}=\sqrt{\frac{\sigma^2}{n}\left(1-\frac{n}{N}\right)} \tag{7-27}$$

$$\mu_p=\sqrt{\frac{P(1-P)}{n}\left(1-\frac{n}{N}\right)} \tag{7-28}$$

## 三、类型抽样

类型抽样（stratification sampling）又称分类抽样或分层抽样。它是先对总体各单位按主要的标志加以分类，然后再按随机原则从各类中抽取一定单位进行调查。例如，在调查职工生活情况时，可先将职工按平均收入水平分为 3 个组：收入水平较高的组、收入水平中等的组、收入水平较低的组，然后再采用简单随机抽样的方法从每个组中抽取样本，或者采用机械抽样的方法抽取样本。由于总体经过分组，同组内各单位之间的差异就比较小了，因此，从各组抽取的样本的代表性就比较高。

类型抽样实质上是分组法和随机抽样法相结合的产物。先划分出性质不同的各个组，以减少组内标志值之间的差异程度，然后遵循随机原则，从各组中选取调查单位。所以，类型抽样法所抽出的样本代表性较高，抽样误差小，能够以较少的抽样单位数获得比较准确的推断结果。特别是当全及总体各单位标志值相差悬殊，各组间标志值变动程度很大时，类型抽样则更为优越。

经过划类分组后，确定各类型组抽样单位数一般有两种方法：

（1）不等比例抽样。即各类型组所抽选的单位数由各类型组标志值的变动程度确定。变动程度大的多抽一些单位，变动程度小的少抽一些单位，没有统一的比例关系，这种方法称为类型适宜抽样或称一般抽样。

（2）等比例抽样。即按照样本单位数在各类之间分配的比重与总体在各类之间分配相同的比重进行抽样。

在实际工作中，由于事先很难了解各组的标志变异程度，因此，大多数类型抽样采用等比例抽样法。

类型抽样的特点是：样本单位数不是从整个总体，而是从各类型中分别抽取，且彼此独立。以等比例抽样中的重复抽样为例，要先求各类的方差 $\sigma_i^2$，然后以其加权算术平均数作为总体方差，即

$$\overline{\sigma^2} = \frac{\sum \sigma_i^2 N_i}{N} \tag{7-29}$$

式中：$N_i$ 为各类单位数；$N$ 为总体单位数。

类型抽样的抽样平均误差分两种。

在重复抽样的条件下：

$$\mu_{\bar{x}} = \sqrt{\frac{\overline{\sigma^2}}{n}} \tag{7-30}$$

$$\mu_p = \sqrt{\frac{\overline{P(1-P)}}{n}} \tag{7-31}$$

在不重复抽样的条件下：

$$\mu_{\bar{x}} = \sqrt{\frac{\overline{\sigma^2}}{n}\left(1-\frac{n}{N}\right)} \tag{7-32}$$

$$\mu_p = \sqrt{\frac{\overline{P(1-P)}}{n}\left(1-\frac{n}{N}\right)} \tag{7-33}$$

在式（7-29）、（7-31）中，$\overline{P(1-P)} = \frac{P_i(1-P_i)N_i}{N_i}$。

在实际工作中，因为不知道全及总体各类型组方差，所以各类型组方差 $\sigma_i^2$ 可用各类型样本方差来代替。各类型的成数 $P_i$ 可用各类型样本成数来代替。在大样本条件下，不重复抽样条件下的抽样平均误差可用重复抽样的公式计算。

## 四、等距抽样

等距抽样（systematic sampling）又称机械抽样，它是先将总体各单位按某一标志加以排队，然后依一定间隔抽取样本单位进行调查。例如，对 2 000 个职工家庭生活情况进行抽样调查，先将职工按姓氏笔画排队，然后再分成 200 个组，每组包括 10 个职工，从每组中抽取一个职工，即抽取的样本数共为 200 个。在对第一组职工抽样时，完全按照随机原则，即第一组的 10 个职工被抽中的机会是均等的，假如第一组抽中了 6 号，然后按照相等的间隔依次抽取。排队的标志可以是与调查标志无关的，也可以是与调查标志有关的。

按无关标志排队，是指排队时采用与调查项目无关的标志进行。如按姓氏笔画排队，按身份证号码排队，按地名笔画排队，按人名册、户口簿排队及按地图上的地理位置排队等。也可以按时间顺序排队，如检查产品质量，确定按 10%的比率抽检，这时即可按时间顺序每 10 个产品中抽取一个进行质量检查，直到将规定的样本单位数抽满为止。

按有关标志排队，是指排队时采用与调查项目有关的标志进行。例如，对我国粮食产量抽样调查时，采取省抽县、县抽乡、乡抽村，都是按前 3 年的粮食平均亩产量排队的；进行

我国城市职工家庭抽样调查时，则是按职工平均工资排队的。按有关标志排队，能使被研究对象标志值的变动均匀地分布在全及总体中，保证样本具有较高的代表性。

等距抽样除排队的标志以外，还需要考虑抽样间隔的问题。设 $N$ 为全及总体单位数，$n$ 为样本单位数，$k$ 为抽样距离，则 $k = N/n$。

等距抽样的随机性表现在抽取的第一个样本单位上，第一个样本单位确定后，其余的各个样本单位也就确定了。就是说，第一个样本单位确定后，以后每加一个抽样间隔就是下一个被抽中的样本单位，直至抽满规定的样本单位数为止。例如，进行工业产品质量检查，当确定按 5%的比率抽取样本单位时，可以按时间顺序每隔 5 件抽取一件产品进行登记，一直达到预定的样本单位数为止。又如，进行粮食产量抽样调查时，抽取调查单位是先按最近 3 年粮食平均亩产量排队，再根据累计播种面积和预定抽取的样本单位数计算抽样距离，第一个样本单位在 1/2 抽样距离处，以后每加一个抽样距离就是下一个被抽中的样本单位，直至抽完规定的样本单位数为止。

关于等距抽样的抽样平均误差，如按无关标志排队等距抽取样本单位时，实质上仍是简单随机抽样，其抽样平均误差的计算公式与简单随机抽样相同。如按有关标志排队等距抽取样本单位时，实质上就成为类型抽样的特例。按有关标志排队的等距抽样与类型抽样略有不同的是，等距抽样只在各组中抽取一个单位，而类型抽样是在各组中抽取若干个单位。因此，抽样平均误差的公式与类型抽样公式相同。

## 五、整群抽样

整群抽样（cluster sampling）亦称成组抽样。它是先将总体各单位划分为许多群，然后以群为单位，从中随机抽取部分群，对选中群的所有单位进行全面调查。如对产品质量进行检验时，可每隔 50 分钟抽取 10 分钟所生产的全部产品进行检验，或者每隔 7 小时抽取 1 小时所生产的全部产品作为样本。这 10 分钟和 1 小时所生产的产品，就不是一件、两件产品，可能是十件、几十件，即有多少算多少。

整群抽样容易组织，多用于产品的质量检查。其缺点是由于样本在全及总体中太集中，分布不均匀，与其他几种抽样方式比较，误差较大，代表性较差。但是如果群内差异大而群间差异小，即群内方差大，群间方差小，则可使样本代表性提高，使抽样误差减少。考虑到编制名单和抽选样本的工作比其他各种组织形式省事，调查也集中方便，这时整群抽样又是有益的。

整群抽样的特点：若把总体划分为 $R$ 个群，在 $R$ 个群中抽出 $r$ 个群加以全面调查，抽样方式为不重复抽样。它的误差视各群方差大小而定。各群方差的加权平均数是计算抽样平均误差的依据。从公式的形式上看，它与类型抽样的公式类似，即

$$\mu_{\bar{x}} = \sqrt{\frac{\delta_R^2}{r}\left(1-\frac{r}{R}\right)} \tag{7-34}$$

$$\mu_p = \sqrt{\frac{P_R(1-P_R)}{r}\left(1-\frac{r}{R}\right)} \tag{7-35}$$

式中：$R$ 为总体群数；$r$ 为样本群数；$\delta_R^2$ 为群间方差；$P_R$ 为群间成数。

群间方差的计算公式为：

$$\delta_R^2=\frac{\sum(\overline{x_i}-\overline{x_r})^2F_i}{\sum F_i} \tag{7-36}$$

式中：$\overline{x_i}$为每个群的平均数；$\overline{X_R}$为总体平均数；$F_i$为各群的单位数。

群间成数的计算公式为：

$$P_R=\frac{\sum p_iF_i}{\sum F_i} \tag{7-37}$$

式中：$p_i$为每个群的成数；$F_i$为各群的单位数。

# 第六节 假设检验

## 一、假设检验的概念

假设检验（hypothesis testing）也称显著性检验，它是利用样本提供的数据资料来检验事先对总体某些数量特征所做的假设是否可信的一种统计方法。当对总体参数的真实性感到怀疑，需要通过样本来考察其正确与否时，往往借助于假设检验做判断，从而决定接受或拒绝这一假设。

例如，某外贸公司出口一种名茶，每包重量服从正态分布，并且包装规格标准差为 5 克，现抽样检验该茶叶的每包重量，结果如表 7-6 所示。

表 7-6 茶叶每包重量抽检结果

| 每包重量（克） | 包数 |
|---|---|
| 148 ~ 149 | 10 |
| 149 ~ 150 | 20 |
| 150 ~ 151 | 50 |
| 151 ~ 152 | 20 |
| 包数合计 | 100 |

按规定，这种茶叶平均每包规格重量不得低于 150 克方可出口，则这批茶叶是否达到出口要求？

为判断这批茶叶是否符合出口要求，我们首先假设它成立，即能够出口，然后根据已知条件计算出样本平均每包重量，并以样本的平均每包重量来检验我们所做假设是否正确，从而做出该批茶叶能否出口的决定，这便是一个假设检验问题。

## 二、假设检验的一般步骤

假设检验一般包括以下五个步骤：

1. 根据研究问题的需要构造原假设 $H_0$ 和备择假设 $H_1$

在假设检验中，称所要检验的假设 $H_0$ 为原假设（null hypothesis），称 $H_1$ 为备择假设（alternative hypothesis）。若原假设被拒绝，备择假设就被接受。拒绝原假设的区域称为拒绝域（rejection region），拒绝域之外的区域即为接受域（acception region）。原假设的提出一般有三种方式，以总体均值的检验为例：

（1）$H_0$：$\mu=\mu_0$，$H_1$：$\mu\neq\mu_0$。

（2）$H_0$：$\mu\leqslant\mu_0$，$H_1$：$\mu>\mu_0$。

（3）$H_0$：$\mu\geqslant\mu_0$，$H_1$：$\mu<\mu_0$。

具体采用哪种方式需根据具体情况而定，若采用第一种方式，则拒绝域在分布曲线的两侧，称为双侧或双边检验；若采用后两种方式，则拒绝域位于分布曲线的右侧或左侧，称为单侧或单边检验。

2. 选择适当的检验统计量

假设检验与参数估计一样，需要通过样本统计量进行推断，用于假设检验的统计量称为检验统计量。在统计量选择的具体问题中，需要考虑总体方差已知或未知，样本属于大样本还是小样本等。

3. 选定显著性水平 $\alpha$，并根据相应统计量的统计分布表查出临界值

由于假设检验是根据样本信息对总体情况进行判断，因此存在误判的可能。若原假设 $H_0$ 正确却被当成错误而被拒绝，统计上把犯这种错误的概率 $\alpha$ 称为假设检验中的显著性水平（significant level）。选定了显著性水平 $\alpha$，就可由有关的概率分布表查得临界值，从而确定 $H_0$ 的接受区域和拒绝区域。临界值就是接受区域和拒绝区域的分界点。

对于不同形式的假设，$H_0$ 的接受区域和拒绝区域也有所不同，双侧检验的拒绝区域位于统计量分布曲线的两侧，如图 7-1 所示。

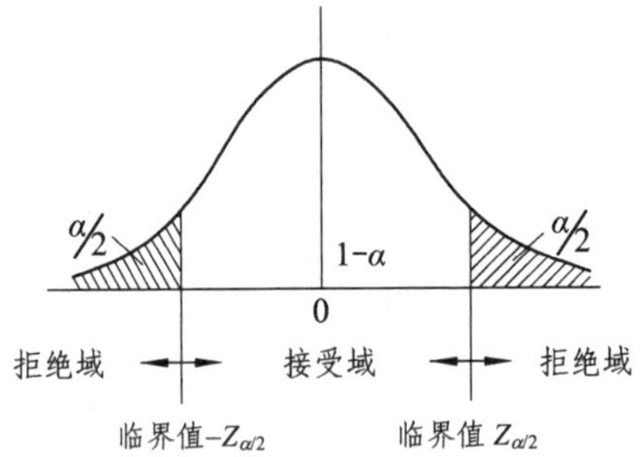


图 7-1　双侧检验的拒绝域和接受域

当我们所关心的问题是要检验样本统计值与总体参数有没有显著性差异，如检验“某生产设备的工作是否正常”，应采用双侧检验。

左侧检验的拒绝区域位于统计量分布曲线的左侧，如图 7-2 所示。当我们所关心的问题是要检验样本统计值与总体参数有没有显著性降低，如检验“某产品的单位成本是否下降了”，就应采用左侧检验。

右侧检验的拒绝区域位于统计量分布曲线的右侧，如图 7-3 所示。当我们所关心的问题是要检验样本统计值与总体参数是否有显著性提高，例如检验“某种生产工艺的产品质量是否显著提高了”，应采用右侧检验。

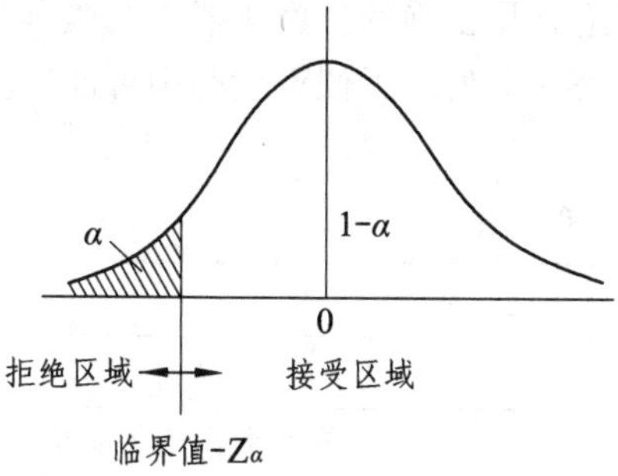


图 7-2　左侧检验的拒绝域和接受域

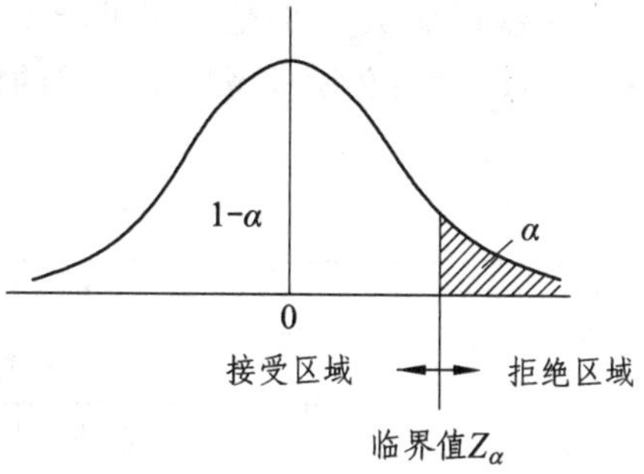


图 7-3　右侧检验的拒绝域和接受域

4. 根据样本观察值计算检验统计量的观察值

在提出了 $H_0$ 和 $H_1$ 的假设、确定了检验统计量、规定了显著性水平 $\alpha$ 后，就要根据数据计算检验统计量的观察值。

5. 根据检验规则作出接受或拒绝的 $H_0$ 的判断

根据显著性水平 $\alpha$ 和统计量的分布，可以找出接受域和拒绝域的临界点，用计算出的检验统计量的值与临界点值相比较，就可作出接受原假设或拒绝原假设的判断。

## 三、假设检验的逻辑特点与可能错误

### （一）假设检验的逻辑特点

1. 反证法思想

假设检验反证法思想就是，先假定“$H_0$ 为真”，如果检验中出现不合理现象，则表明“$H_0$ 为真”的假设是错误的，应该拒绝 $H_0$。如果检验中未出现不合理现象，则认为“$H_0$ 为真”的假设是正确的，应该接受 $H_0$。

2. 小概率原理

假设检验中的“小概率原理”认为：小概率事件在一次试验中几乎不可能发生。大数法则告诉我们，就大量观察而言，事件发生仍具有规律性。这种规律性的数量表示称作概率。在大量观察中频频出现的事件具有较大的概率，出现次数较少的事件具有较小的概率。根据概率的大小，人们对它的态度和处理方式是很不一样的。在日常生活中，人们习惯于把概率很小的事件，当作在一次观察中是不可能出现的事件。如飞机失事、火车出轨等都是小概率事件，但人们不会因为有过这类事故就不乘飞机或火车。因为这些事故发生的概率很小，大家都认为它不可能发生。假设检验中所依据的小概率原理，只是把小概率的标准，定得更为具体和数量化而已。通常做法是根据实际问题的要求规定一个显著性水平 $\alpha$（$0<\alpha<1$），$\alpha$ 通常可取 0.1，0.05，0.025，0.01，…。当一个事件的概率不大于 $\alpha$ 时，即认为它是小概率事件。

### （二）假设检验的可能错误

原假设和备择假设是关于总体的两个对立的解释。要么原假设 $H_0$ 为真，要么备择假设 $H_1$ 为真，但是两者不可能同时为真。理想的假设检验过程应该是，当 $H_0$ 为真的时候接受 $H_0$，当 $H_1$ 为真的时候拒绝 $H_0$。但是，不可能做出的结论总是正确的。由于假设检验是基于样本信息得到的，所以我们必须考虑发生误差的概率。表 7-7 列示了假设检验中可能发生的两类错误。

表 7-7　假设检验决策结果

| 对 $H_0$ 的决策 | 真实情况 | |
|---|---|---|
| | $H_0$ 真实 | $H_0$ 不真实 |
| 接受 $H_0$ | 决策正确（概率为 $1-\alpha$） | 第Ⅱ类错误（概率为 $\beta$） |
| 拒绝 $H_0$ | 第Ⅰ类错误（概率为 $\alpha$） | 决策正确（概率为 $1-\beta$） |

当 $H_0$ 真实时，接受原假设当然是正确的。但是，当 $H_0$ 本来真实时，也有可能错误地被拒绝了，这种拒绝真实原假设的错误称为第Ⅰ类错误，犯这类错误的概率就是显著性水平 $\alpha$。

另一种可能犯的错误是当原假设 $H_0$ 非真实时作出接受 $H_0$ 的选择，这种错误称为第Ⅱ类错误，用 $\beta$ 表示犯第Ⅱ类错误的概率。$\alpha$ 越大，就越有可能犯第Ⅰ类错误，即越有可能拒绝真实的原假设。$\beta$ 越大，就越有可能犯第Ⅱ类错误，即越有可能接受非真实的原假设。

在进行检验决策时，我们当然希望所有真实的原假设都能够被接受，所有不真实的原假设都被拒绝，做到既降低犯第Ⅰ类错误的可能性，又减少犯第Ⅱ类错误的概率水平。但事实上第Ⅰ类错误和第Ⅱ类错误是一对矛盾。在其他条件不变的情况下，减少犯第Ⅰ类错误的可能性，势必会增加犯第Ⅱ类错误的可能性。因此，在样本容量不变的情况下，要想同时减少两类错误是不可能的，要同时减少犯两类错误的可能性，只能采用增加样本单位数的办法来解决。但在实际工作中，不可能无限增大样本容量，因此决策人往往通过权衡犯两种错误所可能花费的代价来决定适当的显著性水平。如果犯第Ⅰ类错误所付出的代价与承担的风险比犯第Ⅱ类错误的大，则我们宁可犯第Ⅱ类错误，即规定一个较小的 $\alpha$ 值而使 $\beta$ 值增加，反之则选择一个较大的 $\alpha$ 值。总之，在假设检验过程中，为了减少犯两种错误所可能带来的损失，必须根据实际需要谨慎行事。

## 四、假设检验的方法

### （一）总体均值的假设检验

1. 总体方差已知的假设检验

在假设检验中，当总体是正态总体，总体方差 $\sigma^2$ 已知，可以证明其样本平均数 $\bar{x}$ 服从期望为 $\mu$、方差为 $\sigma^2/n$ 的正态分布，因此可选择 $Z$ 作为检验统计量。

$$Z=\frac{\bar{x}-\mu_0}{\sigma/\sqrt{n}}\sim N(0,1) \tag{7-38}$$

检验统计量 $Z$ 是服从均值为 0，方差为 1 的标准正态分布。

（1）双侧检验。

在正态分布中，$|Z| \geqslant Z_{\alpha/2}$ 的概率很小，只有$\alpha$的大小。例如，$\alpha = 0.05$，临界值$\left|Z_{\alpha/2}\right| = 1.96$，则$|Z| \geqslant 1.96$ 的概率只有 5%。若抽取一个样本，计算得到的$|Z|$值大于 1.96，则小概率事件发生了，有理由认为该样本不是抽自假设的总体，所以拒绝原假设。综上所述，双侧检验中的决策规则为：当$|Z| \geqslant Z_{\alpha/2}$时，就拒绝原假设 $H_0$；当$|Z| < Z_{\alpha/2}$时，就接受原假设 $H_0$。

【例 7-10】某机床企业加工一种零件，根据经验知道，该企业加工的零件的椭圆度服从正态分布，其总体均值为 0.081 mm，总体标准差为 0.025 mm。今换一种新机床进行加工，取 200 个零件进行检验，测得椭圆度均值为 0.076 mm。问新机床加工零件的椭圆度总体均值与以前有无显著差别？

**解** 因为问题是关于“新机床加工零件的椭圆度总体均值与旧机床加工零件的椭圆度均值为 0.081 mm 有无显著差异”，而不考虑是正差异还是负差异。所以，这是一个双侧检验的问题。

① 构造假设。

$H_0$：$\mu = 0.081$ mm，即没有显著差异，所发生的差异完全是随机性的；

$H_1$：$\mu \neq 0.081$ mm，即有显著差异。

② 选择适当的检验统计量，并计算检验统计量的观察值。

因为$\bar{x} = 0.076$，$\mu_0 = 0.081$，$\sigma = 0.025$，$n = 200$，所以

$$Z = \frac{\bar{x} - \mu_0}{\sigma/\sqrt{n}} = \frac{0.076 - 0.081}{0.025/\sqrt{200}} = -2.83$$

③ 选定显著性水平$\alpha$。这里我们不妨取$\alpha = 0.05$，查表可得临界值$Z_{0.05/2} = 1.96$。

④ 根据检验规则作出判断：

由于$|Z| > Z_{\alpha/2}$，即 2.83>1.96，所以拒绝 $H_0$，接受 $H_1$。这意味着新机床加工零件的椭圆度总体均值与以前相比发生了显著差别。

（2）左侧检验。

在正态分布中，$Z \leqslant Z_\alpha$ 的概率只有$\alpha$ 大小，例如，$\alpha = 0.05$，临界值$-Z_\alpha = -1.645$，$Z \leqslant -1.645$ 的概率只有 5%，若一次抽取样本，计算其 $Z$ 值是小于 $-1.645$ 的，则小概率事件发生了，所以拒绝原假设。即左边检验的决策规则为：当 $Z \leqslant -Z_\alpha$时，拒绝原假设 $H_0$；当 $Z > -Z_\alpha$ 时，接受原假设 $H_0$。

【例 7-11】某医院想了解管理制度改革以后病人的候诊时间与以往相比是否有了显著性降低。往常的情况是，平均每个病人的候诊时间是 40 分钟，方差 225 分钟，现在抽取 100 名病人进行调查，其平均候诊时间为 35 分钟。试帮助医院做出鉴定（$\alpha = 0.05$）。

**解** 因为问题是关于“病人的候诊时间与以往相比是否有了显著性降低”，所以这是一个左侧检验的问题。

① 构造假设。

$H_0$：$\mu = 40$ 分钟，即没有显著差异，所发生的差异完全是随机性的；

$H_1$：$\mu < 40$ 分钟，即有显著降低。

② 选择适当的检验统计量，并计算检验统计量的观察值。

因为 $\bar{x}=35$，$\mu_0=40$，$\sigma=15$，$n=100$，所以

$$Z=\frac{\bar{x}-\mu_0}{\sigma/\sqrt{n}}=\frac{35-40}{15/\sqrt{100}}=-3.333$$

③ 选定显著性水平 $\alpha=0.05$，查表可得临界值 $Z_{0.05}=1.645$。

④ 根据检验规则作出判断：

由于 $Z<-Z_{\alpha}$，即 $-3.333<-1.645$，所以拒绝 $H_0$，接受 $H_1$。这意味着病人的候诊时间与以往相比有了显著性降低。

（3）右侧检验。

在正态分布中，$Z\geqslant Z_{\alpha}$的概率只有 $\alpha$ 的大小，例如 $\alpha=0.05$，临界值 $Z_{\alpha}=1.645$，则 $Z_{\alpha}\geqslant 1.645$ 的概率只有 5%，若一次样本抽取中，根据样本计算其 $Z$ 值是大于 1.645 的，则小概率事件发生了，所以拒绝原假设。即右侧检验的决策规则为：当 $Z\geqslant Z_{\alpha}$时，拒绝原假设 $H_0$；当 $Z<Z_{\alpha}$时，接受原假设 $H_0$。

**【例 7–12】** 某电池生产厂家，声称其生产的某种 5 号电池平均使用寿命在 4 000 小时以上，标准差为 50 小时。现在从中抽取 100 个电池，测得其平均使用寿命为 4 050 小时，试判断厂家的说法是否可信（$\alpha=0.05$，电池使用寿命服从正态分布）。

**解** 因为问题是关于“电池平均使用寿命是否在 4 000 小时以上”，所以这是一个右侧检验的问题。

① 构造假设。

$H_0$：$\mu\leqslant 4\,000$ 小时；$H_1$：$\mu>4\,000$ 小时

② 选择适当的检验统计量，并计算检验统计量的观察值。

因为 $\bar{x}=4\,050$，$\mu_0=4\,000$，$\sigma=50$，$n=100$，所以

$$Z=\frac{\bar{x}-\mu_0}{\sigma/\sqrt{n}}=\frac{4050-4000}{50/\sqrt{100}}=\frac{50}{5}=10$$

③ 选定显著性水平 $\alpha=0.05$，查表可得临界值 $Z_{0.05}=1.645$。

④ 根据检验规则作出判断：

由于 $Z>Z_{\alpha}$，即 $10>1.645$，所以拒绝 $H_0$，接受 $H_1$。这意味着厂家关于“电池平均使用寿命在 4 000 小时以上”的说法是可信的。

2. 总体方差未知的假设检验

在假设检验中，当总体服从正态分布，但总体方差 $\sigma^2$ 未知时，需要用样本方差 $S^2=\dfrac{\sum(x-\bar{x})^2}{n-1}$ 作为总体方差 $\sigma^2$ 的估计量，此时样本平均数 $\bar{x}$ 服从期望值为$\mu$，方差为 $\dfrac{S^2}{n}$，自由度为 $n-1$ 的 $t$ 分布，因此可以选择 $t$ 作为检验统计量。其计算公式为

$$t=\frac{\bar{x}-\mu_0}{S/\sqrt{n}} \tag{7-39}$$

在大样本情况下，$t$ 分布和标准正态分布极为相似，所以，在大样本情况下可用 $Z$ 检验来近似代替 $t$ 检验。

**【例 7–13】** 某汽车轮胎厂宣称，该厂一等品轮胎的平均寿命在一定重量和正常行驶条件下大于 25 000 千米。对一个由 15 个轮胎组成的随机样本进行试验，得到的平均值和标准差分别为 27 000 千米和 5 000 千米。假定轮胎寿命近似服从正态分布，试问是否可以相信产品质量同厂家所说的标准相符（$\alpha = 0.05$）?

**解** 对汽车轮胎厂所说的标准，要取得强有力的支持，必须把不符合标准作为原假设，而把符合标准作为备择假设。

① 构造假设。

$$H_0: \mu \leqslant 25\,000 \text{ 千米}; \ H_1: \mu > 25\,000 \text{ 千米}$$

② 选择适当的检验统计量，并计算检验统计量的观察值（由于总体方差未知，所以选择 t 作为检验统计量）:

因为 $\bar{x} = 27\,000$ 千米，$\mu_0 = 25\,000$ 千米，$S = 5\,000$ 千米，$n = 15$，所以

$$t = \frac{\bar{x} - \mu_0}{S/\sqrt{n}} = \frac{27000 - 25000}{5000/\sqrt{15}} = 1.55$$

③ 选定显著性水平 $\alpha = 0.05$，查 $t$ 分布表可得临界值 $t_{0.05}(14) = 1.76$。

④ 根据检验规则作出判断:

由于 $t < t_{0.05}(14)$，即 1.55<1.76，所以只能接受 $H_0$，拒绝 $H_1$。这意味着没有充足的理由相信汽车轮胎厂所说的标准与实际相符。

无论哪一种检验过程，小样本容量的总体均值检验必须先确定或有理由假定总体服从正态分布。如果实际情况无法满足这样的前提时，唯一的途径就是尽可能增加样本容量，使其达到大样本标准（一般要求超过 30），进而转换成大样本情形下的总体均值检验问题。

### （二）总体成数的假设检验

对总体成数的假设检验实际上是对两点分布总体均值的检验，所以必须在大样本条件下进行检验，其检验步骤与 $Z$ 检验法相同，只是统计量不相同。

当我们要检验总体的成数是否等于某一常数时，其假设为:

（1）$H_0$: $P = P_0$，$H_1$: $P \neq P_0$;

（2）$H_0$: $P \leqslant P_0$，$H_1$: $P > P_0$;

（3）$H_0$: $P \geqslant P_0$，$H_1$: $P < P_0$。

检验统计量为:

$$Z = \frac{p - P_0}{\sqrt{P_0(1 - P_0)/n}} \quad \text{（式中 } p \text{ 为样本成数）}$$

在原假设为真时，$Z$ 渐进服从标准正态分布，用显著水平 $\alpha$，查标准正态分布表得临界值。

若 $H_1$: $P \neq P_0$，当 $|Z| \geqslant Z_{\alpha/2}$ 时，拒绝原假设 $H_0$，否则接受原假设;

若 $H_1$: $P > P_0$，当 $Z \geqslant Z_{\alpha/2}$ 时，拒绝原假设 $H_0$，否则接受原假设;

若 $H_1$: $P < P_0$，当 $Z \leqslant -Z_{\alpha/2}$ 时，拒绝原假设 $H_0$，否则接受原假设。

【例 7–14】某公司负责人发现开出去的发票有大量笔误，而且断定这些发票中的错误发票占 20%以上。随机抽取 400 张检查，发现错误的发票有 100 张，即占 25%。这是否可以证明负责人的判断正确？（$\alpha = 0.05$）

**解** 按题意建立假设：

$$H_0：P \leqslant 0.2；H_1：P > 0.2$$

选取检验统计量：

$$Z = \frac{p - P_0}{\sqrt{P_0(1-P_0)/n}}$$

其观测值为：

$$Z = \frac{p - P_0}{\sqrt{P_0(1-P_0)/n}} = \frac{100/400 - 0.2}{\sqrt{0.2(1-0.2)/400}} = 2.5$$

由于 $\alpha = 0.05$，查表得临界值 $Z_\alpha = 1.645$，因为 $Z = 2.5 > Z_\alpha = 1.645$，故拒绝原假设。即通过检验，在 5%的显著水平下，认为这些数据可以证明负责人的判断是正确的。

## 【本章小结】

抽样推断是在随机抽样的基础上推断有关总体的情况，即用样本对从中抽取样本的那个总体的数量特征作出具有一定可靠程度的估计和判断。抽样的目的不在于了解样本本身的数量特征，而在于借助样本的数量特征估计和检验总体的数量特征。抽样推断中的基本概念有全及总体和抽样总体、全及指标与抽样指标、抽样方法与样本可能数目、概率抽样与非概率抽样、抽样框与抽样单元、统计量与参数等。抽样推断的组织形式有简单随机抽样、类型抽样、等距抽样、整群抽样及多阶段抽样。抽样推断的理论是依据概率论的基本原理，并以大数法则和中心极限定理为基础。

抽样误差是指由于抽样的随机性而产生的那一部分误差，抽样误差包括实际抽样误差、抽样平均误差和抽样极限误差，它们密切联系而又相互区别。

参数估计的基本方法有点估计和区间估计。点估计是用实际样本指标数值代替总体指标数值，优良的估计量应该符合无偏性、一致性和有效性三个标准。区间估计就是根据样本估计量以一定可靠程度推断总体参数所在的区间范围。估计优良性评价的基本要求是在保证置信度的前提下，尽可能提高精确度。

区间估计的计算公式依赖于样本容量是大样本还是小样本，总体方差是否已知，在某些情况下总体是否服从正态或近似服从正态分布。如果样本容量是大样本，则对总体的分布不需任何假设，区间估计的计算使用 $Z_{\alpha/2}$；否则用样本方差作为总体方差的估计，区间估计的计算使用 $t_{\alpha/2}$。若样本容量为小样本并且关于总体是正态分布的假设也不成立，则建议增大样本容量到 $n \geqslant 30$ 后，再考虑在大样本的情形下求总体均值的区间估计。

假设检验是利用样本的实际资料来检验事先对总体某些数量特征所作的假设是否可信的一种统计分析方法。其基本思想是小概率反证法思想。反证法思想是通过检验原假设 $H_0$ 的真伪来反证研究备择假设 $H_1$ 的真伪。“小概率原理”认为：小概率事件在一次试验中基本上不会发生；如果小概率事件在一次试验中居然发生了，则有理由怀疑原假设的真实性，从而拒绝原假设。由于样本统计量是随机变量，据之所作的判断不可能保证百分之百的正确。在假设检验中，当原假设 $H_0$ 为真时，可能作出拒绝实际上成立的 $H_0$ 的判断，发生“弃真”或“拒真”错误即犯第Ⅰ类错误。当原假设 $H_0$ 不真时，却作出接受实际上不成立的 $H_0$ 的判断，发生“取伪”或“受伪”错误即犯第Ⅱ类错误。发生第Ⅰ类错误的概率为 $\alpha$，称为显著性水平。在假设检验中根据显著性水平便可确定接受还是拒绝原假设的界限。

一个完整的假设检验过程通常包括五个步骤：

（1）根据题意合理地建立原假设 $H_0$ 和备择假设 $H_1$；

（2）选择适当的检验统计量，并确定其分布形式；

（3）选定显著性水平 $\alpha$，并根据相应统计量的统计分布表查出临界值；

（4）根据样本观察值计算检验统计量的观察值；

（5）根据检验规则作出接受或拒绝的 $H_0$ 的判断。

根据检验问题的不同，假设检验有双侧检验和单侧检验之分。

## 【本章案例】

### 2020 年全国人口变动情况抽样调查方案

（一）调查目的

为了准确、及时地掌握全国和各省（自治区、直辖市）人口变动以及人口计划执行情况，准确地反映城乡劳动力资源、就业和失业人口的总量和结构情况，为国家和省级人民政府制定国民经济和社会发展计划，掌握人口增长情况提供可靠的人口数据，及时为政府准确判断就业形势，制定和调整就业政策，改进宏观调控提供依据，根据国办发〔2019〕57 号文件和国办发〔2019〕72 号文件的要求，特进行 2020 年人口变动情况调查，并同时进行 2020 年第 4 季度劳动力调查。

（二）调查对象和登记原则

本次调查对象为抽中调查小区内具有中华人民共和国国籍的人。调查以户为单位进行，既调查家庭户，也调查集体户。应在抽中调查小区内各户登记的人包括：（1）2020 年 10 月 31 日晚居住在本户的人；（2）户口在本户，2020 年 10 月 31 日晚未居住在本户的人。

应在本户登记的人分成以下几种类型：

1. 本户常住人口。包括：（1）住本户，户口在本乡、镇、街道的人（含户口在本户，外出不满半年的人）；（2）住本户半年以上，户口在外乡、镇、街道的人；（3）住本户不满半年，户口在外乡、镇、街道，离开户口登记地半年以上的人；（4）住本户，户口待定的人。

2. 本户户籍外出人口。户口在本户，离开本乡、镇、街道半年以上的人。

3. 本户暂住人口。暂住本户，户口在外乡、镇、街道，离开户口登记地不满半年的人。

不同类型的人，分别在《人口变动和劳动力调查表》中不同的部分进行登记。

抽中调查小区内的 2019 年 11 月 1 日至 2020 年 10 月 31 日死亡的人口要登记《死亡人口调查表》。

（三）调查项目

《人口变动和劳动力调查表》

1. 按户填报的项目有：

户编号、户别、应在本户登记的人数、本户常住人口数、本户户籍人口中外出半年以上人数、暂住本户，户口在外乡、镇、街道，离开户口登记地不满半年的人数、本户 2019 年 11 月 1 日至 2020 年 10 月 31 日出生人口、本户 2019 年 11 月 1 日至 2020 年 10 月 31 日死亡人口共 8 个项目。

2. 按人填报的项目有：

本户常住人口情况：姓名、与户主关系、性别、出生年月、民族、户口登记地状况、离开户口登记地原因、户口性质、2019 年 10 月 31 日常住地、是否识字、受教育程度、学业完成情况、婚姻状况、2019 年 11 月 1 日至 2020 年 10 月 31 日生育情况、是否工作、工作单位类型、就业身份、签订劳动合同情况、未工作原因、是否寻找工作、当前能否工作、未找工作或不能工作的原因、行业、职业、参加社会保险情况、目前的主要生活来源共 26 个项目；

本户户籍外出人口情况：姓名、性别、出生年月、户口性质、受教育程度、外出地状况、外出原因、外出时间；

本户暂住人口情况：姓名、性别、出生年月、户口登记地；

《死亡人口调查表》

填报的项目有户编号、姓名、性别、出生年月、死亡月份。

（四）调查的组织实施

1. 组织方式。2020 年第 4 季度劳动力调查与 2020 年人口变动调查结合进行，采用《人口变动和劳动力调查表》同时收集人口变动和劳动力调查的信息。

2. 组织领导。本次调查在当地政府的领导下，以统计部门为主组织实施，并在基层组织的协助下，派人到抽中的调查小区，进行入户登记。各级统计部门要积极争取有关部门的支持和配合，确保调查数据质量。

3. 调查指导员、调查员的选聘、培训与管理。调查指导员、调查员的选调工作由县级统计机构负责。调查员主要从政府统计系统和基层组织人员中选调，也可从社会招聘，应尽可能保持调查员队伍的稳定。各级统计机构要加强对调查员的培训，应尽可能减少培训层次，以提高培训效果。各级统计机构要加强对调查员工作的监督检查。

4. 调查的宣传工作。为使调查工作顺利进行，各级统计部门和调查工作人员要向调查样本点所在地政府领导做好宣传工作，讲明抽样调查的意义，特别要讲清抽样调查数据对本地、县、乡、村没有代表性，不作为考核本地、县、乡、村人口、就业计划完成情况和政绩的依据，以取得他们的理解和支持。同时还要做好群众的宣传工作，使他们解除思想顾虑，如实反映情况。

5. 调查摸底、入户登记与复查工作。在充分做好调查摸底工作的基础上，进行入户登记工作。入户登记完毕后，要采取议查和个别访问的方法认真进行复查。

6. 调查表编码。调查表编码分专项编码和非专项编码两部分，非专项编码由调查员在登记、复查、逻辑审核无误后进行，专项编码由县级统计机构组织经过培训的专项编码员集中进行。

7. 调查表的报送。调查员在完成登记、复查、编码工作后，要将调查表以调查小区为单位收集，将填写好的调查小区封面放在本小区《人口变动和劳动力调查表》前面，《死亡人口调查表》放在最后，一起装入包装袋后，统一报县级统计机构。县级统计机构报送调查表方式由各省（自治区、直辖市）统计局根据需要确定。

（五）事后质量抽查

为了准确地掌握全国人口变动调查和劳动力调查的调查误差，各省（自治区、直辖市）在基层调查登记工作结束后，要按照调查制度的规定，立即进行事后质量抽查工作。事后质量抽查结果只用于评估全国调查的质量。

（六）数据处理与资料管理

1. 国家统计局人口和就业统计司负责数据录入程序和汇总程序的编制和下发。

2. 调查数据的录入工作由各省（自治区、直辖市）统计局人口（社科）处按照规定的格式和要求，组织实施。

3. 各省（自治区、直辖市）统计局人口（社科）处要在规定的时间内，做好有关资料的报送工作。

4. 全国数据由国家统计局人口和就业统计司负责汇总，各省（自治区、直辖市）的数据要按照国家统一的部署和安排进行汇总。调查数据需经国家统计局审定后方可使用。

5. 数据处理完成后，调查表和原始数据由各省（自治区、直辖市）统计局人口（社科）处负责管理。

（七）调查工作要求

1. 为了保证调查工作的顺利进行，各级统计机构要切实加强对调查工作的管理。要建立调查工作的质量责任制，明确各项工作要求，对整个调查工作的全过程进行质量监督。

2. 为了保证全国调查数据的范围、分类和计算方法的统一性，各地区必须严格执行调查制度的规定。遇到特殊情况要向上级有关部门请示，不得按照个人的理解擅自处理。

3. 调查员要对其所负责的调查小区的数据质量负责，如果发现调查数据有不实的情况，必须返工重做。

4. 调查员、调查指导员以及各级统计机构及其工作人员都要按照《统计法》的规定，对调查结果特别是被调查户的情况保守秘密，不得向调查机构以外的任何单位和个人泄漏。

资料来源：http：// www.stats.gov.cn/tjzd/gjtjzd/t201906

●案例问题

1. 了解我国人口变动抽样调查方案的编制方法和基本内容。

2. 上网查询我国不同年份的人口资料，谈一谈人口变动抽样调查的重要意义。

## 思考与练习题

### 一、单项选择题

1. 抽样调查的主要目的是（　　）。

A. 用样本指标来推算总体指标　　B. 对调查单位做深入研究

C. 计算和控制抽样误差　　D. 广泛运用数学方法

2. 抽样调查所必须遵循的基本原则是（　　）。

A. 可比性原则　　B. 随机性原则

C. 可靠性原则　　D. 灵活性原则

3. 在简单随机重复抽样条件下，当抽样平均误差缩小为原来的$\frac{1}{2}$时，则样本单位数为原来的（　　）。

A. 2倍　　B. 3倍　　C. 4倍　　D. $\frac{1}{4}$倍

4. 按随机原则直接从总体 $N$ 个单位中抽取 $n$ 个单位作为样本，这种抽样组织形式是（　　）。

A. 简单随机抽样　　B. 类型抽样　　C. 等距抽样　　D. 整群抽样

5. 抽样误差是指（　　）。

A. 在调查过程中由观察、测量等差错所引起的误差

B. 在调查中违反随机原则出现的系统误差

C. 随机抽样而产生的代表性误差

D. 人为原因所造成的误差

6. 事先将总体各单位按某一标志排列，然后依排列顺序和按相同的间隔来抽选调查单位的抽样称为（　　）。

A. 简单随机抽样　　B. 类型抽样　　C. 等距抽样　　D. 整群抽样

7. 在一定的抽样平均误差条件下（　　）。

A. 扩大极限误差范围，可以提高推断的可靠程度

B. 扩大极限误差范围，会降低推断的可靠程度

C. 缩小极限误差范围，可以提高推断的可靠程度

D. 缩小极限误差范围，不改变推断的可靠程度

8. 反映样本指标与总体指标之间的平均误差程度的指标是（　　）。

A. 抽样误差系数　　B. 概率度

C. 抽样平均误差　　D. 抽样极限误差

9. 抽样平均误差是（　　）。

A. 全及总体的标准差　　B. 样本的标准差

C. 抽样指标的标准差　　D. 抽样误差的平均差

10. 当成数等于（　　）时，成数的方差最大。

A. 1　　B. 0　　C. 0.5　　D. －1

11. 对某行业职工收入情况进行抽样调查，得知其中 80%的职工收入在 1 800 元以下，抽样平均误差为 2%。当概率为 95.45%时，该行业职工收入在 1 800 元以下所占比重是(　　)。

A. 等于 78%　　B. 大于 84%

C. 在 76%与 84%之间　　D. 小于 76%

12. 假定一个拥有一亿人口的大国和百万人口的小国居民年龄变异程度相同，现在各自用重复抽样方法抽取本国的 1%人口计算平均年龄，则平均年龄抽样平均误差（　　）。

A. 不能确定　　B. 两者相等

C. 前者比后者大　　D. 前者比后者小

13. 在其他条件不变的情况下，提高估计的概率保证程度，其估计的精确程度（　　）。

A. 随之扩大　　B. 随之缩小　　C. 保持不变　　D. 无法确定

14. 对某种连续生产的产品进行质量检验，要求每隔一小时抽出 10 分钟的产品进行检验，这种抽查方式是（ ）。

A. 简单随机抽样　　B. 类型抽样
C. 等距抽样　　D. 整群抽样

15. 对甲乙两个工厂工人平均工资进行纯随机不重复抽样调查，调查的工人数一样，两工厂工资方差相同，但甲厂工人总数比乙厂工人总数多一倍，则抽样平均误差（ ）。

A. 甲厂比乙厂大　　B. 乙厂比甲厂大
C. 两个工厂一样大　　D. 无法确定

16. 按地理区域划片进行的区域抽样，其抽样方法属于（ ）。

A. 简单随机抽样　　B. 等距抽样
C. 整群抽样　　D. 类型抽样

17. 当我们所要检验的是样本所取自总体的参数值是偏高或偏低某个特定值时，应选择（ ）。

A. 双侧检验　　B. 单侧检验　　C. 左侧检验　　D. 右侧检验

18. 在双侧检验中，原假设与备择假设应选为（ ）。

A. $H_0$：$M = M_0$，$H_1$：$M < M_0$　　B. $H_0$：$M = M_0$，$H_1$：$M \geqslant M_0$
C. $H_0$：$M = M_0$，$H_1$：$M \neq M_0$　　D. $H_0$：$M \neq M_0$，$H_1$：$M = M_0$

19. 下列哪一种表示属于右侧检验（ ）。

A. $H_0$：$M \leqslant M_0$，$H_1$：$M > M_0$　　B. $H_0$：$M \geqslant M_0$，$H_1$：$M < M_0$
C. $H_0$：$M = M_0$，$H_1$：$M \neq M_0$　　D. $H_0$：$M > M_0$，$H_1$：$M < M_0$

20. 某质量管理部门对某企业准备出厂的 180 件产品进行抽样调查，发现有 170 件为合格品，为证明该企业的全部产品的合格率是否达到 95%，应采用哪一种假设检验（ ）。

A. 单侧检验　　B. 双侧检验　　C. 左侧检验　　D. 右侧检验

## 二、多项选择题

1. 抽样推断的特点是（ ）。

A. 由部分认识总体的一种认识方法
B. 建立在随机取样的基础上
C. 对总体参数进行估计采用的是确定的数学分析方法
D. 可以计算出抽样误差，但不能对其进行控制
E. 既能计算出抽样误差，又能对其进行控制

2. 抽样估计中的抽样误差（ ）。

A. 是一种系统性偏误　　B. 是一种代表性误差
C. 属于一种登记误差　　D. 属于一种偶然性误差
E. 是违反了随机原则而产生的误差。

3. 影响抽样误差大小的因素有（ ）。

A. 抽样调查的组织形式　　B. 抽取样本单位的方法
C. 总体被研究标志的变异程度　　D. 抽取样本单位数的多少
E. 总体被研究标志的属性。

4. 在抽样推断中（　　）。

A. 抽样指标的数值不是唯一的　　B. 总体指标是一个随机变量

C. 可能抽取许多个样本　　D. 统计量是样本变量的函数

E. 全及指标又称为统计量。

5. 从全及总体中抽取样本单位的方法有（　　）。

A. 简单随机抽样　　B. 重复抽样　　C. 不重复抽样

D. 概率抽样　　E. 非概率抽样

6. 在抽样推断中，样本单位数的多少取决于（　　）。

A. 总体标准差的大小　　B. 允许误差的大小　　C. 抽样估计的把握程度

D. 总体参数的大小　　E. 抽样方法

7. 总体参数区间估计必须具备的三个要素是（　　）。

A. 样本单位数　　B. 样本指标　　C. 全及指标

D. 抽样误差范围　　E. 抽样估计的置信度

8. 采用类型抽样的组织形式（　　）。

A. 需要对总体各单位进行分组

B. 适用于总体各单位标志值差异较大的总体

C. 随机抽选其中的某一类型，并对其所有单位进行调查

D. 抽样误差较小

E. 最符合随机原则

9. 简单随机抽样（　　）。

A. 适用于总体各单位呈均匀分布的总体

B. 适用于总体各单位标志变异较大的总体

C. 在抽样之前要求对总体各单位加以编号

D. 最符合随机原则

E. 是各种抽样组织形式中最基本最简单的一种形式

10. 在抽样平均误差一定的条件下（　　）。

A. 扩大极限误差的范围，可以提高推断的可靠程度

B. 缩小极限误差的范围，可以提高推断的可靠程度

C. 扩大极限误差的范围，只能降低推断的可靠程度

D. 缩小极限误差的范围，只能降低推断的可靠程度

E. 扩大或缩小极限误差范围与推断的可靠程度无关

**三、判断题**

1. 抽样推断是利用样本资料对总体的数量特征进行估计的一种统计分析方法，因此不可避免地会产生误差，这种误差的大小是不能控制的。（　　）

2. 从全部总体单位中按照随机原则抽取部分单位组成样本，只可能组成一个样本。（　　）

3. 在抽样推断中，作为推断的总体和作为观察对象的样本都是确定的、唯一的。（　　）

4. 优良估计量的无偏性是指所有可能的样本平均数的平均数等于总体平均数。（　　）

5. 抽样成数的特点是，样本成数越大，则成数方差越大。（　　）

6. 在总体方差一定的条件下，样本单位数越多，则抽样平均误差越大。（　　）

7. 抽样估计的置信度就是表明抽样指标和总体指标的误差不超过一定范围的概率保证程度。（　　）

8. 抽样误差即代表性误差，它与登记性误差在抽样调查中都是不可避免的。（　　）

9. 在其他条件不变的情况下，提高抽样估计的可靠程度，可以提高抽样估计的精确度。（　　）

10. 在简单随机抽样中，如果重复抽样的抽样极限误差增加 40%，其他条件不变，则样本单位数只需要原来的一半左右。（　　）

11. 抽样平均误差反映抽样的可能误差范围，实际上每次的抽样误差可能大于抽样平均误差，也可能小于抽样平均误差。（　　）

12. 样本单位数的多少与总体各单位标志值的变异程度成反比，与抽样极限误差范围的大小成正比。（　　）

## 四、简答题

1. 什么是抽样推断？抽样推断有哪几方面的特点？
2. 什么是抽样误差？影响抽样误差大小的因素有哪些？
3. 什么是参数和统计量？各有何特点？
4. 什么是抽样平均误差和抽样极限误差？两者有何关系？
5. 为什么说不重复抽样误差总是小于而又接近于重复抽样误差？
6. 什么是概率度？什么是置信度？两者有什么关系？

## 五、计算题

1. 某企业生产一批日光灯管，随机重复抽取 400 只做使用寿命试验。测试结果为，平均寿命为 5 000 小时，样本标准差为 300 小时，400 只中发现 10 只不合格。求平均数的抽样平均误差和成数的抽样平均误差。

2. 某电子产品使用寿命在 3 000 小时以下为不合格品，现在用简单随机抽样方法，从 5 000 个产品中抽取 100 个对其使用寿命进行调查。其结果如下表所示。

| 使用寿命（小时） | 产品个数 |
|---|---|
| 3 000 以下 | 2 |
| 3 000 ~ 4 000 | 30 |
| 4 000 ~ 5 000 | 50 |
| 5 000 以上 | 18 |
| 合　计 | 100 |

试以 68.27%的概率保证程度，对该产品的平均使用寿命和合格率进行区间估计。

3. 外贸公司出口一种食品，规定每包规格不低于 150 克，现在用重复抽样的方法抽取其中的 100 包进行检验，其结果如下表所示。

| 每包质量（克） | 包数（个） |
|---|---|
| 148 ~ 149 | 10 |
| 149 ~ 150 | 20 |
| 150 ~ 151 | 50 |
| 151 ~ 152 | 20 |
| 合　计 | 100 |

要求：

（1）以 99.73% 的概率估计这批食品平均每包重量的范围，以便确定平均重量是否达到规格要求；

（2）以同样的概率保证估计这批食品合格率范围。

4. 某机械厂生产一批零件 10 000 个，甲检验员用简单随机重复抽样方法抽取 300 个，发现有 9 个不合格。乙检验员用简单随机不重复抽样方法抽取 200 个，发现有 5 个不合格。试求两种不同抽样方法下合格品率的抽样平均误差。

5. 假定某统计总体被研究标志的标准差为 30，若要求抽样极限误差不超过 3，概率保证程度为 99.73%，试问采用重复抽样应抽取多少样本单位？若抽样极限误差缩小一半，在同样的条件下应抽取多少样本单位？

6. 从某年级学生中按简单随机抽样方式抽取 50 名学生，对会计学课程考试成绩进行检查。得知其平均分数为 75.6 分，标准差为 10 分。试以 95.45% 的概率保证程度推断全年级学生考试成绩的区间范围。如果其他条件不变，将允许误差缩小一半，应抽取多少名学生？

7. 从某年级学生中按简单随机抽样方式抽取 100 名学生，对某公共课的考试成绩进行检查，及格的有 82 人。试以 95.45%的概率保证程度推断全年级学生的及格率区间范围。如果其他条件不变，将允许误差扩大一倍，应抽取多少名学生检查？

8. 某厂生产一种产品，原来月产量服从平均值为 75，方差为 14 的正态分布。设备更新后，为了考察产量是否提高，抽查了 6 个月产量，求得平均产量为 78，假定方差不变，问：在显著性水平 $\alpha = 0.05$ 下，设备更新后的月产量是否有显著提高？

9. 某产品的废品率是 17%，经对该产品的生产设备进行技术改造后，从中抽取 200 件产品检验，发现有次品 28 件。问：能否认为技术改造后提高了产品的质量（$\alpha = 0.05$）？

第八章

# 相关分析与回归分析

**重点与难点提示**

相关分析与回归分析是反映现象之间相互关系的统计分析方法，在实际工作中应用非常广泛。学习本章内容应注意掌握以下问题：

（1）相关分析的意义、作用和种类，包括：相关关系、函数关系的概念及其区别；相关关系的种类；相关分析的作用和主要内容。

（2）相关关系的判断及相关系数的计算，这是本章的一个重点。要记住相关系数的计算公式，并能熟练应用；掌握相关系数的取值范围和判断相关密切程度的标准。

（3）回归分析与一元线性回归，这是本章的另一个重点，同时也是难点。要掌握回归分析与相关分析的区别和联系；理解并掌握用最小平方法建立一元回归模型并进行预测；判定系数与估计标准误差的含义及其计算与应用等。

## 第一节　相关分析的一般问题

### 一、相关关系的概念

在自然界和人类社会中的许多事物或现象，彼此之间都存在着相互联系、相互依赖、相互制约的关系。这种现象之间的关系大致可以概括为两种不同的类型，即函数关系和相关关系。

#### （一）函数关系

1. 函数关系的概念

函数关系（function relationship）是指现象之间的一种确定的数量依存关系。即对于某一个变量的每一个数值，都有另一个变量的确定值与之相对应。例如，圆的周长 $L$ 与半径 $R$ 之间就存在着函数关系 $L=2\pi R$，当 $R$ 确定后，则 $L$ 就有唯一的值与之对应。在这一函数关系中，一般称 $R$ 为自变量，$L$ 为因变量，自变量与因变量之间具有一一对应关系。又如，在商品价格不变的情况下，销售额与销售量之间的关系也属于函数关系。

2. 函数关系的特点

（1）变量之间存在着数量上的相互依存关系；

（2）变量之间数量上依存关系的具体关系值是确定的；

（3）这种固定的关系值可以用数学公式表示。

### （二）相关关系

1. 相关关系的概念

相关关系（correlation relationship）是指现象之间确实存在的、关系数值不确定的相互依存关系。这类关系中，当一个或几个相互联系的变量取一定数值时，与之相对应的变量会有若干个数值与之相对应，从而表现出一定的随机性。例如，粮食亩产量和施肥有关，同时还受种子、阳光、土壤等因素的影响。所以，即使对每块耕地施同品种等量的肥料，每块耕地的平均亩产也可能不尽相等。

2. 相关关系的特点

（1）变量之间确实存在着数量上的依存关系；

（2）变量之间数量上的依存关系的具体关系值难以固定；

（3）变量之间这种不固定的关系值不能用数学公式表示。

### （三）函数关系与相关关系的区别与联系

1. 函数关系与相关关系有以下区别

（1）相关关系是变量之间数量上不严格的依存关系，现象中变量关系完全对等；函数关系是变量之间数量上严格的依存关系，现象中变量关系不是对等的；

（2）相关关系是统计学的研究范畴，函数关系是数学的研究范畴。

2. 函数关系与相关关系有以下联系

（1）呈函数关系的变量由于受观测和实验出现的偏差影响，其关系值不可能绝对确定，因而函数关系往往通过相关关系表现出来。

（2）呈相关关系的变量之间的确切的、有规律的依存变化可能暂时还没有被认识掌握或无法控制，一旦掌握其规律性或不考虑随机因素的干扰，相关关系就趋近于函数关系。因此，相关关系通常可以用一定的函数关系表达式去近似地描述。

## 二、相关关系的种类

由于客观事物的联系和变化复杂而多样，变量之间的相关关系也有多种形式。

1. 按相关因素的多少分

按相关因素的多少分，相关关系可分为单相关和复相关。

单相关又称一元相关，是只涉及两个变量之间的相关关系，即仅限于一个变量与另一个变量之间的依存关系。如身高与体重之间的关系，施肥量与亩产量之间的关系，总产量与单位成本之间的关系等都是单相关。复相关又称多元相关，涉及三个或三个以上变量之间的相关关系。如施肥量、降雨量、气温与亩产量之间的关系，某种商品的需求与其价格水平以及人们收入水平之间的关系都是复相关。

2. 按相关的表现形式分

按相关的表现形式分，相关关系可分为线性相关和非线性相关。

线性相关是指当一个变量发生变动时，另一变量随之发生大致均匀的变动，在坐标图上近似地表现为一条直线。例如人均消费水平与人均收入水平通常呈线性关系。如果两种相关现象之间并不表现为直线的关系，而是近似于某种曲线方程的关系，则这种相关关系称为非线性相关。例如产品的平均成本与产品总产量之间通常呈非线性关系。

3. 按相关的方向分

按相关的方向分，相关关系可分为正相关和负相关。

当两个变量之间的变化方向一致，即一个变量的数值增加（或减少），另一个变量的数值也随之增加（或减少），这种相关称为正相关。如家庭消费支出随收入增加而增加。当两个变量之间的变化方向相反，即一个变量的数值增加（或减少），而另一个变量的数值呈相反地减少（或增加）变化，这种相关称为负相关。如商品的销售额越多，流通费率则越低。

4. 按相关关系的程度分

按相关关系的程度分，相关关系可分为完全相关、不完全相关和不相关。

当变量之间的依存关系密切到近乎函数关系时，称为完全相关。例如在价格不变的条件下，某种商品的销售总额与其销售量总是成正比例关系。在这种场合，相关关系便成为函数关系。因此也可以说函数关系是相关关系的一个特例。当变量之间不存在依存关系时，称为不相关或零相关。例如，通常认为股票的价格高低与气温的高低是不相关的。而介于这两者之间的称为不完全相关。一般的相关现象都是指这种不完全相关。

以上相关关系的种类如图 8-1 所示。

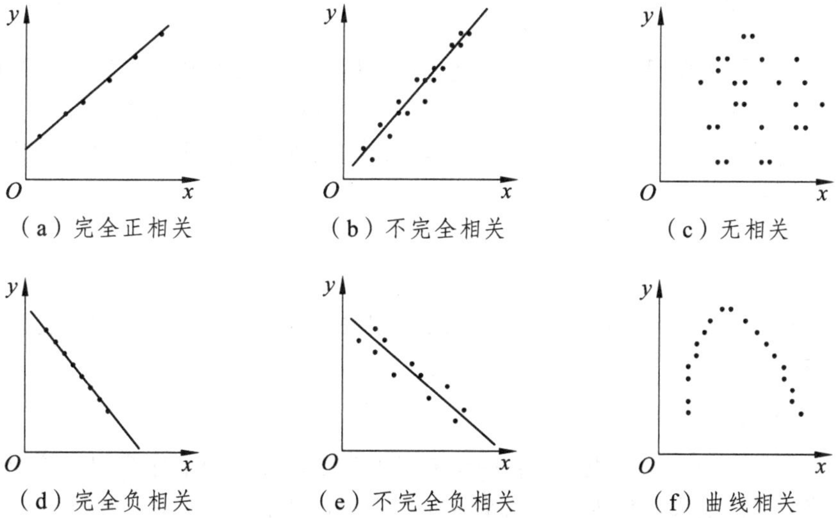


图 8-1　相关关系类型

## 三、相关分析的概念、特点及内容

1. 相关分析的概念

相关分析（correlation analysis）是研究一个变量与另一个变量或另一组变量之间的相关方向和相关密切程度的统计分析方法。

2. 相关分析的特点

（1）在相关分析中，两个变量关系呈现对等，即在相关分析中，不必定出哪一个是自变量 $x$，哪一个是因变量 $y$。可根据具体情况进行统计函数的设定。

（2）在相关分析中，由于两个变量之间的对等关系，$x$ 与 $y$ 均为随机变量。

3. 相关分析的内容

相关分析的内容包括以下几点：

（1）确定现象之间有无相关关系。因为确定相关关系是否存在是相关分析的前提。如果不存在相关关系，即零相关，就不需要进行相关分析了。

（2）确定相关关系的表现形式。只有判明现象之间相互关系的具体表现形式，才能运用相应的相关分析方法来解决。如果把曲线相关误认为直线相关，而按直线相关来分析，便会出现认识上的偏差，导致错误的结论。

（3）确定相关关系的密切程度和方向。其方法是编制相关表或绘制相关图、计算相关系数等。利用相关表或相关图只能使我们对变量间的相关密切程度与方向有一个粗略的直观认识，而相关系数则能从数量上说明相关关系的密切程度与方向。如果事物间仅仅有关系，但关系不密切，那么也没有继续研究的必要。

# 第二节　相关表、相关图与相关系数

## 一、相关表与相关图

判断现象间的相关关系，一般先做定性分析，然后做定量分析。定性分析就是根据经济学理论、有关专业知识和实际工作经验，进行科学的分析研究，初步确定现象间有无关系。如确有关系，进一步编制相关图和相关表，直观地判断现象之间大致呈现何种关系形式，以此计算相关系数做定量分析，精确反映相关关系的方向和程度。

### （一）相关表

相关表（correlation table）是表示变量之间相关关系的一种表格。相关表有两种类型即简单相关表和分组相关表。

1. 简单相关表

简单相关表是资料未经分组，只将一个变量的变量值按大小顺序排列，并配合其相关的变量的变量值所形成的表。例如，有八个企业生产某种产品，月产量和生产费用的资料如表 8-1 所示。

表 8-1　八个企业月产量和生产费用资料

| 企业编号 | 1 | 2 | 3 | 4 | 5 | 6 | 7 | 8 |
|---|---|---|---|---|---|---|---|---|
| 月产量（千吨） | 3.1 | 3.8 | 2 | 5 | 1.2 | 6.1 | 7.2 | 8 |
| 生产费用（万元） | 80 | 110 | 86 | 115 | 62 | 132 | 135 | 160 |

根据以上原始资料，将月产量按由小到大的顺序排列，可编制成简单相关表如表 8-2 所示。

表 8-2　八个企业月产量和生产费用简单相关表

| 月产量（千吨） | 1.2 | 2 | 3.1 | 3.8 | 5 | 6.1 | 7.2 | 8 |
|---|---|---|---|---|---|---|---|---|
| 生产费用（万元） | 62 | 86 | 80 | 110 | 115 | 132 | 135 | 160 |

从表 8-2 中可以看出，随着月产量的增加，生产费用有明显的提高趋势，两者之间存在正相关关系。

2. 分组相关表

分组相关表是在简单相关表的基础上，将原始数据加以分组而制成的表。由于相关关系中有两个变量，因此分组相关表可分为单变量分组相关表和双变量分组相关表两种。

（1）单变量分组表。在有相关关系的两个变量中，只根据一个变量进行分组，另一个变量不进行分组，只是计算出次数和平均数，这种表叫作单变量分组表。举例如表 8-3 所示。这种单变量分组表是实际工作中使用很多的一种，它能使资料简化，并且反映出两个现象的相互依存关系。

表 8-3　400 个女大学生身高和体重相关表（单变量分组相关表）

| 按体重分组（kg） | 人　数 | 每组平均身高（cm） |
|---|---|---|
| 45 以下 | 1 | 151 |
| 45 ~ 47.5 | 24 | 154 |
| 47.5 ~ 50 | 91 | 155 |
| 50 ~ 52.5 | 129 | 158 |
| 52.5 ~ 55 | 87 | 160 |
| 55 ~ 57.5 | 38 | 162 |
| 57.5 ~ 60 | 25 | 163 |
| 60 ~ 62.5 | 3 | 167 |
| 62.5 以上 | 2 | 170 |
| 合　计 | 400 | — |

（2）双变量分组表。这种是自变量和因变量都进行分组而编制的相关表。举例如表 8-4 所示。

表 8-4　400 个女大学生身高和体重相关表（双变量分组相关表）

| 按体重分组（kg） | 按身高分组（cm） | | | | | | | |
|---|---|---|---|---|---|---|---|---|
| | 150↓ | 150～154 | 154～158 | 158～162 | 162～166 | 166～170 | 170↑ | 合　计 |
| 62.5 以上 | | | | | | | 2 | 2 |
| 60～62.5 | | | | | | | 3 | 3 |
| 57.5～60 | | | | 4 | 6 | 7 | 8 | 25 |
| 55～57.5 | | | | | 16 | 14 | 8 | 38 |
| 52.5～55 | | 2 | 8 | 20 | 28 | 25 | 4 | 87 |
| 50～52.5 | 3 | 3 | 24 | 42 | 45 | 12 | | 129 |
| 47.5～50 | | 3 | 30 | 28 | 20 | 10 | | 91 |
| 45～47.5 | 2 | | 12 | | 10 | | | 24 |
| 45 以下 | | | | | | | | 1 |
| 合　计 | 5 | 9 | 74 | 94 | 125 | 68 | 25 | 400 |

### （二）相关图

相关图（correlation diagram）又称散点图，它是以直角坐标系的横轴代表变量 $x$，纵轴代表变量 $y$，将两变量相对应的成对数据用坐标点的形式描绘出来，用于反映两变量之间相关关系的图形。根据表 8-2 的资料绘制的相关图可用图 8-2 表示。从图 8-2 中也可以看出 8 个企业的月产量与生产费用之间有明显的直线趋势。

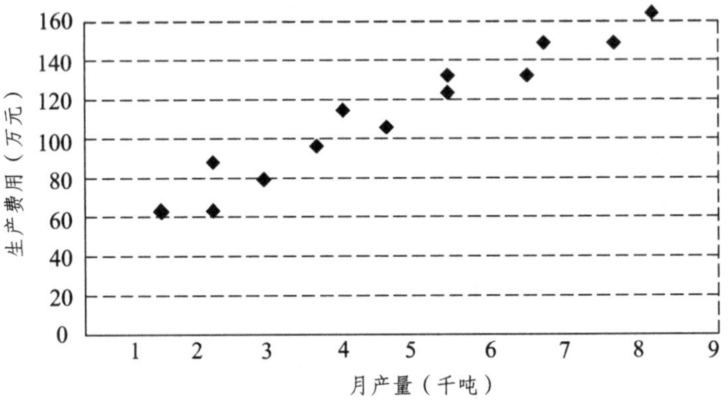


图 8-2　月产量与生产费用相关图

## 二、相关系数

通过编制相关表和绘制相关图，只能初步判断变量之间有无相关以及相关关系的表现形式，为了进一步准确说明现象之间相关关系的密切程度，就需要计算相关系数。

### （一）相关系数的概念

相关系数（correlation coefficient）是反映变量间相关关系密切程度的统计分析指标。根据线性相关变量的多少与分析问题的角度不同，相关系数可分为简单相关系数、偏相关系数和复相关系数。

反映曲线相关变量之间关系密切程度的曲线相关系数称为相关指数。测定线性相关系数的方法是最基本的相关分析，是测定其他相关系数方法的基础。而反映两个变量之间线性相关密切程度的相关系数称为简单相关系数。因其计算简便，统计中常使用简单相关系数。如果不作说明，相关系数往往指的是简单相关系数。

在多元相关分析中，如果不考虑其他因素的影响，或假定其他影响因素不存在，也可以计算简单相关系数来反映其中两个变量之间的相关密切程度，但往往不够准确。偏相关系数就是既考虑其他影响因素的存在，又假定其不变的情况下，计算出来的反映两个变量之间相关程度的统计分析指标。

复相关系数是反映一个因变量与两个或两个以上自变量组成的一组自变量之间的依存关系密切程度的统计分析指标。

### （二）相关系数的测定方法

早在 1890 年，英国统计学家卡尔·皮尔逊（Karl Pearson）便提出了一个测定两变量线性相关的计算公式，通常称为积矩相关系数。其基本计算公式为：

$$r=\frac{\sigma_{xy}^{2}}{\sigma_{x}\sigma_{y}} \tag{8-1}$$

式中：

$$\sigma_{xy}^{2}=\frac{\sum(x-\overline{x})(y-\overline{y})}{n}$$

为自变量 $x$ 与因变量 $y$ 的协方差（这是一种习惯用法，不要误认为它是平方数只能为正，它可以为负值）；$\sigma_x$、$\sigma_y$ 分别代表自变量数列与因变量数列的标准差。其中：

$$\sigma_{x}=\sqrt{\frac{\sum(x-\overline{x})^{2}}{n}}，\quad \sigma_{y}=\sqrt{\frac{\sum(y-\overline{y})^{2}}{n}}$$

因此，相关系数公式可表示为：

$$r=\frac{\sum(x-\overline{x})(y-\overline{y})}{\sqrt{\sum(x-\overline{x})^{2}}\sqrt{\sum(y-\overline{y})^{2}}} \tag{8-2}$$

由于相关系数是通过将各个变量离差相乘来说明现象之间相关密切程度的，所以又称这种计算相关系数的方法为积差法。

式（8-2）中，若令

$$l_{xy}=\sum(x-\overline{x})(y-\overline{y})=\sum xy-\frac{\sum x\cdot\sum y}{n}$$

$$l_{xx}=\sum(x-\overline{x})^{2}=\sum x^{2}-\frac{\left(\sum x\right)^{2}}{n}$$

$$l_{yy}=\sum(y-\overline{y})^2=\sum y^2-\frac{\left(\sum y\right)^2}{n}$$

则相关系数公式可为：

$$r=\frac{l_{xy}}{\sqrt{l_{xx}\cdot l_{yy}}} \tag{8-3}$$

从式（8-3）又可以推导出

$$r=\frac{n\sum xy-\sum x\cdot\sum y}{\sqrt{n\sum x^2-\left(\sum x\right)^2}\cdot\sqrt{n\sum y^2-\left(\sum y\right)^2}} \tag{8-4}$$

根据积差法计算相关系数时，首先要计算两个数列的平均数和标准差。而平均数可能为除不尽的小数，这样会使计算工作量相对较大，而且使计算结果的准确性也受到影响。因此实际工作中往往使用公式（8-4）进行计算，而这种计算相关系数的方法被称为简捷法。

### （三）相关系数的性质

（1）相关系数是一个抽象化的相对指标，其本身不表示任何经济含义，它完全是进行相关分析的一个工具。由于它不受变量值水平和计量单位的影响，便于在不同资料之间进行相关程度的比较。

（2）相关系数的取值范围是：$|r|\leqslant 1$，即$-1\leqslant r\leqslant 1$。

（3）根据相关系数可以判断相关的方向。计算结果带负号表示负相关，带正号表示正相关。

（4）相关系数主要用来判断两个变量之间相关关系的密切程度。相关系数的绝对值越接近于 1，表示相关关系越强；越接近于 0，表示相关关系越弱；如果$|r|=1$，说明两变量之间为完全线性相关；如果$|r|=0$，说明两变量之间无线性相关关系，但并不表明其变量间不存在其他类型的相关关系。

判断线性相关密切程度的标准通常如表 8-5 所示。

表 8-5　线性相关密切程度判断标准

| $\|r\|$ | 相关程度 |
|---|---|
| 0 ~ 0.3 | 无相关 |
| 0.3 ~ 0.5 | 低度相关 |
| 0.5 ~ 0.8 | 显著相关 |
| 0.8 ~ 1.0 | 高度相关 |

### （四）相关系数的特点

（1）参与相关分析的两个变量是对等的，不分自变量和因变量，因此相关系数只有一个。

（2）相关系数有正负号，反映相关关系的方向；正号反映正相关，负号反映负相关。

（3）计算相关系数的两个变量都是随机变量。

### （五）相关系数的应用举例

**【例 8–1】** 根据例 8-1 的资料，求相关系数并对其相关关系进行判定。

**解** 计算结果如表 8-6 所示。

表 8-6 相关系数

| 企业编号 | 月产量（千吨）$x$ | 生产费用（万元）$y$ | $x^2$ | $y^2$ | $xy$ |
|---|---|---|---|---|---|
| 1 | 1.2 | 62 | 1.44 | 3 844 | 74.4 |
| 2 | 2.0 | 86 | 4.00 | 7 396 | 172.0 |
| 3 | 3.1 | 80 | 9.61 | 6 400 | 248.0 |
| 4 | 3.8 | 110 | 14.44 | 12 100 | 418.0 |
| 5 | 5.0 | 115 | 25.00 | 13 225 | 575.0 |
| 6 | 6.1 | 132 | 37.21 | 17 424 | 805.2 |
| 7 | 7.2 | 135 | 51.84 | 18 225 | 972.0 |
| 8 | 8.0 | 160 | 64.00 | 25 600 | 1 280.0 |
| Σ | 36.4 | 880 | 207.54 | 104 214 | 4 544.6 |

根据计算表可得

$$l_{xx}=\sum x^2-\frac{\left(\sum x\right)^2}{n}=207.54-\frac{36.4^2}{8}=41.92$$

$$l_{yy}=\sum y^2-\frac{\left(\sum y\right)^2}{n}=104214-\frac{880^2}{8}=7414$$

$$l_{xy}=\sum xy-\frac{\left(\sum x\right)\left(\sum y\right)}{n}=4544.6-\frac{36.4\times 880}{8}=540.6$$

$$r=\frac{l_{xy}}{\sqrt{l_{xx}l_{yy}}}=\frac{540.6}{\sqrt{41.92\times 7414}}=0.9697$$

计算表明，产品产量与生产费用之间是高度正相关关系。

### （六）相关系数的显著性检验

在对两个变量 $x$ 与 $y$ 进行线性相关分析，当某些现象间并无相关关系时，通过利用样本数据计算，有时也能得到一个比较大的 $|r|$ 值，这时就可能得出一个虚假的相关关系结论。为什么会出现这种情况呢？在实际的分析研究中，往往是利用一个区段的样本数据，根据其对应值计算 $|r|$ 值，因而带有一定的随机性，并受抽样误差的影响，而且样本容量越小，随机性越大。当 $x$ 与 $y$ 各只有两个样本数据时，相关系数 $|r|=1$，但这并不能表明两个变量之间总是完全相关，有时两个变量之间可能无任何关系。两变量之间到底有没有真正关系？在作出结论之前，有必要检验样本的相关系数值是否可能来自一个不存在线性相关的总体（即 $\rho=0$，$\rho$ 为总体的相关系数），即要对相关系数进行显著性检验。

事实上，在相关分析时，由于两个变量 $x$ 与 $y$ 的观测值都是随机的，因此 $r$ 的值实际上成为未知总体的相关系数$\rho$ 的一个样本估计值，即可以把它看作一系列类似抽样（或观测）的样本值 $r_1$，$r_2$，$r_3$，…中的一个数值，这许多 $r$ 值的次数分布，可作为检验 $r$ 显著性的依据。通过 $r$ 在统计上是否显著，可以说明它能否作为两个变量间存在线性相关的依据：若 $r$ 在统计上是显著的，就证明两个变量间存在线性关系；反之，则说明两个变量之间不存在线性关系。

对于线性相关，为了评价相关系数的显著性，在小样本情况下（我们观测两变量之间的对应数据一般都不会超过 30 对），通常采用 $t$ 分布来检验 $r$ 的显著性。其方法和步骤如下：

（1）提出假设：$H_0$：$\rho=0$；$H_1$：$\rho\neq0$。

（2）计算相关系数 $r$ 的 $t$ 检验值：

$$t=\frac{r\sqrt{n-2}}{\sqrt{1-r^2}} \tag{8-5}$$

（3）根据给定的显著性水平$\alpha$，查 $t$ 分布表得临界值 $t_{\alpha/2}(n-2)$。

（4）判断：若 $|t|>t_{\alpha/2}(n-2)$，拒绝原假设，接受备择假设，即表明 $r$ 在统计上是显著的；若 $|t|\leqslant t_{\alpha/2}(n-2)$，接受原假设，拒绝备择假设，即表明 $r$ 在统计上是不显著的。

**【例 8-2】** 根据例 8-1 资料中计算出的相关系数进行显著性检验。

**解** （1）提出假设。

$H_0$：$\rho=0$，产品产量与生产费用之间无线性相关关系；

$H_1$：$\rho\neq0$，产品产量与生产费用之间存在线性相关关系。

（2）计算相关系数 $r$ 的 $t$ 检验值。

$$t=\frac{r\sqrt{n-2}}{\sqrt{1-r^2}}=\frac{0.9697\times\sqrt{8-2}}{\sqrt{1-0.9697^2}}=\frac{2.3752}{0.9700}=2.4487$$

（3）设显著性水平$\alpha=0.05$，查 $t$ 分布表得临界值。

$$t_{\alpha/2}(n-2)=t_{0.025}(6)=2.4469$$

（4）判断：由于$|t|>t_{\alpha/2}(n-2)$，因此拒绝原假设，接受备择假设，即表明相关系数 $r$ 是显著的，说明产品产量与生产费用之间存在正线性相关关系。

# 第三节　回归分析概述

## 一、回归分析的概念与内容

### （一）回归分析的概念

“回归”一词是英国生物学家高尔顿（Francis Galton，1822—1911）首先提出的。高尔顿在研究父母身高与子女身高的关系时发现：身材特别高的父母所生的孩子，其身高并非特别高，而身材特别矮的父母所生孩子的身高也并非特别矮，子辈身高有向父辈身高平均数靠拢的趋势。他把这种现象叫作“身高数值从一个极端至另一个极端的回归”。以后，高尔顿的学生皮尔逊（Karl Pearson，1857—1936）把回归的概念同数学的方法联系起来，把代表现象之间一般数量关系的统计模型叫作回归直线或回归曲线，从此诞生了统计上著名的回归理论。后来，回归这个词被用来泛指研究变量之间的一般数量关系。

回归分析（analysis of regression）是指对具有相关关系的变量，选择一个合适的数学模型来近似地表示变量间的平均变化关系的一种统计方法。

### （二）回归分析的特点

（1）回归分析中，两个变量之间的关系不是对等的。在分析时，必须根据研究目的确定哪个是自变量，哪个是因变量。

（2）对于回归分析中的两个变量，自变量是确定性变量，因变量是随机变量，因此，当给定自变量值时，便能估计因变量值。但是不能从某个随机的因变量值出发，反过来去估计某个自变量值。

### （三）回归分析的分类

（1）按自变量的多少可分为一元回归和多元回归。

研究一个自变量的回归分析称为一元回归，或称简单回归；研究两个或两个以上自变量的回归分析称为多元回归，或称复回归。

（2）按回归的表现形式可分为线性回归和非线性回归。

如果回归模型的因变量是自变量的一次函数形式，回归规律在图形上表现为一条直线，称为线性回归；如果回归模型的因变量是自变量的一次以上函数形式，回归规律在图形上表现为形态各异的各种曲线，称为非线性回归。

### （四）回归分析的主要内容

（1）拟合回归模型。在确定变量之间确实存在着相关关系的基础上，拟合一个表明变量之间依存关系的数学表达式，或称为回归模型、回归方程式，来反映变量之间数量上的相关的规律性，并可根据自变量的变动来预测因变量的变动。

（2）测定和控制误差。通过计算估计标准误指标，可以反映因变量估计值的准确程度，从而将误差控制在一定范围内。

（3）显著性检验。拟合的模型用给定的自变量估计因变量是否有效，必须通过显著性检验才能作出结论。

## 二、回归分析与相关分析的联系与区别

回归分析和相关分析同为统计分析中应用广泛的重要方法，两者关系密切。相关分析是回归分析的基础和前提。如果缺少相关关系，没有从定性上说明现象间是否具有相关关系，没有对相关关系的密切程度作出判断，就不能进行回归分析，即便勉强进行了回归分析，也没有实际意义。回归分析是相关分析的深入和继续。仅仅说明现象间存在有密切的相关关系是不够的，只有进行了回归分析，拟合了回归方程，才能表明现象数量相关的具体形式。因此，如果仅有回归分析而缺少相关分析，将会因为缺乏必要的基础和前提而影响回归分析的可靠性；如果仅有相关分析而缺少回归分析，就会降低相关分析的意义。只有把两者结合起来，才能达到统计分析的目的。具体来说两者有如下联系与区别。

1. 回归分析与相关分析的联系

（1）回归分析与相关分析都是对客观事物数量依存关系的分析，在理论基础和方法上具有一致性。只有存在相关关系的变量才能进行回归分析，相关程度越高，回归测定的结果越可靠。因此，相关系数也是判定回归效果的一个重要依据。

（2）相关系数同回归模型中的参数可以相互换算，特别是多元相关和非线性相关的相关系数，必须利用回归模型才能求得。

2. 回归分析与相关分析的区别

（1）相关分析是研究变量之间的共变关系。这些变量相互对应，却不分主从或因果。而回归分析是在控制或给定一个或几个变量条件下来观察对应的某一变量的变化。给定的变量称为自变量，不是随机变量，被观察的对应的变量称为因变量，却依然是随机变量。当给定一个自变量数值时，因变量可能有多个取值，并且形成一个分布。在社会经济研究中，通常也假定其为正态分布，并且具有相同的方差。因此，回归分析必须根据研究的目的和对象的性质来确定哪个是自变量（也称为解释变量），哪个是因变量（也称为被解释变量）。

（2）相关分析主要是测定变量之间关系的密切程度与方向。而回归分析却可以对具有相关关系的变量建立一个数学方程（也称回归模型）描述变量之间具体的变动关系，通过控制或给定自变量的数值来估计或预测因变量可能的数值。

## 第四节　一元线性回归分析

### 一、一元线性回归方程的拟合

一元线性回归方程是用于分析一个自变量 $x$ 与一个因变量 $y$ 之间线性关系的数学方程。其表现形式为：

$$y_c = a + bx \tag{8-6}$$

式中：$x$ 为自变量；$y_c$ 为因变量 $y$ 的估计值，又称理论值；$a$ 为回归直线的截距；$b$ 为回归直线斜率，又称回归系数（regression coefficient）。

$b$ 的经济意义是表示自变量 $x$ 每变化 1 个单位时，$y_c$ 的平均增减量为 $b$。$b>0$ 为增量，$b<0$ 为减量。

简单线性回归方程的拟合实际上是选择 $a$ 和 $b$ 的数值。依最小平方法原理要求，要满足实际观察值 $y$ 与估计值 $y_c$ 离差平方和等于最小值，即

$$Q = \sum (y - y_c)^2 = \sum (y - a - bx)^2 = \text{最小值}$$

根据微积分学中的极值原理，令 $Q$ 对 $a$、$b$ 的一阶偏导数等于 0，即

$$\frac{\partial Q}{\partial a} = -2\sum (y - a - bx) = 0$$

$$\frac{\partial Q}{\partial b} = -2\sum (y - a - bx)x = 0$$

整理得关于 $a$，$b$ 的正规方程组：

$$\begin{cases}\sum y = na + b\sum x \\ \sum xy = a\sum x + b\sum x^2\end{cases} \tag{8-7}$$

解方程组得

$$\begin{cases}b = \dfrac{n\sum xy - \left(\sum x\right)\left(\sum y\right)}{n\sum x^2 - \left(\sum x\right)^2} = \dfrac{l_{xy}}{l_{xx}} \\ a = \dfrac{\sum y}{n} - b\dfrac{\sum x}{n} = \overline{y} - b\overline{x}\end{cases} \tag{8-8}$$

将解得的 $a$，$b$ 值代入 $y_c = a + bx$ 中，就得到所需要的直线方程。

## 二、线性回归方程的基本性质

根据以上分析，可以得出线性回归方程的基本性质：

**性质 1** $Q = \sum (y - y_c)^2 =$ 最小值；

**性质 2** $\sum (y - y_c) = 0$；

**性质 3** 回归直线必须通过点（$\overline{x}$，$\overline{y}$）。

**【例 8–3】** 以表 8-7 的数据，拟合产品产量与生产费用的直线方程。

表 8-7 企业产量与生产费用数据

| 企业编号 | 月产量（千吨）$x$ | 生产费用（万元）$y$ | $(x-\overline{x})^2$ | $x^2$ | $y^2$ | $xy$ | 估计值 $y_c$ | $(y-y_c)^2$ |
|---|---|---|---|---|---|---|---|---|
| 1 | 1.2 | 62 | 11.222 5 | 1.44 | 3 844 | 74.4 | 66.80 | 23.04 |
| 2 | 2.0 | 86 | 6.5025 | 4.00 | 7 396 | 172.0 | 77.12 | 78.85 |
| 3 | 3.1 | 80 | 2.102 5 | 9.61 | 6 400 | 248.0 | 91.30 | 127.69 |
| 4 | 3.8 | 110 | 0.562 5 | 14.44 | 12 100 | 418.0 | 100.33 | 93.51 |
| 5 | 5.0 | 115 | 0.202 5 | 25.00 | 13 225 | 575.0 | 115.80 | 0.64 |
| 6 | 6.1 | 132 | 2.402 5 | 37.21 | 17 424 | 805.2 | 129.99 | 4.04 |
| 7 | 7.2 | 135 | 7.022 5 | 51.84 | 18 225 | 972.0 | 144.17 | 84.09 |
| 8 | 8.0 | 160 | 12.602 5 | 64.00 | 25 600 | 1 280.0 | 154.49 | 30.36 |
| Σ | 36.4 | 880 | 42.620 0 | 207.54 | 104 214 | 4 544.6 | 880.00 | 442.22 |

**解** 根据例 8-1 的计算结果，得 $l_{xy} = 540.6$，$l_{xx} = 41.92$。故此可得

$$b = \frac{l_{xy}}{l_{xx}} = \frac{540.6}{41.92} = 12.896$$

$$a = \overline{y} - b\overline{x} = \frac{880}{8} - 12.896 \times \frac{36.4}{8} = 51.323$$

将 $a$ 和 $b$ 代入回归直线方程式得

$$y_c = 51.323 + 12.896x$$

在回归直线方程中，$b = 12.896$，表明产品产量每增加 1 千吨，生产费用平均增加 12.896 万元；$a = 51.323$，表示即使在产量为 0 的情况下，生产费用也需要支出 51.323 万元。

利用直线方程 $y_c = 51.323 + 12.896x$ 可以推算出表 8-7 中的估计值 $y_c$，并可以进行外推预测。

**【例 8–4】** 某企业上半年产品产量与单位成本资料如表 8-8 所示。

表 8-8　某企业生产情况资料

| 月份 | 产量（千件）$x$ | 单位成本（元）$y$ | $x^2$ | $y^2$ | $xy$ |
|---|---|---|---|---|---|
| 1 | 2 | 73 | 4 | 5 329 | 146 |
| 2 | 3 | 72 | 9 | 5 184 | 216 |
| 3 | 4 | 71 | 16 | 5 041 | 284 |
| 4 | 3 | 73 | 9 | 5 329 | 219 |
| 5 | 4 | 69 | 16 | 4 761 | 276 |
| 6 | 5 | 68 | 25 | 4 624 | 340 |
| Σ | 21 | 426 | 79 | 30 268 | 1 481 |

要求：

（1）计算相关系数，说明两个变量相关的密切程度；

（2）配合回归方程，指出产量每增加 1 千件时，单位成本平均变动多少？

（3）假定产量为 6 千件时，单位成本为多少？

**解**　计算相关系数时，两变量都是随机变量，不需区分自变量和因变量。考虑到要配合回归方程，所以，这里设产量为自变量 $x$，单位成本为因变量 $y$。根据题意计算：

$$l_{xy} = \sum xy - \frac{\sum x \cdot \sum y}{n} = 1481 - \frac{21 \times 426}{6} = -10$$

$$l_{xx} = \sum x^2 - \frac{\left(\sum x\right)^2}{n} = 79 - \frac{21^2}{6} = 5.5$$

$$l_{yy} = \sum y^2 - \frac{\left(\sum y\right)^2}{n} = 30268 - \frac{426^2}{6} = 22$$

（1）

$$r = \frac{l_{xy}}{\sqrt{l_{xx} \cdot l_{yy}}} = \frac{-10}{\sqrt{5.5 \times 22}} = -0.9091$$

说明产量和单位成本之间存在着高度负相关关系。

（2）拟合直线回归方程 $y_c = a + bx$，计算回归参数得

$$b = \frac{l_{xy}}{l_{xx}} = \frac{-10}{55} = -1.82$$

$$a = \overline{y} - b\overline{x} = 77.37$$

则回归方程为

$$y_c = 77.37 - 1.82x$$

（3）当产量为 6 千件时，即 $x = 6$，代入回归方程得

$$y_c = 77.37 - 1.82 \times 6 = 66.45\text{（元）}$$

即假定产量为 6 千件时，单位成本为 66.45 元。

## 三、判定系数 $r^2$

### （一）判定系数的意义

用最小平方法求得的回归直线 $y_c = a + bx$ 确定了 $x$ 与 $y$ 的具体变动关系。但是，实际值是不是紧密分布在两侧，其紧密程度如何，这关系到回归模型的应用价值。因此，对回归值的拟合优度必须加以测定。判定系数 $r^2$ 便是测定回归直线拟合优度的一个重要指标。

线性回归方程拟合优度的好坏实质上就是回归方程误差大小的问题。总体来看，就是指所有因变量的实际值 $y$ 与平均值 $\bar{y}$ 的偏差。为了说明，我们来看线性回归方程误差的分解图（见图 8-3）。

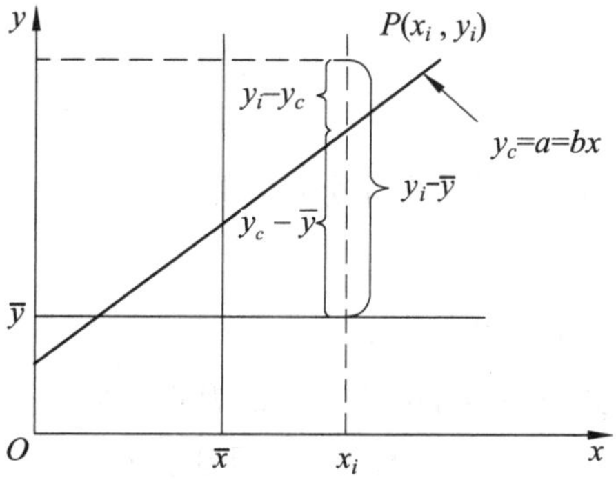


图 8-3　$(y_i - \bar{y})$ 分解图

### （二）判定系数 $r^2$ 的测定

设有 $y$ 的实际值 $y_i$，$y_i$ 到 $\bar{y}$ 的离差即（$y_i - \bar{y}$）被回归直线分割成两部分：（$y_i - y_c$）和（$y_c - \bar{y}$）。那么，对所有的实际值 $y$ 来说，有它们的离差平方和，即总偏差 = $\sum(y_i - \bar{y})^2$。

总偏差 $\sum(y - \bar{y})^2$ 可记为 $SST$；同时，我们仍将 $\sum(y_c - \bar{y})^2$ 称为回归偏差，可记为 $SSR$；将 $\sum(y_i - y_c)^2$ 称为剩余偏差，又称未被解释的偏差，可记为 $SSE$。至于为什么将 $\sum(y_c - \bar{y})^2$ 称为回归偏差，这是因为

$$\sum(y_c - \bar{y})^2 = \sum(a + bx - a - b\bar{x})^2 = \sum(bx - b\bar{x})^2 = b^2\sum(x - \bar{x})^2$$

式中：$b$ 为回归系数。可见回归偏差在很大程度上取决于回归系数 $b$，所以称之为被回归解释的偏差。另一部分 $\sum(y_i - y_c)^2$ 也就是未被解释的偏差了。

这说明实际值 $y$ 与均值 $\overline{y}$ 的总偏差包括两个部分，即

$$\sum(y_i-\overline{y})^2=\sum(y_c-\overline{y})^2+\sum(y_i-y_c)^2 \tag{8-9}$$

即

$$SST=SSR+SSE \tag{8-10}$$

在总偏差一定时，回归偏差 $\sum(y_c-\overline{y})^2$ 越大，剩余偏差 $\sum(y_i-y_c)^2$ 就越小；反之，回归偏差 $\sum(y_c-\overline{y})^2$ 越小，剩余偏差 $\sum(y_i-y_c)^2$ 就越大。由此我们可推论，如果 $y$ 实际值都紧密地分布在回归直线两侧，就说明那些不确定因素干扰很小，即剩余偏差很小；相对来说，在总偏差里，回归偏差比重较大，而且此时 $x$ 与 $y$ 的依存关系很强。判定系数 $r^2$ 便是以回归偏差占总偏差的比率来表示线性回归方程的拟合优度的评价指标。

$$r^2=\frac{\text{回归偏差}}{\text{总偏差}}=\frac{\sum(y_c-\overline{y})^2}{\sum(y_i-\overline{y})^2}=\frac{SSR}{SST}=1-\frac{SSE}{SST} \tag{8-11}$$

### （三）判定系数与相关系数的关系

判定系数 $r^2$ 按公式（8-11）计算是比较烦琐的，但可以证明它与相关系数 $r$ 有如下关系：

$$r=\sqrt{r^2} \tag{8-12}$$

### （四）判定系数的特性

1. 判定系数 $r^2$ 具有非负性

由判定系数 $r^2$ 的定义式可知，$r^2$ 的分子分母均是不可能为负值的平方和，因此其比值必大于零。

2. 判定系数 $r^2$ 的取值范围为 $0\leqslant r^2\leqslant 1$

由判定系数 $r^2$ 的计算公式可以看出：当所有的观测值都位于回归直线上时，$SSE=0$，这时 $r^2=1$，说明总离差可以完全由所估计的样本回归直线来解释；当观测值并不是全部位于回归直线上时，$SSE>0$，则 $SSE/SST>0$，这时 $r^2<1$；当回归直线没有解释任何离差，即模型中解释变量 $x$ 与因变量 $y$ 完全无关时，$y$ 的总离差全部归于剩余偏差，即 $SSE=SST$，这时 $r^2=0$。

3. 判定系数 $r^2$ 是样本观测值的函数，它也是一个统计量

**【例 8-5】** 根据表 8-1 的资料，计算判定系数。

**解** $r^2=0.9697^2=0.9403$。

计算结果表明，企业生产费用的总偏差中，有 94.03% 可以由产品产量与生产费用的依存关系来解释，只有 5.97%属于随机因素的影响。因此拟合的趋势方程是合适的。

## 四、估计标准误差

### （一）估计标准误差的意义

回归方程的一个重要作用在于根据自变量的已知值推算因变量的可能值，这个可能值叫

估计值或理论值。它与实际值可能一致，也可能不一致，因此就产生了估计值的代表性问题。当 $y_c$ 值与 $y$ 值一致时，表明推断准确；当 $y_c$ 值与 $y$ 值不一致时，表明推断不够准确。估计值与实际值差距越大，估计值的代表性就越小。将一系列 $y_c$ 与 $y$ 加以比较，可以发现其中存在着一系列离差，有的是正差，有的是负差。那么，所有的实际值 $y$ 与估计值 $y_c$ 之间的平均差异程度是多少呢？这就需要计算估计标准误差（standard error of estimate）。估计标准误差就是因变量的实际值与其估计值离差的平均数，也叫估计标准差。它是用来说明回归方程代表性大小的统计分析指标。

### （二）估计标准误差的计算

估计标准误差有两种计算方法。

1. 根据因变量实际值和估计值的离差计算

计算公式如下：

$$S_{yx}=\sqrt{\frac{\sum(y-y_c)^2}{n-2}} \tag{8-13}$$

式中：$S_{yx}$ 为估计标准误差，其下标 $yx$ 代表 $y$ 倚 $x$ 的回归方程；$y$ 为因变量数列的实际值；$y_c$ 为根据回归方程推算出来的因变量的估计值；$n$ 为项数。

2. 根据 $a$、$b$ 两个参数值计算

上式（8-13）计算估计标准误差的方法是用平均误差来表现的，但是计算比较麻烦，须计算出所有的估计值。如果已知直线回归方程的参数值，有一个比较简便的计算方法。其计算公式如下：

$$S_{yx}=\sqrt{\frac{\sum y^2-a\sum y-b\sum xy}{n-2}} \tag{8-14}$$

根据表 8-6 资料得

$$\sum y=880,\quad \sum y^2=104214,\quad \sum xy=4544.6,\quad a=51.31,\quad b=12.90$$

代入公式得

$$S_{yx}=\sqrt{\frac{104214-51.31\times880-12.90\times4544.6}{8-2}}=8.59(\text{万元})$$

计算结果表明，因变量的实际值与估计值的平均离差为 8.59 万元。

### （三）计算估计标准误差的作用

（1）这个指标数值的大小，反映了利用线性回归模型进行估计或预测的准确程度。

（2）说明回归直线代表性的大小。很明显，估计标准误差越大，说明回归直线的代表性就越小，回归直线的实用价值自然越小。估计标准误差越小，说明回归直线的代表性就越大，回归直线的实用价值自然越大。

（3）在抽样调查条件下，估计标准误差是计算回归抽样误差的一个依据。

## 五、一元线性回归方程的显著性检验

从总体中随机抽取一个样本，根据样本中 $n$ 对 $x$ 和 $y$ 的资料拟合的线性回归方程，由于受到抽样误差的影响，它所确定的变量之间的线性关系是否显著，以及依据这个方程用给定的自变量 $x$ 去估计因变量 $y$ 是否有效，必须通过显著性检验才可作出结论。

### （一）回归系数 $b$ 的检验

利用随机观测到的 $n$ 对有关 $x$ 和 $y$ 的样本数据，采用最小平方法得到的回归系数 $b$ 是否符合回归方程的基本假设，需要进行检验。回归系数 $b$ 与 0 是否有显著差异，表明总体回归系数$\beta$是否为 0。若$\beta=0$，总体回归线就是一条水平线，$x$ 与 $y$ 之间无线性关系，违背了一元线性回归方程的基本假设；若$\beta\neq0$，即 $x$ 与 $y$ 之间存在着线性关系，符合假设条件，所拟合的一元线性回归方程可以认为符合变量间的变化规律。对回归系数 $b$ 的检验就是要验证变量 $x$ 与 $y$ 之间是否真正存在线性关系，一般采用 $t$ 检验，其步骤为：

（1）提出假设。假设观测的样本是从一个没有线性关系的总体中选出的，即

$$H_0:\ \beta=0;\ H_1:\ \beta\neq0$$

（2）计算回归系数 $b$ 的检验统计量 $t$ 值。

$$t=\frac{b-\beta}{S_b} \tag{8-15}$$

式中：$S_b$ 为回归系数 $b$ 的标准差。

其计算公式为：

$$S_b=\frac{S_{yx}}{\sqrt{\sum x^2-n(\bar{x})^2}} \tag{8-16}$$

式中：$S_{yx}$ 是估计标准误差。

（3）确定临界值。根据给定的显著性水平$\alpha$ 和自由度 $n-2$，查 $t$ 分布表得临界值 $t_{\alpha/2}(n-2)$。

（4）作出判断：若 $|t|\geqslant t_{\alpha/2}(n-2)$，则拒绝原假设 $H_0$，接受备择假设 $H_1$，得出$\beta\neq0$ 的结论；若 $|t|< t_{\alpha/2}(n-2)$，则接受原假设 $H_0$。

**【例 8–6】** 根据表 8-7 的资料和例 8-4 的资料及结论，进行假设检验。

**解**　（1）提出假设。

$$H_0:\ \beta=0;\ H_1:\ \beta\neq0$$

（2）计算回归系数 $b$ 的检验统计量 $t$ 值。

$$S_b=\frac{S_{yx}}{\sqrt{\sum x^2-n(\bar{x})^2}}=\frac{8.59}{\sqrt{207.54-8\times\left(\frac{36.4}{8}\right)^2}}=1.3267$$

于是

$$t_b=\frac{b-\beta}{S_b}=\frac{12.9-0}{1.3267}=9.7234$$

（3）确定临界值。设显著性水平$\alpha=0.05$，查 $t$ 分布表得临界值：

$$t_{\alpha/2}(n-2)=t_{0.025}(6)=2.4469$$

（4）作出判断。由于$|t|>t_{\alpha/2}(n-2)$，所以拒绝原假设 $H_0$，接受备择假设，说明回归系数是显著的。即企业产量与生产费用之间存在显著线性关系，产量是影响生产费用的显著因素。

### （二）线性回归方程的显著性检验

变量 $x$ 与 $y$ 之间是否存在着线性关系，除了对回归系数 $b$ 进行 $t$ 检验外，还可以用方差分析方法进行检验判定，即回归方程的显著性检验，通常使用 $F$ 检验。其检验步骤如下：

（1）提出假设。假设回归方程是不显著的，即

$H_0$：方程不显著；$H_1$：方程显著

（2）计算回归方程的检验统计量 $F$ 值。

$$F=\frac{\sum(y_c-\overline{y})^2/1}{\sum(y-y_c)^2/(n-2)} \tag{8-17}$$

（3）确定临界值。根据给定的显著性水平$\alpha$ 和两个自由度 1 和 $n-2$，查 $F$ 分布表得临界值 $F_\alpha(1,n-2)$ 。

（4）作出判断：若 $F>F_\alpha$，则拒绝原假设 $H_0$，接受备择假设；若 $F\leqslant F_\alpha$，则接受原假设 $H_0$。

需要说明的是，在两个变量的情况下，$F$ 检验与 $t$ 检验是等价的，即如果 $H_0$：$\beta=0$ 被 $t$ 检验拒绝（或接受），它也将同样被 $F$ 检验拒绝（或接受）。假设可任选一种进行检验。

### （三）一元线性回归方程的区间估计

若样本回归方程 $y_c=a+bx$ 经过检验为显著的，就可用来进行区间估计。所谓估计，就是在确定自变量的某一数值 $x_0$ 时，求相应的因变量的估计值 $y_0$；所谓区间估计，就是在点估计的基础上，对实际值 $y$ 与估计值 $y_c$ 的误差给予一定可靠范围的估计。

通常可以用估计标准误差说明 $y$ 与 $y_c$ 的离散程度并据以建立置信区间，但作上述运用时是有一假定条件为前提的，即当总体为正态分布或当样本容量足够大（$n\geqslant30$）时，可认为样本的均值亦服从正态分布。因此，在大样本条件下，有 $S_{yx}$ 公式及相应的置信区间：

$$P\{y_c-S_{yx}\leqslant y\leqslant y_c+S_{yx}\}=68.27\%$$

$$P\{y_c-2S_{yx}\leqslant y\leqslant y_c+2S_{yx}\}=95.45\%$$

$$P\{y_c-3S_{yx}\leqslant y\leqslant y_c+3S_{yx}\}=99.73\%$$

在小样本（$n<30$）情况下，估计标准误差公式则要做以下调整：

$$S_d=S_{yx}\sqrt{1+\frac{1}{n}+\frac{(x_0-\overline{x})^2}{\sum(x-\overline{x})^2}} \tag{8-18}$$

这是因为用 $t$ 分布表示的小样本变量数字特征更为合适，其分布的曲线类似标准正态分布，是一条比标准正态分布略显扁平的钟型曲线。在既定的显著性水平下，$t$ 分布的临界值与标准正态分布的临界值不同，这种差异在小样本的情况下更为明显。

当 $n$ 很大时，$\frac{1}{n}$ 就变得很小；当 $x_0$ 接近 $\bar{x}$ 时，$\frac{(x_0-\bar{x})^2}{\sum(x-\bar{x})^2}$ 也变得很小，因此，预测方差就约等于 $S_y^2$。相应地，若给出置信率（1−$\alpha$），$y$ 的置信区间为

$$y_c - tS_d < y < y_c + tS_d \tag{8-19}$$

即

$$y_c \pm tS_{yx}\sqrt{1+\frac{1}{n}+\frac{(x_0-\bar{x})^2}{\sum(x-\bar{x})^2}} \tag{8-20}$$

从图 8-4 中可以看出，置信区间两端呈喇叭状，当 $x_0=\bar{x}$ 或接近 $\bar{x}$ 时，置信区间较窄，有较好的精确度；当 $x_0$ 远离 $\bar{x}$ 时，置信区间逐渐加宽，精确度下降。可见，小样本预测置信区间为我们提供了精确度较高的保证条件。

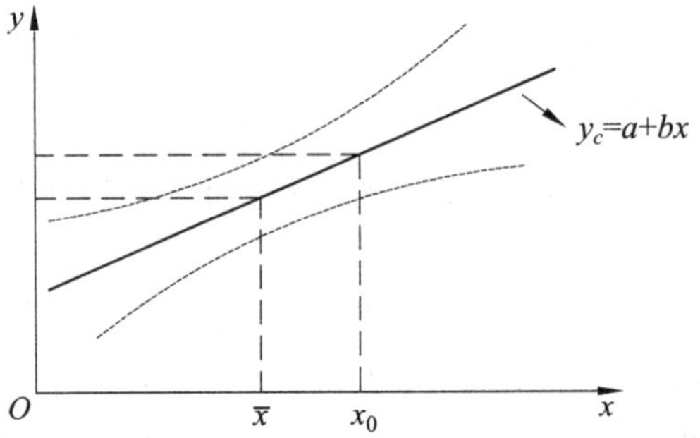


图 8-4　小样本预测置信区间

**【例 8–7】** 根据表 8-7 的资料，若产品产量为 9 千吨时，试以 95%的置信度对生产费用作出区间估计。

**解**　当 $x_0=9$ 千吨时的生产费用点估计值为

$$y_{c0}=a+bx=51.323+12.896\times 9=167.387$$

给定 $\alpha=0.05$，查 $t$ 分布表得临界值：

$$t_{\alpha/2}(8-2)=t_{0.025}(6)=2.4469$$

$$S_d=S_{yx}\sqrt{1+\frac{1}{n}+\frac{(x_0-\bar{x})^2}{\sum(x-\bar{x})^2}}=8.59\times\sqrt{1+\frac{1}{8}+\frac{(9-36.4/8)^2}{42.62}}=10.8663$$

当 $x_0=9$ 千吨时，生产费用的置信区间为：

$$y_{c0}\pm tS_d=167.387\pm 2.4469\times 10.8663=167.387\pm 26.589$$

计算结果表明：当 $x_0=9$ 千吨时，生产费用有 95%的可能性落在 140.798 万元到 193.976 万元之间。

## 【本章小结】

相关关系是指变量之间存在不严格确定的依存关系，与变量间完全确定的函数关系不同。由于客观事物的联系和变化复杂而多样，变量之间的相关关系也有多种形式。按相关因素的

多少可分为单相关和复相关；按相关的表现形式可分为线性相关和非线性相关；按相关的方向可分为正相关和负相关；按相关关系的程度可分为完全相关、不完全相关和不相关。

相关分析是研究一个变量与另一个变量或另一组变量之间的相关方向和相关密切程度的统计分析方法。相关分析的内容包括确定变量之间有无相关关系、相关的表现形式以及确定变量之间相关的密切程度。

对现象之间的相关关系进行分析，最简单的方法是编制相关表和绘制相关图。而相关系数是反映变量间相关方向及关系密切程度的统计分析指标。相关系数的计算方法主要有积差法和简捷法。相关系数的取值范围为$|r| \leqslant 1$，根据相关系数可以判断相关的方向。$|r|$的值越大，即越接近于1，表明两变量之间的线性相关程度越高；反之，$|r|$的值越小，即越接近于0，表明两变量之间的线性相关程度越低。如果$|r| = 1$，说明两变量之间为完全线性相关；如果$|r| = 0$，说明两变量之间无线性相关关系。

相关系数的显著性检验，在小样本的情况下，可用费希尔（R. A. Fisher）的$t$检验法。其方法和步骤如下：（1）提出假设：$H_0$：$\rho = 0$；$H_1$：$\rho \neq 0$。（2）计算相关系数$r$的$t$检验值。（3）根据给定的显著性水平$\alpha$查$t$分布表得临界值$t_{\alpha/2}(n-2)$。（4）判断：若$|t| > t_{\alpha/2}(n-2)$，拒绝原假设，接受备择假设，即表明$r$在统计上是显著的；若$|t| \leqslant t_{\alpha/2}(n-2)$，接受原假设，拒绝备择假设，即表明$r$在统计上是不显著的。

由一个或一组非随机变量来估计或预测某一个随机变量的观察值所建立的数学模型及所进行的统计分析，称为回归分析。回归分析按自变量的多少可分为一元回归和多元回归；按回归的表现形式可分为线性回归和非线性回归。

回归分析的内容包括拟合回归模型、测定和控制误差以及显著性检验。

简单线性回归方程是用于分析一个自变量$x$与一个因变量$y$之间线性关系的数学方程。判定系数$r^2$便是测定线性回归方程拟合优度的一个重要指标。估计标准误差则是线性回归方程应用的一个重要补充。从总体中随机抽取一个样本，根据样本中$n$对$x$和$y$的资料拟合的线性回归方程，由于受到抽样误差的影响，它所确定的变量之间的线性关系是否显著，以及依据这个方程用给定的自变量$x$去估计因变量$y$是否有效，必须通过显著性检验才可作出结论。若样本回归方程$y_c = a + bx$经过检验为显著的，就可用来进行区间估计预测。

## 【本章案例】

### ××电机厂2020年产品成本分析

一、选题

最近几年××电机厂狠抓成本管理，提高经济效益，在降低原材料和能源消耗、提高劳动生产率以及增收节支等方面，取得了显著成绩，单位成本有明显下降，基本扭转了亏损局面。但是各月单位成本起伏很大，有的月份赢利，有的月份赢利很少甚至亏损。为了控制成本波动，并指导今后的生产经营，××电机厂统计部门进行了产品成本分析。

二、资料搜集与整理分析

研究单位成本与产量的关系（见表8-9）。从表8-9可以看出，电机单位成本波动很大，在 15 个月中，最高的 2020 年 3 月单位成本达 800 元，最低的 2020 年 12 月单位成本为 570 元，全距是 230 元。2020 年 2、3、4、8 月 4 个月成本高于出厂价，出现亏损，而 2020 年 12 月毛利率达到 20.8%[＝（720−570）÷720×100%]。

表 8-9　电机产量与单位成本统计数据

| 时　间 | 电机产量（台） | 单位产品成本（元） | 出厂价（元/台） |
|---|---|---|---|
| 2019 年 10 月 | 690 | 720 | 760 |
| 2019 年 11 月 | 700 | 715 | 760 |
| 2019 年 12 月 | 860 | 610 | 760 |
| 2020 年 1 月 | 810 | 670 | 760 |
| 2020 年 2 月 | 547 | 780 | 760 |
| 2020 年 3 月 | 530 | 800 | 760 |
| 2020 年 4 月 | 540 | 780 | 760 |
| 2020 年 5 月 | 800 | 675 | 760 |
| 2020 年 6 月 | 820 | 650 | 720 |
| 2020 年 7 月 | 850 | 620 | 720 |
| 2020 年 8 月 | 600 | 735 | 720 |
| 2020 年 9 月 | 690 | 720 | 720 |
| 2020 年 10 月 | 840 | 630 | 720 |
| 2020 年 11 月 | 920 | 580 | 720 |
| 2020 年 12 月 | 1000 | 570 | 720 |

成本波动大的原因是什么呢？从表 8-9 可以发现，单位成本的波动与产量有关。2020 年 3 月成本最高，而产量最低；2020 年 12 月成本最低，而产量最高。2020 年亏损的 4 个月中，产量普遍偏低，这显然是个规模效益问题。在成本构成上，可以分为变动成本和固定成本两部分。根据湘南电机厂的实际情况，变动成本主要包括原材料及能源消耗、工人工资、销售费用、税金等，固定成本主要包括折旧费用、管理费用和财务费用。在财务费用中，绝大部分是贷款利息，由于贷款余额大，在短期内无力偿还，所以每个月的贷款利息支出基本上是一项固定开支，不可能随产量的变动而变动，故将贷款利息列入固定成本之中。从目前情况看，在成本构成上，固定成本所占比重较大，每月产量大，分摊在单位产品中的固定成本就小；如果产量小，分摊在单位产品中的固定成本就大，所以每月产量的多少直接影响单位成本的波动。为了论证单位成本与产量之间是否存在相关关系，并找出其内在规律以指导今后的工作，现计算相关系数，并建立回归方程。

电机产量与单位成本的回归整理资料如表 8-10 所示，为了便于比较，15 个月的资料按产量排序。

表 8-10　电机产量与单位成本回归数据

| 序　号 | 电机产量（台）$x$ | 单位产品成本（元）$y$ | $x^2$ | $y^2$ | $xy$ |
|---|---|---|---|---|---|
| 1 | 530 | 800 | 280 900 | 640 000 | 424 000 |
| 2 | 540 | 780 | 291 600 | 608 400 | 421 200 |
| 3 | 547 | 780 | 299 209 | 608 400 | 426 660 |
| 4 | 600 | 735 | 360 000 | 540 225 | 441 000 |
| 5 | 690 | 720 | 476 100 | 518 400 | 496 800 |
| 6 | 700 | 715 | 490 000 | 511 225 | 500 500 |
| 7 | 800 | 675 | 640 000 | 455 625 | 540 000 |
| 8 | 810 | 670 | 656 100 | 448 900 | 542 700 |
| 9 | 820 | 650 | 672 400 | 422 500 | 533 000 |
| 10 | 840 | 630 | 705 600 | 396 900 | 529 200 |
| 11 | 850 | 620 | 722 500 | 384 400 | 527 000 |
| 12 | 860 | 610 | 739 600 | 372 100 | 524 600 |
| 13 | 900 | 620 | 810 000 | 384 400 | 558 000 |
| 14 | 920 | 580 | 846 400 | 336 400 | 533 600 |
| 15 | 1 000 | 570 | 1 000 000 | 324 900 | 570 000 |
| 合　计 | 11407 | 10155 | 8 990 409 | 6 952 775 | 7 568 260 |

首先计算相关系数。设 $r$ 代表相关系数，则

$$r=\frac{n\sum xy-\sum x\cdot\sum y}{\sqrt{n\sum x^2-\left(\sum x\right)^2}\cdot\sqrt{n\sum y^2-\left(\sum y\right)^2}}$$

$$=\frac{15\times 756\ 826\ 0-114\ 07\times 101\ 55}{\sqrt{15\times 899\ 040\ 9-114\ 07^2}\sqrt{15\times 695\ 277\ 5-101\ 55^2}}=-0.98$$

计算结果表明，单位成本与产量之间存在着高度负相关，相关系数为 $-0.98$。

其次设各月产量为自变量 $x$，单位成本为因变量 $y$，则有直线方程式：

$$y_c=a+bx$$

根据本章原理和上述资料，我们可以得到计算结果：

$$y_c=1049-0.49x$$

计算结果表明，电机产量每增加 1 台，单位成本可以下降 0.49 元。设 2021 年某月产量 $x$ 为 1 100 台，则单位产品成本将为

$$y_c=1\ 049-0.49\times 1\ 100=510\text{（元）}$$

若某月产量 $x$ 为 600 台，则单位产品成本将为

$$y_c=1\ 049-0.49\times 600=755\text{（元）}$$

三、分析报告：增加产量是降低单位成本的重要途径

近年来我厂狠抓成本管理，提高经济效益，基本上扭转了亏损局面，但各月单位成本依然波动很大，有的月份仍出现亏损。自 2019 年 10 月至 2020 年 12 月的 15 个月中，有 4 个月的单位成本超过出厂价，有些月份的单位成本则比较低，可获得 10%～20%的利润。

各月单位成本产生波动的原因是什么呢？从近 15 个月的资料看，单位成本的高低与产量有关，两者成反比：即产量高，成本低；产量低，成本高。经过相关分析，单位成本与产量之间存在高度负相关，相关系数为－0.98。

我厂当前单位成本与产量的关系如此密切，主要有两个原因：（1）一般的规模效益。在单位成本中包含变动成本和固定成本两个部分，分摊到每个单位产品上的固定成本是随产量的变化而变化的，产量多，分摊到单位产品上的固定成本就少；产量少，分摊到单位产品上的固定成本就多。（2）贷款利息支出大，增大了固定成本。在正常情况下，贷款的多少是随产量变化而变化的，贷款利息应该计算在变动成本中，可是现在贷款余额大，短期内又无偿还能力，银行利息成为每个月固定开支的费用，因此，它成为固定成本的重要组成部分。

为了有效地控制成本，不断提高经济效益，除继续采取措施增收节支外，还必须努力增加产量和销售量，增加产量是降低单位成本的重要途径。

为了掌握在不同产量条件下的单位成本，我们根据实际情况建立了单位成本对产量的回归方程，即

$$y_c = 1\,049 - 0.49x$$

回归方程表明，电机产量每增加 1 台，单位成本可下降 0.49 元。设月产量 $x$ 为 700 台，则单位成本为

$$y_c = 1\,049 - 0.49 \times 700 = 706\text{（元）}$$

即月产量达到 700 台以上的规模，按目前的出厂价格，可以保持较好的经济效益。

四、启示

（1）规模效益是企业生产经营中的一条规律。人们认识了这条规律，特别是像湘南电机厂这样，结合本企业的实际情况，具体计算产量与单位成本之间的相关系数和回归方程，将规模效益量化，就能够更自觉地应用规模效益这条规律，指导生产经营，从而促进提高经济效益。

（2）本案例是应用统计资料和统计方法揭示规律，说明在当时条件下规模效益在湘南电机厂的具体表现，用以指导生产经营，提高经济效益。这说明统计在企业经营管理中具有重要的作用。

## 思考与练习题

### 一、单项选择题

1. 当自变量的数值确定后，因变量的数值也随之完全确定，这种关系属于（　　）。

A. 相关关系　　　　B. 函数关系

C. 回归关系　　　　D. 随机关系

2. 现象之间的相互关系可以归纳为两种类型，即（　　）。

A. 相关关系和函数关系　　B. 相关关系和因果关系

C. 相关关系和随机关系　　D. 函数关系和因果关系

3. 相关分析中，要求相关的两变量（　　）。

A. 都是随机的　　B. 都不是随机变量

C. 其中因变量是随机变量　　D. 其中自变量是随机变量

4. 测定变量之间相关密切程度的代表性指标是（　　）。

A. 估计标准误　　B. 两个变量的协方差

C. 相关系数　　D. 两个变量的标准差

5. 相关系数的取值范围是（　　）。

A. $0 \leqslant r \leqslant 1$　　B. $-1<r<1$

C. $-1 \leqslant r \leqslant 1$　　D. $-1 \leqslant r \leqslant 0$

6. 现象之间线性依存关系的程度越低，则相关系数（　　）。

A. 越接近于−1　　B. 越接近于 1

C. 越接近于 0　　D. 在 0.5 和 0.8 之间

7. 下面现象间的关系属于相关关系的是（　　）。

A. 圆的周长和它的半径之间的关系

B. 价格不变条件下，商品销售额与销售量之间的关系

C. 家庭收入逐渐增多，其消费支出也有增长的趋势

D. 正方形面积和它的边长之间的关系

8. 若物价上涨，商品的需求量相应减少，则物价与商品需求量之间的关系为（　　）。

A. 不相关　　B. 负相关

C. 正相关　　D. 复相关

9. 现象之间线性相关关系的程度越高，则相关系数（　　）。

A. 越接受于 0　　B. 越接近于 1

C. 越接近于−1　　D. 越接近于＋1 或−1

10. 测定变量之间相关关系密切程度的主要方法是（　　）。

A. 相关表　　B. 相关图

C. 相关系数　　D. 定性分析

11. 如果变量 $x$ 和变量 $y$ 之间的相关系数为 1，说明两变量之间（　　）。

A. 不存在相关关系　　B. 相关程度很低

C. 相关程度显著　　D. 完全相关

12. 相关关系中，两个变量的关系是对等的，从而变量 $x$ 对变量 $y$ 的相关，同变量 $y$ 对变量 $x$ 的相关（　　）。

A. 完全不同　　B. 有联系但不一样

C. 是同一问题　　D. 不一定相同

13. 一般说，当居民的收入减少时，居民的储蓄款也会相应减少，两者之间的关系是（　　）。

A. 直线相关　　B. 完全相关

C. 非线性相关　　D. 复相关

14. 当变量 $x$ 值增加时，变量 $y$ 值随之下降，那么变量 $x$ 与变量 $y$ 之间存在着（　　）。

A. 直线相关关系　　B. 正相关关系

C. 负相关关系　　D. 曲线相关关系

15. 如果变量 $x$ 和变量 $y$ 之间的相关系数为–1，说明两个变量之间是（　　）。

A. 高度相关关系　　B. 完全相关关系

C. 完全不相关　　D. 低度相关关系

16. 价格不变的条件下，商品销售额和销售量之间存在着（　　）。

A. 不完全的依存关系　　B. 不完全的随机关系

C. 完全的随机关系　　D. 完全的依存关系

17. 下列哪两个变量之间的相关程度高（　　）。

A. 商品销售额和商品销售量的相关系数是 0.9

B. 商品销售额与商业利润率的相关系数是 0.84

C. 平均流通费用率与商业利润率的相关系数是–0.94

D. 商品销售价格与销售量的相关系数是–0.91

18. 回归分析中，对于没有明显因果关系的两变量（　　）。

A. 可给定自变量数值估计因变量的可能值

B. 可给定因变量值推出自变量值

C. 可以都是随机变量

D. 可以都是非随机变量

19. 线性相关的条件下，自变量的标准差为 10，因变量的标准差为 16，相关系数 0.9，则回归系数为（　　）。

A. 1.44　　B. 0.56　　C. 0.16　　D. 14.4

20. 配合回归直线方程对资料的要求是（　　）。

A. 因变量是给定的数值，自变量是随机的

B. 自变量是给定的数值，因变量是随机的

C. 自变量和因变量都是随机的

D. 自变量和因变量都不是随机的

21. 在回归直线方程中，$b$ 表示（　　）。

A. 当 $x$ 增加一个单位时，$y$ 增加 $a$ 的数量

B. 当 $y$ 增加一个单位时，$x$ 增加 $b$ 的数量

C. 当 $x$ 增加一个单位时，$y$ 的平均增加量

D. 当 $y$ 增加一个单位时，$x$ 的平均增加量

22. 每一吨铸铁成本（元）倚铸件废品率（%）变动的回归方程为：$y_c = 56 + 8x$，这意味着（　　）。

A. 废品率每增加 1%，成本每吨增加 64 元

B. 废品率每增加 1%，成本每吨增加 8%

C. 废品率每增加 1%，成本每吨增加 8 元

D. 废品率每增加 1%，则成本每吨为 56 元

23. 估计标准误差说明回归直线的代表性，因此（　　）。

A. 估计标准误差数值越大，说明回归直线的代表性越大

B. 估计标准误差数值越大，说明回归直线的代表性越小

C. 估计标准误差数值越小，说明回归直线的代表性越小

D. 估计标准误差数值越小，说明回归直线的实用价值小

24. 估计标准误差与相关系数的关系是（　　）。

A. 估计标准误差越大，相关系数绝对值越小

B. 估计标准误差越大，相关系数绝对值越大

C. 估计标准误差与相关系数没有任何关系

D. 估计标准误差与相关系数没有必然的联系

25. 由变量 $y$ 倚变量 $x$ 回归和由变量 $x$ 倚变量 $y$ 回归所得到的回归方程是不同的，这表现在（　　）。

A. 与方程对应的两条直线只有一条经过点 $(\bar{x},\bar{y})$

B. 方程中参数不同，意义也不同

C. 参数估计的方法不同

D. 一个是直线方程，另一个是曲线方程

26. 下列直线回归方程中，（　　）是错误的。

A. $y=35+0.3x$，$r=0.8$　　B. $y=-124+1.4x$，$r=0.89$

C. $y=18-2.2x$，$r=0.74$　　D. $y=-87-0.9x$，$r=-0.9$

## 二、多项选择题

1. 测定现象之间有无相关关系的方法是（　　）。

A. 编制相关表　　B. 绘制相关图

C. 对客观现象做定性分析　　D. 计算估计标准误差

E. 拟合回归方程

2. 下列现象属于相关关系的是（　　）。

A. 家庭收入越多，则消费也增长　　B. 圆的半径越长，则圆的面积越大

C. 产量越高，原材料消耗量越大　　D. 施肥量增加，粮食产量也增加

E. 体积随温度升高而膨胀，随压力加大而减小

3. 相关分析的特点有（　　）。

A. 两变量不是对等的　　B. 两变量只能算出一个相关系数

C. 相关系数有正负号　　D. 两变量都是随机的

E. 相关系数的绝对值介于 0 和 1 之间

4. 变量 $x$ 值按一定数量增加时，变量 $y$ 也近似地按一定数量随之增加，反之亦然，则 $x$ 和 $y$ 之间存在（　　）。

A. 正相关关系　　B. 直线相关关系

C. 负相关关系　　D. 曲线相关关系

E. 非线性相关关系

5. 相关系数绝对值的大小是（　　）。

A. 表明两个变量的相关关系程度的高低
B. 和估计标准误差值成正比
C. 和估计标准误差值成反；
D. 和估计标准误差值没有什么关系
E. 与回归系数没有关系

6. 变量 $x$ 与 $y$ 的相关系数为 0.86，则变量 $x$ 与 $y$ 有（　　）。

A. 正相关关系
B. 负相关关系
C. 高度相关关系
D. 显著相关关系
E. 相关密切程度高

7. 变量间的相关关系按其程度划分有（　　）。

A. 完全相关
B. 不完全相关
C. 不相关
D. 正相关
E. 负相关

8. 变量间的相关关系按其形式划分有（　　）。

A. 正相关
B. 负相关
C. 直线相关
D. 曲线相关
E. 非线性相关

9. 相关关系的种类，按影响因素多少不同分为（　　）。

A. 正相关
B. 负相关
C. 单相关
D. 复相关
E. 线性相关

10. 计算相关系数时（　　）。

A. 相关的两个变量都是随机的
B. 相关的两个变量是对等的关系
C. 相关的两个变量一个是随机的，一个是可控制的量
D. 可以计算出自变量和因变量两个相关系数
E. 相关系数有正负号，可判断相关的方向

11. 回归分析的特点有（　　）。

A. 两个变量是不对等的
B. 必须区分自变量和因变量
C. 两个变量都是随机的
D. 因变量是随机的
E. 自变量是可以控制的量
F. 回归系数只有一个

12. 直线回归方程 $y_c = a + bx$ 中的 $b$ 称为回归系数，回归系数的作用是（　　）。

A. 可确定两变量之间因果的数量关系
B. 可确定两变量的相关方向
C. 可确定两变量相关的密切程度
D. 可确定因变量的实际值与估计值的变异程度
E. 可确定当自变量增加一个单位时，因变量的平均增减量

13. 估计标准误差是反映（　　）。

A. 衡量回归方程代表性大小的指标
B. 估计值与实际值平均误差程度的指标
C. 自变量与因变量离差程度的指标
D. 因变量估计值的可靠程度的指标
E. 回归方程实用价值大小的指标

14. 设产品单位成本（元）对产量（百件）的直线回归方程为 $y_c = 76-1.85x$，这表示（　　）。

A. 产量每增加 100 件，单位成本平均下降 1.85 元

B. 产量每减少 100 件，单位成本平均下降 1.85 元

C. 产量与单位成本按相反方向变动

D. 产量与单位成本按相同方向变动

E. 当产量为 200 件时，单位成本为 72.3 元

## 三、判断题

1. 正相关指的就是因素标志和结果标志的数量变动方向都是上升的。（　　）
2. 相关系数是测定变量之间相关关系的唯一方法。（　　）
3. 相关系数的取值范围介于 0 与 1 之间。（　　）
4. 若变量 $x$ 的值减少时变量 $y$ 值也减少，说明变量 $x$ 与 $y$ 之间存在正的相关关系。（　　）
5. 回归系数 $b$ 和相关系数 $r$ 都可用以判断现象之间相关的密切程度。（　　）
6. 回归系数可用来判断现象之间的相关方向。（　　）
7. 计算相关系数的两个变量都是随机变量。（　　）
8. 回归分析中的两个变量是不对等的，必须区分自变量和因变量。（　　）
9. 回归分析中的自变量是随机变量，因变量是可控制变量。（　　）
10. 对于一个没有确定因果关系的两变量，可以求得两个回归方程。（　　）
11. 在任何相关条件下，都可以用相关系数说明变量之间相关的密切程度。（　　）
12. 变量 $y$ 倚变量 $x$ 回归和由变量 $x$ 倚变量 $y$ 回归所得到的回归方程之所以不同，主要是因为方程中参数表示的意义不同。（　　）
13. 利用一个回归方程，两个变量可以互相推算。（　　）
14. 估计标准误差指的就是实际值 $y$ 与估计值 $y_c$ 的平均误差程度。（　　）
15. 估计标准误差数值越大，说明回归直线的代表性越大。（　　）
16. 估计标准误差数值越小，说明回归直线的实用价值越小。（　　）
17. 甲产品产量与单位成本的相关系数是 0.8，乙产品单位成本与利润率的相关系数是 −0.95，则甲比乙的相关程度高。（　　）

## 四、简答题

1. 什么是相关关系？

2. 相关分析与回归分析有何区别与联系？

4. 回归系数 $b$ 与相关系数 $r$ 的关系如何？

6. 在回归方程 $y_c = a + bx$，参数 $a$，$b$ 的经济含义是什么？

7. 什么是估计标准误差？

## 五、计算分析题

1. 某工业企业 2016—2020 年的工业增加值和利润额情况如下表所示。

| 年　　份 | 工业增加值（万元） | 利润额（万元） |
| --- | --- | --- |
| 2016 | 650 | 120 |
| 2017 | 700 | 140 |
| 2018 | 750 | 150 |
| 2019 | 650 | 130 |
| 2020 | 750 | 160 |

要求：

（1）计算该工业企业的工业增加值与利润额的相关系数；

（2）根据相关系数说明其相关关系属于哪种类型，其相关关系的密切程度如何；

（3）求出利润额倚工业增加值变化而变化的回归直线方程；

（4）说明工业增加值每增加 1 万元时，利润额平均增加多少元；

（5）若 2021 年工业增加值为 800 万元，试对其利润额作出点估计。

2. 有八个企业的可比产品成本降低率和销售利润情况如下表所示。

| 企业编号 | 可比产品成本降低率（%） | 销售利润（万元） |
| --- | --- | --- |
| 1 | 2.1 | 4.1 |
| 2 | 2.0 | 4.5 |
| 3 | 3.0 | 8.1 |
| 4 | 3.2 | 10.5 |
| 5 | 4.5 | 25.4 |
| 6 | 4.3 | 25.0 |
| 7 | 5.0 | 35.0 |
| 8 | 3.9 | 23.4 |

要求：

（1）计算相关系数并对其进行假设检验；

（2）建立直线回归方程；

（3）说明回归系数 $b$ 的经济含义；

（4）计算估计标准误差。

3. 已知：$n=6$；$\sum x=21$；$\sum y=426$；$\sum x^2=792$；$\sum y^2=30\,268$；$\sum xy=1\,481$，

要求：

（1）计算变量 $x$ 与变量 $y$ 间的相关系数；

（2）建立变量 $y$ 倚变量 $x$ 变化的直线回归方程。（要求写出公式和计算过程，结果保留四位小数）

4. 某市电子工业公司有 14 个所属企业，其 2020 年的设备能力和劳动生产率统计数据如下表所示。

| 企业编号 | 设备能力（千瓦/小时）$x$ | 劳动生产率（万元/人）$y$ |
|---|---|---|
| 1 | 2.8 | 6.7 |
| 2 | 2.8 | 6.9 |
| 3 | 3 | 7.2 |
| 4 | 2.9 | 7.3 |
| 5 | 3.4 | 8.4 |
| 6 | 3.9 | 8.8 |
| 7 | 4 | 9.1 |
| 8 | 4.8 | 9.8 |
| 9 | 4.9 | 10.6 |
| 10 | 5.2 | 10.7 |
| 11 | 5.4 | 11.1 |
| 12 | 5.5 | 11.8 |
| 13 | 6.2 | 12.1 |
| 14 | 7 | 12.4 |

要求：

（1）绘出散点图，并且建立直线回归方程；

（2）计算估计标准误差；

（3）当某一企业的年设备能力达到 8.0 千瓦/小时，试对其劳动生产率作出点估计；

（4）试以 95.45%的概率对企业的年设备能力达到 8.0 千瓦/小时的劳动生产率作出区间估计。

# Excel 在统计中的应用

第九章

重点与难点提示

从统计的定义可以看出，统计的关键在于对数据的分析与加工，而 Excel 强大的数据分析功能则恰恰与统计所要处理的问题相适应。因此，Excel 产生之初便被广泛地应用于统计中，而专门为统计分析所开发的各种宏更使得 Excel 成为统计分析中的一种实用而高效的工具。因此，本章将简要介绍 Excel 的统计分析功能，学习时应注意掌握以下问题：

（1）了解 Excel 数据分析工具库宏程序的开启和操作。

（2）掌握 Excel 在描述统计中的应用，重点掌握如何对数据进行分组和处理，绘制统计图形和计算常用统计指标等。

（3）掌握利用 Excel 做抽样推断的常用方法，主要包括区间估计中的应用和如何利用 *P* 值来进行假设检验。

（4）能熟练使用 Excel 进行相关分析和回归分析，主要包括相关系数和回归方程参数的计算，并能正确解读相关输出结果。

（5）掌握在 Excel 环境下利用移动平均法、指数平滑法和趋势回归法来分析时间序列。

（6）熟练使用 Excel 计算总指数和平均指数。

## 第一节　Excel 数据分析工具库宏程序的开启和操作

### 一、加载 Excel“数据分析”宏程序

Excel 作为 office 的一个重要组成部分，不仅具有处理相关电子表格的功能，还带有一个可以用来进行统计数据处理分析的宏程序库——“分析工具库”。通常计算机安装了 Excel（2003 版）后并不能直接用来进行数据分析，需要通过加载宏，启动“分析工具库”后才能运行“数据分析”宏程序。

具体操作步骤如下：

（1）新建一工作表，单击【工具】，下拉菜单中没有出现“数据分析”命令，则说明 Excel 未加载分析工具宏程序，如图 9-1 所示。

（2）单击【工具】→【加载宏】，出现“加载宏”对话框，单击勾选【分析工具库】，完成后单击【确定】按钮，即完成数据分析宏程序的加载。此时，会在“工具”菜单里出现“数据分析”的命令选项（见图 9-2、图 9-3）。

图 9-1 未加载分析工具宏程序前的【工具】下拉菜单

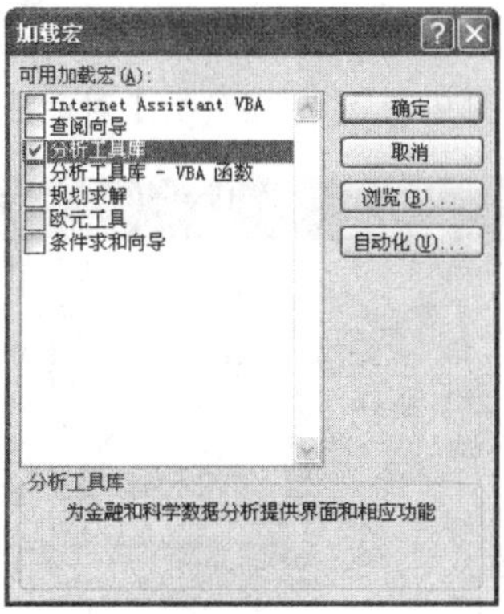


图 9-2 【加载宏】对话框

图 9-3 加载了分析工具宏程序后的【工具】下拉菜单

## 二、利用 Excel 数据分析功能进行统计数据处理分析

完成了 Excel 数据分析程序宏的加载后，点击工具菜单中的“数据分析”命令，即会弹出 Excel 的统计分析工具对话框。如果选中其中的某一个统计分析工具，并点击【确定】按钮，就会跳出该分析工具的运行对话框，然后通过运行对话框的对话，可以一步步地进入该统计分析工具宏程序的运行处理过程。在整个分析工具宏程序库中设有各种数据处理分析的工具宏程序，包括用于描述统计分析的描述统计和直方图分析工具宏等，也包括可以进行推断统计分析的相关分析和回归分析、统计推断以及时间序列指数平滑法等分析工具宏。打开这些分析工具宏程序后，基本上只需要点击鼠标就能够完成有关的统计数据处理分析步骤，其操作非常简便实用（见图 9-4、图 9-5）。

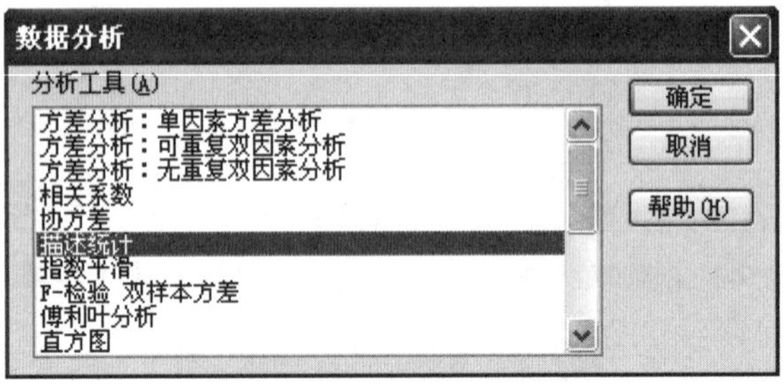


图 9-4 【数据分析】对话框

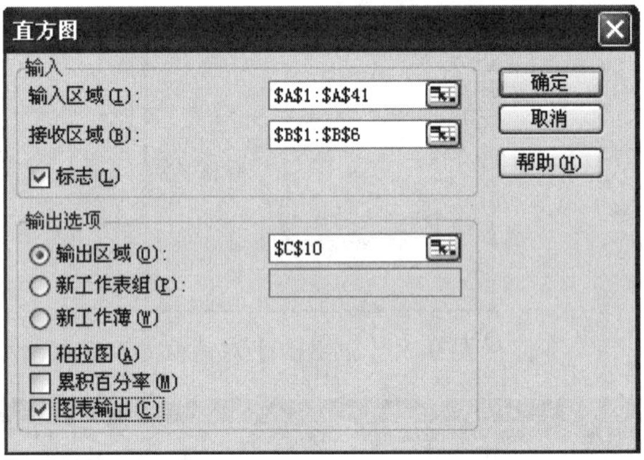


图 9-5 【直方图】对话框

# 第二节 Excel 在描述统计中的应用

## 一、统计数据的分组和整理

利用 Excel 数据分析的“直方图”工具可以方便地对统计数据进行分组，编制频数分布表并制作相应的统计图表。

下面以某百货公司连续 40 天的商品销售额资料分析为例,说明频数分布表和直方图等操作的具体步骤。

【例 9-1】 某百货公司连续 40 天的商品销售额（单位：万元）如下：

| | | | | | | | | | |
|---|---|---|---|---|---|---|---|---|---|
| 41 | 25 | 29 | 47 | 38 | 34 | 30 | 38 | 43 | 40 |
| 46 | 36 | 45 | 37 | 37 | 36 | 45 | 43 | 33 | 44 |
| 35 | 28 | 46 | 34 | 30 | 37 | 44 | 26 | 38 | 44 |
| 42 | 36 | 37 | 37 | 49 | 39 | 42 | 32 | 36 | 35 |

根据上面的数据进行适当的分组，编制频数分布表，并绘制直方图。

具体操作步骤如下：

（1）进入 Excel 并打开新工作簿，在 A 单元列中逐个输入 40 天商品销售额的原始数据。

（2）在 B 单元列中输入各组的分组上限，无论连续变量还是离散变量，其分组的频数都只计算到各组上限包括的变量值数目为止。本例根据数据特点取“5”的倍数减 1，而分组的下限将默认为“5”的倍数（见图 9-6）。

（3）选择【工具】菜单中的【数据分析】命令，出现【数据分析】对话框，在【分析工具】列表中单击【直方图】，点击【确定】按钮，打开直方图分析选项框，如图 9-7 所示。

| | A | B | C | D |
|---|---|---|---|---|
| 1 | 日销售额 | 分组上限 | | |
| 2 | 41 | 29 | | |
| 3 | 25 | 34 | | |
| 4 | 29 | 39 | | |
| 5 | 47 | 44 | | |
| 6 | 38 | 49 | | |
| 7 | 34 | | | |
| 8 | 30 | | | |
| 9 | 38 | | | |
| 10 | 43 | | | |
| 11 | 40 | | | |
| 12 | 46 | | | |
| 13 | 36 | | | |
| 14 | 45 | | | |

图 9-6　某百货公司连续 40 天的销售额 Excel 数据表（部分）

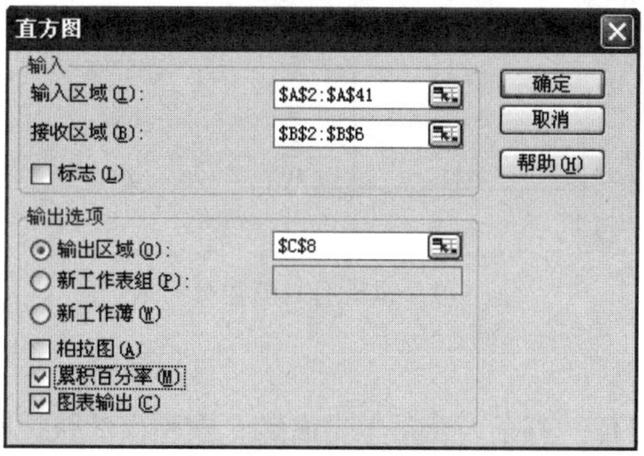


图 9-7　【直方图】对话框

（4）在【直方图】分析选项框的“输入区域”中输入$A$2:$A$41，更为简便的是直接用光标圈选 A 列的数据。此外，如果引用范围包括标志值的名称，须勾选“标志”选项。在“接受区域”输入$B$2:$B$6。在“输出区域”可以直接输入一个单元格，代表输出区域的左上角（必须是空的单元格），本例取$C$8。

（5）勾选“图表输出”，在 Excel 工作表中可以得到频数分布表和直方图；选择“累积百分率”，系统将在直方图上添加累计频率折线；选择“柏拉图”，可得到按降序排列的直方图。本例选择“图表输出”和“累积百分率”，按【确定】按钮，可得输出结果如图 9-8 所示。

应当注意，图 9-8 只是一个粗略的结果，还需要做适当修改，以转化为易于我们阅读的形式。

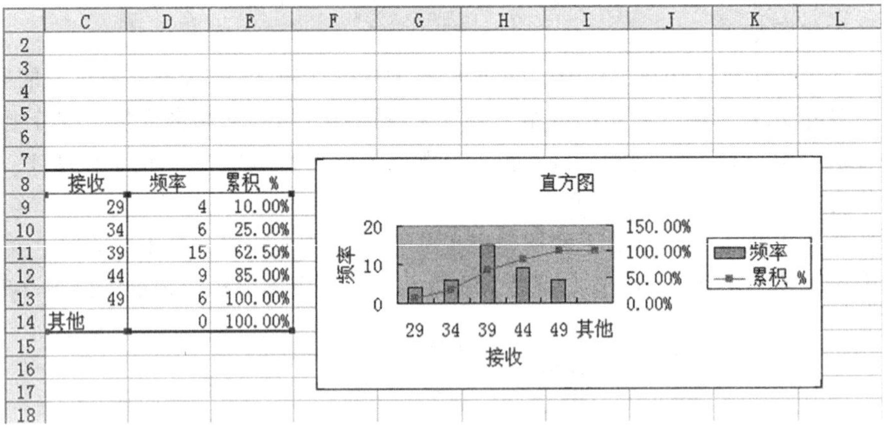

| 接收 | 频率 | 累积 % |
|---|---|---|
| 29 | 4 | 10.00% |
| 34 | 6 | 25.00% |
| 39 | 15 | 62.50% |
| 44 | 9 | 85.00% |
| 49 | 6 | 100.00% |
| 其他 | 0 | 100.00% |



图 9-8　直方图输出结果

对于频数分布表：

（1）将“接收”用描述性标题“日销售额（万元）”来代替；

（2）将 C9:C13 的数据分别用“25-30,30-35,35-40,40-45,45-50”来代替；

（3）将“其他”改为“合计”，将总频数 40 输入到 D14 中，结果如图 9-9 所示。

| 日销售额（万元） | 天数 |
|---|---|
| 25-30 | 4 |
| 30-35 | 6 |
| 35-40 | 15 |
| 40-45 | 9 |
| 45-50 | 6 |
| 合计 | 40 |

图 9-9　调整后的频数分布表

对于直方图：

（1）用鼠标左键单击任一直条，然后单击右键，在弹出的快捷菜单中选取“数据系列格式”，弹出数据系列格式对话框，选择“选项”标签，调整间距宽度为 0。

（2）将 C14 中的“合计”清除，直方图中的“合计”直条消失。

（3）在绘图区域单击鼠标右键，从快捷菜单中选中“图表选项”，在“图表标题”下框内输入“某百货公司日销售额直方图”，在“分类轴”下框内输入“日销售额（万元）”，在“数值轴”下框内输入“天数”。调整后的直方图如图 9-10 所示。

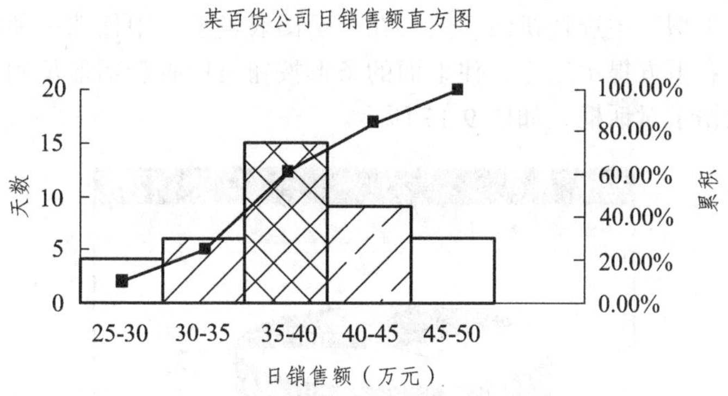


图 9-10　调整后的直方图

## 二、利用 Excel 图表向导工具绘制统计图

确定频数分布只是整理数据的第一步，通常还可以用统计图形来反映统计资料。在 Excel 中使用【图表向导】工具按钮可以方便地绘出各种类型的统计图。

仍以前例某百货公司 40 天销售额的资料，说明饼图的绘制方法。如图 9-11 所示。

| | C | D | E |
|---|---|---|---|
| 7 | | | |
| 8 | 日销售额（万元） | 天数 | |
| 9 | 25-30 | 4 | |
| 10 | 30-35 | 6 | |
| 11 | 35-40 | 15 | |
| 12 | 40-45 | 9 | |
| 13 | 45-50 | 6 | |
| 14 | 合计 | 40 | |
| 15 | | | |
| 16 | | | |

图 9-11　百货公司日销售额的频数分布 Excel 数据表

（1）选择要绘制统计图的区域 C8:D13。然后，单击常用工具栏中的【图表向导】按钮，或在【插入】菜单中单击【图表】选项，弹出【图表向导】对话框，如图 9-12 所示。

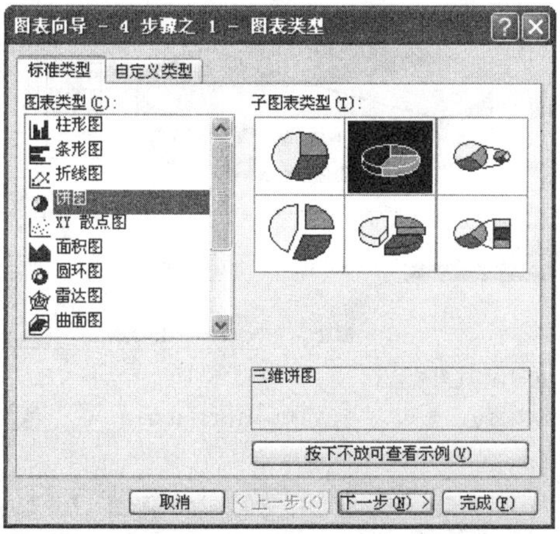


图 9-12　选择图标类型

（2）在“图表类型”中选择饼图，然后在“子图表类型”中任选一种类型，本例选择第二种类型，选定后右下方提示用户按住下面的条形按钮可以查看图形示例。单击【下一步】按钮，打开【源数据】对话框，如图 9-13 所示。

图 9-13　【数据区域】选项卡

（3）在【源数据】对话框的“数据区域”选项中，选择“系列产生在”列，表示所绘图形按照行标题分组，饼图反映的是天数构成。在“系列”选项中（见图 9-14），由于本例在选定数据区域时连同列标题一起选定，所以在“系列”选项左侧的系列项下列出了天数，右侧两个框中分别显示列的标题位置和数值区域。如果未选定列标题，将在“系列”项下列出“系列 1”，可在右侧的“名称”框中输入“天数”，“系列 1”即改为“天数”，并在上部图例中显示出来。

图 9-14　【系列】选项卡

完成以上操作后，单击【下一步】按钮，进入“图表选项”对话框，如图 9-15 所示。

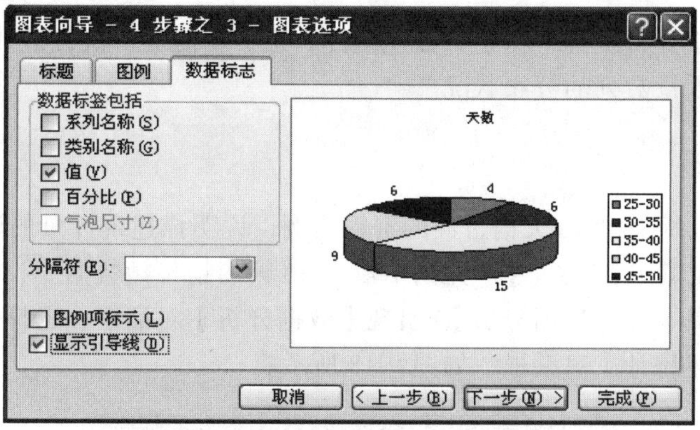


图 9-15 【图表选项】对话框

（4）在【图表选项】中有“标题”“图例”“数据标志”等选项，在不同的选项中可以对图形进行不同的设置，可根据需要选用。本例在“数据标志”中选择“百分比”，单击【下一步】按钮，进入“图表位置”对话框，如图 9-16 所示。

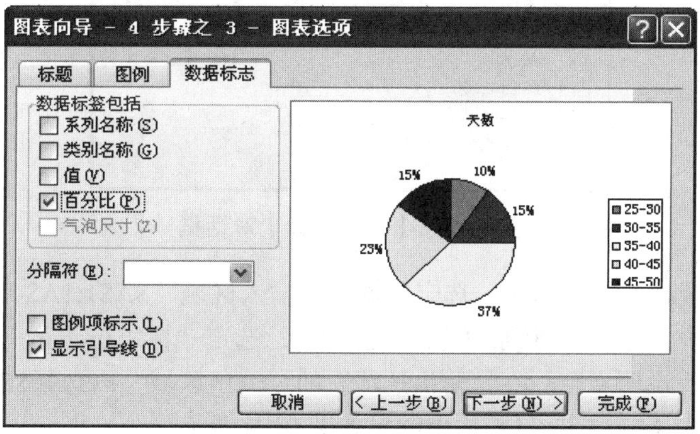


图 9-16 【数据标志】选项卡

（5）在【图表位置】对话框中，可选择是将图表作为新工作表插入，还是将图表作为原工作表的对象插入。选定后，单击【完成】按钮，即绘出各组天数结构饼图，如图 9-17 所示。

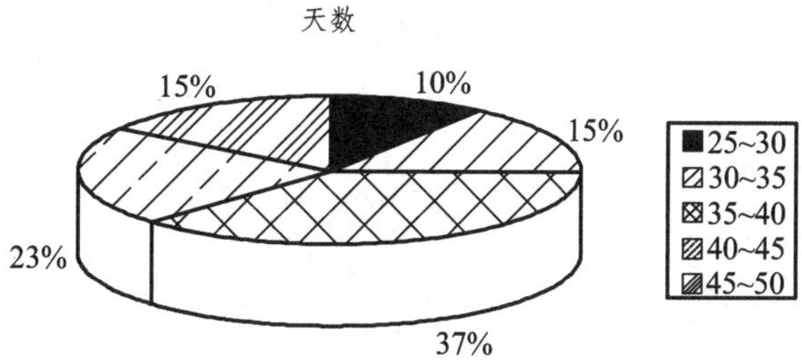


图 9-17 饼图

绘制其他种类图形的方法与此操作类似。

## 三、利用 Excel 数据分析功能计算描述统计量

我们利用 Excel 分析工具编写了“描述统计”宏，就能够一次性地计算出各种综合统计指标来概括地描述变量数列的分布状况。

### （一）操作步骤

仍以例 9-1 某百货公司 40 天销售额的资料为例，说明描述统计量的计算步骤：

（1）进入 Excel 工作表，在 A 单元列中输入 40 天的销售额数据。

（2）单击【工具】→【数据分析】，出现【数据分析】对话框，选择【描述统计】，单击【确定】，出现【描述统计】对话框，如图 9-18 所示。

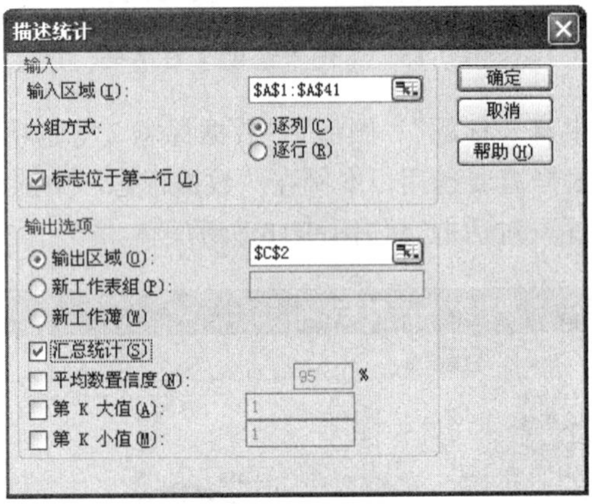


图 9-18　【描述统计】对话框

（3）在【描述统计】对话框中，选定数据的“输入区域”$A$1:$A$41。本例中数据是按列输入的，故分组方式应选“逐列”（系统默认值）；选定“标志位于第一行”复选框，指明数据区域的第一行为说明文字；在“输出选项”的“输出区域”内选择$C$2；再选定“汇总统计”复选框，单击【确定】，可得输出结果如图 9-19 所示。

| | A | B | C | D | E |
|---|---|---|---|---|---|
| 1 | 日销售额 | | | | |
| 2 | 41 | | 日销售额 | | |
| 3 | 25 | | | | |
| 4 | 29 | | 平均 | 37.85 | |
| 5 | 47 | | 标准误差 | 0.942276 | |
| 6 | 38 | | 中位数 | 37 | |
| 7 | 34 | | 众数 | 37 | |
| 8 | 30 | | 标准差 | 5.959479 | |
| 9 | 38 | | 方差 | 35.51538 | |
| 10 | 43 | | 峰度 | -0.50902 | |
| 11 | 40 | | 偏度 | -0.22732 | |
| 12 | 46 | | 区域 | 24 | |
| 13 | 36 | | 最小值 | 25 | |
| 14 | 45 | | 最大值 | 49 | |
| 15 | 37 | | 求和 | 1514 | |
| 16 | 37 | | 观测数 | 40 | |
| 17 | 36 | | | | |
| 18 | 45 | | | | |

图 9-19　描述统计输出结果

【描述统计】对话框说明：

【平均数置信度】以输入的变量数据为样本的特征值指标将取怎样的置信水平进行区间估计，默认值的置信水平为 95%。

【第 K 大值】如果用户想知道分析数据中排序为第 K 个最大值的变量值，可选择此选项框，并在后侧的框中，输入 K 的数字，一般的默认值为 1，为最大值。

【第 K 小值】与“第 K 大值”类似，输入 K 的数字，以得到第 K 个最小值的变量值。

### （二）输出内容说明

“描述统计”分析工具输出结果有关指标的解释如下：

| | | | |
|---|---|---|---|
| 平均 | （算术平均数） | 偏斜度 | （偏度） |
| 标准误差 | （抽样平均误差） | 区域 | （全距） |
| 中值 | （中位数） | 最小值 | （第 K 个最小值） |
| 模式 | （众数） | 最大值 | （第 K 个最大值） |
| 标准偏差 | （标准差） | 求和 | （标志值总和） |
| 样本方差 | （方差） | 计数 | （总频数） |
| 峰值 | （峰度） | | |

# 第三节 Excel 在抽样推断中的应用

## 一、Excel 在区间估计中的应用

使用 Excel“数据分析”中的“描述统计”功能，可以方便地计算出总体均值的置信区间，下面仍以例 9-1 的资料来介绍其操作过程。

（1）进入 Excel 工作表，在 A 单元列中输入 40 天的销售额数据。

（2）单击【工具】→【数据分析】，选择【描述统计】，单击【确定】。

（3）在【描述统计】对话框中，选择“汇总统计”和“平均数置信度”，并在“平均数置信度”文本框中输入置信度（默认值为 95%），输出结果如图 9-20 所示。

| | A | B | C | D | E | F | G | H |
|---|---|---|---|---|---|---|---|---|
| 1 | 日销售额 | | | | | μ的95%置信区间为: | | |
| 2 | 36 | | 日销售额 | | | 35.5103892 | 40.32961076 | |
| 3 | 45 | | | | | | | |
| 4 | 43 | | 平均 | 37.92 | | | | |
| 5 | 33 | | 标准误差 | 1.167504461 | | | | |
| 6 | 44 | | 中位数 | 37 | | | | |
| 7 | 35 | | 众数 | 36 | | | | |
| 8 | 28 | | 标准差 | 5.837522305 | | | | |
| 9 | 46 | | 方差 | 34.07666667 | | | | |
| 10 | 34 | | 峰度 | -0.50131534 | | | | |
| 11 | 30 | | 偏度 | -0.10056531 | | | | |
| 12 | 37 | | 区域 | 23 | | | | |
| 13 | 44 | | 最小值 | 26 | | | | |
| 14 | 26 | | 最大值 | 49 | | | | |
| 15 | 38 | | 求和 | 948 | | | | |
| 16 | 44 | | 观测数 | 25 | | | | |
| 17 | 42 | | 置信度(95.0%) | 2.409610761 | | | | |
| 18 | 36 | | | | | | | |
| 19 | 37 | | | | | | | |

图 9-20 用 Excel 求总体均值的置信区间

（4）此时系统输出的“置信度（95%）”就是给定置信度下置信区间的 $d$ 值，然后再如图 9-20 所示，在 F2 和 G2 中分别输入公式“= D4–D17”“= D4 + D17”，即得到所求的置信区间。

## 二、Excel 在假设检验中的应用

在 Excel 中，可以通过调用统计函数计算 $P$ 值以做出是否拒绝原假设的决策。

下面将以单一总体均值的假设检验为例来说明不同情况下 $P$ 值的计算方法。

### （一）$Z$ 统计量检验的 $P$ 值计算

**【例 9–2】** 某地区小麦的一般生产水平为亩产 250 千克，其标准差为 30 千克。现用一种化肥进行试验，从 25 个小区抽样，平均产量为 270 千克。问这种化肥是否使小麦明显增产（$\alpha = 0.05$）？

利用前面章节的知识，计算得到 $Z = 3.33$，下面利用 Excel 中的统计函数功能来计算 $P$ 值，作出假设检验的决策，操作的步骤如下：

（1）进入 Excel 工作表，选择【插入】→【函数】。

（2）在函数分类中点击“统计”，随后，在函数名的菜单下选择字符“NORMSDIST”，点击【确定】按钮。此时出现的界面如图 9-21 所示。

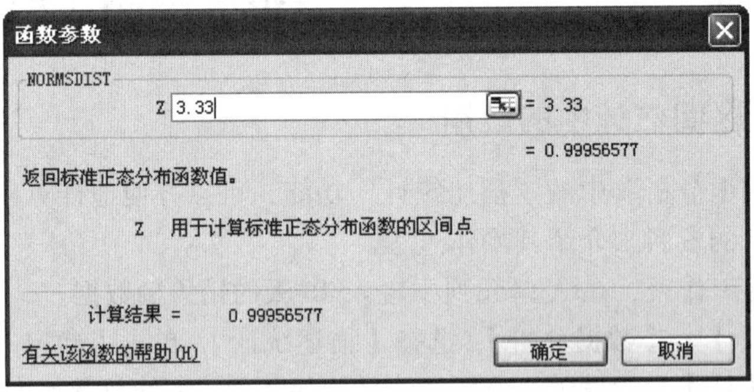


图 9-21 【NORMSDIST 函数】对话框

（3）输入 $Z$ 的绝对值 3.33，得到的函数值为 0.999 565 77，这意味着在标准正态分布条件下，$Z$ 值 3.33 左边的面积为 0.999 565 77。由于此处为双侧检验，所以可计算得到 $P = 2 \times (1-0.999\ 565\ 77) = 0.000\ 868\ 46$。

$P$ 值远远小于 $\alpha$，故拒绝 $H_0$。

### （二）$t$ 统计量检验的 $P$ 值计算

**【例 9–3】** 已知某系学生的数学成绩服从正态分布但方差未知，现从中随机抽取 16 名学生的成绩如下所示，试判断能否在 0.05 的显著性水平下认为全系的平均成绩为 80 分。

| | | | |
|---|---|---|---|
| 89 | 75 | 72 | 85 |
| 90 | 88 | 85 | 78 |
| 80 | 85 | 84 | 65 |
| 75 | 82 | 81 | 93 |

利用前面章节的知识，计算得到 $t=0.92$，下面利用Excel中的统计函数功能来计算 $P$ 值，作出假设检验的决策，操作的步骤如下：

（1）进入 Excel 工作表，选择【插入】→【函数】。

（2）在函数分类中点击“统计”，随后，在函数名的菜单下选择字符“TDIST”，点击【确定】按钮。

（3）在弹出的对话框中，X 栏内输入 $t$ 的绝对值 0.92；自由度（Deg_freedom）栏中输入本例的自由度 15；Tail 栏中输入 2，表明是双侧检验。如果是单侧检验则在该栏内输入 1。

Excel 计算的 $P$ 值为 0.372 131 88，如图 9-22 所示。此时 $P$ 值大于 $\alpha$，故接受 $H_0$。

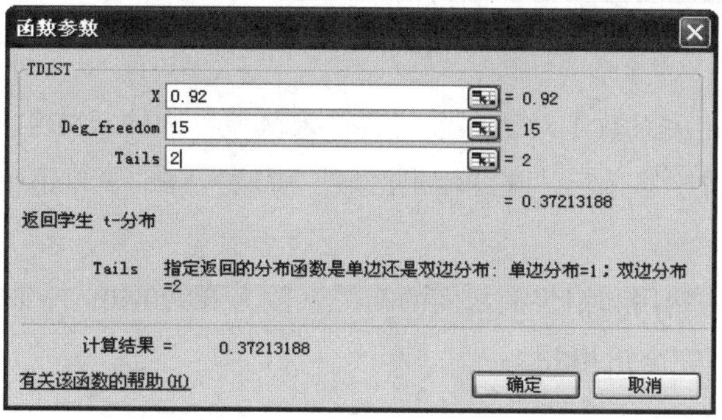


图 9-22 【TDIST 函数】对话框

# 第四节 Excel 在相关分析与回归分析中的应用

## 一、用 Excel 进行相关分析

用 Excel 进行相关分析，主要是绘制散点图和计算相关系数，以判断相关关系的密切程度。散点图的绘制方法和前面讲述的饼图绘制方法类似，此处不再赘述，这里主要举例说明如何利用 Excel 在分析工具中给出的“相关系数”宏工具来求简单线性相关的相关系数。

**【例 9-4】** 某家电厂商需要研究广告投入的效果，从所有销售额相似的地区中随机选取 18 个地区，分别统计该地区的广告费用（万元）和销售额（万元）数据，如下图 9-23 所示，试确定广告费用和销售额的相关系数。

| | A | B | C | D |
|---|---|---|---|---|
| 1 | 地区序号 | 广告费用X | 销售额Y | |
| 2 | 1 | 450 | 5600 | |
| 3 | 2 | 400 | 5200 | |
| 4 | 3 | 200 | 3200 | |
| 5 | 4 | 330 | 4200 | |
| 6 | 5 | 320 | 4100 | |
| 7 | 6 | 350 | 4400 | |
| 8 | 7 | 290 | 3850 | |
| 9 | 8 | 480 | 5900 | |
| 10 | 9 | 500 | 6100 | |
| 11 | 10 | 180 | 3100 | |
| 12 | 11 | 210 | 3250 | |
| 13 | 12 | 360 | 4500 | |
| 14 | 13 | 150 | 2800 | |
| 15 | 14 | 470 | 5800 | |
| 16 | 15 | 250 | 3300 | |
| 17 | 16 | 300 | 4050 | |
| 18 | 17 | 170 | 3000 | |
| 19 | 18 | 380 | 4750 | |
| 20 | | | | |

图 9-23 某家电厂商广告费用与销售额 Excel 数据表

（1）单击【工具】→【数据分析】，选择【相关系数】，如图 9-24 所示，单击【确定】按钮。

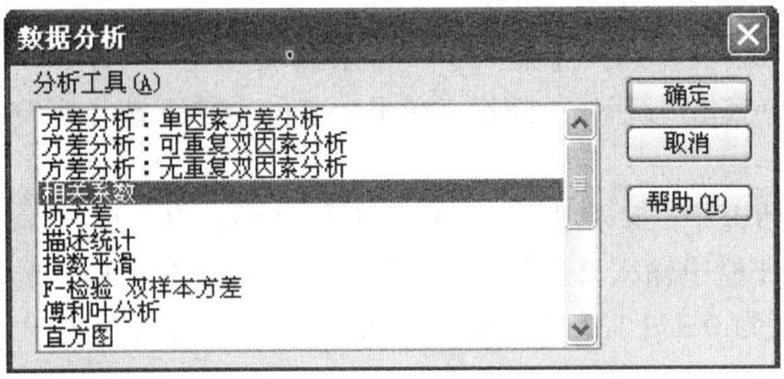


图 9-24　选择相关系数分析工具

（2）在弹出的【相关系数】对话框中的“输入区域”内输入$B$1:$C$19，“分组方式”选择逐列，勾选标志位于第一行，在“输出区域”中输入$E$3，单击【确定】按钮，得输出结果如图 9-25 所示。

图中数据表明广告费用和销售额之间的相关系数为 0.990 509 7，同时还显示变量与其自身的相关系数为 1，呈完全正相关。

| | A | B | C | D | E | F | G | H |
|---|---|---|---|---|---|---|---|---|
| 1 | 地区序号 | 广告费用X | 销售额Y | | | | | |
| 2 | 1 | 450 | 5600 | | | | | |
| 3 | 2 | 400 | 5200 | | | 广告费用X | 销售额Y | |
| 4 | 3 | 200 | 3200 | | 广告费用X | 1 | | |
| 5 | 4 | 330 | 4200 | | 销售额Y | 0.9905097 | 1 | |
| 6 | 5 | 320 | 4100 | | | | | |
| 7 | 6 | 350 | 4400 | | | | | |
| 8 | 7 | 290 | 3850 | | | | | |
| 9 | 8 | 480 | 5900 | | | | | |
| 10 | 9 | 500 | 6100 | | | | | |
| 11 | 10 | 180 | 3100 | | | | | |
| 12 | 11 | 210 | 3250 | | | | | |
| 13 | 12 | 360 | 4500 | | | | | |
| 14 | 13 | 150 | 2800 | | | | | |
| 15 | 14 | 470 | 5800 | | | | | |
| 16 | 15 | 250 | 3300 | | | | | |
| 17 | 16 | 300 | 4050 | | | | | |
| 18 | 17 | 170 | 3000 | | | | | |
| 19 | 18 | 380 | 4750 | | | | | |
| 20 | | | | | | | | |

图 9-25　相关系数输出结果

## 二、用 Excel 进行回归分析

Excel 在分析工具中给出了“回归”宏工具来直接实现回归。回归分析工具不但适用于一元线性回归分析，也适用于多元线性回归分析。

### （一）操作步骤

下面仍以例 9-4 的资料说明如何应用回归分析工具进行一元线性回归分析。

（1）单击【工具】→【数据分析】，选择【回归】对话框，单击【确定】按钮，弹出【回归】分析对话框，如图 9-26 所示。

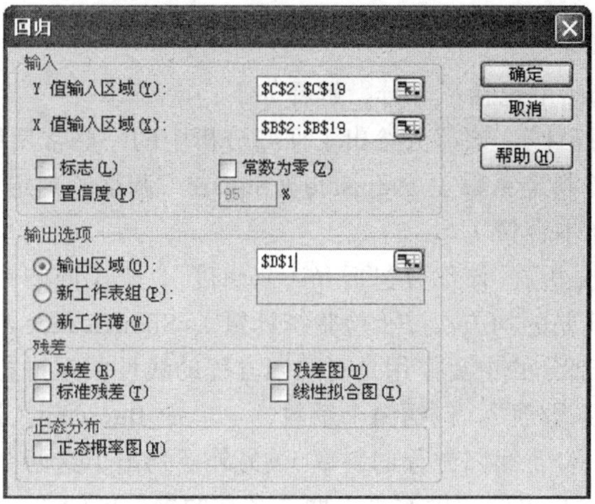


图 9-26 【回归】对话框

（2）在“Y 值输入区域”输入$C$2:$C$19，在“X 值输入区域”输入$B$2:$B$19，在“输出区域”中要求键入放置输出结果的区域左上角单元列的行列号，本例取$D$1。

【回归】对话框说明：

【标志】如果输入区域的第一行或第一列包含标志，可勾选此复选框。

【常数为零】如果需要回归直线从原点开始，可勾选此复选框。

【置信度】如果需要改变概率保证程度，可勾选此复选框，并在右侧的框中输入所要使用的置信度（系统默认为 95%）。

【残差】如果需要在残差输出表中包含残差，可以勾选此复选框。

【标准残差】如果需要在残差输出表中包含标准残差，可以勾选此复选框。

【残差图】如果需要为每个自变量及其残差生成一张图表，可勾选此复选框。

【线性拟合图】如果需要为预测值和观察值生成一张图表，可勾选此复选框。

【正态概率图】如果需要生成一张图表来绘制正态概率，可勾选此复选框。

完成操作后，单击【确定】按钮，得到回归分析结果如图 9-27 所示。

| | D | E | F | G | H | I | J | K | L | M |
|---|---|---|---|---|---|---|---|---|---|---|
| 1 | SUMMARY OUTPUT | | | | | | | | | |
| 2 | | | | | | | | | | |
| 3 | 回归统计 | | | | | | | | | |
| 4 | Multiple R | 0.990509729 | | | | | | | | |
| 5 | R Square | 0.981109523 | | | | | | | | |
| 6 | Adjusted R S( | 0.979928868 | | | | | | | | |
| 7 | 标准误差 | 152.9145813 | | | | | | | | |
| 8 | 观测值 | 18 | | | | | | | | |
| 9 | | | | | | | | | | |
| 10 | 方差分析 | | | | | | | | | |
| 11 | | df | SS | MS | F | Significance F | | | | |
| 12 | 回归分析 | 1 | 19430874 | 19430874 | 830.98759 | 3.21159E-15 | | | | |
| 13 | 残差 | 16 | 374125.9 | 23382.87 | | | | | | |
| 14 | 总计 | 17 | 19805000 | | | | | | | |
| 15 | | | | | | | | | | |
| 16 | | Coefficients | 标准误差 | t Stat | P-value | Lower 95% | Upper 95% | 下限 95.0% | 上限 95.0% | |
| 17 | Intercept | 1215.718855 | 112.3532 | 10.82051 | 9.071E-09 | 977.5407745 | 1453.896935 | 977.5407745 | 1453.896935 | |
| 18 | X Variable 1 | 9.536625322 | 0.330824 | 28.82686 | 3.212E-15 | 8.83530906 | 10.23794158 | 8.83530906 | 10.23794158 | |
| 19 | | | | | | | | | | |

图 9-27 回归分析输出结果

### （二）输出结果解释

图 9-27 所示的输出结果包括三部分，解释如下：

第一部分是“回归统计”。该部分给出了回归分析中的一些常用统计量，包括 Multiple *R*（相关系数）、*R* Square（判定系数）、Adjusted *R* Square（调整的判定系数），标准误差（估计标准误差），观测值（样本容量）。

第二部分是“方差分析”。该部分包括 *df*（自由度），*SS*（回归平方和、残差平方和、总平方和），*MS*（回归和残差的均方），*F*（检验统计量），Significance *F*（*F* 检验的显著性水平，即 *P* 值）。“方差分析”部分的主要作用是对回归方程的线性关系进行显著性检验。

第三部分是“回归系数表”。包括两个系数，一个是 Intercept（回归方程的截距），另一个是回归系数 *X* Variable 1（回归方程的斜率），另外还列出了这两个系数的标准误差，检验统计量 *t* 和 *P* 值，以及在 95%置信度水平下两个系数的置信区间等。

# 第五节　Excel 在时间序列分析中的应用

时间序列分析主要是长期趋势和季节变动的测定，在 Excel 环境下，季节变动的测定主要是通过调用简单的函数来实现的，所以本节不做具体介绍，本节重点讲述长期趋势的测定过程。

时间序列长期趋势的测定有很多种方法，本节将重点讨论在 Excel 运行环境下，如何利用移动平均法、指数平滑法和趋势回归法来对其进行测定和预测。

## 一、移动平均法

在 Excel 数据分析宏工具库里，可以直接用于时间序列数据处理的分析工具宏有“移动平均”和“指数平滑”。以下介绍它们的使用方法。

**【例 9–5】** 表 9-1 所示为 1981—2000 年我国油菜籽单位面积产量（单位：$kg/hm^2$）数据，根据该资料进行移动间隔为三期的移动平均分析。

表 9-1　1981—2000 年我国油菜籽单位面积产量　　单位：$kg/hm^2$

| 年　份 | 单位面积产量 | 年　份 | 支　出 |
|---|---|---|---|
| 1981 | 1 451 | 1991 | 1 215 |
| 1982 | 1 372 | 1992 | 1 281 |
| 1983 | 1 168 | 1993 | 1 309 |
| 1984 | 1 232 | 1994 | 1 296 |
| 1985 | 1 245 | 1995 | 1 416 |
| 1986 | 1 200 | 1996 | 1 367 |
| 1987 | 1 260 | 1997 | 1 479 |
| 1988 | 1 020 | 1998 | 1 272 |
| 1989 | 1 095 | 1999 | 1 469 |
| 1990 | 1 260 | 2000 | 1 519 |

（1）进入 Excel 并打开新工作簿，在 A 单元列中逐个输入年份，在 B 单元列中逐个输入支出额的原始数据。

（2）选择【工具】菜单中的【数据分析】命令，在【数据分析】列表中单击【移动平均】，点击【确定】按钮，打开“移动平均”分析选项框，如图 9-28 所示。

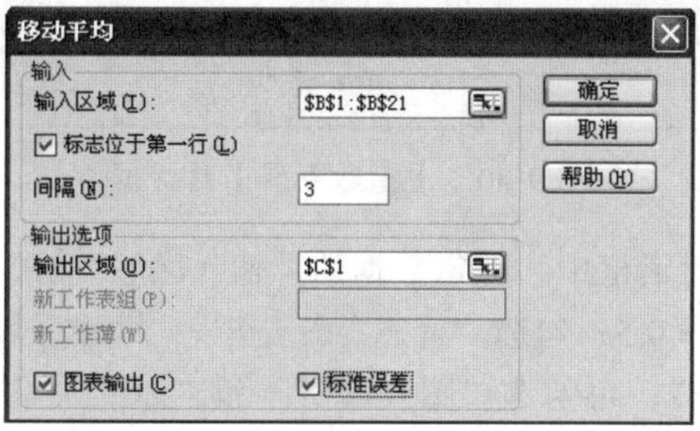


图 9-28 【移动平均】对话框

（3）在【移动平均】对话框中，选定数据的“输入区域”$B$1:$B$21；选定“标志位于第一行”复选框；“输出区域”通常设定为紧靠原始时间数列变量数据的右边一列的最左上方的单元格，本例为$C$1；再勾选“图表输出”和“标准误差”复选框，单击【确定】按钮，可得输出结果如图 9-29 所示。

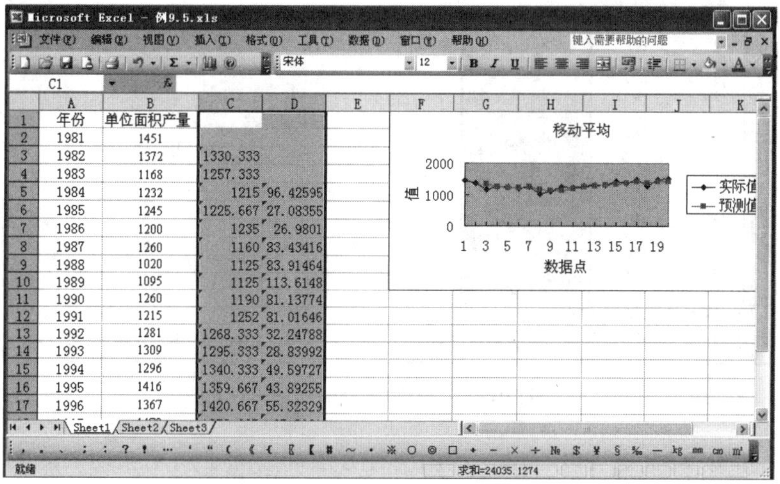


图 9-29 移动平均输出结果

返回的移动平均值和标准误差如图 9-29 中 C 和 D 列单元格所示，返回的实际时间数列数据的趋势线和移动平均后的新时间数列趋势线的比较图位于工作表的最右边。

## 二、指数平滑法

仍以例 9-5 的资料来说明“指数平滑”分析工具的使用方法和步骤。

（1）选择【工具】菜单中的【数据分析】命令，在【数据分析】列表中单击【指数平滑】，点击【确定】按钮，打开“指数平滑”分析选项框，如图 9-30 所示。

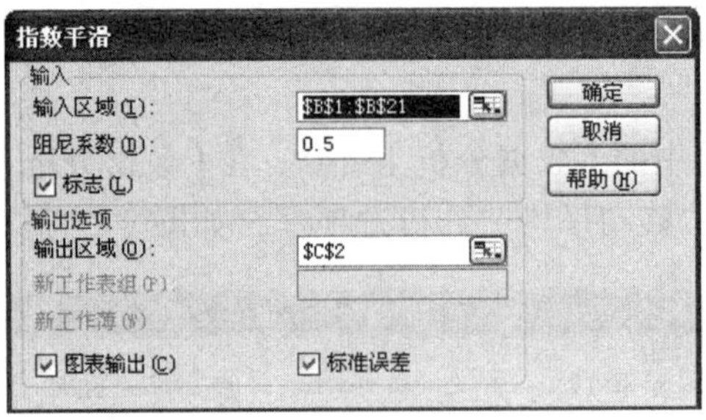


图 9-30 【指数平滑】对话框

（2）在【指数平滑】对话框中，选定数据的“输入区域”$B$1:$B$21；在“阻尼系数”中输入 $1-\alpha$ 的值，本例 $\alpha=0.5$；勾选“标志”复选框；“输出区域”通常选择与第一期数值对应的单元格，本例为$C$2；再勾选“图表输出”和“标准误差”复选框，单击【确定】，可得输出结果如图 9-31 所示。

返回的指数平滑值和标准误差如图 9-31 中 C 和 D 列单元格所示，返回的实际时间数列数据的趋势线和移动平均后的新时间数列趋势线的比较图位于工作表的最右边。

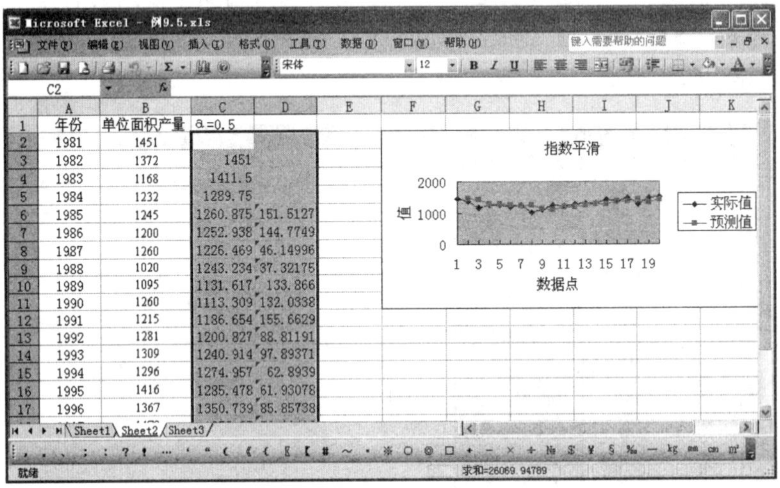


图 9-31 指数平滑输出结果

从图 9-29 和图 9-31 中可以看出，运用两种方法都消除了周期波动的影响，得到了比较平稳的长期趋势线，油菜籽单位产量呈现出较稳定的缓慢增长趋势。

## 三、趋势回归法

常用的趋势回归方程有三种：线性趋势回归方程、二次多项式趋势回归方程和指数趋势回归方程。线性趋势回归方程的求解与前面所讲述的回归分析类似，故此处不再赘述，下面仅以指数趋势回归方程的求解为例来说明如何利用添加趋势线的方法测定时间序列的长期趋势。

**【例 9-6】**表 9-2 所示为 1981—2007 年我国财政用于文教、科技、卫生事业费支出额（单位：万元）数据，试采用指数方程测定支出额的长期趋势。

表 9-2　1981—2007 年我国财政用于文教、科技、卫生事业费支出额　　单位：万元

| 年　份 | 支　出 | 年　份 | 支　出 |
|---|---|---|---|
| 1981 | 171.36 | 1995 | 1 467.06 |
| 1982 | 196.96 | 1996 | 1 704.25 |
| 1983 | 223.54 | 1997 | 1 903.59 |
| 1984 | 263.17 | 1998 | 2 154.38 |
| 1985 | 316.7 | 1999 | 2 408.06 |
| 1986 | 379.93 | 2000 | 2 736.88 |
| 1987 | 402.75 | 2001 | 3 361.02 |
| 1988 | 486.1 | 2002 | 3 979.08 |
| 1989 | 553.33 | 2003 | 4 505.51 |
| 1990 | 617.29 | 2004 | 5 143.65 |
| 1991 | 708 | 2005 | 6 104.18 |
| 1992 | 729.96 | 2006 | 7 425.98 |
| 1993 | 957.77 | 2007 | 11 793.96 |
| 1994 | 1 278.18 | — | — |

（1）进入 Excel 工作表，选择【插入】→【图表】，弹出【图表向导】对话框。在“图表类型”中选择“*XY* 散点图”，在“子图表类型”中选择“散点图”，单击【下一步】按钮。

（2）在出现的【源数据】对话框中，此处所有选项采用默认值，单击【下一步】按钮，出现【图表选项】对话框。此时，在“图表标题”框中输入“指数方程测定长期趋势”；在“数值（*X*）轴”框中输入“时间”；在“数值（*Y*）轴”框中输入“支出额（万元）”；选择【网格线】选项卡，取消网格线，单击【完成】按钮。

（3）右击绘图区的散点，选择【添加趋势线】，在出现的对话框中选择“指数”，如图 9-32 所示。

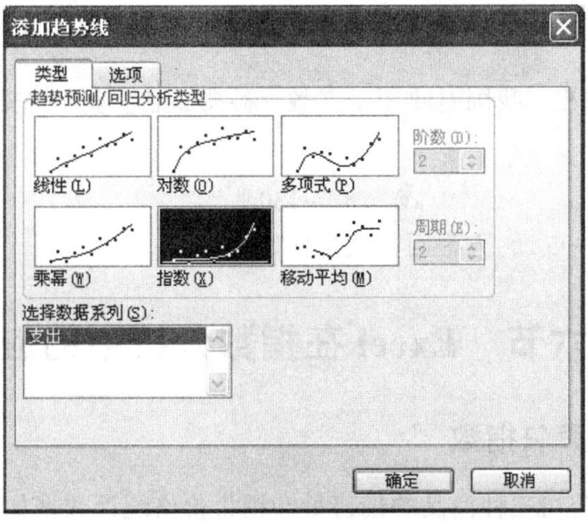


图 9-32　选择趋势线类型

（4）在【添加趋势线】对话框中，选择【选项】选项卡，单击选中“趋势线名称”选择组中的“自定义”，并输入“趋势线”；勾选“显示公式”和“显示 $R$ 平方值”，如图 9-33 所示，然后单击【确定】按钮，所得结果如图 9-34 所示。

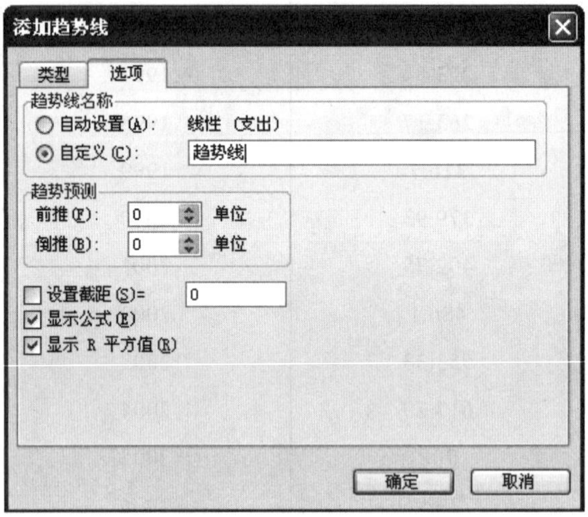


图 9-33 【选项】选项卡

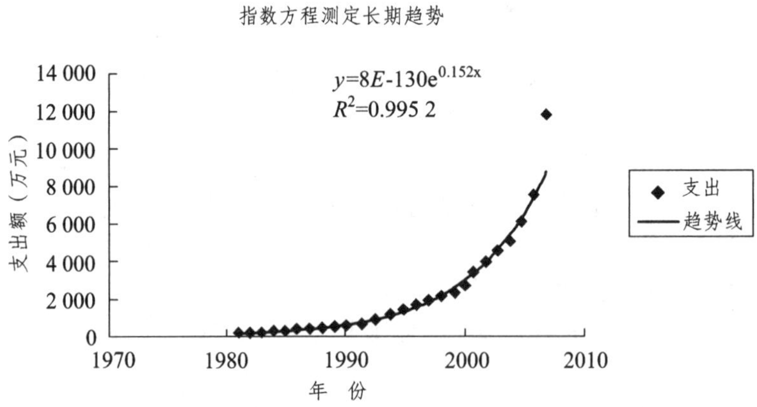


图 9-34 趋势回归输出结果

从图 9-34 中可以看出，我国财政用于文教、科技、卫生事业费支出额呈增长趋势，对应的指数趋势方程为：

$$Y=8E-130\mathrm{e}^{0.152\,6x}$$

方程的可决系数高达 0.995 2，方程回归效果比较理想。

# 第六节 Excel 在指数分析中的应用

## 一、用 Excel 计算总指数

**【例 9-7】** 某百货公司三种商品的销售量和销售价格统计数据如图 9-35 所示，试计算销售额总指数，销售量综合指数和销售价格综合指数。

| | A | B | C | D | E | F | G | H | I |
|---|---|---|---|---|---|---|---|---|---|
| 1 | | | 销售量 | | 单价（元） | | | | |
| 2 | 商品名称 | 计量单位 | 2008 ($Q_0$) | 2009($Q_1$) | 2008 ($P_0$) | 2009 ($P_1$) | $P_0Q_0$ | $P_0Q_1$ | $P_1Q_1$ |
| 3 | 甲 | 件 | 1800 | 1300 | 35.5 | 43.6 | 63900 | 46150 | 56680 |
| 4 | 乙 | 盒 | 2400 | 2600 | 15.4 | 18.5 | 36960 | 40040 | 48100 |
| 5 | 丙 | 个 | 3500 | 3800 | 8.0 | 10.0 | 28000 | 30400 | 38000 |
| 6 | 合计 | — | — | — | — | — | 128860 | 116590 | 142780 |
| 7 | | | | | | | | | |
| 8 | 销售额总指数（%） | | 110.80242 | | | | | | |
| 9 | 销售量综合指数（%） | | 90.478038 | | | | | | |
| 10 | 销售价格综合指数（%） | | 122.46333 | | | | | | |
| 11 | | | | | | | | | |

图 9-35　总指数计算表

（1）计算各种商品的 $P_0Q_0$ 和 $\Sigma P_0Q_0$ 。在 G3 中输入“ = C3*E3”，并用鼠标拖曳将公式复制到 G3:G5 区域，单击工具栏上的“Σ”按钮，在 G6 出现该列的求和值。

（2）按照（1）的操作步骤，完成 H3:H6 和 I3:I6 的填充。

（3）计算销售额总指数。在 C8 中输入“ = I6/G6*100”，即求得销售额总指数。

（4）计算销售量综合指数。在 C9 中输入“ = H6/G6*100”,即得销售量综合指数。

（5）计算销售价格综合指数。在 C10 中输入“ = I6/H6*100”，即得销售价格综合指数。

## 二、用 Excel 计算平均指数

### （一）加权算术平均指数

现以例 9-7 中的销售量为例，说明加权算术平均指数的计算方法。

计算步骤如下：

（1）计算个体指数 $K = Q_1/Q_0$。在 F3 中输入“ = D3/C3”，并用鼠标拖曳将公式复制到 F3:F5 区域。

（2）计算 $K*P_0Q_0$ 并求和。在 G3 中输入“ = F3*E3”，并用鼠标拖曳将公式复制到 G3:G5 区域。选定 G3:G5 区域，单击工具栏上的“Σ”按钮，在 G6 出现该列的求和值。

（3）计算销售量平均指数。在 C8 中输入“ = G6/E6*100”，即得到所求的数值，如图 9-36 所示。

| | A | B | C | D | E | F | G |
|---|---|---|---|---|---|---|---|
| 1 | | | 销售量 | | | | |
| 2 | 商品名称 | 计量单位 | 2008 ($Q_0$) | 2009($Q_1$) | $P_0Q_0$ | $K=Q_1/Q_0$ | $K*P_0Q_0$ |
| 3 | 甲 | 件 | 1800 | 1300 | 63900 | 0.722222 | 46150 |
| 4 | 乙 | 盒 | 2400 | 2600 | 36960 | 1.083333 | 40040 |
| 5 | 丙 | 个 | 3500 | 3800 | 28000 | 1.085714 | 30400 |
| 6 | 合计 | — | — | | 128860 | — | 116590 |
| 7 | | | | | | | |
| 8 | 销售量平均指数（%） | | 90.478038 | | | | |
| 9 | | | | | | | |

图 9-36　加权算术平均指数计算表

### （二）加权调和平均指数

现以例 9-7 中的销售价格为例，说明加权调和平均指数的计算方法。

（1）计算个体指数 $K = P_1/P_0$。在 F3 中输入“= D3/C3”，并用鼠标拖曳将公式复制到 F3:F5 区域。

（2）计算 $1/K*P_1Q_1$ 并求和。在 G3 中输入“= E3/F3”，并用鼠标拖曳将公式复制到 G3:G5 区域。选定 G3:G5 区域，单击工具栏上的“Σ”按钮，在 G6 出现该列的求和值。

（3）计算销售价格平均指数。在 C8 中输入“= E6/G6*100”，即得到所求的数值，如图 9-37 所示。

| | A | B | C | D | E | F | G |
|---|---|---|---|---|---|---|---|
| 1 | | | 单价（元） | | | | |
| 2 | 商品名称 | 计量单位 | 2008（$P_0$） | 2009（$P_1$） | $P_1Q_1$ | $K=P_1/P_0$ | $1/K*P_1Q_1$ |
| 3 | 甲 | 件 | 35.5 | 43.6 | 56680 | 1.228169 | 46150 |
| 4 | 乙 | 盒 | 15.4 | 18.5 | 48100 | 1.201299 | 40040 |
| 5 | 丙 | 个 | 8.0 | 10.0 | 38000 | 1.25 | 30400 |
| 6 | 合计 | — | — | — | 142780 | — | 116590 |
| 7 | | | | | | | |
| 8 | 销售价格平均指数（%） | | 122.46333 | | | | |
| 9 | | | | | | | |

图 9-37　加权调和平均指数计算表

# 第十章 SPSS 在统计中的应用

**重点与难点提示**

SPSS（Statistical Product and Service Solutions）为 IBM 公司推出的一系列用于统计学分析运算、数据挖掘、预测分析和决策支持任务的软件产品及相关服务的总称，有 Windows 和 Mac OS X 等版本。本章将简要介绍 SPSS 的统计分析功能，学习时应注意掌握以下问题：

（1）了解 SPSS 基本统计分析，主要包括频数分布分析、描述统计、探索分析、交叉表分析、比率分析、P-P 图和 Q-Q 图的运用与图表的制作。

（2）掌握 SPSS 在统计应用中的基本方法，主要包括均值过程的操作流程以及单样本 T 检验、独立样本 T 检验、配对样本 T 检验的操作与运用。

## 第一节　SPSS 基本统计分析

SPSS 是世界上应用最早的统计分析软件，它集数据录入、整理、分析功能于一身。SPSS 的分析结果清晰、直观、易用，而且可以直接读取 Excel 及 DBF 数据文件，现已推广到多种操作系统的计算机上，它和 SAS、BMDP 并称为国际上最有影响的三大统计软件。

SPSS【分析】菜单下的【描述统计】包括一系列基本统计分析过程，如常用的频数分布表、描述统计量、交叉列联表及其独立性检验、探索分析等。

当得到审核无误的原始数据后，需要认识数据、了解数据特征、检查数据分布，进而对数据做进一步判断，再决定选择哪些统计分析方法分析数据。

针对离散型变量（也称分类变量），可以使用频数分布分析，通过【频率】过程对单一变量进行频数分布分析，认识变量的分布特征；通过【交叉表】过程对两个或两个以上的离散变量进行频数分布分析，实现二维及以上的交叉表、分层交叉表的分析，从而认识变量间的关联关系，实现变量间的独立性检验。

针对连续型变量（即尺度测度变量），可以使用【描述】过程计算描述统计量。反映数据集中性特征的统计指标称为集中趋势指标，如算术平均数、中位数和众数等；反映数据波动性特征的统计指标称为离中趋势指标，如全距（也称为极差）、平均差、方差和标准差等。另外，还可以通过计算偏度、峰度指标对变量的分布进行描述分析。

正态分布是连续型变量概率分布之一，它是中间分布频数多，两边分布频数少、均数为中心、左右对称的一种频数分布。正态分布在统计学中非常重要。变量服从正态分布是很多统计方法的前提条件。比如，正态或近似正态分布的变量可以使用均数、标准差进行简要描述分析，而非正态分布变量就不适合用平均数反映水平，而需要使用最大值、最小值、极差、中位数等进行分析。又如，两个总体均数比较的 T 检验，其前提条件是变量服从正态分布，如果变量分布不呈正态分布，特别是小样本时，要使用非参数检验；在 SPSS 中可通过【探索】过程或【P-P 图】和【Q-Q 图】过程对变量是否服从正态分布进行初步验证。

SPSS 的【描述统计】过程还包括【比率】过程，用于对两个变量值比率变化的描述进行统计分析，适用于尺度变量资料。

## 一、频数分布分析

利用频数分布表可以对数据按变量值或按组进行分类整理，形成各变量的频数分布表和频数分布图，从而对各变量的分布特征有一个基本认识和了解，也可以通过该过程对数据进行审核和检查。

### （一）频数分布分析过程

（1）建立或打开数据文件后，按【分析→描述统计→频率】顺序单击菜单项，打开图 10-1 所示的对话框。

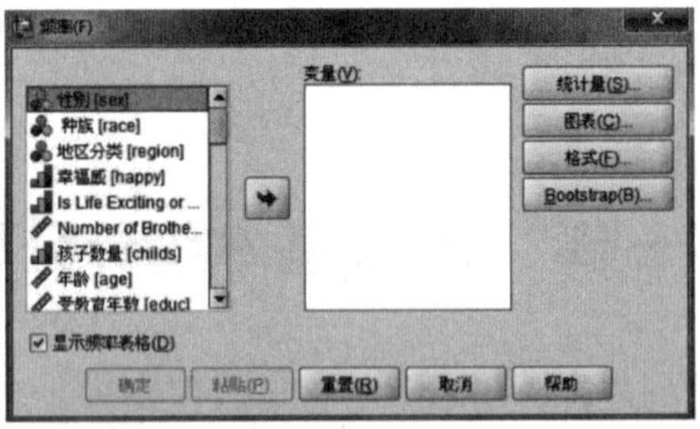


图 10-1　【频率】主对话框

（2）在源变量框中选择一个或多个变量，将其送入右侧的【变量】框中。

（3）选中【显示频率表格】复选框，要求输出频数分布表。

（4）单击【统计量】按钮，打开图 10-2 所示的对话框，选择要求输出的统计量。

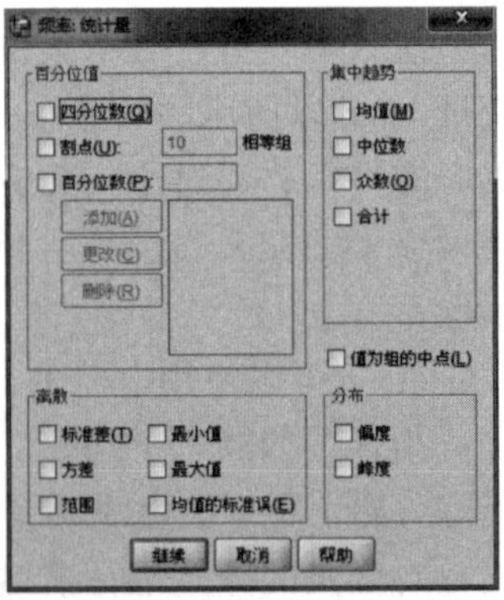


图 10-2　【频率：统计量】对话框

①【百分位值】栏，用于指定四分位数、百分位数等。

•【四分位数】，输出四分位数，即第 25、50、75 百分位数。

•【割点】，输出等分点的百分位数。在参数框中可以输入 2 ~ 100 之间的整数。例如，若输入了“5”，可将数值按从小到大顺序分为 5 等份，输出第 20、40、60、80 百分位数。

【百分位数】，用于自定义输出百分位数。在参数框中输入 0 ~ 100 之间的整数，单击【添加】按钮可多次重复此操作，可指定输出多个百分数。要剔除已定义的百分位数，只需选择它，单击【删除】按钮即可。

②【集中趋势】栏，用于指定集中趋势指标。

此栏中有以下复选项：【均值】、【中位数】、【众数】和【合计】。

③【离散】栏，用于指定离散趋势指标。

•【标准差】，选中该项，输出标准差。

•【方差】，选中该项，输出方差。

•【最小值】、【最大值】和【范围】（编者注：软件翻译有误，此处指统计学中的全距，或称两极差），输出的分别是最小值、最大值和全距。

•【均值的标准误】，输出均数的标准误。

④【分布】栏，用于指定描述数据分布的统计指标。

•【偏度】，输出偏度值，并显示偏度的标准误。偏度值为“0”表明变量分布是对称的。

•【峰度】，输出峰度值及其标准误。峰度值为“0”说明变量分布是正态的。

⑤【值为组的中点】选项，是在计算百分位数和中位数时，假设数据已经分组，用各组的组中值代表各组数据。

（5）在主对话框中单击【图表】按钮，打开图 10-3 所示的【频率：图表】对话框。在其中可设置统计图的类型及坐标轴等。

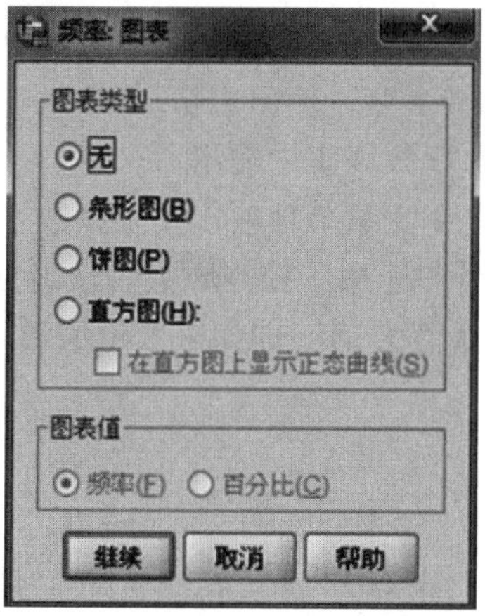


图 10-3 【频率：图表】对话框

①【图表类型】栏，用于选择统计图类型。

•【无】，选中该项，不输出统计图，是系统默认状态。

•【条形图】，输出条形图，各条形图案高度代表变量各分类的频数或百分比，不显示频数为 0 的分类。条形图适用于分类变量。

- 【饼图】，输出饼图，不显示频数为 0 的类。适用于分类变量，整体构成为 1。
- 【直方图】，仅适用于连续型变量。选择此项后，再选中【在直方图上显示正态曲线】，则显示的直方图中带有正态曲线。

②【图表值】栏，在选择了条形图和饼图选项后生效。

- 【频率】，其直方图纵轴表示频数，饼图中的每个扇形表示该部分观测值的频数。
- 【百分比】，其直方图纵轴表示百分比，饼图的每个扇形为各观测值频数占总数的百分比。

（6）在主对话框中单击【格式】按钮，打开图 10-4 所示的【频率：格式】对话框。在其中可设置频数分布表输出格式。

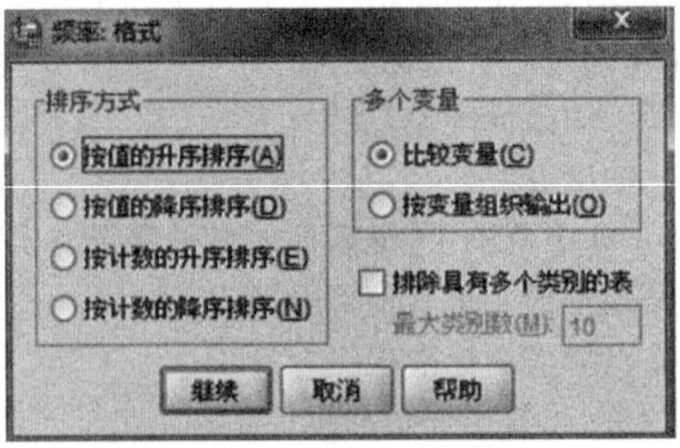


图 10-4 【频率：格式】对话框

①【排序方式】栏，用于设置频数分布表顺序，在选择了显示频率表格后生效。

- 【按值的升序排序】。这是默认的排序方式。
- 【按值的降序排序】。
- 【按计数的升序排序】。
- 【按计数的降序排序】。

如果设置了直方图或百分位数，频数分布表按变量值升序排列，而忽略用户的设置。

②【多个变量】栏，用于选择多变量输出表格。

- 【比较变量】，所有变量的频数表集中输出。
- 【按变量组织输出】，每一个变量单独输出一个频数表。

③【排除具有多个类别的表】栏，用于控制频数表输出分类数。如果变量值的个数太多，占用空间，此时可以压缩它。默认值为 10，即如果变量值的个数大于 10，则不输出相应的频数分布表。

### （二）频数分布分析实例

**【例 10-1】** 数据文件 data10-01 为 1991 年美国社会调查数据。变量：race（种族）、happy（幸福感）。要求编制 race、happy 变量的频数分布表。

操作步骤：

（1）打开数据文件 data10-01，按【分析→描述统计→频率】顺序打开【频率】主对话框，在左侧框中分别选中【种族[face]】、【幸福感[happy]】变量，单击中间的箭头按钮。

（2）将其送入【变量】框中，确认选中【显示频率表格】选项，要求输出频数分布表，单击【确定】按钮，提交运行。

输出结果如表 10-1 和表 10-2 所示。

表 10-1　种族变量的频数分布表

| | | 频率 | 百分比 | 有效百分比 | 累计百分比 |
|---|---|---|---|---|---|
| 有效 | 白人 | 1264 | 83.3 | 83.3 | 83.3 |
| | 黑人 | 204 | 13.4 | 13.4 | 96.8 |
| | 其他 | 49 | 3.2 | 3.2 | 100.0 |
| | 合计 | 1 517 | 100.0 | 100.0 | |

表 10-2　幸福感变量的频数分布表

| | | 频率 | 百分比 | 有效百分比 | 累计百分比 |
|---|---|---|---|---|---|
| 有效 | 非常幸福 | 467 | 30.8 | 31.1 | 31.1 |
| | 比较幸福 | 872 | 57.5 | 58.0 | 89 |
| | 不太幸福 | 165 | 10.9 | 11.0 | 100.0 |
| | 合计 | 1 504 | 99.1 | 100.0 | |
| 缺失 | NA | 13 | 0.9 | | |
| 合计 | | 1 517.0 | 100.0 | | |

说明：本例中计算的两个变量，face 的测度类型是名义，happy 的测度类型是定序，这两种类型的数据适合使用频率过程进行频数分布分析。

结果解释：

从表 10-1 中可看到，白种人 1 264 人，占 83.3%；黑种人 204 人，占 13.4%；其他是 49 人，占 3.2%。没有缺失值。可见，本次调查中大部分是白种人。

从表 10-2 中可看到，有 13 个缺失值。被调查者中有 467 人感到非常幸福，有效百分比是 31.%（分母是 1 504）；872 人感到比较幸福，有效百分比是 58.0%；165 人感到不太幸福，有效百分比是 11.0%。从结果来看，有一半的被调查者感到比较幸福，有 89%的被调查者是幸福的（包括比较幸福和非常幸福）。

**【例 10–2】** 继续使用数据文件 data10-01。变量：age（年龄）、educ（受教育最高年限）。要求分析年龄和受教育最高年限的分布特征和描述统计量。

（1）读取数据文件 data10-01，按【分析→描述统计→频率】顺序打开主对话框，选择【年龄[age]】和【受教育年数[educ]】变量进入【变量】框中，选中【显示频率表格】选项，要求显示频数分布表。

（2）单击【统计量】按钮，在【百分位值】栏中选【四分位数】；在【分布】栏中选【偏度】和【峰度】，检查数据的正态性；在【集中趋势】栏选【均值】和【中位数】；在【离散】栏选【标准差】、【最小值】、【最大值】和【范围（全距）】。单击【继续】按钮，返回主对话框。

（3）单击【图表】按钮，打开【图表】对话框，选择【直方图和在直方图上显示正态曲线】。单击【继续】按钮，返回主对话框。

（4）在主对话框中，单击【确定】按钮，提交运行。

部分输出结果与分析如表 10-3、表 10-4 及图 10-5、图 10-6 所示。

表 10-3　年龄与受教育年限变量的描述统计量

| 统计量 | | | |
|---|---|---|---|
| | | 年龄 | 受教育最高年限 |
| $N$ | 有效 | 1 514 | 1 510 |
| | 缺失 | 3.0 | 7.0 |
| 均值 | | 45.63 | 12.88 |
| 中值 | | 41.0 | 12.0 |
| 标准差 | | 17.808 | 2.984 |
| 偏度 | | 0.524 | −0.168 |
| 偏度的标准误 | | 0.063 | 0.063 |
| 峰度 | | −0.786 | 0.71 |
| 峰度和标准误 | | 0.126 | 0.126 |
| 全距 | | 71 | 21 |
| 极小值 | | 18 | 0 |
| 极大值 | | 89 | 20 |
| 百分位数 | 25 | 32.0 | 12.0 |
| | 50 | 41.0 | 12.0 |
| | 75 | 60.0 | 15.0 |

表 10-4　受教育年限变量的频数分布表

| 统计量 | | | | | |
|---|---|---|---|---|---|
| | | 频率 | 百分比 | 有效百分比 | 累计百分比 |
| 有效 | 0 | 2 | 0.1 | 0.1 | 0.1 |
| | 3 | 5 | 0.3 | 0.3 | 0.5 |
| | 4 | 5 | 0.3 | 0.3 | 0.8 |
| | 5 | 6 | 0.4 | 0.4 | 1.2 |
| | 6 | 12 | 0.8 | 0.8 | 2.0 |
| | 7 | 25 | 1.6 | 1.7 | 3.6 |
| | 8 | 68 | 4.5 | 4.5 | 8.1 |
| | 9 | 56 | 3.7 | 3.7 | 11.9 |
| | 10 | 73 | 4.8 | 4.8 | 16.7 |
| | 11 | 85 | 5.6 | 5.6 | 22.3 |
| | 12 | 461 | 30.4 | 30.5 | 52.8 |
| | 13 | 130 | 8.6 | 8.6 | 61.5 |
| | 14 | 175 | 11.5 | 11.6 | 73.0 |
| | 15 | 73 | 4.8 | 4.8 | 77.8 |

续表

| 统计量 | | | | | |
|---|---|---|---|---|---|
| | | 频率 | 百分比 | 有效百分比 | 累计百分比 |
| | 16 | 194 | 12.8 | 12.8 | 90.7 |
| | 17 | 43 | 2.8 | 2.8 | 93.6 |
| | 18 | 45 | 3.0 | 3.0 | 96.6 |
| | 19 | 22 | 1.5 | 1.5 | 98.0 |
| | 20 | 30 | 2.0 | 2.0 | 100.0 |
| | 合计 | 1 510 | 99.5 | 100.0 | |
| 缺失 | NA | 7 | 0.5 | | |
| 合计 | | | 100.0 | | |

表 10-3 为年龄和受教育年限变量的描述统计量。以年龄为例看输出结果，均值是 45.63，中位数是 41，两者相差较大，说明 age 变量是偏态的；偏度为 0.524，大于 0，说明 age 左偏，有一个较长的右尾，峰度值为 – 0.786，小于 0，曲线比较平缓。可以对照直方图认识这个变量。对于变量 educ，读者可以自己从输出表中认识它。

图 10-5、图 10-6 分别为 age 和 educ 变量带有正态曲线的直方图。这个正态曲线是按照数据的样本均值和标准差得到的。从图中可以比较明显地看到数据的分布与正态分布不一致，这与偏度、峰度值的结果一致。age 变量有一个较长的右尾，曲线较平缓；educ 变量右偏，左尾较长，曲线较陡峭。

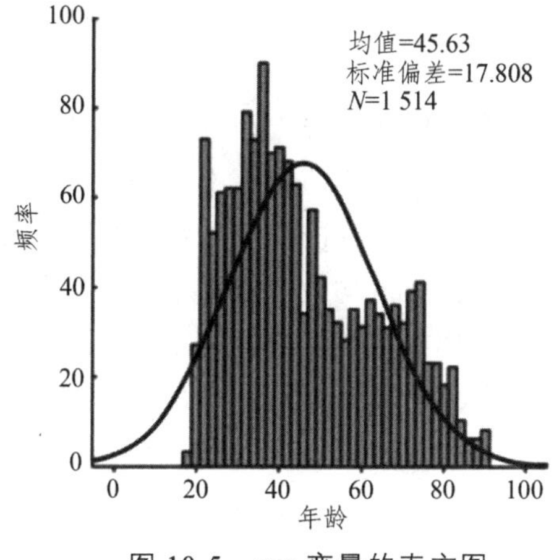


图 10-5　age 变量的直方图

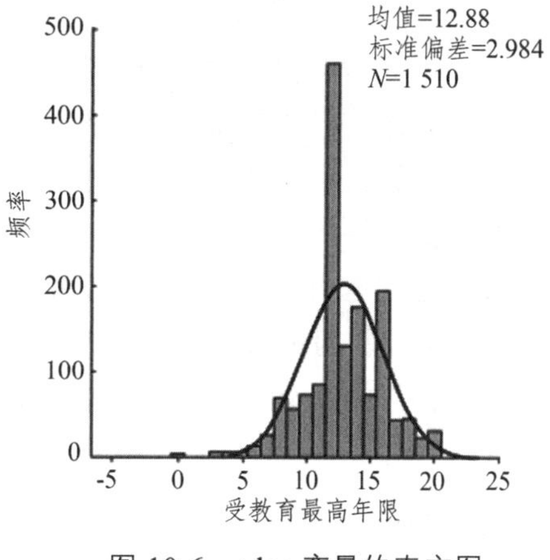


图 10-6　educ 变量的直方图

在这里需要说明的是：

（1）图中正态曲线是根据变量的均值和标准差绘制的，不是标准正态分布。

（2）age 和 educ 变量的值都较多，最好先分组，然后再编制频数分布表。

## 二、描述统计

描述统计分析过程是通过计算均值、算术和、标准差、最大值、最小值、方差、全距和均数的标准误等统计量对变量进行描述的，通过 Z 分数探明异常观测量。描述统计分析过程适用于尺度变量。至于使用哪些统计量做最终描述，要看其正态性检验的结果。

### （一）描述统计中的基本概念

#### 1. 均值、中位数和众数

均值、中位数和众数都是反映数据集中性特征统计指标的。

当数据分布呈均匀分布或正态分布时，均值是反映一组数据平均水平常用的统计指标。当数据分布不对称或有极端值时，中位数是反映数据平均水平的一个较好的统计指标。在只有几个水平的分类变量时，可以使用众数，它是指一组数据中出现次数最多的那个数。如果中位数与众数相差很大，说明变量值中存在异常值。如果均值和中位数相差太大，说明数据的分布是偏态的。具体的计算公式参见本章第二节。

#### 2. 四分位数和百分位数

四分位数和百分位数都是描述变量值相对位置统计指标的。

四分位数是指将一组数据按从小到大的顺序排序后，将其分成 4 等份，每个等分点上的值就是一个四分位数。百分位数是指将排序后的数据分成 100 等份，每个等分点上的值就是一个百分位数。较常用的百分位数是第 5 和第 95 百分位数。通过计算百分位数，可以了解某个值在集体中的位置。比如，收集到某班 50 名学生的统计考试成绩，用该数据计算第 60 百分位数是 80 分，说明该班中有 60%的学生的成绩在 80 分以下，有 40%的学生的成绩高于 80 分。四分位数实际就是百分位数中的第 25 百分位数、第 50 百分位数、第 75 百分位数，其中的第 50 百分位数也就是中位数。

#### 3. 极差、方差、标准差和标准误

极差、方差、标准差和标准误都是描述一组数据离散程度或变异大小统计指标的。

具体的计算公式参见本章第二节。对正态分布数据，常常将均值和标准差结合在一起来描述一组数据的特征。标准误是反映抽样误差大小的统计指标。标准误有均数的标准误和率的标准误，是样本均数（或样本率）的标准差。标准误是由样本均数（或样本率）推断总体均数（或总体率）可靠程度的统计指标。标准误小，说明样本均数（或样本率）与总体均数的差异小，抽样误差小，由样本均数（或样本率）推断总体均数（或总体率）的可靠性程度则高。

#### 4. 偏度和峰度

偏度和峰度都是描述数据分布状况统计指标的。

偏度，也称为偏斜度，用于描述数据分布的偏斜程度和方向。正态分布的偏度值为 0。若偏度值为正值，说明分布左偏，右侧有长尾；若偏度值为负值，说明分布右偏，左侧有长尾。一个经验参考是，如果计算的偏度值在 $-1 \sim 1$ 之间，表明数据分布近似对称分布。峰度是描述数据分布曲线陡峭平缓程度的统计量。正态分布的峰度值是 0。如果峰度值为正，表明分布曲线比较陡峭，其峰比标准正态分布的峰高，两端的尾部较长；如果峰度值为负，表明分布曲线是比较平缓的，其峰比标准正态分布的峰低，两端的尾部较短。

## （二）描述统计分析过程

描述统计分析过程主要计算数据的集中趋势和离中趋势指标。操作及内容如下：

（1）按【分析→描述统计→描述】顺序打开【描述性】主对话框，如图 10-7 所示。

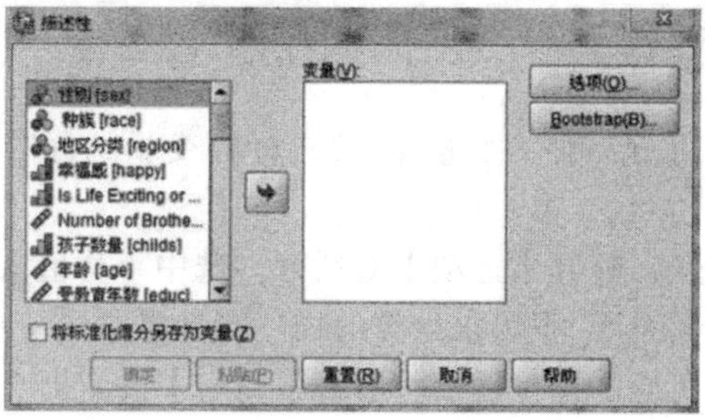


图 10-7 【描述性】主对话框图

（2）在源变量表中选择一个或多个变量作为待分析变量移入【变量】框中。

（3）选中【将标准化得分另存为变量】，可对所选择的每一个变量进行标准化，产生相应的 $Z$ 分值，作为新变量保存在当前数据窗口中。其变量名为相应变量名加前缀 Z。变量标准化的计算公式为

$$Z = \frac{X_i - \overline{X}}{S} \tag{10-1}$$

式中，$X_i$ 为变量 $X$ 的第 $i$ 个观测值；为变量 $X$ 的均值；$S$ 为变量 $X$ 的标准差。

（4）单击【选项】按钮，展开图 10-8 所示的【描述：选项】对话框。在对话框中可以指定其他统计量与输出结果显示的顺序。

基本统计量参见下文中的介绍。

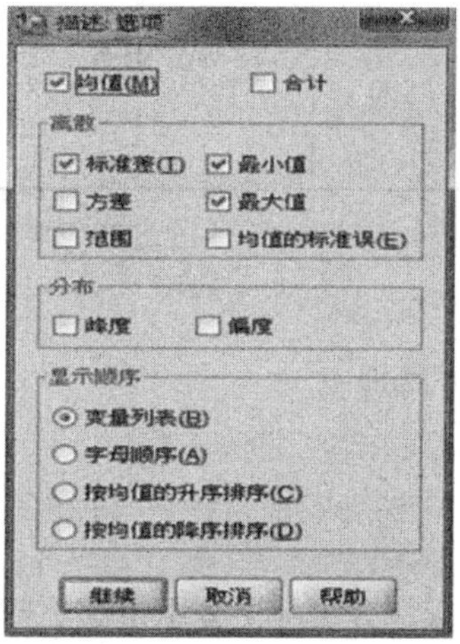


图 10-8 【描述：选项】对话框

## （三）描述统计分析实例

【例 10-3】 数据文件 data10-02 是 1985 年美国联邦调查局对 50 个州的各种犯罪情况进

行调查的数据。变量 murder、rape、robbery、assault、burglary、larceny、autothft 分别为谋杀、强奸、抢劫、袭击、入室行窃、盗窃、盗车的案件数。下面对该数据进行描述统计分析。

（1）打开数据文件，按【分析→描述统计→描述】顺序打开图 10-7 所示的描述统计分析主对话框。

（2）将 murder、rape、robbery、assault、burglary、larceny、autothft 变量送入【变量】栏中。

（3）选中【将标准化得分另存为变量】，要求计算变量的标准化值，并保存到当前数据文件。

（4）单击【选项】按钮，打开【选项】对话框。选中【均值】、【合计】、【标准差】、【最小值】、【最大值】、【范围（全距）】要求计算的描述统计量。

（5）单击【继续】按钮返回主对话框。单击【确定】按钮提交运行，输出结果如表 10-5 所示。

表 10-5 中，从左至右分别为变量名称、样本量、全距、最小值、最大值、算术和、均数及标准差。最后一行为有效样本量，本例中，$N=50$。

表 10-5　美国 1985 年各种犯罪数据描述统计量

| | 统计量 | | | | | | |
|---|---|---|---|---|---|---|---|
| | $N$ | 全距 | 极小值 | 极大值 | 和 | 均值 | 标准差 |
| 杀人案件 | 50 | 15 | 1 | 15 | 343 | 6.86 | 3.848 |
| 强奸案件 | 50 | 32 | 4 | 36 | 781 | 15.62 | 7.348 |
| 抢劫案件 | 50 | 437 | 7 | 443 | 5 076 | 101.51 | 91.193 |
| 袭击案件 | 50 | 272 | 21 | 293 | 6 771 | 135.42 | 68.170 |
| 入室抢劫 | 50 | 1 467 | 286 | 1 753 | 46 540 | 930.80 | 361.050 |
| 盗窃案件 | 50 | 2 856 | 694 | 3 550 | 97 182 | 1 943.64 | 709.829 |
| 盗车案 | 50 | 800 | 78 | 878 | 18 393 | 367.86 | 199.61 |
| 有效的 $N$（列表状态） | 50 | | | | | | |

## 三、探索分析

### （一）对测得的数据的审核与观察

探索分析的意义和数据要求。

1. 探索过程

对测得的数据，探索过程能提供分组与不分组情况下的审核与观察，此审核与观察可以有以下两个方面：

（1）检查数据是否有错误。过大或过小的数据均有可能是异常值、影响点或是输入错误数据。对于这样的数据，第一要找出，第二要分析原因，第三要决定是否从后续的分析中剔除。因为异常值和影响点往往对分析结果的影响较大，不能真实地反映数据的总体特征。

（2）验证变量分布特征。许多分析方法对数据的分布有要求，所以选择分析方法前，要检查数据是否为正态分布。

另外，对若干组数据均值的差异性进行分析也需要根据其方差是否相等来选择进行检验的计算公式。所以，分析之前要首先验证其方差的齐次性等。

2. 探索过程对变量和数据的要求

探索过程要求参与分析的变量是等间隔测度的数值型变量。其分类变量是数值型或字符型。箱图中用来标识异常值的变量可以是字符型也可以是数值型。

3. 探索过程提供观察和验证变量的方法

探索过程除了输出描述统计量外，还提供图形以便直观地将异常值、极端值、缺失数据及数据本身的特点表现出来。同时提供正态性检验，为选择分析方法提供依据。

探索过程提供的图形及检验方法如下：

（1）箱图（见图 10-9）。

箱图是对任何分布的数据的整体描述。

① 矩形框是箱图的主体，上、中、下三条线分别表示变量值的第 75、50、25 百分位数。

② 中间的纵向直线称为触须线。其中，上截止横线是变量的最大值，下截止横线是变量的最小值。

③ 定义四分位数间距（IQ），它是第 75 百分位数与第 25 百分位数之差。异常值使用“o”标记，分两种。箱体上方的 o 标记的变量值是大于 U1（第 75 百分位数 + 1.5IQ）的值；箱体下方 o 标记的变量值是小于 L1（第 25 百分位数 – 1.5IQ）的值。

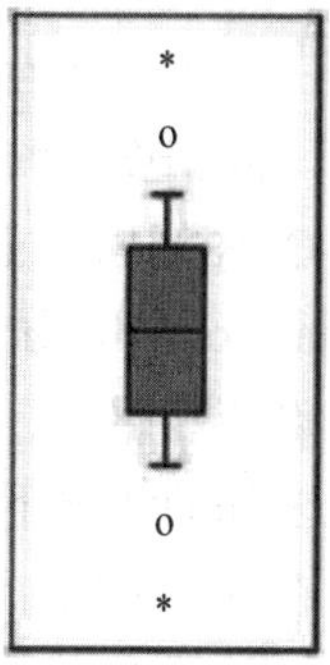

图 10-9　箱图

④极端值使用“*”标记。其中，上极端值是大于 U2（第 75 百分位数 + 3IQ）的值；下极端值是小于 L2（第 25 百分位数 – 3IQ）的值。

（2）茎叶图（见图 10-10）。

茎叶图直观地描述数据的频数分布。自左至右可以分为三部分：频数、茎、叶。其中，茎表示数值的整数部分，叶表示数值的小数部分。每行的茎和每个叶组成的数字相加再乘以茎宽为茎叶所表示实际数据的近似值，即

$$近似值 = （茎值 + 叶值 \times 0.1）\times 茎宽。$$

图 10-10 是 CurrentSalary 变量中 gender = female 观测量的茎叶图。自左向右分别为频数、茎 Stem、叶 Leaf。图 10-10 中标有“③”的一行表示存在 11 个极端值，大于等于 40 800；标有“④”的一行说明茎的宽度为 10 000；标有“⑤”的一行中每一个叶代表 1 个观测量。

以“⑥”这一行为例，茎为 3，频数为 5。这行叶的组成为 6、6、7、7、7。按照观测量的“近似值 =（茎 + 叶 × 0.1）× 茎宽”这一公式，第一个观测量的值为（3 + 0.6）× 10 000 = 36 000。依此类推，这一行五个 Salary 变量的值近似为 36 000、36 000、37 000、37 000、37 000。

```
① gender=女     薪水 Stem-and-Leaf Plot for
② Frequency    Stem & Leaf
    2.00        1 .  55
   16.00        1 .  6666666666777777
   14.00        1 .  88889999999999
   31.00        2 .  0000000000000111111111111111111
   35.00        2 .  22222222222222222222223333333333333
   38.00        2 .  44444444444444444444444444455555555555
   22.00        2 .  6666666666677777777777
   17.00        2 .  88888899999999999
    7.00        3 .  0001111
    8.00        3 .  22233333
    8.00        3 .  44444555
⑥  5.00        3 .  66777
    2.00        3 .  88
⑤ 11.00 Extremes    (>=40800)
④ Stem width:     10000
③ Each leaf:       1 cases(s)
```

图 10-10　茎叶图

（3）正态性检验。

除偏度、峰度需要观察变量的分布特征外，探索过程还提供正态性验证方法及 P-P 图或 Q-Q 图观察。正态性检验同时输出 Kolmogorov-Smirnov 统计量（简称 K-S 统计量）和 Shapiro-Wilk 统计量。其中，前一种检验建立在样本分布与预期累积分布之间没有显著差异假设的基础上，是用 Lillifors 显著性概率进行修正并检验正态性的。Lillifors 可以在方差与均值未知的情况下直接使用，它是对 K-S 统计量的修正。如果指定的是非整数加权，加权样本量在 3 ~ 50 时，计算 Shapiro-Wilk 统计量；对于未加权或整数加权，当加权样本量在 3 ~ 5 000 时，计算 K-S 统计量。显著水平值 Sig<0.05 时，拒绝正态分布假设。

（4）方差齐性检验。

许多检验要求方差齐性。例如，方差分析要求各分组样本的数据来自方差相同的正态总体；在进行独立样本 T 检验之前也需要事先确定两组方差是否相同；在进行多个均值组间比较时，也需要对方差是否相等进行选择。

如果各组方差不等，可以对数据进行转换来稳定方差或使方差尽可能地相等。

① 展布对水平图（Spreadvs.Level），用来判断各组离散程度是否相同。此图在显示图形的同时，还输出回归方程斜率以及对数据进行幂转换的幂值。它们之间的关系为：

$$幂值 = 1 - 回归斜率。$$

如果没有指定因素变量，则不生成此图。

② Levene 检验。该方法最大的好处是对两个样本的数据进行方差齐性检验时，不强求数据必须服从正态分布。Levene 检验法先计算出离均差（各观测值减组均值的差），然后通过离均差的绝对值进行单因素方差分析。如果显著水平值小于 0.05，则拒绝各组方差相等的假设。如果选择了数据转换，Levene 检验是根据转换后的数据计算的。

在进行方差齐性检验时，SPSS 提供了四种指标进行判断，分别是依据均值、依据中位数与调整后的自由度、依据调整的均值所得的各个统计量。

这几种统计量各有利弊，均值容易受到最大值、最小值以及极端值的影响；后三种都是比较不错的方法，但它们都将极端值排除在外，调整均值则排除了一部分观测量数据。

③ M-估计量，即集中趋势最大似然比稳健估计统计量。它是样本数据均值与中位数统计量的另外一种表现形式。当数据的分布具有较长尾部或者具有极值时，M 估计统计量要比均值及中位数给出的结果更精确。

M 估计统计量在计算时对所有观测量加权。权重随观测量距离分布中心的远近而变，计算时包括极端值。极端值由于靠外，因此它比位于中心部位的观测量给予的权重较小。M 估计不要求变量值呈正态分布。当数据分布均匀并且两尾较长或者当数据中存在极端值时，M 估计可以给出比均值或者中位数更合理的估计。

M 估计有 Huber、Andrew、Hampel 和 Tukey 估计方法。实践说明，这四种方法都可以很好地取代平均值以及中位数，其中 Huber 估计方法对于近似正态分布的数据效果最好。

### （二）探索分析过程

（1）按【分析→描述统计→探索】顺序，打开图 10-11 所示的【探索】主对话框。

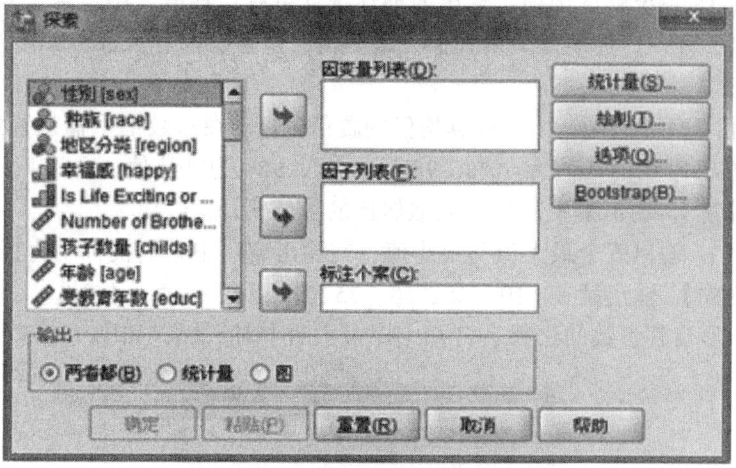


图 10-11　【探索】分析过程主对话框

（2）从源变量框中选择若干个数值型变量作为因变量送入【因变量列表】框中。此时单击【确定】按钮即可获得默认的统计分析，其中包括箱图、茎叶图以及描述统计量。默认情况下，缺失值将会被排除在分析过程之外。

（3）指定分组变量。在源变量框中选择一个或多个分组变量进入【因子列表】框中。分组变量可以将数据按该变量中的观测值进行分组分析。如果选择的分组变量不止一个，则以分组变量各取值进行组合分组。例如，指定分组变量：性别 sex（f、m）、年龄段 age（11、12、13），则按组合分组（f，11）、（f，12）、（f，13）、（m，11）、（m，12）、（m，13）对数据进行分析。

（4）选择标识变量。在源变量表中指定一个变量作为观测量的标识变量，送入【标注个案】框中。

（5）【输出】栏，用于确定输出项。

①【两者都】，输出图形以及描述统计量。

②【统计量】，只输出描述统计量。

③【图】，只输出图形。

（6）选择描述统计量。单击【统计量】按钮，打开图 10-12 所示的对话框。

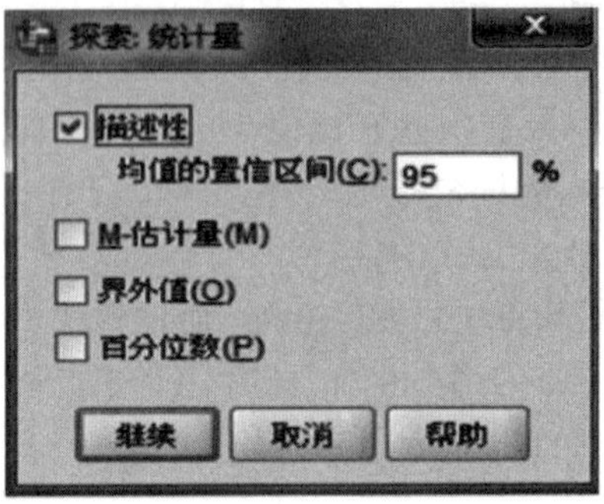


图 10-12 【探索：统计量】对话框

①【描述性】，系统默认选项，输出的描述统计量有：均值、中位数、众数、5%的调整平均值、标准误、方差、标准差、最大值、最小值、全距、四分位数、偏度及其标准误、峰度及其标准误。

【均值的置信区间】选项，用于计算均值的置信区间。在参数框中输入置信水平，选择的范围为 1%～99%，常用的数值为 90%、95%、99%，95%为默认值。

②【M 估计量】，输出集中趋势最大似然比的稳健估计。

③【界外值】，输出五个最大值与最小值，在输出窗口中它们被标明为极值。

④【百分位数】，输出第 5、10、25、50、75、90 以及 95 百分位数。

（7）统计图形及其参数的选择。打开【探索：图】对话框，如图 10-13 所示。

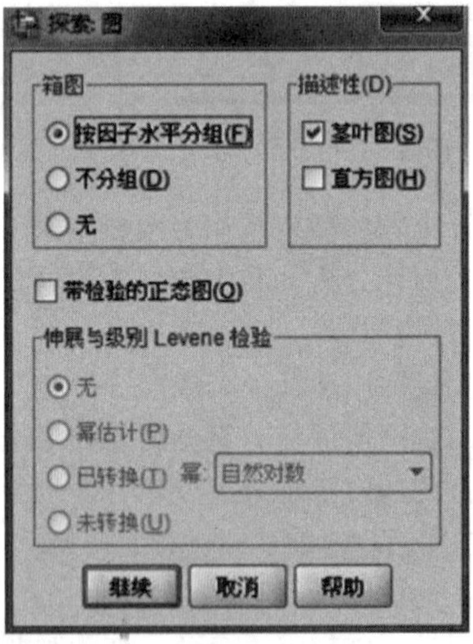


图 10-13 【探索：图】对话框

①【箱图】栏，通过该栏内容可以绘制箱图。

【无】，不输出箱图。

【按因子水平分组】，因变量按因子变量分组，各组箱图并列输出。

【不分组】，所有因变量在一个图形中生成各组箱图，利于比较。

②【描述性】栏，用于选择描述统计分析图形。其中，【茎叶图】是默认选项，生成茎叶图；【直方图】，生成频数分布统计图。

③【带检验的正态图】，输出 K-S 统计量及其 Lilliefors 显著性概率、Shapiro-Wilk 统计量及其显著性概率和 Q-Q 图。

④【伸展与级别 Levene 检验】（应为【带 Levene 检验的展布对水平图】）栏，输出展布对水平图（在 SPSS 输出中，将该图标注为“分布与水平图”），同时输出回归直线斜率以及方差齐性的 Levene's 检验结果。如果没有指定分组变量，此选项无效；如果选择了【已转换】选项，将依据转换后的数据进行计算。

【无】，不产生展布对水平图，不进行方差齐性的 Levene 检验，是默认选项。

【幂估计】，估计幂值，对每一组数据产生一个中位数的自然对数与四分位数的自然对数的展布对水平图。同时为了使每组中的数据方差相等，对数据进行幂变换。这个结果常常用来确定转换时最合适的幂值。

【已转换】，对原始数据进行转换，由读者在【幂：】框中指定幂转换使用的幂值。可以指定的幂值有：自然对数、1/平方根、倒数、平方根、平方、立方。

【未转换】，不对数据进行转换。

（8）单击【选项】按钮，展开图 10-14 所示的对话框。选择分析过程中对缺失值的处理方式。

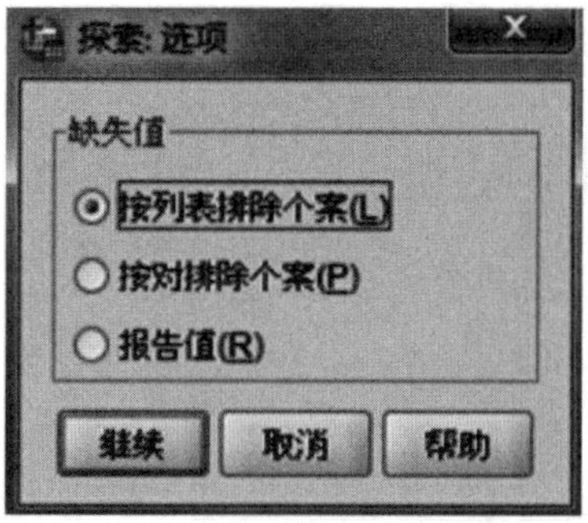


图 10-14　【探索：选项】对话框

①【按列表排除个案】，用于剔除带有缺失值的观测量，这是默认选项。

②【按对排除个案】，用于成对剔除有缺失值的观测量。

③【报告值】，分组变量中的缺失值将被单独分为一组，显示在频数表中。

## （三）探索分析实例

**【例 10-4】** 数据文件 data10-03 是 1969—1971 年美国一家银行的 474 名雇员情况的数据，包括变量：salary 当前薪水、educ 受教育年限（年）、prevexp 工作经历（月）、minority 是否是少数民族（0：非少数民族；1：少数民族）、jobcat 工作分类、id 雇员序号等。下面以 salary 当前薪水变量为例，说明探索分析的操作过程及其结果。

操作过程：

选择变量，指定选项。

（1）打开数据文件 data10-03，按【分析→描述统计→探索】顺序，打开探索分析主对话框。

（2）选择【薪水[salary]】变量进入【因变量】列表框，选择【性别[gender]】变量进入【因子】列表框，选择雇员序号【id】变量进入【标注个案】框。在【输出】栏中，选择【两者都】项。

（3）单击【统计量】按钮，打开对话框。选中【描述性】、【M-估计量】、【界外值】。

（4）单击【绘制】按钮，打开【探索：图】对话框。在【箱图】栏中选择【按因子水平分组】，在【描述性】栏中选中【茎叶图】，选中【带检验的正态图】，在【伸展与级别 Levene 检验】栏中选择【幂估计】。单击【继续】按钮，返回主对话框。

（5）在主对话框中单击【确定】按钮，提交运行。

结果分析：

部分输出结果如表 10-6 ~ 表 10-11 及图 10-16 ~ 图 10-19 所示，重点进行解释。

表 10-6 是分析变量的描述统计量（注：作者将个表分成两个表显示。）：因变量薪水、分组变量性别、四分位距是四分位数之差，其他统计量说明略。女雇员的薪水偏度值为 1.863，峰度值 4.641，说明变量薪水的分布不呈正态分布。

表 10-6　Salary 的描述统计量

描述（1）

| | 性别 | 指标 | | 统计量 | 标准误 |
|---|---|---|---|---|---|
| 薪水 | 女 | 均值 | | $26031.92 | $514.258 |
| | | 均值的 95%置信区间 | 下限 | $25018.29 | |
| | | | 上限 | $27045.55 | |
| | | 5%修整均值 | | $25248.30 | |
| | | 中值 | | $24300.00 | |
| | | 方差 | | 57123688.27 | |
| | | 标准差 | | $7558.02 | |
| | | 极小值 | | $15750 | |
| | | 极大值 | | $58125 | |
| | | 范围 | | $42375 | |
| | | 四分位距 | | $7012 | |
| | | 偏度 | | 1.863 | 0.166 |
| | | 峰度 | | 4.641 | 0.33 |
| 薪水 | 男 | | | $41441.78 | $1213.968 |
| | | 均值的 95%置信区间 | 下限 | $39051.19 | |
| | | | 上限 | $43832.37 | |

续表

| | 性别 | 指标 | 统计量 | 标准误 |
|---|---|---|---|---|
| | | 5%修整均值 | $39445.87 | |
| | | 中值 | $32850.00 | |
| | | 方差 | 38021933.30 | |
| | | 标准差 | $19499.214 | |
| | | 极小值 | $19650 | |
| | | 极大值 | $135000 | |
| | | 范围 | $115350 | |
| | | 四分位距 | $22675 | |
| | | 偏度 | 1.639 | 0.152 |
| | | 峰度 | 2.780 | 0.302 |

表 10-7 中的 a、b、c、d 分别表示四种 M 估计统计量，它是根据各自的加权常数计算的。与表 10-6 中的均值比较，发现 M 估计值全部比均值小（Female = $26031.92，Male = $41, 441.78），且相差较大，据此可初步判定各组数据不是来自正态分布总体。M 估计值与中位数（女：$24300；男：$32850）十分接近。

表 10-7　M 估计量

| 性别 | Huber 的 M-估计器 [a] | Tukey 的观权重 [b] | Hampel 的 M-估计器 [c] | Andrews 波 [d] |
|---|---|---|---|---|
| 女 | $24606.10 | $24015.98 | $24419.25 | $24005.82 |
| 男 | $34820.15 | $31779.76 | $34020.57 | $31732.27 |

注：a. 加权常量为 1.339。
　　b. 加权常量为 4.685。
　　c. 加权常量为 1.700、3.400 和 8.500。
　　d. 加权常量为 1.340π。

表 10-8 中的“案例号”是观测样品的编号，“雇员序号”是 id。它显示了按性别分组的各组中的五个最大值（最高薪水）和五个最小值（最低薪水）。

表 10-8　变量的极端值

| | 性别 | | | 案例号 | 雇员序号 | 值 |
|---|---|---|---|---|---|---|
| 薪水 | 女 | 最高 | 1 | 371 | 371 | $58125 |
| | | | 2 | 348 | 348 | $56750 |
| | | | 3 | 468 | 468 | $55750 |
| | | | 4 | 240 | 240 | $54375 |
| | | | 5 | 72 | 72 | $54000 |
| | | 最低 | 1 | 378 | 378 | $15750 |
| | | | 2 | 338 | 338 | $15900 |
| | | | 3 | 411 | 411 | $16200 |
| | | | 4 | 224 | 224 | $16200 |
| | | | 5 | 90 | 90 | $16200 |

续表

| | 性别 | | | 案例号 | 雇员序号 | 值 |
|---|---|---|---|---|---|---|
| | 男 | 最高 | 1 | 29 | 29 | $13500 |
| | | | 2 | 32 | 32 | $110625 |
| | | | 3 | 18 | 18 | $103750 |
| | | | 4 | 343 | 343 | $103500 |
| | | | 5 | 446 | 446 | $100000 |
| | | 最低 | 1 | 192 | 192 | $19650 |
| | | | 2 | 372 | 372 | $21300 |
| | | | 3 | 258 | 258 | $21300 |
| | | | 4 | 22 | 22 | $21750 |
| | | | 5 | 65 | 65 | $21900 |

表 10-9 为检验数据是否为正态分布的统计量。自左至右分别为：Kolmogorov-Smirnov 检验的统计量值、自由度、显著性概率，Shapiro-Wilk 检验的统计量、自由度、显著性概率。因为表中 Kolmogorov-Smirnov 下的显著性概率值为 Sig = 0.000<0.05，所以拒绝数据呈正态分布的假设。

表 10-9 正态分布检验结果

| 正态性检验 | | | | | | | |
|---|---|---|---|---|---|---|---|
| | 性别 | Kolmogorov-Smirnov（a） | | | Shapiro-Wilk | | |
| | | 统计量 | df | Sig. | 统计量 | df | Sig. |
| 薪水 | 女 | 0.146 | 216 | 0.000 | 0.842 | 216 | 0.000 |
| | 男 | 0.208 | 258 | 0.000 | 0.813 | 258 | 0.000 |

注：a. Lilliefors 显著水平修正。

表 10-10 为方差齐性检验结果。自左至右分别为：Levene 统计量、自由度 1、自由度 2 和显著概率值；自上至下分别为：基于均值、基于中值、基于中值和带有调整后的自由度、基于修整均值所得的各个统计量。依据各种集中趋势统计量所做检验的显著概率值全部低于 0.001，拒绝方差相等的零假设，即男、女薪水方差不具有齐次性。

表 10-10 方差齐性检验结果

| | | Levebe Statistic | | df2 | Sig. |
|---|---|---|---|---|---|
| 薪水 | Based on Mean | 119.669 | 1 | 472 | .000 |
| | Based on Median | 51.603 | 1 | 472 | .000 |
| | Based on Median and with adjusted df | 51.603 | 1 | 310.594 | .000 |
| | Based on trimmed mean | 95.446 | 1 | 472 | .000 |

图 10-15（a）、（b）分别为男、女工资水平的茎叶图，从图中可以推断男雇员工资集中

在 25 000 ~ 39 000 之间，女雇员工资集中在 16 000 ~ 29 00，可以看出，男女之间的工资水平可能有较大差异。

```
薪水 Stem-and-Leaf Plot for
gender=男

Frequency   Stem & Leaf

   1.00        1 .  9
  18.00        2 .  111122222223344444
  64.00        2 .  55555555555566666666666666666677777777777777
                    77888888888888999999999
  60.00        3 .  000000000000000000000000000111111111111112
                    2233333333344444
  22.00        3 .  5555555566667778889999
  16.00        4 .  0000000012223334
  11.00        4 .  55556677889
   9.00        5 .  001122344
  10.00        5 .  5555667899
   8.00        6 .  00001112
  14.00        6 .  55566666788889
   6.00        7 .  000233
   5.00        7 .  55888
   4.00        8 .  0.123
  10.00 Extremes    (>=86250)

Stem width:    10000
Each leaf:       1 cases(s)
```

（a）男

```
薪水 Stem-and-Leaf Plot for
gender=女

Frequency   Stem & Leaf

   2.00        1 .  55
  16.00        1 .  6666666666777777
  14.00        1 .  88889999999999
  31.00        2 .  0000000000000111111111111111111
  35.00        2 .  22222222222222222222223333333333333
  38.00        2 .  44444444444444444444444444455555555555
  22.00        2 .  6666666666677777777777
  17.00        2 .  88888899999999999
   7.00        3 .  0001111
   8.00        3 .  22233333
   8.00        3 .  44444555
   5.00        3 .  66777
   2.00        3 .  88
  11.00 Extremes    (>=40800)

Stem width:    10000
Each leaf:       1 cases(s)
```

（b）女

图 10-15　按性别变量分组的薪水茎叶图

图 10-16（a）为男雇员当前薪水的标准 Q-Q 图。其中，直线是正态分布的标准线，围绕直线的各点为预测值，如果观测数据的分布是正态分布，这些点形成的线应与直线重合。图中大量的点偏离了直线，因此，数据分布不呈正态分布。图 10-16（b）是薪水趋降标准 Q-Q 图，点组成 V 形曲线，从中也可得出拒绝正态分布的结论。

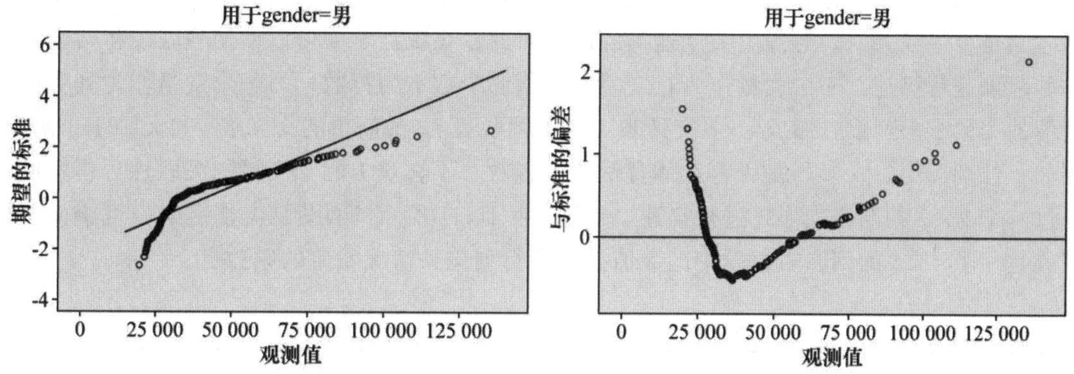


（a）薪水的标准 Q-Q 图　　（b）薪水的趋降标准 Q-Q 图

图 10-16　薪水的 Q-Q 图

图 10-17 为性别变量 gender 的两个分组的薪水箱图。女雇员当前工资水平的全距较男雇员小。两组变量中都存在不少异常值，如男雇员中的 29、32、18、103 号观测值，女雇员中的 413 号观测值等。男雇员中的 29 号、女雇员中的 80、348 号观测值都是极端值。查看这些观测和其他变量值，分析原因，可确定后续的分析中是否包括这些观测或按其他变量分组分析。

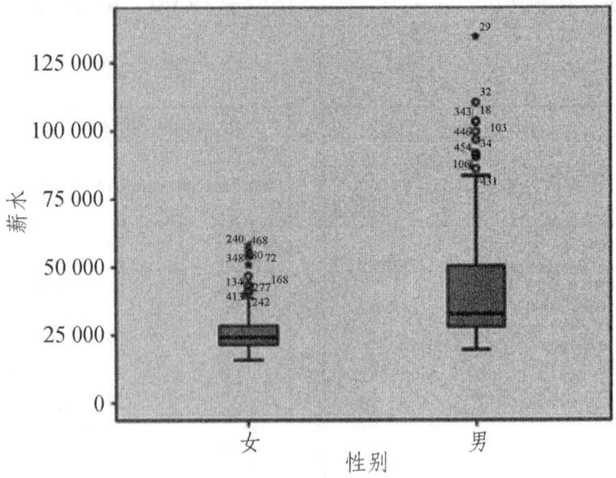


图 10-17　薪水的箱图

## 四、交叉表分析

SPSS 中的交叉表过程可以生成二维或多维（分层）分类变量行列交叉的频数表，可以计算分类变量之间的关联程度，并可以进行分类变量之间关联关系的独立性检验。

### （一）交叉表及其独立性卡方检验的思路

1. 交叉表概念

在实际分析问题时，常常将两个分类变量联系起来讨论它们之间是否存在关联，如收入高低和地区之间是否存在关联，收入高低与性别之间是否存在关联，性别与是否喜欢体育锻炼之间是否存在关联，等等。关于这类问题的研究，在统计学中可以使用列联表将两个问题联系起来进行描述。一个变量作为行变量，其值的个数 $r$ 为行数；另一个变量作为列变量，其值的个数 $c$ 为列数，形成 $r \times c$ 交叉表（也称列联表）。最简单的交叉表是 2×2 的四格表。例如，性别（男、女）与是否喜欢体育锻炼（喜欢、不喜欢）两个变量的关联性分析就可以通过一个 2×2 的四格表形式进行描述。又如，表 10-11 所示的百货店与服务满意度交叉列联表就是一个 4×5 的列联表，表中的数值是符合行列交叉情况发生的频数。

表 10-11　百货店与服务满意度交叉表

| 项目 | 服务满意度 | | | | | 合计 |
|---|---|---|---|---|---|---|
| | 很不满意 | 不太满意 | 一般满意 | 比较满意 | 非常满意 | |
| 1 | 25 | 20 | 38 | 30 | 33 | 146 |
| 2 | 26 | 30 | 34 | 27 | 19 | 136 |
| 3 | 15 | 20 | 41 | 33 | 29 | 138 |
| 4 | 27 | 35 | 44 | 22 | 34 | 162 |
| 合计 | 93 | 105 | 157 | 112 | 115 | 582 |

2. 交叉表独立性检验基本思路

在统计学中，可以通过交叉表的独立性检验对两个变量是否存在关联进行分析。该方法的基本思想与假设检验的基本思想一致。首先建立一个无效假设，即认为两个事物之间是独立的，没有关联。在假设成立的前提下，建立 $\chi^2$ 统计量，并计算它发生的概率，根据小概率事件在一次试验中不可能发生的原则，判断建立的无效假设是否成立。若拒绝无效假设，则做出两个事物之间存在关联的判断。因此，交叉表的独立性检验也称为交叉表的 $\chi^2$ 检验。$\chi^2$ 统计量的公式为

$$\chi^2 = \sum \frac{(A-T)^2}{T} \tag{10-2}$$

式中，$A$ 是实际频数；$T$ 是期望频数。

注意：使用这个统计量公式进行检验时，要求期望频数大于等于 5。若不满足该条件，需要使用精确检验法。

## （二）交叉表分析过程

一个行变量和一个列变量可以形成一个二维交叉表，再指定一个分组变量作为控制变量（也称层变量）就形成三维交叉表。如果可以指定多个行、列、控制变量，就会形成复杂的多维交叉表。交叉表的变量可以是数值型、字符型或短字符串变量。

（1）按【分析→描述统计→交叉表】顺序打开图 10-18 所示的【交叉表】主对话框。

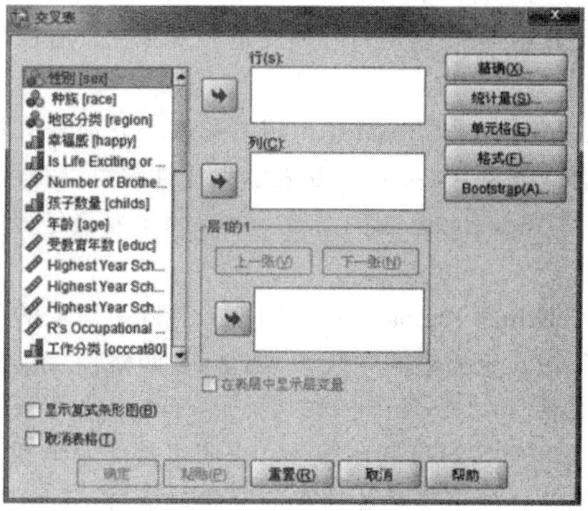


图 10-18 【交叉表】主对话框

（2）在源变量框中选择一个或多个分类变量送入【行】框，作为交叉表中的行变量。

（3）在源变量框中选择一个或多个分类变量送入【列】框，作为列变量。

（4）选择一个层变量进入【层 1 的 1】框中。单击【下一张】按钮，可指定另外一个控制变量；单击【上一张】按钮可改变前一次确定的控制变量。

（5）【显示复式条形图】，用于显示各组中各变量的分类条形图。

（6）【取消表格】，只输出统计量，不输出交叉表。

（7）单击【统计量】按钮，打开【交叉表：统计量】对话框，如图 10-19 所示。

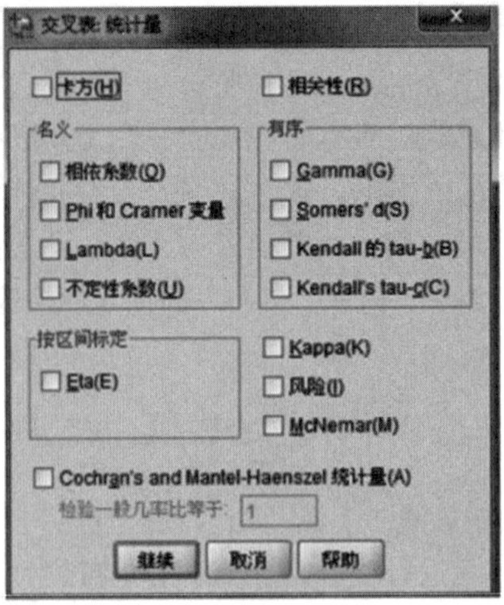


图 10-19 【交叉表：统计量】对话框

①【卡方】，输出三种卡方检验结果。

•【皮尔逊卡方检验】，检验假设是行、列变量相互独立。当自由度大于 1、单元格频数大于 5 时，检验效果较好，它是常用的检验方法。

•【似然比卡方检验】，是对数线性模型检验方法之一，也是拟和优度检验方法。当样本量较大时，该统计量服从卡方分布。

•【Fisher 的精确检验】，当样本数小于 20 或单元格期望值小于 5 时，使用该方法。

•【线性与线性组合】，检验假设是行、列变量相互独立，适合两个变量是定序或尺度变量的数据。

②【相关性】，输出 Pearson 和 Spearman 相关系数。分别表示两变量的线性相关或变量秩之间的关联程度。数值范围为 $-1\sim+1$，0 表示无线性关系，符号表示相关方向。如果行、列变量为定序变量，应计算 Spearman 相关系数。如果两个变量是分类变量，不适合使用该选项计算关联程度。

③【Kappa】，输出 Cohen 的 Kappa 系数。用来检验同一对象的两种评估的一致性，它仅适用于具有相同分类值和相同分类数的列联表，如 $2\times2$ 四格表。系数为 1 表示两者完全一致，系数为 0 表示两者没有关联。

④【风险】，用于计算相对危险度和比数比，表明事件的发生和某因素之间的关联性。如检验心脏病是否与吸烟有关。如果该系数的置信区间包括 1，则认为事件的发生与这个因素没有关联。当某因素发生的可能性非常小时，使用比数比统计量作为相对危险度的测度。

⑤【McNemar】，用于两个二分变量相关性的非参数检验。在“试验前后”的设计中，变化值符合卡方分布。它对检验由于试验干扰而产生的变化十分有效。

⑥【名义】栏，用于计算两个名义变量之间关联程度的统计量。

•【相依系数】，用于描述两个分类变量之间关联程度的统计量，根据卡方统计量修正而得，公式为

$$C=\sqrt{\frac{\chi^2}{\chi^2+N}} \tag{10-3}$$

式中，$N$ 为观测量数；$\chi^2$ 为卡方值，其数值在 0 ~ 1 之间。0 值表示行列变量之间没有关联；其值接近于 1 时，表示行列变量之间有很强的关联。注意，该值可能的最大值受列联表行列数的影响，随着行列数的增大而增大。

• 【Phi and Cramer 变量】(此处的变量应为 V)，此变量同相依系数一样，也是描述两个属性变量间关联程度的。Phi 系数适用于 2 × 2 交叉表。两者都是根据卡方计算公式修正而得的，CramerV 值在 0 ~ 1 之间，计算公式为

$$V=\sqrt{\frac{\chi^2}{N(k-1)}} \tag{10-4}$$

式中，$k$ 为行、列变量中水平数较小的一个水平数；$N$ 为观测量数；$\chi^2$ 为卡方值。

• 【Lambda】，当用自变量预测因变量时，该检验反映预测误差。Lambda 系数等于 1，表明自变量完全预测因变量；Lambda 系数等于 0，表明自变量不能预测因变量。

• 【不定性系数】，常称为不确定性系数，表示用一个变量预测另一个变量的值可能发生的错误程度。其值越接近于上限 1，表明从第一个变量获得的有关第二个变量的值的信息越多；其值越接近于下限 0，表明从第一个变量获得的有关第二个变量的值的信息越少。程序计算对称与不对称两种不确定性系数。

⑦【有序】栏，用于计算两个有序变量之间关联程度的统计量。

• 【Gamma】，用于两个有序变量间关联的对称检验，该值范围在 - 1 ~ 1 之间。Gamma 的绝对值接近于 1 时，表明两个变量间高度关联；接近于 0 时，表明两个变量间的关联程度很低。对二维列联表，提供零阶 Gamma 值；对三维或高维列联表，提供条件 Gamma 值。

• 【Somers’d】，用于两个有序变量间关联性的检验，其数值范围在 - 1 ~ 1 之间。Somers’d 的绝对值接近于 1，表明两个变量间高度关联；接近于 0 时，表明两个变量间低度关联。Somers’d 检验是 Gamma 的非对称检验的扩展，两者之间的不同仅在于它包含的是未打结自变量成对数据的含量。

• 【Kendall 的 tau - b】，用于秩变量或等级变量关联性的非参数检验，计算中考虑结的影响。值的范围在 - 1 ~ 1 之间，符号表明两者间关系的方向。绝对值表明相关程度，只有在正方形表格中其值才有可能为 + 1 或 - 1。

• 【Kendall 的 tau - c】，用于秩变量关联性的非参数检验，不考虑结的影响。其值的范围在 + 1 ~ - 1 之间，符号表明两者间关系的方向，绝对值表明相关程度。如果交叉表中边际频数相等，那么 Kendall’s tau - b 和 Kendall’s tau - c 的值基本一致。

⑧【按区间标定】(应为【名义与等间隔变量】，nominal by interval) 栏，用于计算 Eta 统计量。如果一个变量是名义变量，另一个变量是定量变量时，选择 Eta 统计量。Eta 值的范围在 0 ~ 1 之间，值为 0，表示行列变量间没有关联性；值越接近于 1，表示行列变量间的关联程度越高。

⑨【Cochran’s and Mantel - Haenszel 统计量】，是两个二分变量间独立性检验的统计量。在此框中设置相对风险检验的零假设值，默认为 1。可以输入一个正数。

(8) 单击【精确】按钮，打开【精确检验】对话框，如图 10-20 所示。

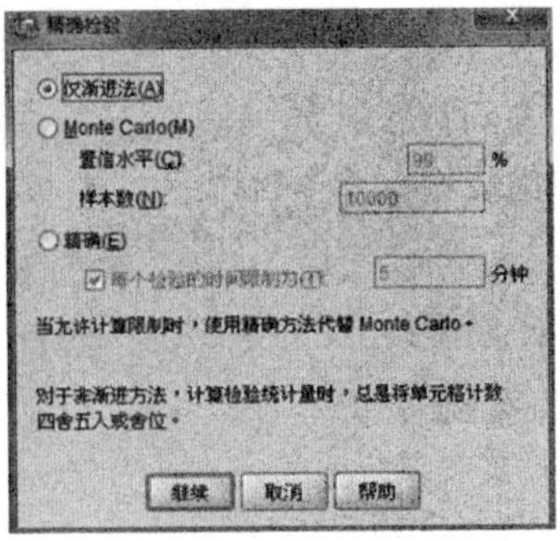


图 10-20 【精确检验】对话框

除了非参数检验与交叉表检验外，精确检验提供两种专门针对数据量小或不均衡表的检验方法，该检验对数据没有要求。检验的方法有 Fisher 精确检验和 Monte Carlo 法。由于精确检验的计算复杂，对大样本会耗费大量的计算机资源，因此，在样本量少于 30 时，这是最好的方法。

①【仅渐进法】，其显著概率值是基于渐进分布计算的统计量。一般情况下，如果其显著水平值小于 0.05，认为有显著性意义。

②【Monte Carlo】，该统计量是精确显著水平的无偏估计。Monte Carlo 方法不要求渐进分布的假设，可获得精确的显著水平值。

- 【置信水平】框输入 0.01 ~ 99.9 置信水平。
- 【样本数】框输入 1 ~ 1000 000 000 之间的样本量数值，用以计算 Monte Carlo 统计量。样本量越大，显著水平越可靠，但计算过程耗时也越多。
- 【精确】用于精确计算检验的概率。此值如果小于 0.05，则认为行、列变量间相互不独立。

当有 20%以上单元格的期望数小于 5 时，适合使用该方法。

选中【每个检验的时间限制为】项，在参数框中输入 1 ~ 9 999 999 999 间的值作为进行精确检验的最大运行时间。当计算条件受到限制时，常使用 Monte Carlo 精确检验法。

（9）在主对话框中，单击【单元格】按钮，打开【交叉表：单元显示】对话框，如图 10-21 所示。

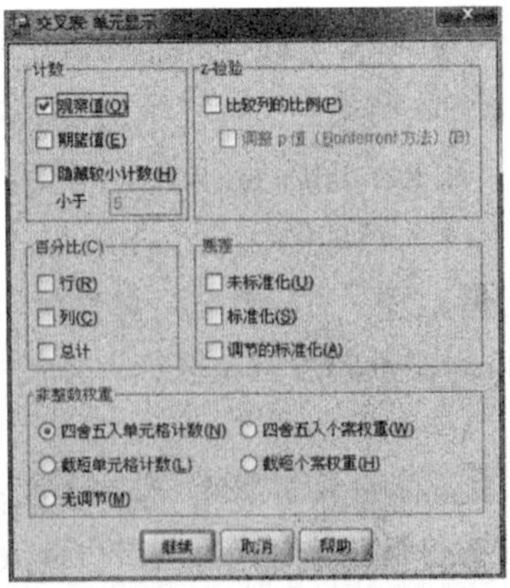


图 10-21 【交叉表：单元显示】对话框

①【计数】栏，用于指定交叉表中显示的计数选项。

- 【观察值】，用于显示实际频数，这是默认选项。
- 【期望值】，用于如果行、列变量在统计意义上相互独立，显示期望频数（理论数）。

②【百分比】栏，用于指定输出的百分比。

- 【行】，用于显示行百分比，单元格频数占所在行观测量的百分比。
- 【列】，用于显示列百分比，单元格频数占所在列观测量的百分比。
- 【总计】，用于显示单元格中频数占全部观测量的百分比。

③【残差】栏，用于指定要输出的残差。

- 【未标准化】，用于计算非标准化残差。计算方法是单元格中的观测值减期望值。
- 【标准化】，用于计算均值为 0，标准差为 1 的标准化残差。残差除以它的标准误，也称为皮尔逊残差。
- 【调节的标准化】，用于计算调整的标准化残差。

④【非整数权重】栏，是选择非整数权重的一种处理方法。单元格中的频数一般是整数，但是如果有带有小数的变量值加权，单元格的计数值可能出现小数。

- 【四舍五入单元格计数】，照常使用观测量权重，但是单元格中的累积权重需要在计算统计量之前四舍五入。
- 【截短单元格计数】，照常使用观测量权重，但是单元格中的累积权重需要在计算计量之前截取整数部分。
- 【四舍五入个案权重】，在加权计算之前对权重值四舍五入。
- 【截短个案权重】，在加权之前对权重值截取整数部分。
- 【无调节】，不对单元格数值进行调整。

（10）单击【格式】按钮，打开【交叉表：表格格式】对话框，如图 10-22 所示，确定表格中从左到右频数的排列顺序。

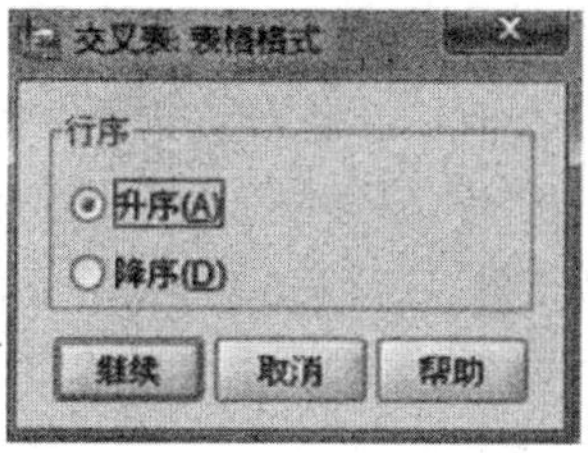


图 10-22　【交叉表：表格格式】对话框

①【升序】，以升序显示变量值的频数，这是默认选项。

②【降序】，以降序方式显示变量值的频数。

对长字符型变量，可以通过编码满足该过程对数据的要求。

### （三）交叉表分析实例

**【例 10-5】**使用数据文件 data10-01 中的数据。使用变量：occcat80 工作性质分类、region 地区、childs 每个家庭的孩子数。要求分析各地区工作类型与家庭孩子数量之间是否有关联。

操作过程及结果显示：

（1）按【分析→描述统计→交叉表】顺序单击菜单项，打开主对话框。

（2）将【孩子数量[childs]】作为行变量送入【行】框中；将【工作分类[occcat80]】作为列变量选入【列（C）】框中；将【地区分类[region]】变量选入【层 1 的 1】框中，作为层变量。

（3）单击【统计量】按钮，打开【统计量】对话框，选中【卡方】选项。单击【继续】按钮，返回主对话框。

（4）单击【单元格】按钮，打开【单元显示】对话框，在【计数】栏中选中【观察值】选项。单击【继续】按钮，返回主对话框。

（5）打开【精确】对话框，选择【Monte Carlo】，在【样本数】中输入样本数量“1517”。单击【继续】按钮，返回主对话框。

（6）单击【格式】按钮，打开【交叉表：表格格式】对话框，选择【升序】选项。单击【继续】按钮，返回主对话框。

（7）在主对话框中，单击【确定】按钮，提交执行。

（8）输出结果如表 10-12 ~ 表 10-14 所示，分析如下：

表 10-12　观测量统计处理摘要

| 案例处理摘要 | | | | | | |
|---|---|---|---|---|---|---|
| | 案例 | | | | | |
| | 有效的 | | 缺失 | | 合计 | |
| | *N* | 百分比 | *N* | 百分比 | *N* | 百分比 |
| 孩子数量*工作分类*地区分类 | 1414 | 93.2% | 103 | 6.8% | 1517 | 100.0% |

表 10-13　各变量之间的多维交叉列联表

孩子数量*工作分类*地区分类*交叉制表

| 地区分类 | | | 工作分类 | | | | | | 合计 |
|---|---|---|---|---|---|---|---|---|---|
| | | | 管理者或者专业人员 | 技术人员，销售，行政人员 | 维修人员 | 农林渔业 | 精密或手工制造业 | 一般操作人员或装配人员 | |
| 东北部 | 孩子数量 | 0 | 44 | 57 | 21 | 3 | 19 | 16 | 160 |
| | | 1 | 27 | 45 | 12 | 3 | 10 | 18 | 115 |
| | | 2 | 41 | 61 | 23 | 2 | 15 | 27 | 169 |
| | | 3 | 21 | 43 | 14 | 0 | 8 | 14 | 100 |
| | | 4 | 12 | 11 | 11 | 0 | 11 | 13 | 58 |
| | | 5 | 1 | 6 | 3 | 1 | 2 | 6 | 19 |
| | | 6 | 1 | 2 | 1 | 0 | 0 | 1 | 5 |
| | | 7 | 3 | 2 | 2 | 1 | 1 | 3 | 12 |
| | | 8 或以上 | 0 | 0 | 0 | 0 | 1 | 0 | 1 |
| | 合计 | | 150 | 227 | 87 | 10 | 67 | 98 | 639 |

续表

| 地区分类 | | | 工作分类 | | | | | | 合计 |
|---|---|---|---|---|---|---|---|---|---|
| | | | 管理者或者专业人员 | 技术人员，销售，行政人员 | 维修人员 | 农林渔业 | 精密或手工制造业 | 一般操作人员或装配人员 | |
| 东南部 | 孩子数量 | 0 | 29 | 31 | 11 | 5 | 8 | 19 | 103 |
| | | 1 | 22 | 22 | 4 | 4 | 6 | 11 | 69 |
| | | 2 | 18 | 28 | 22 | 2 | 10 | 20 | 100 |
| | | 3 | 6 | 11 | 5 | 2 | 10 | 6 | 40 |
| | | 4 | 3 | 7 | 11 | 0 | 5 | 7 | 33 |
| | | 5 | 4 | 7 | 0 | 0 | 2 | 5 | 18 |
| | | 6 | 1 | 1 | 3 | 0 | 0 | 3 | 8 |
| | | 7 | 0 | 1 | 3 | 0 | 0 | 2 | 6 |
| | | 8或以上 | 0 | 1 | 0 | 0 | 1 | 2 | 4 |
| | 合计 | | 83 | 109 | 59 | 13 | 42 | 75 | 381 |
| 西部 | 孩子数量 | 0 | 37 | 45 | 12 | 5 | 17 | 13 | 129 |
| | | 1 | 17 | 18 | 6 | 0 | 6 | 12 | 59 |
| | | 2 | 25 | 29 | 17 | 2 | 10 | 8 | 91 |
| | | 3 | 11 | 19 | 13 | 3 | 11 | 4 | 61 |
| | | 4 | 5 | 8 | 2 | 3 | 5 | 4 | 27 |
| | | 5 | 6 | 0 | 2 | 0 | 2 | 2 | 12 |
| | | 6 | 2 | 1 | 4 | 0 | 1 | 1 | 9 |
| | | 7 | 1 | 0 | 1 | 0 | 0 | 0 | 2 |
| | | 8或以上 | 2 | 0 | 0 | 0 | 1 | 0 | 4 |
| | 合计 | | 106 | 120 | 58 | 13 | 53 | 44 | 394 |
| 合计 | 孩子数量 | 0 | 110 | 133 | 44 | 13 | 44 | 48 | 392 |
| | | 1 | 66 | 85 | 22 | 7 | 22 | 41 | 243 |
| | | 2 | 84 | 118 | 62 | 6 | 35 | 55 | 360 |
| | | 3 | 38 | 73 | 32 | 5 | 29 | 24 | 201 |
| | | 4 | 20 | 26 | 24 | 3 | 21 | 24 | 118 |
| | | 5 | 11 | 13 | 5 | 1 | 6 | 13 | 49 |
| | | 6 | 4 | 4 | 8 | 0 | 1 | 5 | 22 |
| | | 7 | 4 | 3 | 6 | 1 | 1 | 5 | 20 |
| | | 8或以上 | 2 | 1 | 1 | 0 | 3 | 2 | 9 |
| | 合计 | | 339 | 456 | 204 | 36 | 162 | 217 | 1414 |

表 10-14　卡方检验结果

| 地区分类 | | 值 | df | 渐进 Sig.（双侧） | Monte Carlo Sig.（双侧） | | | Monte Carlo Sig.（单侧） | | |
|---|---|---|---|---|---|---|---|---|---|---|
| | | | | | Sig. | 99%置信区间 | | Sig. | 99%置信区间 | |
| | | | | | | 下限 | 上限 | | 下限 | 上限 |
| 东北部 | Pearson 卡方 | 47.163d | 40 | 0.203 | 0.186[b] | 0.160 | 0.212 | | | |
| | 似然比 | 44.483 | 40 | 0.289 | 0.262[b] | 0.233 | 0.291 | | | |
| | Fisher 的精确检验 | 48.225 | | | 0.117[b] | 0.095 | 0.138 | | | |
| | Fisher 的精确检验 | 9.514[e] | 1 | 0.002 | 0.003[b] | 0.000 | 0.006 | 0.002[b] | 0.000 | 0.005 |
| | 有效案例中的 $N$ | 639 | | | | | | | | |
| 东南部 | Pearson 卡方 | 61.974[f] | 40 | 0.014 | 0.016[b] | 0.000 | 0.025 | | | |
| | 似然比 | 65.957 | 40 | 0.006 | 0.009[b] | 0.003 | 0.016 | | | |
| | Fisher 的精确检验 | 55.621 | | | 0.011[b] | 0.004 | 0.018 | | | |
| | Fisher 的精确检验 | 9.398 | 1 | 0.002 | 0.003[b] | 0.000 | 0.006 | 0.001[b] | 0.000 | 0.002 |
| | 有效案例中的 $N$ | 381 | | | | | | | | |
| 西部 | Pearson 卡方 | 47.883[b] | 40 | 0.183 | 0.191[b] | 0.165 | 0.216 | | | |
| | 似然比 | 52.035 | 40 | 0.096 | 0.115[b] | 0.094 | 0.136 | | | |
| | Fisher 的精确检验 | 47.618 | | | 0.072[b] | 0.055 | 0.089 | | | |
| | Fisher 的精确检验 | 0.683[i] | 1 | 0.048 | 0.411[b] | 0.378 | 0.443 | 0.200[b] | 0.174 | 0.227 |
| | 有效案例中的 $N$ | 394 | | | | | | | | |
| 合计 | Pearson 卡方 | 73.038[a] | 40 | 0.001 | 0.003[b] | 0.000 | 0.006 | | | |
| | 似然比 | 70.970 | 40 | 0.002 | 0.001[b] | 0.000 | 0.002 | | | |
| | Fisher 的精确检验 | 70.181 | | | 0.000[b] | 0.000 | 0.003 | | | |
| | Fisher 的精确检验 | 17.826[c] | 1 | 0.000 | 0.000[b] | 0.000 | 0.003 | 0.000[b] | 0.000 | 0.003 |
| | 有效案例中的 $N$ | 1414 | | | | | | | | |

注：a. 17 单元格（31.5%）的期望计数少于 5。最小期望计数为.23。

b. 基于 1517 采样表，启动种子为 2000000。

c. 标准化统计量是 4.222。

d. 28 单元格（51.9%）的期望计数少于 5。最小期望计数为.02。

e. 标准化统计量是 3.084。

f. 30 单元格（55.6%）的期望计数少于 5。最小期望计数为.14。

g. 标准化统计量是 3.066。

h. 32 单元格（59.3%）的期望计数少于 5。最小期望计数为.07。

i. 标准化统计量是.827。

表 10-12 为观测量处理摘要，包括 $N$（样本量）、百分比、缺失值。

表 10-13 为不同地区、不同工作性质与不同家庭孩子数量的交叉表。

表 10-14 是独立性的卡方检验结果。

注意：由于许多单元格的频数少于 5，用 Fisher 精确检验结果得出结论。

①东北部地区，Fisher 精确检验中 Monte Carlo 双侧显著性概率为 0.117，大于 0.05，所以家庭中拥有孩子的数量与工作类型没有关联。

②东南部地区，Fisher 精确检验中 Monte Carlo 双侧显著性概率为 0.011，小于 0.05，所以家庭中拥有孩子的数量与工作类型有关联。

③西部地区，Fisher 精确检验中双侧显著性概率为 0.072，大于 0.05，所以结论与①相同，即家庭中拥有孩子的数量与工作类型没有关联。

**【例 10–6】** 小样本的列联表分析实例。

数据文件 data10-04 为某公司经理收入情况数据。使用变量：sex 性别、earnings 收入高低。分析男女经理的收入高低是否不同。数据中有 15 个经理，其中男性 9 人，女性 6 人。由于样本较小，又是 2×2 交叉表，所以使用 Fisher 精确检验的结果。

操作步骤：

读取数据文件后：

（1）按【分析→描述统计→交叉表】顺序打开主对话框。

（2）将【性别[sex]】选入【行】框中，将【收入[earnings]】选入【列】框中。

（3）单击【统计量】按钮，打开【统计量】对话框，选中【卡方】选项。

（4）在主对话框中，单击【确定】按钮，提交系统执行。

输出结果如表 10-15 ~ 表 10-17 所示。

表 10-15 观测量处理摘要

| 案例处理摘要 | | | | | | |
|---|---|---|---|---|---|---|
| | 案例 | | | | | |
| | 有效的 | | 缺失 | | 合计 | |
| | *N* | 百分比 | *N* | 百分比 | *N* | 百分比 |
| 性别*收入 | 15 | 100.0% | 0 | 0.0% | 15 | 100.0% |

表 10-16 交叉列联表

| | | 收入 | | 合计 |
|---|---|---|---|---|
| | | 低 | 高 | |
| 性别 | 男性 | 2 | 7 | 9 |
| | 女性 | 5 | 1 | 6 |
| 合计 | | 7 | 8 | 16 |

表 10-17　卡方检验

| | 值 | df | 渐进 Sig.（双侧） | 精确 Sig.（双侧） | 精确 Sig.（单侧） |
|---|---|---|---|---|---|
| Pearson 卡方 | 5.402a | 1 | 0.020 | | |
| 似然比 | 3.225 | 1 | 0.073 | | |
| Fisher 的精确检验 | 5.786 | 1 | 0.016 | | |
| Fisher 的精确检验 | | | | 0.041 | 0.035 |
| 有效案例中的 $N$ | 5.042 | 1 | 0.025 | | |
| Pearson 卡方 | 15 | | | | |

a. 4 单元格（100.0%）的期计数少于 5。最小期计数为 2.80。
b. 仅对 2x2 表计算。

由于样本过小，故单元格的期望频数小于 5，最小的期望频数值为 2.8，Fisher 精确检验计算的双尾概率为 p = 0.041，小于 0.05，所以结论是不同性别经理的收入高低差异显著。

## 五、比率分析

日常生活中，常常见到两个尺度类型变量间比值的分析问题。例如，企业主营业务收入在总收入中的比重；篮球比赛中，3 分球得分占总得分的百分比；财产保险业务保费收入占全部业务保费收入的比例；汽车功率与车重之比，等等，它们都是比率的概念。如果希望计算比率，并将比率作为一个变量进行描述统计分析，可以使用比率分析过程。

### （一）基本概念

1. 平均绝对离差 AAD

平均绝对离差 AAD 是各比率值与中位数之差的绝对值之和除以样本量，即

$$AAD=\frac{\sum\left|R_i-M\right|}{N} \tag{10-5}$$

式中，$R_i$是比率变量值；$M$是比率变量的中位数；$N$是样本量；$i=1\sim N$。

2. 离散系数 COD

离散系数 COD 是比率变量平均差与中位数的比值，描述的是比率变量的离散程度。其公式是

$$COD=\frac{\left|R_i-\bar{R}\right|}{NM} \tag{10-6}$$

3. 相关价格微分 PRD

相关价格微分 PRD 也称为递减指数，是比率均值与加权比率均值之比。

4. 基于中位数的变异系数 COV

基于中位数的变异系数 COV 是对比率变量离散程度的描述，是比率变量的标准差与中位数的百分比，其公式为

$$COV = \frac{1}{M}\sqrt{\frac{(R_i - M)^2}{N}} \qquad (10\text{-}7)$$

5. 基于均数的变异系数 COV

基于均数的变异系数 COV 与统计学中所讲的变异系数概念相同，只是这里的变量是一个比率变量，它是比率变量的标准差与均数的百分比。

## （二）比率分析过程

比率分析过程操作步骤：

（1）按【分析→描述统计→比率】顺序打开图 10-23 所示的【比值统计量】主对话框。

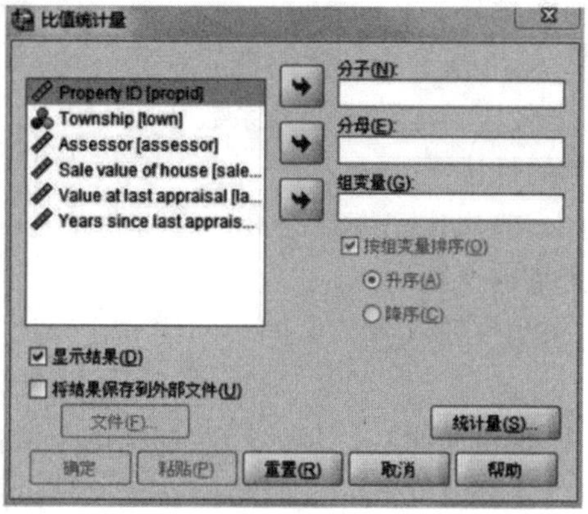


图 10-23 【比值统计量】主对话框

（2）将计算比率的分子变量送入【分子】框。

（3）将计算比率的分母变量送入【分母】框。

（4）如果需要进行分组分析，将分组变量送入【组变量】框。

（5）单击【统计量】按钮，进入图 10-24 所示的【比率统计量：统计量】对话框，选择要输出的统计量。

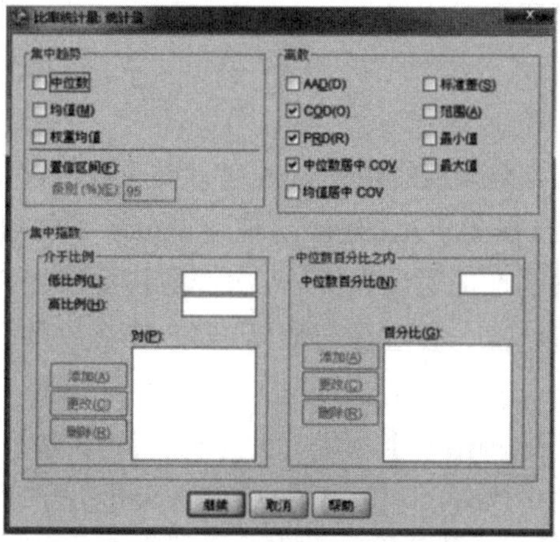


图 10-24 【比率统计量：统计量】对话框

①【集中趋势】栏。

- 【中位数】，输出比率的中位数。
- 【均值】，输出比率的均值。
- 【权重均值】，用于计算比率的加权均值。该值是用分子的均值除以分母的均值。
- 【置信区间】，用于计算比率的均数、中位数、加权均值 95%的置信区间。在【级别（%）】

（应为【置信水平】）框内输入大于等于 0、小于 100 的数值作为置信水平。

②【离散】栏，输出比率变量离散趋势指标。

- 【AAD】，输出平均绝对离差。
- 【COD】，输出离散系数。
- 【PRD】，输出相关价格微分。
- 【中位数居中 COV】，输出基于中位数的变异系数。
- 【均值居中 COV】，输出基于均数的变异系数。
- 【标准差】，输出比率的标准差。
- 【最小值】、【最大值】，输出比率变量的最小值和最大值。
- 【范围】，输出比率变量的全距。

③【集中指数】栏，用来测度落在置信区间内的比率百分比集中系数。可以通过两种方式进行计算：

在【介于比例】栏的【低比例】框内，输入指定区间的下限值，在【高比例】框内输入指定区间的上限值，然后单击【添加】按钮，计算落在这个区间的百分比。

在【中位数百分比之内】栏内，计算落在距离中位数这个区间内的比率数占比率总数的百分比。在【中位数百分比】框内输入 0 ~ 100 之间的数值，单击【添加】按钮。区间下限为（1 − 0.01 × 该值）× 中位数，区间上限为（1 + 0.01 × 该值）× 中位数。

（6）在主对话框中选择结果输出方式：

- 【显示结果】，只在输出窗口显示结果。
- 【将结果保存到外部文件】，将结果保存为外部文件。
- 【按组变量排序】，用于指定按分组变量输出的结果的升降序。选择【升序】或【降序】按分组变量值的升序（或降序）输出结果。

### （三）比率分析实例

**【例 10-7】** data10-05 是美国某州估税员按现有资源价值评估地产价值的假设数据文件。调查数据为过去一年中在该州售出的房产。该数据记录了每处房产在该州的位置（town）、估税员自评估以来持续观察地产的时间（time）、房产的售价（saleval）以及最终估价（lastval）。为了帮助政府追踪房产销售状况，合理公正地制定房产税，对估价与售价比进行分析。

操作步骤：

（1）按【分析→描述统计→比率】顺序打开【比值统计量】主对话框。

（2）选择【房产最终估价[lastval]】变量，将其送入【分子】框，作为分子变量。

（3）选择【房产售价[saleval]】变量，将其送入【分母】框，作为分母变量。

（4）选择【房产所在镇的位置[town]】变量，将其送入【组变量】框，作为分组变量。

（5）单击【统计量】按钮，进入【比率统计量：统计量】对话框。在【集中趋势】栏选中【中位数】，在【离散】栏中只保留 COV 选项。

（6）在【集中指数】栏的【低比例】框内输入“0.8”，在【高比例】框内输入“1.2”，单击【添加】按钮，将其送入框内；在【中位数百分比之内】栏内的【中位数百分比（%）】框内输入“20”，单击【添加】按钮，将其送入框内。单击【继续】按钮，返回主对话框。

（7）单击【确定】按钮，提交运行，结果如表 10-18、表 10-19 所示。

表 10-18　对样本数据的描述摘要

| | | 计数 | 百分比 |
|---|---|---|---|
| 房产所在镇的位置 | 东部 | 117 | 12% |
| | 中心 | 187 | 19% |
| | 南部 | 205 | 21% |
| | 北部 | 220 | 22% |
| | 西部 | 211 | 21% |
| 总数 | | 1 000 | 100% |
| 排除的 | | 0 | |
| 总计 | | 1 000 | |

表 10-19　房产最终估价与售价的比率统计量

| 组 | 中值 | 离散系数 | 集中系数 | |
|---|---|---|---|---|
| | | | 百分比介于 0.8 和 1.2 之间（包含 0.8 和 1.2） | 在中值的 20%范围内（包括 20%） |
| 东部 | 0.867 | 0.128 | 67.20% | 78.50% |
| 中心 | 0.904 | 0.118 | 75.90% | 81.80% |
| 南部 | 0.747 | 0.199 | 36.10% | 58.50% |
| 北部 | 0.963 | 0.07 | 95.90% | 95.90% |
| 西部 | 0.816 | 0.118 | 55.50% | 84.80% |
| 总数 | 0.873 | 0.141 | 66.30% | 75.70% |

输出结果及解释：

表 10-18 是对样本数据的描述摘要，它给出了各地区房产数量和所占百分比。

表 10-19 是房产最终估价与售价的比率（估售比）统计量表。其中，第 1 列是房产所在位置，第 2 列是比率的中位数，通过各镇房产估价与售价比率中位数的比较，可以判断哪个位置的房产估售比变化最大。本例中，北部的中位数是 0.963，接近 1，最小；相反，南部房产估售比变化最大。第 3 列是离散系数 COD，此估售比变化描述了比率变异大小的指标，数值越大，变异越大。本例中，北部的 COD 是 0.070，最小，说明北部房产的估售比变异最小；而南部的 COD 是 0.199，变异最大。最后两列是集中指数 COC，其中，第 4 列是估售比落在

0.8 ~ 1.2 之间的百分比，北部是 95.9%，其只有 4.1%的房产是需要政府办公室重点关注的；南部该值为 36.1%，说明有 63.9%的房产需要重点关注。最后一列是估售比落在中位数两侧20%区间的占该区所售房产的百分比，其值越大，表明变异越小。

## 六、P-P 图和 Q-Q 图

P-P 图和 Q-Q 图都是根据累计分布函数理论计算的，使用它们可以进行数据是何种分布的检验，常用于检验数据是否服从正态分布。如果图形中所有点都聚集在直线上，说明变量分布服从于所要检验的分布。

### （一）P-P 图和 Q-Q 图分析过程

分析过程：

（1）按【分析→描述统计→P-P 图（或 Q-Q 图）】顺序，打开图 10-25 所示的【P-P 图（或 Q-Q 图）】主对话框。Q-Q 图与 P-P 图的界面是一样的。这里以 P-P 图为例进行介绍。

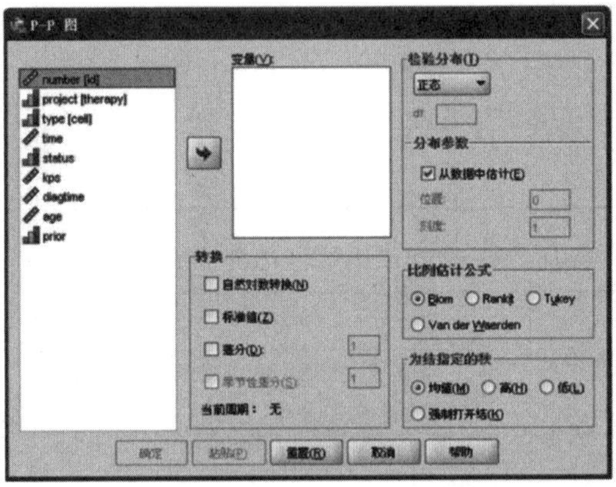


图 10-25 【P-P 图】对话框

（2）将一个或多个需检验的数值型变量送入【变量】框，对每个变量生成 P-P 图。

（3）【检验分布】栏，用于指定检验的概率分布。提供 13 种概率分布：【Beta（贝塔分布）】、【卡方分布】、【指数分布】、【Gamma（伽玛分布）】、【半正态分布】、【Laplace（拉普拉斯分布）】、【Logistic（Logistic 分布）】、【Lognormal（对数正态分布）】、【正态分布】、【Pareto（帕累托分布）】、【Student t（T 分布）】、【Weibull（威布尔分布）】、【均匀分布】。

如果选择了【T 分布】，还需要在【df（自由度）】参数框中输入自由度。

（4）在【分布参数】栏中选择分布参数，选中【从数据中估计】选项，系统自动从数据中推算分布的参数，否则要在参数框中自行指定。选择的分布不同，参数框也不同。

（5）在【转换】栏内选择变量转换方式。

①【自然对数转换】，将原变量值转换成以 e 为底的自然数值。

②【标准值】，将原变量转换成平均值为 0 和方差为 1 的标准正态分布 Z 值。

③【差分】，通过计算变量中连续两个数据之差来转换原有变量。输入一个正整数确定差分度。

④【季节性差分】，用于计算时间数列中两个恒定间距的数据差，用来转换原有时间数列数据，数据间隔的大小要根据当前所选择的周期而定。输入一个正整数可以确定差分度。为了计算季节差分，必须确定含有周期因素的数据变量，如一年中的月份。

⑤【当前周期】，用来指明计算时间数列的季节差分。如果当前周期为 0，不能计算季节差。在【数据】菜单中，【定义日期】命令可以建立具有周期性的变量。根据已存在的时间数列使用【转换】菜单中的【创建时间数列】命令，可以建立新的时间数列变量。

（6）【比例估计公式】栏，提供了不同的方法来近似正态分布。每次只能选择其中一项。

（7）【为结指定的秩】栏，一个变量中多个相同的值构成结。在本栏中可以选用以下不同的方式解决结点处观测量的秩。

①【均值】，用打结观测值的平均秩作为它们的秩值。

②【高】，用打结观测值中最高的秩作为它们的秩值。

③【低】，用打结观测值中最低的秩作为它们的秩值。

④【强制打开结】，用于绘制每个结点处的观测量，忽视权重的影响。

### （二）P-P 图和 Q-Q 图分析实例

**【例 10-8】** 打开数据文件 data10-06，检验肺癌患者生存时间变量 time 是否服从 Weibull 分布。

操作过程：

按【分析→描述统计→P-P 图】顺序，打开【P-P 图（或 Q-Q 图）】主对话框。在左侧变量框中选中【time】变量，送入【变量】框中。在【检验分布】栏内，单击下拉按钮，选中【Weibull】，其他为默认。单击【确定】按钮，提交运行。

输出结果如表 10-20 ~ 表 10-22 和图 10-26 所示。

表 10-20　模型描述

| 模型名称 | | MOD-1 |
| --- | --- | --- |
| 序列或顺序　1 | | time |
| 转换 | | 无 |
| 非季节性差分 | | 0 |
| 季节性差分 | | 0 |
| 季节性期间的长度 | | 无周期性 |
| 标准化 | | 未应用 |
| 分布 | 类型 | Weibull |
| | 标度 | 估计 |
| | 形状 | 估计 |
| 部分排序估计方法 | | Blom |
| 为结指定秩 | | 同数的值的抉均值 |

注：其变量来自 MOD-1 中的模型指定。

表 10-21　个案处理摘要表

| | | time |
|---|---|---|
| 序列或顺序长度 | | 137 |
| 图中的缺失值数 | 用户缺失 | 0 |
| | 系统缺失 | 0 |

表 10-22　估计的分布参数

| | | time |
|---|---|---|
| Weibull 分布 | 标度 | 110.127 |
| | 形状 | 0.937 |

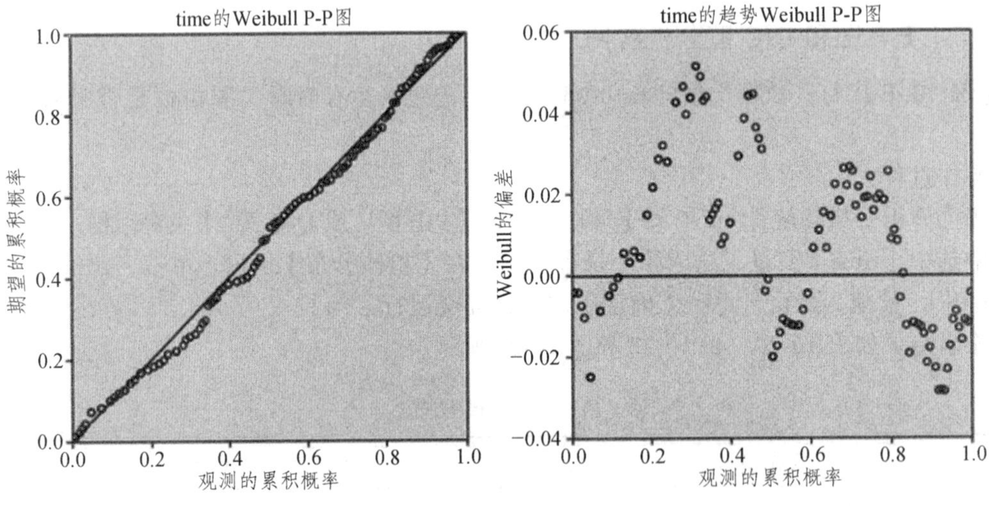


（a）　　　　　　（b）

图 10-26　肺癌生存时间的 Weibull 分布 P－P 图和趋降 P－P 图

结果解释：

表 10-20 是模型描述表，主要描述所做 P－P 图的变量名是时间，未做变量转换，检验的分布是 Weibull 分布，估计参数是尺度（scale）参数和形状（shape）参数。

表 10-21 是个案处理摘要。该数据共有 137 个时间数列，无缺失值。

表 10-22 是估计的 Weibull 分布参数。该分布尺度参数是 110.127，形状参数是 0.937。图 10-26（a）为肺癌生存时间的 Weibull 分布 P－P 图。可以看到，各点都基本在直线上，因此可以得出该数据的分布是 Weibull 分布。

图 10-26（b）为肺癌生存时间的趋降 Weibull 分布 P－P 图。该图中各点是无规则的，表明是随机的。

**【例 10–9】** 数据文件 data10-07 是 200 例正常人血铅含量数据文件，用 P－P 图分析过程检验 pb 变量是否服从正态分布。

操作步骤：

按【分析→描述统计→P-P 图】顺序单击菜单项，打开【P-P 图（或 Q-QPlots）】主对话框。将【血铅含量[pb]】变量选入【变量】框内，在【检验分布】框中选择【正态】，其他选项均为默认选项，单击【确定】按钮，提交系统运行。

运行结果如图 10-27 所示。从图中看到，各点的分布没有完全在直线上，因此得出分布不呈正态分布。

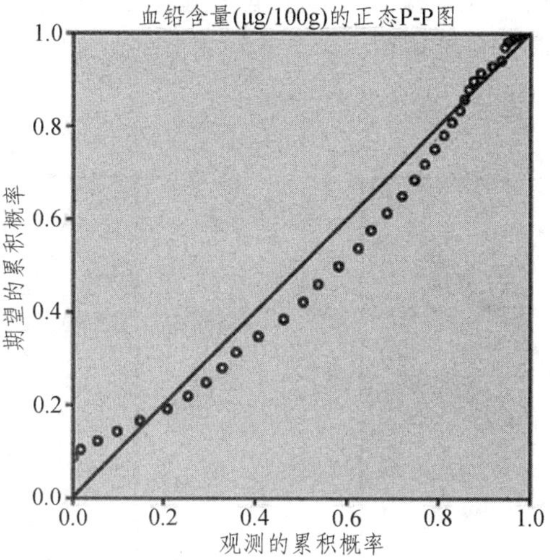


图 10-27　对 pb 变量正态性检验的 P-P 图

现将 pb 变量的数据转换成自然对数数据，检验转换后的 pb 变量是否服从正态分布。

操作步骤：

操作与前述相同。只是在【转换】栏中选中【自然对数转换】选项，运行结果如图 10-28 所示。

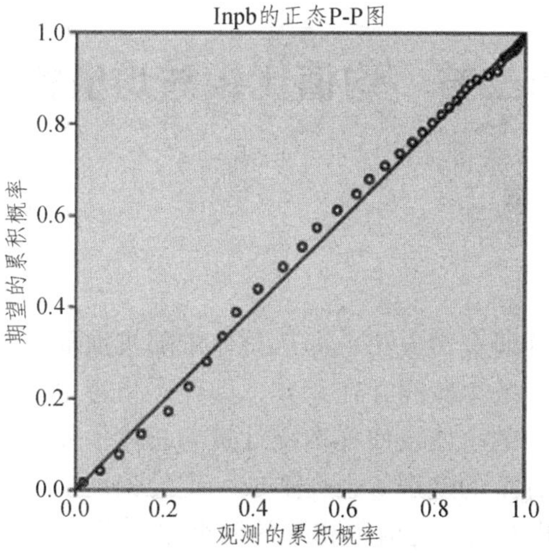


图 10-28　对转换后 pb 变量正态性检验的 P-P 图

从图 10-28 可以看出，所有点都在直线上，因此可以得出转换后的数据分布是近似正态的。结论是对非正态分布的变量，经过转换后呈正态分布，这时就可以用转换后的数据使用正态性假定的方法进行分析了。

**【例 10–10】** 数据文件 data10-08 是某市 150 名 3 岁女童身高的数据文件，使用 Q – Q 图分析过程检验身高数据的分布是不是正态分布。

操作过程：

按【分析→描述统计→Q – Q 图】顺序，打开【Q – QPlots 图】主对话框。将变量【身高[height]】选入【变量】框内，在【检验分布】框中选择【正态】选项，其他选项均为默认选项，单击【确定】按钮，提交系统运行。

运行结果如图 10-29、图 10-30 所示。

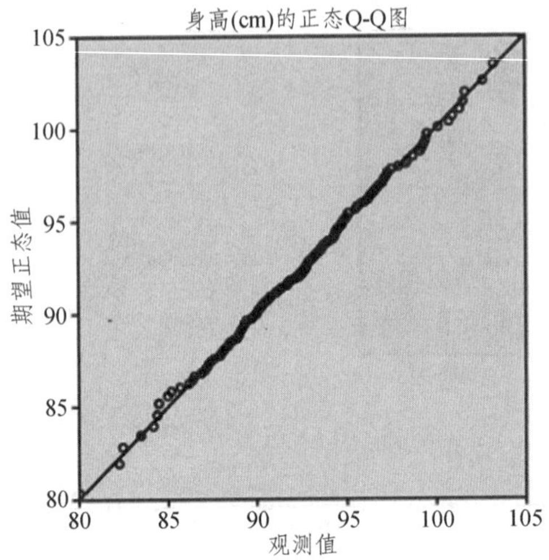


图 10-29　3 岁女孩身高的正态 Q-Q 图

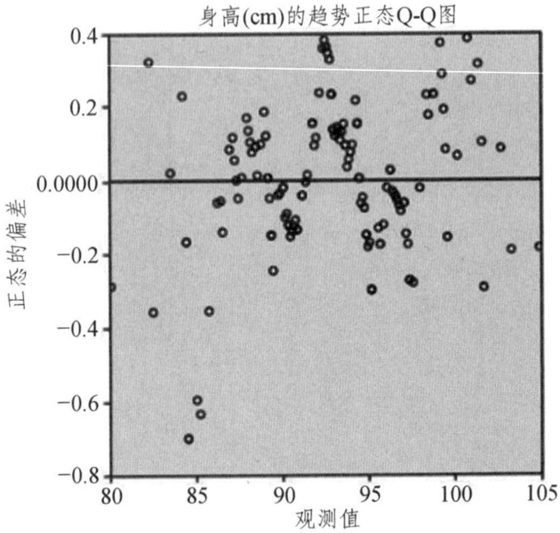


图 10-30　3 岁女孩身高的趋降正态 Q-Q 图

从图 10-29 可以看到，所有点都在直线上，因此可以得出该数据分布呈正态分布。图 10-30 中的各点是无规则的，表明它是随机的。

# 第二节　均值比较与均值检验

## 一、均值比较与检验

### （一）均值比较的概念

统计分析常常采取抽样研究的方法，即从总体中随机抽取一定数量的样本进行研究来推论总体的特性。由于总体中的个体间存在差异，即使严格遵守随机抽样原则，也会由于多抽到些数值较大的或数值较小的个体致使样本统计量与总体参数之间有所不同。试验者测量技术的差别或测量仪器精确程度的差别等也会造成一定的偏差，使得样本统计量与总体参数之间存在差异。由此可以得出结论：均值不相等的两个样本不一定来自均值不同的总体。那么，能否用样本均数估计总体均数，两个变量均值接近的样本是否来自均值相同的总体？换句话说，两个样本中某变量的均值不同，其差异是否具有统计意义？能否说明总体差异？这是各种研究工作中经常提出的问题，此时就要进行均值比较。

### （二）均值比较与检验的过程

SPSS 提供以下计算变量描述统计量的过程和对均值进行检验的过程。这些过程需调用【分析】菜单中的【比较均值】菜单项，如图 10-31 所示。

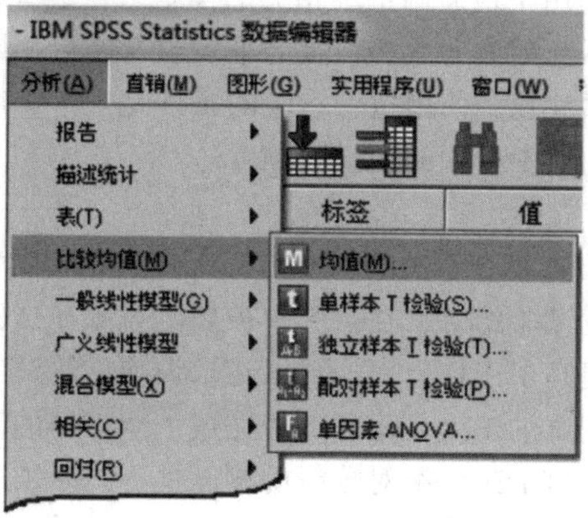


图 10-31　均值比较功能的调用

1. 均值过程的功能与术语

（1）均值过程计算指定变量的综合描述统计量。

当观测按一个分类变量分组时，均值过程可以进行分组计算。例如，要计算工作人员上班路程的平均千米数，SEX 变量把工作人员按性别分为女人、男人两组，其均值过程可以分别计算男人、女人上班路程的千米数。用于形成分组的变量应该是其值数量少且能明确表明其特征的变量，可以是标称变量，如性别、民族、信仰等；也可以是顺序变量，即其值表明等级的，如年级、职称等。

使用均值过程求若干组的描述统计量，目的在于比较。因此，必须使用分类变量，根据分类变量的值对因变量分组求均值。这是与描述统计过程的不同之处。

（2）均值过程中使用的术语。

① 水平数，指分类变量的值的个数。例如，性别变量有两个值，称为有两个水平。

② 单元，指因变量按分类变量值所分的组。例如，可以按性别将因变量的值分为两组。如果还有一个分类变量年龄，共有 10 岁、11 岁、12 岁三个值，可以将因变量分为三组。每组因变量的值称为一个单元。均值过程对每个单元的因变量值求各种描述统计量。

③ 水平组合，如果有两个分类变量，如性别（男、女）和年龄（10 岁、11 岁、12 岁），按它们的水平组合可将因变量分为 6 个单元，即男性 10 岁、男性 11 岁、男性 12 岁、女性 10 岁、女性 11 岁、女性 12 岁。

均值过程调用【比较均值】菜单中的【均值】项，如图 10-31 所示。

2. T 检验过程

T 检验过程按不同的比较方式分为三个功能：

（1）单一样本 T 检验。

单一样本 T 检验用于检验单个变量的均值是否与给定的常数之间存在差异。样本均数与总体均数之间的差异显著性检验属于单一样本 T 检验。例如，方便面面饼标准质量为 80g，可以看作总体均数。从生产线上任意抽取 100 个面饼，研究其平均质量与标准质量之间差异是否显著的问题就属于单一样本 T 检验。

（2）两个独立样本的 T 检验。

两个独立样本的 T 检验用于检验两个不相关的样本来自具有相同均值的总体。例如，想知道购买某产品的顾客与不购买该产品的顾客的平均收入是否相同，可以使用对两个独立样本进行 T 检验的功能。必须注意，使用这种检验的条件是样本必须具有来自两个不相关组的观测，其均值必须是对在两组中相同的变量的测度。

（3）配对样本 T 检验。

配对样本 T 检验用于检验两个相关的样本是否来自具有相同均值的总体。这种相关的或配对的样本常常来自这样的试验结果，在试验中被观测对象在试验前后均被观测。例如，想要知道技术培训以后是否提高了工作效率，可以在培训前后测试完成一道工序的时间。在构成数据文件时，一个参与测试的工人在培训前后完成一道工序的时间形成一个观测，两个变量可以命名为 BEFORE 和 AFTER。配对分析的测度也不是必须来自同一个观测对象，其一对可以两者组合而成。例如，一对夫妻，在试验前可以将学习成绩和智商均相同的两个孩子作为一对，这样的若干对孩子分为两组，分别用不同教学方法进行教学，一段时间后，比较参与试验的两组学生的平均成绩差异是否具有统计意义。在动物试验中常常把同一窝出生的体重、性别相同或最相近的小鼠配成试验的一对。

3. 单因素 ANOVA 过程

一元方差分析用于检验几个（三个或三个以上）独立的组，是否来自均值相同的总体。例如，可以检验三个减肥训练计划，体重下降的效果（均值）是否相同，同时想看看哪种训练计划效果最好，或者三个训练计划彼此之间哪两个的差异最显著，应该使用单因素 ANOVA 过程。如果按性别、体重级别对肥胖患者再进行分组，进行三个训练计划的试验，不但想知道哪种训练计划对降体重下降最有效，而且想知道同一种训练方法对不同性别是否具有不同的效果，或者想去除每天的进食量对训练效果的影响，应该选择一般线性模型过程中子菜单中的各个功能进行多元方差分析或协方差分析。

如果分组样本彼此不独立，如测度的是工人在技术培训前后某项技能的成绩，要求比较培训前后成绩均值是否有显著性差异，应该使用配对 T 检验的功能。如果分组不止两个，应该使用单因素 ANOVA 过程对其进行单变量方差分析。如果试图比较的变量明显不是正态分布的，则应该考虑使用一种非参数检验过程。如果试图比较的变量是分类变量，应该使用交叉表功能。

如果分析变量明显是非正态分布的，应该选择非参数检验过程，非参数检验的内容请见本章第二节内容。

## 二、均值过程

均值过程的基本功能是分组计算，比较指定变量的描述统计量，包括均值、标准差、总和、观测数、方差等一系列单变量描述统计量，还可以给出方差分析表和线性检验结果。

使用系统默认值即可按指定分组给出指定变量的均值、标准差、观测数等基本描述统计量。选项可以给出其他更加丰富的描述统计量。

### （一）均值过程中的统计量

如果变量为 $X$，$X_i$ 为变量 $X$ 的第 $i$ 个值，非缺失观测数共有 $n$ 个（或 $N$ 个）；如果定义了加权变量，则 $W_i$ 为第 $i$ 个变量值对应的权重值，可以选择的统计量关键字及含义如下：

（1）Sum，总和。其计算公式与加权和计算公式分别为

$$\text{Sum}=\sum_{i=1}^{n}X_i \tag{10-8}$$

$$\text{Sum}=\sum_{i=1}^{n}X_iW_i \tag{10-9}$$

（2）Number of Cases，观测数。如果定义了加权变量 $W_i$，则 Number of Cases 的计算公式为

$$N=\sum_{i=1}^{n}W_i \tag{10-10}$$

如果所有 $W_i=1$，则 $N=n$。

（3）Mean，算术平均值。Mean 为正态分布变量的集中趋势统计量，计算公式为

$$\text{Mean}=\frac{\sum_{i=1}^{n}X_iW_i}{\sum_{i=1}^{n}W_i} \tag{10-11}$$

（4）Median，中位数。当变量值按大小排序时，若 $N$ 为奇数，则其 Median 是位置为正中间的值；若 $N$ 为偶数，则其 Median 是两个位置为正中间的值之平均值。

（5）Grouped Median 分组中位数。当每组变量值按大小排序时，若 $N$ 为奇数，则其 Grouped Median 是中值；若 $N$ 为偶数，则其 Grouped Median 是两个中值之平均值。

（6）Variance，方差。Variance 为正态分布变量的离散趋势统计量，计算公式为

$$\text{Variance}=\frac{\sum_{i=1}^{n}W_i(X_i-\bar{X})^2}{\sum_{I=1}^{N}W_i-1} \tag{10-12}$$

（7）Standard Deviation，标准差。计算公式为

$$S=\sqrt{\text{Variance}} \tag{10-13}$$

（8）Standard Error of Mean，均值的标准误。计算公式为

$$\text{Stderr}=\frac{S}{\sqrt{N}} \tag{10-14}$$

（9）Minimum，最小值，要求 $N \geqslant 1$。

（10）Maximum，最大值，要求 $N \geqslant 1$。

（11）Range，范围，或称全距，计算公式为

Range = Maximum-Minimun。

（12）First，第一个变量值。若按分组变量分组，它指该组的第一个变量值。

（13）Last，最后一个变量值。若按分组变量分组，它指该组的最后一个变量值。

（14）Kurtosis，峰度，是正态性检验统计量之一。其值为负，说明分布曲线峰值高出正态分布的曲线峰值；其值为正，说明分布曲线比较平坦。计算公式为（要求 $N \geqslant 3$，$S>0$）：

$$\text{Kurtosis} = \frac{N^2-2N+3}{(N-1)(N-2)(N-3)} \cdot \frac{\sum (X_i-\bar{X})^4}{S^4} - \frac{3(2N-3)}{(N-1)(N-2)(N-3)} \cdot \frac{\left[\sum (X_i-\bar{X})^2\right]^2}{S^4} \tag{10-15}$$

（15）Standard Error of Kurtosis，峰度的标准误，也称为峰度的标准误。

（16）Skewness，偏度，是正态性检验统计量之一。其值为正，说明分布曲线相对于正态曲线左偏，右尾较长；其值为负，说明分布曲线相对于正态曲线右偏，左尾较长。计算公式为（要求 $N \geqslant 2$，$S>0$）：

$$\text{Skewness} = \frac{N}{(N-1)(N-2)} - \frac{\sum (X_i-\bar{X})^3}{S^4} \tag{10-16}$$

（17）Standard Error of Skewness，偏度的标准误。

（18）Percent of Total Sum，每组总和占整个观测总和的百分比。

（19）Percent of Total N，每组中观测总数 $N$ 占总观测数的百分比。

（20）Geometric Mean，几何均数。主要用于检测变量值之间呈倍数关系的偏态分布，计算公式为

$$G = \lg^{-1}\left(\frac{\sum \lg X_i}{N}\right) \tag{10-17}$$

（21）Harmonic Mean，调和均数。主要用于求平均率、平均速度或平均存活时间等，计算公式为

$$H = \frac{N}{\sum \frac{1}{X_i}} \tag{10-18}$$

## （二）均值过程操作

（1）建立的数据文件中要求至少有一个连续变量、一个分类变量（离散变量）。对连续变量需求其基本描述统计量，分类变量用来分组。

（2）按【分析→比较均值→均值】顺序打开【均值】主对话框，如图 10-32 所示。

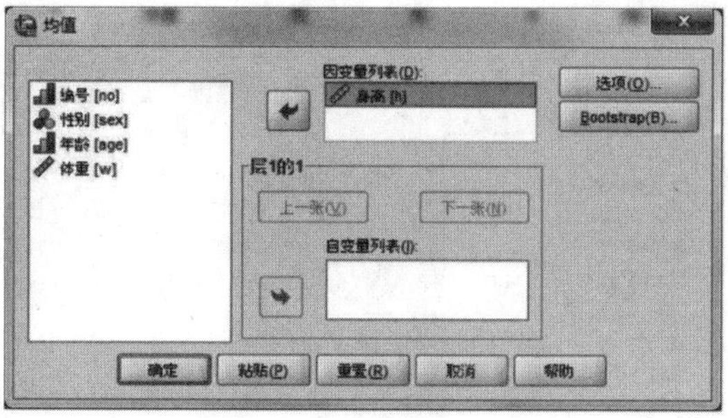


图 10-32 【均值】主对话框

（3）选择因变量。在左面的变量表中选择要分析的变量作为因变量，送入【因变量列表】框中。因变量可以选择一个，也可以选择多个。

（4）自变量的选择及层控制。先选择分组变量（也称自变量），再对因变量按自变量分组计算基本描述统计量。选择的若干自变量可以放在第一层，也可以放在其他层。

① 两个分类变量均放在第一层的操作是：

• 在源变量表中选择一个分类变量送入【自变量列表】框中，此时层控制显示【1 的 1】，表示变量被送入第一层，建立了一个控制层。

• 在源变量表中选择第二个变量，送入【自变量列表】框中，此时层控制仍显示【层 1 的 1】，表示变量被送入第一层，共建立了一个控制层。该层有两个自变量。

例如，第一控制层的两个自变量分别有 $n_1$、$n_2$ 个水平，则程序运行结果总是分别给出两个变量各水平的因变量的统计量，即按第一个自变量分 $n_1$ 组给出因变量的描述统计量，按第二个自变量分 $n_2$ 组给出因变量的描述统计量。

② 两个分类变量分别放在两层中的操作是：

• 在变量表中选择一个分类变量，送入【自变量列表】框中，建立了一个控制层。

• 单击【下一个】按钮，使层控制显示【层 2 的 2】，表明可以建立第二层了。

• 在变量表中选择第二个分类变量，将其送入第二层，显示在【自变量列表】框中作为第二层的分类变量。此时【上一个】、【下一个】两个按钮均加亮，表示既可以单击【上一个】按钮向前回到第一层，也可以单击【下一个】按钮去建立第三层。

如果两个分类变量的水平数分别为 $n_1$、$n_2$，并分别控制第一层和第二层，那么会将因变量分为 $n_1 \times n_2$ 组，每个组合称为一个单元（Cell），按单元给出因变量的统计量。

综上所述，单元数的计算是同层变量的水平数相加，不同层的变量水平数相乘。

（5）在主对话框中单击【选项】按钮，打开【均值：选项】对话框，如图 10-33 所示。

①【统计量】栏，用于选择统计量。

左面【统计量】栏内列出了可以计算的各组描述统计量，选择后单击向右箭头按钮将选定的统计量移至右面【单元格统计量】框中。可以选择的统计量关键字及含义如下：

合计、个案数、均值、中位数、组内中位数、方差、标准差、均值的标准误、最小值、最大值、范围、第一个（按分组变量分组的该组的第一个变量值）、最后一个（按分组变量分组，该组最后一个变量值）、峰度、峰度的标准误、偏度、偏度的标准误、总和的百分比（每组总和占总和的百分比）、总个案数百分比（每组中观测总数 $n$ 占总观测数 $N$ 的百分比）、几何均值、调和均值。

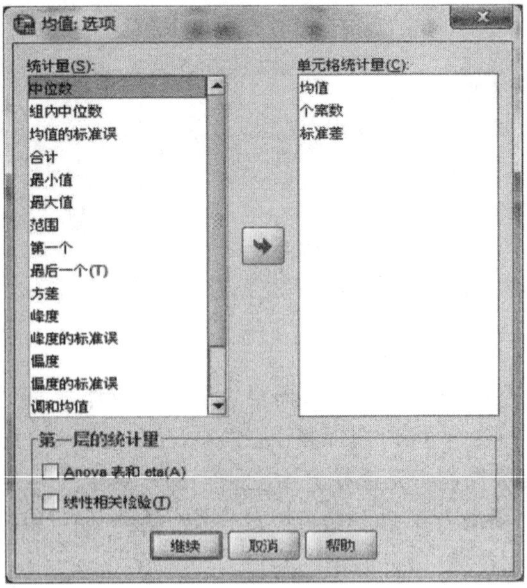


图 10-33 【均值：选项】对话框

②【第一层的统计量】栏，用于指定只对第一层每个控制变量进行的分析。

• 【Anova 表和 eta】，为方差分析表和 eta 统计量 $\eta$ 、cta 平方统计量 $\eta^2$ 。方差分析检验的零假设是：第一层控制变量各水平上的因变量均值都相等。$\eta$ 统计量表明因变量和自变量之间联系的强度 $\eta^2$ 是因变量中不同组的差异所解释的方差比，是组间平方和与总平方和之比。

• 【线性相关检验】，产生平方和、自由度、均方、F 检验的 F 值、R 和 R2 等统计量。但在分类自变量是字符型时，不计算有关线性度的统计量。R 和 R2 是线性拟合的良好度的统计量，只有在控制变量有基本的数量级（如控制变量表示年龄或药物剂量，不能是颜色或信仰等），且自变量有三个水平及以上时才计算。其假设前提是因变量均值为第一层控制变量的线性函数。

### （三）分析实例

**【例 10-11】** 数据文件 data10-11 是 27 名男女学生身高数据。数据文件中的变量顺序是：no 编号、sex 性别、age 年龄、h 身高、w 体重。要求按年龄分组比较身高均值；按性别分组比较身高均值。分析不同年龄和性别的学生身高均值。

（1）对于不同年龄、不同性别学生的身高的分析。

要把两个分类变量均放在第一层，操作如下：

① 按【分析→比较均值→均值】顺序打开【均值】主对话框，如图 10-32 所示。

② 在源变量表中选择变量 h 作为因变量，送入【因变量列表】框中。

③ 在源变量表中选择分类变量性别 sex，送入【自变量列表】框中，再在源变量表中选择年龄变量 age 也送入【自变量列表】框中。建立了一个控制层，该层有两个分类变量。单击【确定】按钮，提交系统执行。

④ 运行结果如表 10-23 和表 10-24 所示。

表 10-23　观测处理汇总表

| | 案例 | | | | | |
|---|---|---|---|---|---|---|
| | 已包含 | | 已排除 | | 总计 | |
| | *N* | 百分比 | *N* | 百分比 | *N* | 百分比 |
| 身高*性别 | 27 | 100% | 0 | 0% | 27 | 100% |
| 身高*年龄 | 27 | 100% | 0 | 0% | 27 | 100% |

表 10-24　基本描述统计量

身高

| 性别 | 均值 | *N* | 标准差 |
|---|---|---|---|
| 女 | 1.5154 | 13 | 0.06253 |
| 男 | 1.5357 | 14 | 0.07623 |
| 总计 | 1.5259 | 27 | 0.06941 |

（a）

身高

| 年龄 | 均值 | *N* | 标准差 |
|---|---|---|---|
| 10 | 1.4488 | 8 | 0.02167 |
| 11 | 1.5209 | 11 | 0.03910 |
| 12 | 1.6129 | 7 | 0.01704 |
| 13 | 1.5900 | 1 | 0 |
| 总计 | 1.5259 | 27 | 0.06941 |

（b）

表 10-23 给出的是汇总信息。在第一控制层只给出两个分类变量：性别、年龄，因此它进行的是（身高*性别）按性别分组的身高均值比较以及（身高*年龄）按年龄分组的身高均值比较。该表“已包含”栏给出参与每个分析的观测数 *N* 均为 27 和占总观测数的百分比均为 100%；“已排除”栏给出每个分析中剔除的观测数，*N* 均为 0，占总观测数的百分比均为 0%；“总计”栏给出观测总数 *N* 和总百分比。

在 SPSS 统计分析过程执行的输出结果中，均给出这样的汇总表。在以后的章节中，如不是特殊需要，不再进行解释或说明，或不再列出。

表 10-24 给出的是按性别和按年龄分组的分析结果。由于在定义系统参数时，要求输出显变量标签和值标签，因此，表格中显示的分类变量不是原变量名和变量值，而是变量标签和标签。

表 10-24（a）分析变量是身高 h，分类变量是性别 sex。可以看出，女生 13 人的平均身高为 1.5154，标准差为 0.06253；男生 14 人的平均身高为 1.5357，标准差为 0.07623；27 个学生的总平均身高为 1.5259，标准差为 0.06941。

表 10-24（b）按年龄分组的结果是 10 岁 8 人的平均身高为 1.4488，标准差为 0.02167；11 岁 11 人的平均身高为 1.5209，标准差为 0.0391；12 岁 7 人的平均身高为 1.6129，标准差

为 0.01704；13 岁 1 人的平均身高为 1.59，不能计算标准差，因此，该项为缺失值。

（2）另一种分析。

发育阶段相同的男孩和女孩，其身高是否有所不同？身高是否随年龄的增长呈线性关系？如果解决这样的问题，只建立一个控制层就不够了。应该考虑选择身高 *h* 为因变量，分类变量 age 为第一层控制变量，sex 为第二层控制变量。两个分类变量分别放在两层中，且使用选项。操作如下：

① 按前面叙述的方法先将变量年龄 age 送入【自变量列表】框中建立一个控制层。单击【下一个】按钮，在变量表中选择第二个分类变量性别 sex 送入【自变量列表】框中，作为第二层。age 和 sex 分别控制第一层和第二层。

② 单击【选项】按钮，打开【均值：选项】对话框，如图 10-33。在第一层的【统计量】栏中选中【Anova 表和 eta】和【线性相关检验】，单击【继续】按钮返回主对话框。

③ 在主对话框中单击【确定】按钮，则在输出窗中得到输出结果，如表 10-25 ~ 表 10-27 所示。

表 10-25　各单元的身高均值表

| 年龄 | 性别 | 均值 | *N* | 标准差 |
|---|---|---|---|---|
| 10 | 女 | 1.4500 | 5 | 0.02000 |
| | 男 | 1.4467 | 3 | 0.02887 |
| | 总计 | 1.4488 | 8 | 0.02167 |
| 11 | 女 | 1.5383 | 6 | 0.02317 |
| | 男 | 1.5000 | 5 | 0.04637 |
| | 总计 | 1.5209 | 11 | 0.03910 |
| 12 | 女 | 1.6100 | 2 | 0.01414 |
| | 男 | 1.6140 | 5 | 0.01949 |
| | 总计 | 1.6129 | 7 | 0.01704 |
| 13 | 男 | 1.5900 | 1 | 0 |
| | 总计 | 1.5900 | 1 | 0 |
| 总计 | 女 | 1.5154 | 13 | 0.06253 |
| | 男 | 1.5357 | 14 | 0.07623 |
| | 总计 | 1.5259 | 27 | 0.06941 |

表 10-26　对第一层变量的方差分析结果

| | | | 平方和 | df | 均方 | F | 显著性 |
|---|---|---|---|---|---|---|---|
| 身高*年龄 | 组间 | （组合） | 0.105 | 3 | 0.035 | 39.587 | 0.000 |
| | | 组性 | 0.097 | 1 | 0.097 | 109.435 | 0.000 |
| | | 线性偏差 | 0.008 | 2 | 0.004 | 4.664 | 0.020 |
| | | 组内 | 0.020 | 23 | 0.001 | | |
| | | 总计 | 0.125 | 26 | | | |

表 10-27　关联度测度

| 相关性度量 | | | | |
|---|---|---|---|---|
| | $R$ | $R^2$ | Eta | Eta 方 |
| 身高*年龄 | 0.897 | 0.772 | 0.915 | 0.838 |

④ 结果说明。观察输出结果，与上一种分析对比，可以看出层变量的作用，还可以看出使用系统默认统计量和使用选项对话框中确定输出的统计量之间的不同。

表 10-25 是由第一层变量 age 和第二层变量 sex 确定的各单元的身高均值。

表 10-26 是方差分析与线性度检验的结果，说明如下：

方差分析的变量信息是“身高*年龄”，因变量 h 标签是“身高”，分组 BY 变量 age 标签为“年龄”。说明方差分析的要求是分析不同年龄的身高均值间是否存在显著性差异。

表 10-26 中各统计量的名称与各统计量之间的数学关系如下：

- 偏差平方和。
- 组间偏差平方和。从表中可以看出，组间偏差平方和为 0.105（显示值，非机内值）。它由两部分组成，其中，线性 = 0.097，它是由因变量与控制变量之间的线性关系引起的；线性偏差 = 0.008，它不是由因变量与控制变量之间的线性关系引起的。
- 组内平方和 = 0.020，也称为组内偏差平方和。各组内各观测值相对于组均值的变异，有时也称其为误差变异。
- 总计偏差平方和。它等于组间偏差平方和 0.105 与组内偏差平方和 0.020 之和 0.125。其中，df 是自由度，组间自由度为 3，组内自由度为 23。
- 均方。它在数值上等于偏差平方和除以自由度所得的商。
- F 值。它在数值上等于组间均方与组内均方之比值。从表中可以看出，组间偏差平方和为 0.105，自由度为 3，均方值为组间偏差平方和除以自由度所得的商，为 0.105/3 = 0.035；组内偏差平方和为 0.020，自由度为 23，均方值为 0.020/23 = 0.001（注意，因显示位数有限。此处是近似值）。
- 显著性。在四个年龄组学生的身高均值相等的零假设下，可获得各统计量的值或更极端值的概率。从表中可以看到，显著性概率近似为 0。组间均方远远大于组内均方，说明组间差异远远大于随机误差引起的组内差异。因此可得出结论：10 岁、11 岁、12 岁、13 岁学生的身高差异显著。

线性回归方程的偏差平方和为 0.097，均方为 0.097，F 值为 109.437。显著性值近似为 0.000，即小于 0.001，说明回归方程的预测性能较好。这也可以用表 10-27 中 R 值为 0.879 接近于 1 来说明。

表 10-27 为关联度的测度：

- Eta（$\eta$）值为 0.915，说明因变量与自变量之间联系紧密。Eta 方（$\eta^2$）等于组间偏差平方和与总偏差平方和之比值，即 0.105/0.125 = 0.84（表中因各项计算误差导致为 0.838）。Eta 是 0 ~ 1 之间的数，越接近于 1，表明因变量（身高）与控制变量（年龄）的关系越密切；如果 Eta = 0，则表明这两个变量无关。
- $R$ 是因变量 $h$ 的观测值与预测值之间的线性相关系数。虽然没有直接求出回归方程，但可以知道，$R$ 值越接近于 1，表明线性回归方程的预测性能越好，因变量与自变量之间的线性回归关系越好。

- $R^2$ 是线性模型的拟合良好度，有时也称作确定系数，它是因变量中由回归模型解释的方差比例，其值范围是 0 ~ 1。该值越小，表明模型对数据的拟合越不好。

## 三、单样本 T 检验

### （一）单样本 T 检验概念

单样本 T 检验过程检验单个变量的均值与给定的常数之间是否存在差异。例如，研究人员可能想知道一组学生的 IQ 平均分数与 100 分之间的差异。

如果已知总体均数，那么进行样本均数与总体均数之间的差异显著性检验属于单样本的 T 检验。变量的样本均值为 $X$，已知总体均值（或给定常数）为 $\mu_0$，检验的零假设是 $H_0$：$X = \mu_0$，计算公式为

$$t = \frac{\overline{\chi} - u}{S_{\overline{x}}} \quad (10\text{-}19)$$

式中，$S_{\overline{x}} = \frac{s}{\sqrt{n}}$ 是均值的标准误；$s$ 是变量的标准差。

单样本 T 检验过程对每个检验变量给出的统计量有：均值、标准差和均值的标准误。该过程计算每个数据值与总体均值之间差的平均值，进行该差值为 0 的 T 检验及计算该差值的置信区间时，读者可以指定检验的显著性水平。

### （二）单样本 T 检验的实例

**【例 10–12】** 数据文件 data10-12 中的数据是 1973 年某市测量的 120 名 12 岁男孩的身高资料。已知该地区 12 岁男孩平均身高为 142.5 cm，问该市男孩身高与该地区平均身高有否差异？

操作过程：

（1）建立无效假设 H0，假设某市 12 岁男孩身高与该地区 12 岁男孩身高的平均值相等。

（2）建立数据集，仅有一个变量 Heightl 2 岁男孩身高。

（3）按【分析→比较均值→单样本 T 检验】顺序打开【单样本 T 检验】对话框，如图 10-34 所示。

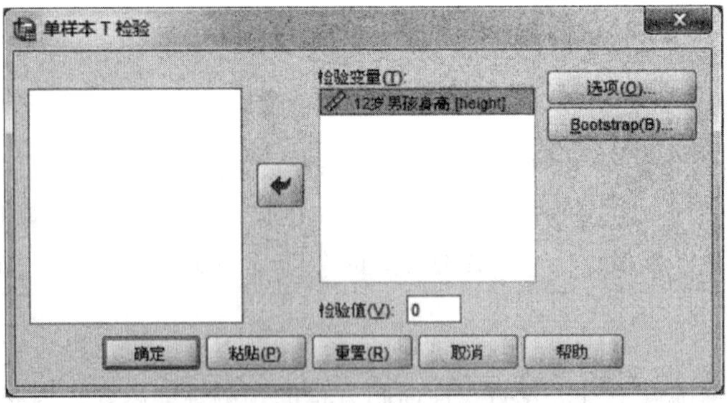


图 10-34 【单样本 T 检验】对话框

（4）在对话框中将唯一的变量【Height】从源变量栏移至【检验变量】框内。在【检验值】框中输入该地区 12 岁男孩平均身高“142.5”，如图 10-34 所示。

（5）单击【选项】按钮，打开【单样本 T 检验：选项】对话框，如图 10-35 所示。在【置信区间百分比】栏选择系统默认值“95%”，在【缺失值】栏选择系统默认的【按分析顺序排除个案】。单击【继续】按钮，返回主对话框。

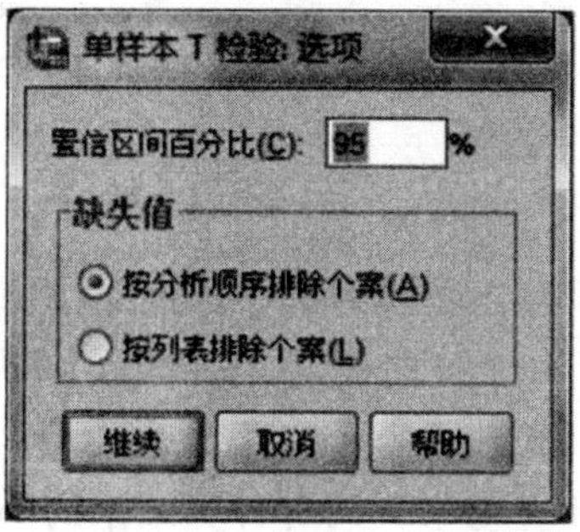


图 10-35　【单样本 T 检验：选项】对话框

（6）在主对话框中单击【确定】按钮，输出结果如表 10-28 和表 10-29 所示。

表 10-28　身高的基本描述统计量

| 单个样本统计量 | | | | |
|---|---|---|---|---|
| | *N* | 均值 | 标准差 | 均值的标准误 |
| 12 岁男孩身高 | 120 | 143.048 | 5.8206 | 0.5313 |

表 10-29　单一样本 T 检验的分析结果

| 单个样本检验 | | | | | | |
|---|---|---|---|---|---|---|
| | 检验值 = 142.5 | | | | | |
| | *t* | df | Sig.（双侧） | 均值差值 | 差分的 95%置信区间 | |
| | | | | | 下限 | 上限 |
| 12 岁男孩身高 | 1.032 | 119 | 0.304 | 0.5483 | − 0.504 | 1.600 |

（7）结果分析。

表 10-28 中的样本身高均值为 143.048，标准差为 5.821，标准误为 0.531。可以看出，样本均值 143.048 与地区身高平均值 142.5 比较，样本均值略高，差值为 0.548。

表 10-29 中，*t* 值为 1.032，自由度为 119，双尾 T 检验的 *P* 值为 0.304>0.05，没有充分理由拒绝原假设。

当总体标准差未知时，差值的 95%置信区间 = 均值差值 ± 1.96 × 标准误。根据表 10-26 得知，95%置信区间是 0.548 ± 1.96 × 0.531。由此推出，95%置信区间为 0.548 ± 1.96 × 0.531。这就是表 10-26 中“下限”与“上限”两项中的数值 – 0.504 和 1.600。这个 95%置信区间的含义是若以同样方式多次抽取等量的样本，对每个样本计算出的均值与总体均值的差异的 95%落在这个区间之内。（注意：以上数值显示值与机内值有一定误差。因此，如果使用计算器按显示值验算结果会稍有不同，误差约小于 1%）。均值差值的 95%置信区间包括 0，没有充足理由拒绝样本均值与总体均值无显著差异的假设。

样本均值虽略高于总体均值，但无统计意义。误差来源可能是抽样误差，也可能来自测量误差。结论是，没有证据说明该市 12 岁男孩平均身高与该地区 12 岁男孩平均身高有显著性差异。

## 四、独立样本 T 检验

### （一）独立样本 T 检验概念

进行独立样本的 T 检验要求被比较的两个样本彼此独立，即没有配对关系。要求两个样本均来自正态总体，要求均值是对于检验有意义的描述统计量。

两个样本方差相等与不等时使用的计算 $t$ 值的公式不同，因此，应该先对方差进行齐性检验。SPSS 的输出，在给出方差齐与不齐两种计算结果的 $t$ 值以及 T 的同时，还给出对方差齐性检验的 F 值和 F 检验的显著性概率。读者需要根据 F 检验的结果自行判断选择 T 检验输出中的哪个结果得出最后结论。

检验的显著性概率方差齐性检验的无效假设是：两个独立样本来自方差相等的两个总体 $v_1 = v_2$ 进行 F 检验。F 值的计算公式为

$$F = \frac{\max(v_1, v_2)}{\min(v_1, v_2)} \quad （10\text{-}20）$$

式中，$v_1$、$v_2$ 分别为两个样本的方差，即两个方差较大的一个除以两个方差中较小的一个，其比值为 F 检验的 F 值。

当 $p$ 值小于 0.05 时，拒绝原假设，认为方差不齐，否则（$p$ 值大于等于 0.05）不足以在这个检验中拒绝原假设。（不排除在更多样本时或另一个检验方法时拒绝零假设）。

如果用 $X_1$、$X_2$ 表示两个样本的均值，$n_1$、$n_2$ 分别为两个样本的观测数目，$v_1$、$v_2$ 分别为两个样本的方差，方差齐（$v_1 = v_2$）时与方差不齐（$v_1 \neq v_2$）时计算 $t$ 值使用的公式如下：

方差齐时公式为

$$t = \frac{\left|\bar{X}_1 - \bar{X}_2\right|}{2S_c\sqrt{\frac{1}{n_1} + \frac{1}{n}}} \quad （10\text{-}21）$$

式中，分母是两个样本均数之差的标准误，其中的 $S_c$ 是合并方差，公式为

$$S_c = \sqrt{\frac{\bar{Z}(X_1 - \bar{X}_1)^1 + (X_2 - \bar{X}_2)^2}{n_1 + n_2 - 2}} \quad （10\text{-}22）$$

方差不齐时比较两个样本的均值，可以对变量进行适当的变换使样本方差具有齐性，再使用上述 T 检验计算公式进行计算与分析。SPSS 提供的函数可以实现对变量进行转换，也可用下述公式计算 $t$ 值并进行检验，许多统计学书中称之为 T 检验。SPSS 也在独立样本 T 检验过程的输出中提供方差不齐时计算 $t$ 值的公式：

$$t=\frac{\left|\bar{X}_1-\bar{X}_2\right|}{\sqrt{\frac{v_1}{n_1}+\frac{v_2}{n_2}}} \qquad (10\text{-}23)$$

独立样本 T 检验与配对样本 T 检验均使用 TTest 过程，但调用该过程的菜单不同，对数据文件结构的要求和所使用的命令语句也有所区别。

### （二）独立样本 T 检验过程

（1）按【分析→比较均值→独立样本 T 检验】顺序，打开图 10-36 所示的【独立样本 T 检验】主对话框。

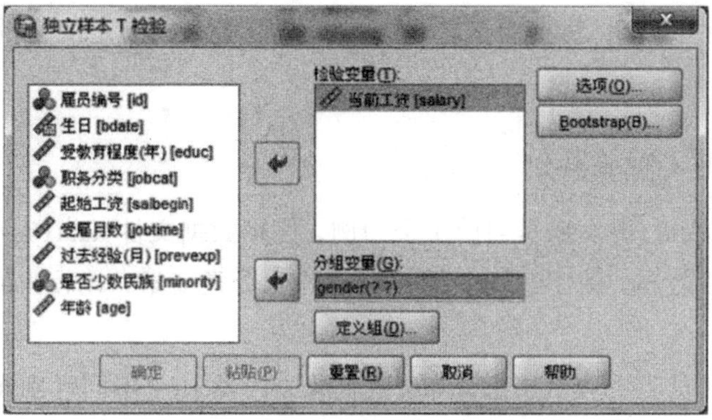


图 10-36 【独立样本 T 检验】对话框

（2）在源变量框中选择要进行检验的变量，将其送入【检验变量】框中。

（3）选择分组变量，将其送入【分组变量】框中，如图 10-36 所示。

（4）单击【定义组】按钮。展开【定义组值】对话框，如图 10-36 所示。

① 如果指定的分组变量是分类变量（测度类型为名义变量或顺序变量），且只有两个值，单击【定义组】按钮打开图 10-37（a）所示的对话框，在【组 1】和【组 2】框中分别输入作为第一组和第二组的分类变量值。

② 如果指定的分组是连续变量（测度类型为度量），或者测度类型为名义或顺序但有多个值，单击【定义组】按钮打开图 10-37（b）所示的对话框。选择【使用指定值】，在【组 1】和【组 2】框中指定两个特定值，系统只对具有这两个值的因变量均值进行比较。

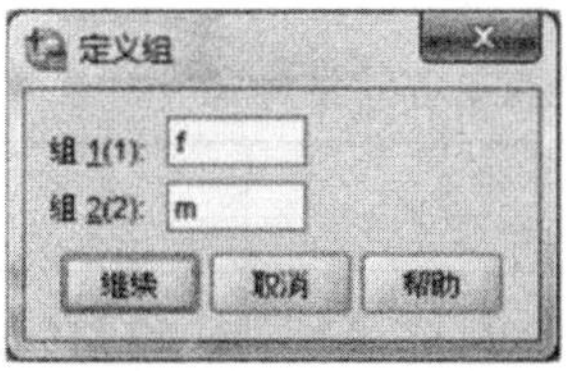


（a）

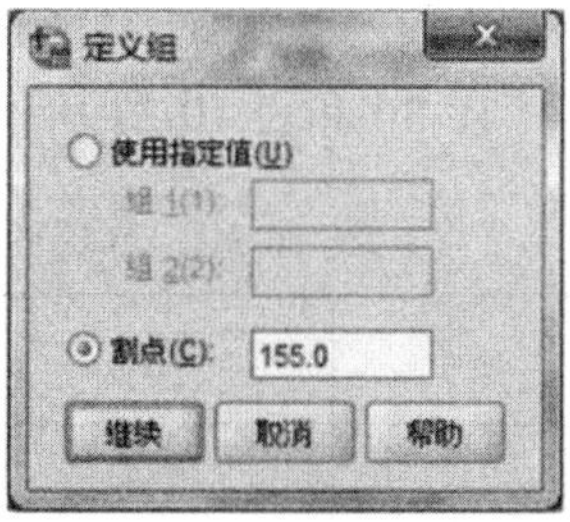


（b）

图 10-37 【定义组】对话框

选择【割点】选项，在【割点】后面的框中输入一个值。此时，会将观测按分组变量值大于等于该值和小于该值分为两个组。检验在这两个组之间进行，比较其因变量在两组均值间的差异是否显著。

（5）在主对话框中，单击【选项】按钮，打开【单样本 T 检验：选项】对话框，如图 10-35 所示。

①【置信区间百分比】，在该框中指定置信区间，系统默认值是 95%。可以在框中重新输入一个由读者指定的百分比值。

②【缺失值】栏，用于选择对缺失值的处理方法。

- 【按分析顺序排除个案】，带有缺失值的观测与分析有关时才被剔除。
- 【按列表排除个案】，将检验变量、分组变量矩形框中指定的变量带有缺失值的观测剔除。

## （三）独立样本 T 检验实例

**【例 10–13】** 以银行男女雇员当前工资为例，使用数据文件 data10-08，检验男女雇员当前工资是否有显著性差异。使用性别变量 gender 作为分类变量，比较当前工资 salary 变量的均值。

首先假设银行雇员工资服从正态分布。检验的原假设 H0：不同性别雇员的当前工资均值相等，取 $\alpha = 0.05$。

操作过程：

（1）读取数据文件 data10-08。按【分析→比较均值→独立样本 T 检验】顺序，打开【独立样本 T 检验】主对话框，如图 10-36 所示。按如下步骤操作，即可使用系统默认值进行检验。

（2）选择【salary】作为检验变量，单击上面一个箭头按钮，将其送入【检验变量】框中。

（3）选择【gender】变量作为分组变量，单击下面一个箭头按钮，将其送入【分组变量】框中，如图 10-36 所示。

（4）单击【定义组】按钮，打开相应的对话框。在【组 1】框中输入“f”，为女雇员组；在【组 2】框中输入“m”，即男雇员作为第二组。

其余使用系统默认值。

（5）输出结果如表 10-30 和表 10-31 所示。

表 10-30　分析变量的简单描述统计量

| | 性别 | *N* | 均值 | 标准差 | 均值的标准误 |
|---|---|---|---|---|---|
| 当前工资 | 女 | 216 | \$26 031.92 | \$7 558.021 | \$514.258 |
| | 男 | 258 | \$41 441.78 | \$19 499.214 | \$1 213.968 |

表 10-31　独立样本 T 检验的结果

| | | 方差方程的 Levene 检验 | | 检验方程的 t 检验 | | | | | | |
|---|---|---|---|---|---|---|---|---|---|---|
| | | F | Sig. | $t$ | df | Sig.（双侧） | 均值差值 | 标准误差值 | 差分的 95%置信区间 | |
| | | | | | | | | | 下限 | 上限 |
| 当前工资 | 假设方差相等 | 119.669 | 0.000 | − 10.945 | 472 | 0.000 | − $15 409.862 | $1 407.906 | − $18 176.401 | − $12 643.322 |
| | 假设方差不相等 | | | − 11.688 | 344.262 | 0.000 | − $15 409.862 | $1 318.400 | − $18 002.996 | − $12 816.728 |

表 10-30 给出了分析变量的简单描述统计量。

左边第一栏为分析变量的标签“当前工资”和分类变量标签“性别”，下方是用值标签表示的分组变量值，分为两组，一组为“女”，另一组为“男”。*N* 给出各组观测数目，男为 258 人，女为 216 人；“均值”给出各组观测的分析变量均值。本例中，男性雇员现平均工资为$41441.78，女性雇员现平均工资为$26031.92。分组给出分析变量的标准差：男为$19499.214，女为$7558.021。男组均值标准误为 1213.97，女组均值标准误为 514.26。

表 10-31 给出方差齐性检验结果，以及 T 检验和校正 T 检验的两种方法，并分别计算出检验结果。

① 方差齐性检验（Levene 检验）结果：F 值为 119.669，显著性概率为 $p<0.001$，因此，结论是两组方差差异显著，即方差不齐。

在下面的 T 检验结果中，应该选择假设方差不相等一行的数据作为本例中的 T 检验的结果数据。另一行是假设方差相等时 T 检验的计算结果，不取这个结果。

② “t” 栏显示两个值。本例中的值等于 − 11.69。“df” 栏给出两种 T 检验的自由度。

③ “Sig（双侧）”是双尾 T 检验的显著性概率。本例中的概率为 0.000，小于 0.05，否定不同性别雇员当前工资相等的原假设。可以得出结论，男女雇员现工资水平具有显著差异。

④ 两组“均值差值”为 − $15409.9。说明平均现工资水平，女雇员比男雇员少$15409.9 元。

⑤ 差值的标准误为$1318.40。

⑥ 差分的 95%置信区间在$ − 18003.0 ~ − 12816.7 之间，不包括 0，也说明两组均值之差与 0 有显著差异。

结论：从 T 检验得 $p$ 值为 0.000<0.01 以及均值之差值的 95%置信区间不包括 0 都能得出：女雇员现工资水平明显低于男雇员，差异有统计意义。

注意：在实际应用中，由于存在其他条件，如职务等级、工作经验等，不能得出现平均工资水平差异是由性别差异造成的结论。根据分析结果得出结论时要慎重。

【例 10–14】 对连续变量按定点分组的独立样本 T 检验。

现对 data10-13 数据进行独立样本 T 检验。有 29 名 13 岁男生的身高、体重、肺活量数据，试分析身高大于等于 155 厘米与身高小于 155 厘米的两组男生的体重和肺活量均值是否有显著性差异。

首先建立无效假设 H0：身高大于等于 155.0 与身高小于 155.0 两组之间的体重平均值在 99%水平上无显著差异，两组之间的肺活量平均值在 99%水平上无显著差异。

操作步骤：

（1）打开数据文件 data10-13，按【分析→比较均值→独立样本 T 检验】顺序，打开【独立样本 T 检验】主对话框。

（2）在源变量表中选择体重 weight、肺活量 vcp 作为分析变量，用【箭头】按钮送入【检验变量】框中；选择变量身高 height 作为分组变量，用【箭头】按钮送入【分组变量】框中。

（3）单击【定义组】按钮打开【定义分组】对话框。选择【割点】，并在框中输入“155.0”，见图 10-37（b）。单击【继续】按钮返回主对话框。

（4）在主对话框中单击【选项】按钮展开相应的对话框，如图 10-35 所示。在【置信区间百分比】框中输入“99”，单击【继续】按钮返回主对话框。其他各选项使用系统默认值。单击【确定】按钮运行。

运行结果与分析：

输出结果如表 10-32 和表 10-33 所示。

表 10-32　分组描述统计量

| | 身高 | *N* | 均值 | 标准差 | 均值的标准误 |
|---|---|---|---|---|---|
| 体重 | ≥155.00 | 13 | 40.838 | 5.116 9 | 1.419 2 |
| | <155.00 | 16 | 34.113 | 3.816 3 | 0.954 1 |
| 肺活量 | ≥155.00 | 13 | 2.403 8 | 0.402 32 | 0.111 58 |
| | <155.00 | 16 | 2.051 6 | 0.422 97 | 0.105 74 |

表 10-33　方差齐性检验与 T 检验结果

| | | 方差方程的 Levene 检验 | | 均值方程的 t 检验 | | | | | | |
|---|---|---|---|---|---|---|---|---|---|---|
| | | F | Sig. | t | df | Sig.（双侧） | 均值差值 | 标准误差值 | 差分的 99%置信区间 | |
| | | | | | | | | | 下限 | 上限 |
| 体重 | 假设方差相等 | 1.742 | 0.198 | 4.056 | 27 | 0.000 | 6.726 0 | 1.658 5 | 2.130 9 | 11.321 0 |
| | 假设方差不相等 | | | 3.933 | 21.745 | 0.001 | 6.726 0 | 1.710 1 | 1.900 4 | 11.551 5 |
| 肺活量 | 假设方差相等 | 0.002 | 0.961 | 2.512 | 27 | 0.018 | 0.388 22 | 0.154 56 | −0.040 00 | 0.816 44 |
| | 假设方差不相等 | | | 2.525 | 26.277 | 0.018 | 0.388 22 | 0.153 73 | −0.385 9 | 0.815 0 |

表 10-32 给出了“体重”变量和“肺活量”变量按身高 heigh≥155.0 和 height<155.0 分组描述统计量。身高≥155.0 组为 13 人，平均肺活量为 2.4038，平均体重为 40.838；身高<155.0 组为 16 人，平均肺活量为 2.0156，平均体重为 34.113。

表 10-33 给出了方差齐次性检验和 T 检验的计算结果。从“Sig（双侧）”栏数据可以看出，无论是两组体重还是两组肺活量，方差均是齐的，即选择假设方差相等一行数据进行分析可以得出结论。

体重 T 检验的结果：Sig（双侧）= 0.000，小于 0.001，说明拒绝原假设。两组均值之差的 99%上、下限均为正值，也说明两组体重均值之差与 0 的差异显著。由此可以得出结论，身高 155.0 分组的两组体重均值差异，在统计意义上高度显著。

肺活量 T 检验的结果：Sig（双侧）= 0.018，大于 0.01。两组均值之差的上、下限一个为正值，一个为负值，也说明差值的 99%上、下限与 0 的差异不显著。由此可以得出结论，按身高 155.0 分组的两组肺活量均值差异在 99%水平上不显著，其均值差异是由抽样误差引起的。

## 五、配对样本 T 检验

### （一）配对样本 T 检验概念

进行配对样本的 T 检验要求被比较的两个样本有配对关系，要求两个样本均来自正态总体，要求均值是对于检验有意义的描述统计量。均值的配对比较是比较常见的，例如：

（1）对同一窝白鼠进行试验时，按性别、体重相同进行配对，再将其随机分到试验组和对照组，分别用加入海藻的饲料和普通饲料进行喂养。三个月后，分别将每对白鼠置于水中，测量其到溺死前的时间，比较两组白鼠的游泳时间均值，从而比较两种饲料对抗疲劳的作用。

（2）对同一组高血压病人，在进行体育疗法前后，测量其血压。将每个病人在体育疗法前后的血压测量值构成观测对。可以求出这组病人体育疗法前后的血压平均值，进行配对样本 T 检验，以分析体育疗法对降血压的疗效。

（3）研究人体各部位体温是否有差别时，将一个人两个部位的温度构成一对数据。测量若干人同样两个部位的温度数据，可以比较这两个部位的平均温度是否有显著性差异，使用配对样本 T 检验。

配对样本 T 检验实际上是先求出每对测量值之差值，再对差值变量求均值，以检验配对变量均值之间的差异是否显著。其实质是，检验的假设是差值变量的均值与零均值之间差异的显著性。如果差值均值与 0 均值无显著性差异，就说明配对变量均值之间无显著性差异。

如果差值变量为 $x$，差值变量的均值为 $X$，样本的观测数为 $n$，差值变量的标准差为 $S$，差值变量的均值标准误为 SX，则配对样本 T 检验的 $t$ 值计算公式为

$$t=\frac{\overline{x}-0}{S_{\overline{x}}}\text{，其中 } S_{\overline{x}}=\frac{s}{\sqrt{n}} \qquad (10\text{-}24)$$

配对样本 T 检验与独立样本 T 检验均使用 TTEST 过程，但调用该过程的菜单不同，对数据文件结构的要求不同，所使用的命令语句也有所区别。进行配对样本 T 检验的数据文件中，一对数据必须作为同一个观测中的两个变量值。

### （二）配对样本 T 检验过程

（1）建立数据文件。

（2）按【分析→比较均值→配对样本 T 检验】顺序，打开【配对样本 T 检验】主对话框，如图 10-38 所示。

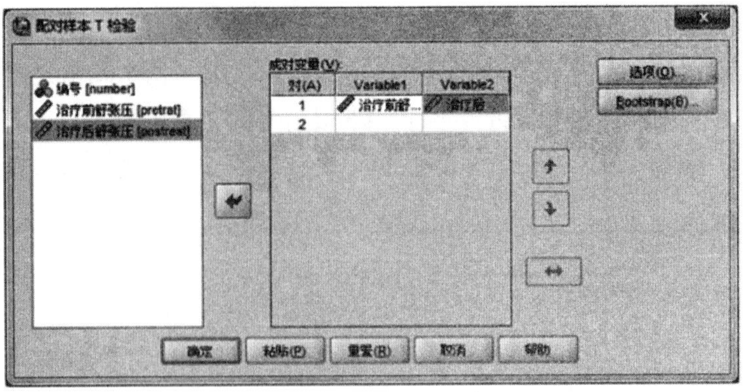


图 10-38 【配对样本 T 检验】主对话框

（3）指定配对变量。

① 在主对话框的源变量表中选择一个变量，单击向右箭头按钮，变量名出现在【成对变量】框的【Variable1】列中。

② 在源变量框中再选择一个与先选择的变量成对的变量，单击向右箭头按钮，变量名出现在【成对变量】框的【Variable2】列中。

可以使用上述方法指定多个配对变量。以上操作是使用系统默认参数进行配对样本 T 检验的基本操作。单击【确定】按钮就可以提交运行了。

（4）配对样本 T 检验的选项。

配对样本 T 检验使用系统默认值就可以得到比较满意的结果。如果想改变显著性概率，从而改变差值的置信区间，或者需要另外指定处理缺失值的方法，可以在单样本 T 检验主对话框中单击【选项】按钮，打开【单样本 T 检验：选项】对话框，如图 10-35 所示，在对话框中改变系统默认值，指定需要的选项。有关操作参见本节内容中关于“独立样本 T 检验过程”的介绍，这里不再赘述。

## （三）配对样本 T 检验实例

**【例 10–15】** 以体育疗法治疗高血压的数据为例，10 个高血压患者在施以体育疗法前后测定舒张压，数据文件为 data10-14。数据文件中的变量：number 编号、pretreat 疗前舒张压（mmHg）、postreat 治疗后舒张压（mmHg）。要求判断体育疗法对降低血压是否有效。这是一个自身配对样本的 T 检验问题。解决问题的步骤如下：

首先建立无效假设（H0）：体育疗法对高血压病人舒张压的降低无疗效，即对高血压病人治疗前后舒张压的差值均数是由差值为 0 的总体中随机抽取的，差值不为 0 是由抽样误差引起的。

（1）打开数据文件，按【分析→比较均值→配对样本 T 检验】顺序打开【配对样本 T 检验】主对话框，如图 10-38 所示。

（2）指定配对变量。配对变量为治疗前后的舒张压 pretreat 和治疗后舒张压 postreat。在主对话框左面的变量表中单击【pretreat】变量，按住 Ctrl 键并单击【postreat】变量，单击向右的箭头按钮，将配对变量送入【成对变量】框中。单击【继续】按钮，确认并返回主对话框，单击【确定】按钮提交运行

（3）运行结果如表 10-34 ~ 表 10-36 所示。

表 10-34　治疗前后舒张压的简单描述统计量

| | | 均值 | $N$ | 标准差 | 均值的标准误 |
|---|---|---|---|---|---|
| 对 1 | 治疗前舒张压 | 119.50 | 10 | 10.069 | 3.184 |
| | 治疗后舒张压 | 102.50 | 10 | 11.118 | 3.516 |

表 10-35　治疗前后舒张压相关系数

| | | $N$ | 相关系数 | Sig. |
|---|---|---|---|---|
| 对 1 | 治疗前舒张压 – 治疗后舒张压 | 10 | 0.599 | 0.67 |

表 10-36　对配对变量差值的 T 检验

| | | 成对差分 | | | | | $t$ | df | Sig.（双侧） |
|---|---|---|---|---|---|---|---|---|---|
| | | 均值 | 标准差 | 均值的标准误 | 差分的 95%的置信区间 | | | | |
| | | | | | 下限 | 上限 | | | |
| 对 1 | 治疗前舒张压-治疗后舒张压 | 17.000 | 9.534 | 3.015 | 10.180 | 23.820 | 5.639 | 9 | .000 |

（4）结果分析：

表 10-34 是对治疗前后舒张压的单变量描述统计量，表中显示的是配对变量的变量标签，对数为 1 对。治疗前后的舒张压均值分别为 119.50 与 102.50；$N$ 即观测数目，治疗前后均为 10；治疗前后舒张压均值标准误分别为 3.184 和 3.516。

表 10-35 中给出治疗前后舒张压之间的相关系数为 0.5999，不相关的概率为 0.067，相对于治疗前后舒张压的相关系数为 0 的假设成立的概率为 6.7%，大于 5%，可以得出结论：治疗前后的舒张压没有明显的线性关系。

表 10-36 给出了配对变量差值的 T 检验结果。变量对均值之间的差值为 17.00；差值的标准差为 9.53；差值的标准误为 3.01；差值的 95%置信区间上、下限分别为 10.18 和 23.82，应注意两个值均为正值。

“$t$”值为 5.64；“df”自由度为 9；“Sig（双侧）”是双尾 T 检验的结果，获得 $t$ 值的概率为 0.000，即小于 0.001。

可以得出结论：由于 $p$ 小于 0.01，拒绝原假设，可以认为，体育疗法对降低舒张压有明显疗效。

# 附表 1 标准正态分布概率度

$$\left(F(t)=\frac{2}{\sqrt{2\pi}}\int_0^t e^{\frac{t^2}{2}}dt\right)$$

| $t$ | $F(t)$ | $t$ | $F(t)$ | $t$ | $F(t)$ | $t$ | $F(t)$ |
|---|---|---|---|---|---|---|---|
| 0.00 | 0.000 0 | 0.29 | 0.228 2 | 0.58 | 0.438 1 | 0.87 | 0.615 7 |
| 0.01 | 0.008 0 | 0.30 | 0.235 8 | 0.59 | 0.444 8 | 0.88 | 0.621 1 |
| 0.02 | 0.016 0 | 0.31 | 0.243 4 | 0.60 | 0.451 5 | 0.89 | 0.626 8 |
| 0.03 | 0.023 9 | 0.32 | 0.251 0 | 0.61 | 0.458 1 | 0.90 | 0.631 9 |
| 0.04 | 0.031 9 | 0.33 | 0.258 6 | 0.62 | 0.464 7 | 0.91 | 0.637 2 |
| 0.05 | 0.039 9 | 0.34 | 0.266 1 | 0.63 | 0.471 3 | 0.92 | 0.642 4 |
| 0.06 | 0.047 8 | 0.35 | 0.273 7 | 0.64 | 0.477 8 | 0.93 | 0.647 6 |
| 0.07 | 0.055 8 | 0.36 | 0.281 2 | 0.65 | 0.484 3 | 0.94 | 0.652 8 |
| 0.08 | 0.063 8 | 0.37 | 0.288 6 | 0.66 | 0.490 7 | 0.95 | 0.657 9 |
| 0.09 | 0.071 7 | 0.38 | 0.296 1 | 0.67 | 0.497 1 | 0.96 | 0.662 9 |
| 0.010 | 0.079 7 | 0.39 | 0.303 5 | 0.68 | 0.503 5 | 0.97 | 0.668 0 |
| 0.011 | 0.087 6 | 0.40 | 0.310 8 | 0.69 | 0.509 8 | 0.98 | 0.672 9 |
| 0.012 | 0.095 5 | 0.41 | 0.318 2 | 0.70 | 0.516 1 | 0.99 | 0.677 8 |
| 0.013 | 0.103 4 | 0.42 | 0.325 5 | 0.71 | 0.522 3 | 1.00 | 0.682 7 |
| 0.014 | 0.111 3 | 0.43 | 0.332 8 | 0.72 | 0.528 5 | 1.01 | 0.687 5 |
| 0.015 | 0.119 2 | 0.44 | 0.340 1 | 0.73 | 0.534 6 | 1.02 | 0.692 3 |
| 0.016 | 0.127 1 | 0.45 | 0.347 3 | 0.74 | 0.540 7 | 1.03 | 0.697 0 |
| 0.017 | 0.135 0 | 0.46 | 0.354 5 | 0.75 | 0.546 7 | 1.04 | 0.701 7 |
| 0.018 | 0.142 8 | 0.47 | 0.361 6 | 0.76 | 0.552 7 | 1.05 | 0.706 3 |
| 0.019 | 0.150 7 | 0.48 | 0.368 8 | 0.77 | 0.552 7 | 1.06 | 0.710 9 |
| 0.020 | 0.158 5 | 0.49 | 0.375 9 | 0.78 | 0.564 6 | 1.07 | 0.715 4 |
| 0.021 | 0.166 3 | 0.50 | 0.382 9 | 0.79 | 0.570 5 | 1.08 | 0.719 9 |
| 0.022 | 0.174 1 | 0.51 | 0.389 9 | 0.80 | 0.576 3 | 1.09 | 0.724 3 |
| 0.023 | 0.181 9 | 0.52 | 0.396 9 | 0.81 | 0.582 1 | 1.10 | 0.728 7 |
| 0.024 | 0.189 7 | 0.53 | 0.403 9 | 0.82 | 0.587 8 | 1.11 | 0.733 0 |
| 0.025 | 0.197 4 | 0.54 | 0.410 8 | 0.83 | 0.593 5 | 1.12 | 0.737 3 |
| 0.026 | 0.205 1 | 0.55 | 0.417 7 | 0.84 | 0.599 1 | 1.13 | 0.741 5 |
| 0.027 | 0.212 8 | 0.56 | 0.424 5 | 0.85 | 0.604 7 | 1.14 | 0.745 7 |
| 0.028 | 0.220 5 | 0.57 | 0.431 3 | 0.86 | 0.610 2 | 1.15 | 0.749 9 |

续表

| $t$ | $F(t)$ | $t$ | $F(t)$ | $t$ | $F(t)$ | $t$ | $F(t)$ |
|---|---|---|---|---|---|---|---|
| 1.16 | 0.754 0 | 1.53 | 0.874 0 | 1.90 | 0.942 6 | 2.54 | 0.988 9 |
| 1.17 | 0.758 0 | 1.54 | 0.876 4 | 1.91 | 0.943 9 | 2.56 | 0.989 5 |
| 1.18 | 0.762 0 | 1.55 | 0.878 9 | 1.92 | 0.945 1 | 2.58 | 0.990 1 |
| 1.19 | 0.766 0 | 1.56 | 0.881 2 | 1.93 | 0.946 4 | 2.60 | 0.990 7 |
| 1.20 | 0.769 9 | 1.57 | 0.883 6 | 1.94 | 0.947 6 | 2.62 | 0.991 2 |
| 1.21 | 0.773 7 | 1.58 | 0.885 9 | 1.95 | 0.948 8 | 2.64 | 0.991 7 |
| 1.22 | 0.777 5 | 1.59 | 0.888 2 | 1.96 | 0.950 0 | 2.66 | 0.992 2 |
| 1.23 | 0.781 3 | 1.60 | 0.890 4 | 1.97 | 0.951 2 | 2.68 | 0.992 6 |
| 1.24 | 0.785 0 | 1.61 | 0.892 6 | 1.98 | 0.952 3 | 2.70 | 0.993 1 |
| 1.25 | 0.788 7 | 1.62 | 0.894 8 | 1.99 | 0.953 4 | 2.72 | 0.993 5 |
| 1.26 | 0.792 3 | 1.63 | 0.896 9 | 2.00 | 0.954 5 | 2.74 | 0.993 9 |
| 1.27 | 0.795 9 | 1.64 | 0.899 0 | 2.02 | 0.956 6 | 2.76 | 0.994 2 |
| 1.28 | 0.799 5 | 1.65 | 0.901 1 | 2.04 | 0.958 7 | 2.78 | 0.994 6 |
| 1.29 | 0.803 0 | 1.66 | 0.903 1 | 2.06 | 0.960 6 | 2.80 | 0.994 9 |
| 1.30 | 0.806 4 | 1.67 | 0.905 1 | 2.08 | 0.962 5 | 2.82 | 0.995 2 |
| 1.31 | 0.809 8 | 1.68 | 0.907 0 | 2.10 | 0.964 3 | 2.84 | 0.995 5 |
| 1.32 | 0.813 2 | 1.69 | 0.909 0 | 2.12 | 0.966 0 | 2.86 | 0.995 8 |
| 1.33 | 0.816 5 | 1.70 | 0.910 9 | 2.14 | 0.967 6 | 2.88 | 0.996 0 |
| 1.34 | 0.819 8 | 1.71 | 0.912 7 | 2.16 | 0.969 2 | 2.90 | 0.996 2 |
| 1.35 | 0.823 0 | 1.72 | 0.714 6 | 2.18 | 0.970 7 | 2.92 | 0.996 5 |
| 1.36 | 0.826 2 | 1.73 | 0.916 4 | 2.20 | 0.972 2 | 2.94 | 0.996 7 |
| 1.37 | 0.829 3 | 1.74 | 0.918 1 | 2.22 | 0.973 6 | 2.96 | 0.996 9 |
| 1.38 | 0.832 4 | 1.75 | 0.919 9 | 2.24 | 0.974 9 | 2.98 | 0.997 1 |
| 1.39 | 0.835 5 | 1.76 | 0.921 6 | 2.26 | 0.976 2 | 3.00 | 0.997 3 |
| 1.40 | 0.838 5 | 1.77 | 0.923 3 | 2.28 | 0.977 4 | 3.20 | 0.998 6 |
| 1.41 | 0.841 5 | 1.78 | 0.924 9 | 2.30 | 0.978 6 | 3.40 | 0.999 3 |
| 1.42 | 0.844 4 | 1.79 | 0.926 5 | 2.32 | 0.979 7 | 3.60 | 0.999 68 |
| 1.43 | 0.847 3 | 1.80 | 0.928 1 | 2.34 | 0.980 7 | 3.80 | 0.999 86 |
| 1.44 | 0.850 1 | 1.81 | 0.929 7 | 2.36 | 0.981 7 | 4.00 | 0.999 94 |
| 1.45 | 0.852 9 | 1.82 | 0.931 2 | 2.38 | 0.982 7 | 4.50 | 0.999 994 |
| 1.46 | 0.855 7 | 1.83 | 0.932 8 | 2.40 | 0.983 6 | 5.00 | 0.999 999 |
| 1.47 | 0.858 4 | 1.84 | 0.934 2 | 2.42 | 0.984 5 | | |
| 1.48 | 0.861 1 | 1.85 | 0.935 7 | 2.44 | 0.985 3 | | |
| 1.49 | 0.863 8 | 1.86 | 0.937 1 | 2.46 | 0.986 1 | | |
| 1.50 | 0.866 4 | 1.87 | 0.938 5 | 2.48 | 0.986 9 | | |
| 1.51 | 0.869 0 | 1.88 | 0.939 9 | 2.50 | 0.987 6 | | |
| 1.52 | 0.871 5 | 1.89 | 0.941 2 | 2.52 | 0.988 3 | | |

# 附表 2　*t* 分布临界值

| 单侧 Pr<br>双侧 df | $\alpha=0.10$<br>$\alpha=0.20$ | 0.05<br>0.10 | 0.025<br>0.05 | 0.01<br>0.02 | 0.005<br>0.01 |
|---|---|---|---|---|---|
| $n=1$ | 3.078 | 6.314 | 12.706 | 31.821 | 63.657 |
| 2 | 1.886 | 2.920 | 1.303 | 6.965 | 9.925 |
| 3 | 1.638 | 2.353 | 3.182 | 4.541 | 5.841 |
| 4 | 1.533 | 2.132 | 2.776 | 3.747 | 4.604 |
| 5 | 1.476 | 2.015 | 2.571 | 3.365 | 4.032 |
| 6 | 1.440 | 1.943 | 2.447 | 3.143 | 3.707 |
| 7 | 1.415 | 1.895 | 2.365 | 2.998 | 3.499 |
| 8 | 1.397 | 1.860 | 2.306 | 2.896 | 2.355 |
| 9 | 1.383 | 1.833 | 2.262 | 2.821 | 3.250 |
| 10 | 1.372 | 1.812 | 2.228 | 2.764 | 3.169 |
| 11 | 1.363 | 1.796 | 2.201 | 2.718 | 3.106 |
| 12 | 1.356 | 1.782 | 2.179 | 2.681 | 3.055 |
| 13 | 1.350 | 1.771 | 2.160 | 2.650 | 3.012 |
| 14 | 1.345 | 1.761 | 2.145 | 2.624 | 2.977 |
| 15 | 1.341 | 1.753 | 2.31 | 2.602 | 2.947 |
| 16 | 1.337 | 1.746 | 2.120 | 2.583 | 2.921 |
| 17 | 1.333 | 1.740 | 2.110 | 2.567 | 2.898 |
| 18 | 1.330 | 1.734 | 2.101 | 2.552 | 2.878 |
| 19 | 1.328 | 1.729 | 2.093 | 2.539 | 2.861 |
| 20 | 1.325 | 1.725 | 2.086 | 2.528 | 2.845 |
| 21 | 1.323 | 1.721 | 2.080 | 2.518 | 2.831 |
| 22 | 1.321 | 1.717 | 2.074 | 2.508 | 2.819 |
| 23 | 1.319 | 1.714 | 2.069 | 2.500 | 2.807 |
| 24 | 1.318 | 1.711 | 2.064 | 2.192 | 2.797 |
| 25 | 1.316 | 1.708 | 2.060 | 2.485 | 2.787 |
| 26 | 1.315 | 1.706 | 2.056 | 2.479 | 2.779 |
| 27 | 1.314 | 1.703 | 2.52 | 2.473 | 2.771 |
| 28 | 1.313 | 1.701 | 2.048 | 2.467 | 2.763 |
| 29 | 1.311 | 1.699 | 2.045 | 4.462 | 2.756 |

续表

| 单侧 Pr<br>双侧 df | $\alpha=0.10$<br>$\alpha=0.20$ | 0.05<br>0.10 | 0.025<br>0.05 | 0.01<br>0.02 | 0.005<br>0.01 |
|---|---|---|---|---|---|
| $n=1$ | 3.078 | 6.314 | 12.706 | 31.821 | 63.657 |
| 30 | 1.310 | 1.697 | 2.042 | 2.457 | 2.750 |
| 40 | 1.303 | 1.684 | 2.021 | 2.423 | 2.704 |
| 50 | 1.299 | 1.676 | 2.009 | 2.403 | 2.678 |
| 60 | 1.296 | 1.671 | 2.000 | 2.390 | 2.660 |
| 70 | 1.294 | 1.667 | 1.994 | 2.381 | 2.648 |
| 80 | 1.292 | 1.664 | 1.990 | 2.374 | 2.639 |
| 90 | 1.291 | 1.662 | 1.987 | 2.368 | 2.632 |
| 100 | 1.290 | 1.660 | 1.984 | 2.364 | 2.626 |
| 125 | 1.288 | 1.657 | 1.979 | 2.657 | 2.616 |
| 150 | 1.287 | 1.655 | 1.976 | 2.351 | 2.609 |
| 200 | 1.286 | 1.653 | 1.972 | 2.345 | 2.601 |
| ∞ | 1.282 | 1.645 | 1.960 | 2.326 | 2.576 |

# 参考答案

## 第一章　总　论

### 一、单项选择题

1. B　2. B　3. D　4. C　5. D　6. C　7. D　8. A
9. B　10. C　11. D　12. A　13. C　14. D　15. A

### 二、多项选择题

1. ABCD　2. ACDE　3. ABD　4. CD　5. ADE　6. CE　7. BCDE　8. ABE

### 三、判断题

1. ×　2. ×　3. √　4. ×　5. √
6. ×　7. √　8. ×　9. ×　10. ×

### 四、简答题（略）

## 第二章　统计调查

### 一、单项选择题

1. B　2. A　3. B　4. B　5. A　6. A　7. B　8. D　9. B
10. B　11. C　12. D　13. C　14. B　15. A　16. B　17. B

### 二、多项选择题

1. ABCDE　2. AB　3. ABE　4. BDE　5. BCDE
6. ABD　7. ABCE　8. ABD　9. BCE　10. ABCD　11. ABCDE

### 三、判断题

1. ×　2. ×　3. ×　4. ×　5. ×
6. √　7. ×　8. √　9. √　10. √
11. ×　12. ×　13. ×　14. ×　15. ×
16. √　17. ×　18. ×　19. ×　20. √

### 四、简答题（略）

## 第三章　统计整理

### 一、单项选择题

1. A　2. C　3. A　4. B　5. B
6. D　7. C　8. B　9. B　10. B
11. B　12. A　13. A　14. C　15. D
16. A　17. B　18. C

## 二、多项选择题

1. ADE　2. ACE　3. ACE　4. AE　5. ABD
6. CE　7. CDE　8. CE　9. ACE　10. ACDE

## 三、判断题

1. ×　2. ×　3. ×　4. √　5. ×
6. ×　7. ×　8. ×　9. ×　10. ×

## 四、简答题（略）

## 五、计算题

1. 如下表所示。

| 看管机器台数（台） | 工人人数 | 频率（%） |
|---|---|---|
| 2 | 4 | 13.33 |
| 3 | 7 | 23.33 |
| 4 | 12 | 40 |
| 5 | 5 | 16.67 |
| 6 | 2 | 6.67 |
| 合　计 | 30 | 100 |

2.（1）如下表所示。

| 成绩（分） | 学生人数 | 频率（%） |
|---|---|---|
| 60 以下 | 3 | 7.5 |
| 60 ~ 70 | 6 | 15.0 |
| 70 ~ 80 | 15 | 37.5 |
| 80 ~ 90 | 12 | 30.0 |
| 90 ~ 100 | 4 | 10.0 |
| 合　计 | 40 | 100 |

（2）分组标志为“成绩”，其类型为“数量标志”；分组方法为：变量分组中的组距式分组，而且是开口式分组；本班学生的考试成绩的分布呈两头小、中间大的“钟型分布”形态，符合正常分布规律。

# 第四章　统计分析指标

## 一、单项选择题

1. A　2. D　3. B　4. C　5. B
6. B　7. D　8. D　9. B　10. C
11. A　12. C　13. D　14. C　15. A
16. C　17. D　18. D　19. C　20. B
21. B　22. B　23. B　24. D

## 二、多项选择题

1. ABC　2. ABD　3. AE　4. ACD　5. BC　6. BE
7. BC　8. ADE　9. CE　10. ACE　11. ABCE　12. BDE

## 三、判断题

1. √　2. ×　3. ×　4. ×　5. √　6. ×
7. √　8. √　9. √　10. √　11. √　12. ×

## 四、简答题（略）

## 五、计算题

1.（1）全员劳动生产率计划完成 101.82%，超额 1.82%完成计划。
（2）单位产品成本计划完成 101.05%，未完成计划，差 1.05%。
2. 如下表所示。

| 地区 | 人口数（万人） | 粮食产量（万吨） | 人均粮食产量（公斤/人） |
|---|---|---|---|
| 甲 | 1 600 | 260 | 162.5 |
| 乙 | 1 200 | 210 | 175 |
| 甲乙两地之比 | 1.33：1 | 1.24：1 | 9.29：10 |

3.（1）最后一年的计划完成程度为 105%；
（2）提前 2 个季度零 1.8 天。
4.（1）$\bar{x}_{甲}=1.5$（件/人），$\bar{x}_{乙}=1.8$（件/人）
所以乙单位工人生产水平高。
（2）$V_{\sigma甲}=44.7\%$，$V_{\sigma乙}=33.3\%$
所以乙单位工人生产水平整齐。
5.（1）$\bar{x}=105.7\%$　（2）$H=105.1\%$
6. $H=2.22$（元/kg）
7. $G-1=\sqrt[15]{(1+5\%)^6(1+8\%)^5(1+6\%)^4}-1=6.4\%$

# 第五章　时间数列分析与预测

## 一、单项选择题

1. B　2. B　3. B　4. C　5. B
6. C　7. B　8. D　9. A　10. B
11. B　12. C　13. D　14. D　15. A　16. B

## 二、多项选择题

1. BC　2. BDE　3. ABD　4. BCE　5. ABCE　6. ABD　7. ABCE　8.BC

## 三、判断题

1. √　2. ×　3. ×　4. ×　5. √　6. ×
7. √　8. ×　9. √　10. ×　11. ×　12. √

## 四、简答题（略）

## 五、计算题

1\. 第 1 季度 $\bar{a}=\dfrac{\dfrac{8.14}{2}+7.83+7.25+\dfrac{8.28}{2}}{4-1}=7.76$（百万元）

第 2 季度 $\bar{a}=\dfrac{\dfrac{8.28+10.12}{2}\times 2+\dfrac{10.12+9.76}{2}}{2+1}=9.45$（百万元）

第 3 季度 $\bar{a}=\dfrac{\dfrac{9.76+9.82}{2}\times 3}{3}=9.79$（百万元）

第 4 季度 $\bar{a}=\dfrac{\dfrac{9.82+10.04}{2}+\dfrac{10.04+9.56}{2}\times 2}{3}=9.84$（百万元）

全年平均商品库存额 $=\dfrac{1}{4}(7.76+9.45+9.79+9.84)=9.21$（百万元）

2.（1）如下表所示。

| 月　份 | 1 月 | 2 月 | 3 月 | 4 月 |
|---|---|---|---|---|
| 产值（万元）$a$ | 80 | 82 | 85 | — |
| 月初人数（人） | 60 | 64 | 68 | 67 |
| 月平均人数（人）$b$ | 62 | 66 | 67.5 | — |
| 月劳动生产率（元/人）$c=a/b$ | 12 903 | 12 424 | 12 593 | — |

（2）第 1 季度月平均劳动生产率：

$$\bar{c}=\frac{\bar{a}}{\bar{b}}=\frac{(80+82+85)\div 3}{\left(\dfrac{60}{2}+64+68+\dfrac{67}{2}\right)\div 3}=1.263\ 4\text{（万元/人）}$$

（3）第 1 季度劳动生产率：

$$\bar{c}=\frac{\sum a}{\bar{b}}=\frac{80+82+85}{\left(\dfrac{60}{2}+64+68+\dfrac{67}{2}\right)\div 3}=3.780\ 6\text{（万元/人）}$$

3\. $\bar{c}=\dfrac{\bar{a}}{\bar{b}}=\dfrac{\sum bc}{\sum b}=105.8\%$

4. 如下表所示。

| 年　份 | | 2016 | 2017 | 2018 | 2019 | 2020 |
|---|---|---|---|---|---|---|
| 工业增加值（万元） | | 880 | 890 | 1 020 | 1 120 | 1 250 |
| 增长量（万元） | 逐期 | — | 10 | 130 | 100 | 130 |
| | 累计 | — | 10 | 140 | 240 | 370 |
| 发展速度（%） | 环比 | — | 101.1 | 114.6 | 109.8 | 111.6 |
| | 定基 | — | 101.1 | 115.9 | 127.3 | 142.0 |
| 增长速度（%） | 环比 | — | 1.1 | 14.6 | 9.8 | 11.6 |
| | 定基 | — | 1.1 | 15.9 | 27.3 | 42.0 |
| 增长 1%的绝对值（万元） | | — | 8.8 | 8.9 | 10.2 | 11.2 |
| 平均发展速度（%） | | 109.17 | | | | |
| 平均增长速度（%） | | 9.17 | | | | |

5. 如下表所示。

| 年　份 | 2017 | 2018 | 2019 | 2020 |
|---|---|---|---|---|
| 工业增加值（万元） | （400） | 440 | 495 | 564.3 |
| 逐期增长量（万元） | — | （40） | 55 | 69.3 |
| 环比发展速度（%） | — | 110 | （112.5） | 114 |
| 环比增长速度（%） | — | 10 | 12,5 | （14.0） |

6. 1.245%，198.57（万人）

7.（1）$y_c = 2.1570 + 0.1536t$

$y_{2013} = 2.1570 + 0.1536 \times 8 = 3.3858$（万吨）

（2）$y_c = 2.7714 + 0.1536t$

$y_{2013} = 2.7714 + 0.1536 \times 4 = 3.3858$（万吨）

8.（1）用季平均法计算季节比率，如下表所示。

| 年　份 | 季　度 | | | | 合　计 |
|---|---|---|---|---|---|
| | 1 | 2 | 3 | 4 | |
| 2017 | 2 | 8 | 4 | 1 | 15 |
| 2018 | 1 | 11 | 4 | 2 | 18 |
| 2019 | 2 | 14 | 3 | 2 | 21 |
| 2020 | 3 | 15 | 5 | 3 | 26 |
| 合　计 | 8 | 48 | 16 | 8 | 80 |
| 季平均数 | 2 | 12 | 4 | 2 | 5 |
| 季节比率（%） | 40 | 240 | 80 | 40 | 400 |

（2）用移动平均剔除法计算季节比率，如下表所示。

| 年　份 | 季　度 | 销售额 $Y$ | 趋势值 $T$ | $Y/T$（%） |
|---|---|---|---|---|
| 2018 | 1 | 2 | — | — |
| | 2 | 8 | — | — |
| | 3 | 4 | 3.625 | 110 |
| | 4 | 1 | 3.875 | 26 |
| 2019 | 1 | 1 | 4.250 | 24 |
| | 2 | 11 | 4.375 | 251 |
| | 3 | 4 | 4.625 | 86 |
| | 4 | 2 | 5.125 | 39 |
| 2020 | 1 | 2 | 5.375 | 37 |
| | 2 | 14 | 5.250 | 267 |
| | 3 | 3 | 5.375 | 56 |
| | 4 | 2 | 5.625 | 36 |
| 2021 | 1 | 3 | 6.000 | 50 |
| | 2 | 15 | 6.375 | 235 |
| | 3 | 5 | — | — |
| | 4 | 3 | — | — |

| 年　份 | 季　度 | | | | 合　计 |
|---|---|---|---|---|---|
| | 1 | 2 | 3 | 4 | |
| 2018 | — | — | 110 | 26 | — |
| 2019 | 24 | 251 | 86 | 39 | — |
| 2020 | 37 | 267 | 56 | 36 | — |
| 2021 | 50 | 235 | — | — | — |
| 合　计 | 111 | 753 | 252 | 101 | — |
| 同季平均（%） | 37 | 251 | 84 | 33.667 | 405.667 |
| 调整系数 | 0.9860 | | | | |
| 季节比率（%） | 36.482 | 247.487 | 82.825 | 33.196 | 400 |

（3）2022 年第 3、4 季度的销售额分别为：

$28 \div 4 \times 84.825\% = 5.8975$（千万元）

$28 \div 4 \times 33.196\% = 2.3237$（千万元）

# 第六章　统计指数

## 一、单项选择题

1. B　2. B　3. C　4. D　5. A
6. C　7. B　8. C　9. A　10. B
11. C　12. D　13. A　14. D　15. D　16. D

## 二、多项选择题

1. ABE　2. CDE　3. AB　4. ABD　5. AD
6. ABCDE　7. AE　8. DE　9. CD

## 三、判断题

1. ×　2. √　3. ×　4. √　5. ×
6. √　7. ×　8. ×　9. ×　10. ×
11. √　12. ×　13. ×　14. ×

## 四、简答题（略）

## 五、计算题

1. $\overline{K}_q=172.9\%$，$\sum q_1p_1-\sum q_0p_0=255\ 000$元

2. （1）$\overline{K}_q=108.2\%$，$\overline{K}_p=95.5\%$

（2）$\sum q_1p_1-\sum q_0p_0=42\ 000$元，$\sum q_1p_1-\sum q_0p_0=-25\ 000$元

3. $\overline{K}_q=133.92\%$，$\sum q_1p_1-\sum q_0p_0=660.8$万元

4. （1）$\overline{K}_p=109.6\%$，由于价格变化而增加的总产值 720（万元）

（2）$\overline{K}_{qp}=\dfrac{\sum q_1p_1}{\sum q_0p_0}=\dfrac{8\ 220}{7\ 150}=114.97\%$

$\sum q_1p_1-\sum q_0p_0=1\ 070$万元

$\overline{K}_q=\dfrac{\sum \frac{1}{k}p_1q_1}{\sum p_0q_0}=\dfrac{7\ 500}{7\ 150}=104.90\%$

$\sum \frac{1}{k}p_1q_1-\sum p_0q_0=350$（万元）

（3）$114.97\%=104.90\%\times 109.6\%$

$1\ 070=350+720$

5. （1）$\overline{K}_{qz}=\dfrac{\sum z_1q_1}{\sum z_0q_0}=\dfrac{190\ 000}{126\ 000}=150.8\%$

$\sum z_1q_1-\sum z_0q_0=64\ 000$(元)

（2）$\overline{K}_z=\frac{\sum z_1q_1}{\sum z_0q_1}=\frac{190\ 000}{226\ 000}=84.1\%$

$\sum z_1q_1-\sum z_0q_1=-36\ 000(\text{元})$

（3）$\overline{K}_q=\frac{\sum z_0q_1}{\sum z_0q_0}=\frac{226\ 000}{126\ 000}=179.4\%$

$\sum z_0q_1-\sum z_0q_0=100\ 000(\text{元})$

（4）150.8% = 84.1% × 179.40%

64 000 = （−36 000） + 100 000

6. 111.24% = 121.85% × 91.29%

500 = 887.5 + （−387.5）

7. $$\frac{\sum x_1\cdot\frac{f_1}{\sum f_1}}{\sum x_0\cdot\frac{f_0}{\sum f_0}}=\frac{\sum x_1\cdot\frac{f_1}{\sum f_1}}{\sum x_0\cdot\frac{f_1}{\sum f_1}}\times\frac{\sum x_0\cdot\frac{f_1}{\sum f_1}}{\sum x_0\cdot\frac{f_0}{\sum f_0}}$$

102.77% = 112.87% × 91.06%

134.2 = 566.1 + （−431.9）

8. $\overline{K}_{qmp}=\frac{\sum q_1m_1p_1}{\sum q_0m_0p_0}=\frac{838.8}{776}=108.09\%$

$\sum q_1m_1p_1-\sum q_0m_0p_0=62.8$（万元）

相对数与绝对数分析：

（1）$\overline{K}_q=\frac{\sum q_1m_0p_0}{\sum q_0m_0p_0}=\frac{803.2}{776}=103.51\%$

$\sum q_1m_0p_0-\sum q_0m_0p_0=803.2-776=27.2$（万元）

（2）$\overline{K}_m=\frac{\sum q_1m_1p_0}{\sum q_1m_0p_0}=\frac{762}{803.2}=94.87\%$

$\sum q_1m_1p_0-\sum q_1m_0p_0=762-803.2=-41.2$（万元）

（3）$\overline{K}_p=\frac{\sum q_1m_1p_1}{\sum q_1m_1p_0}=\frac{838.8}{762}=110.08\%$

$\sum q_1m_1p_1-\sum q_1m_1p_0=838.8-762=76.8$（万元）

（4）108.09% = 103.51% × 94.87% × 110.08%

62.8 = 27.2−41.2 + 76.8

## 第七章　抽样推断

### 一、单项选择题

| | | | | |
|---|---|---|---|---|
| 1. A | 2. B | 3. C | 4. A | 5. C |
| 6. C | 7. A | 8. C | 9. C | 0. C |

11. C　12. D　13. B　14. D　15. A
16. C　17. B　18. C　19. A　20. C

## 二、多项选择题

1. ABE　2. BD　3. ABCD　4. ACD　5. BC
6. ABCE　7.BDE　8. ABD　9. ACDE　10. AD

## 三、判断题

1. ×　2. ×　3. ×　4. √　5. ×　6. ×
7. √　8. ×　9. ×　10. √　11. √　12. ×

## 四、简答题（略）

## 五、计算题

1. $\mu_{\bar{x}}=15$ 小时，$\mu_p=0.78\%$

2. 4267.63 小时≤ $\overline{X}$ ≤4 412.37 小时，96.61%≤$P$≤99.39%

3. 150.04 克≤ $\overline{X}$ ≤150.56 克，56.3%≤$P$≤83.7%

4. 重复抽样下的抽样平均误差 $\mu_p=0.985\%$，不重复抽样下的抽样平均误差 $\mu_p=1.09\%$

5. $n=\dfrac{t^2\sigma^2}{\Delta_{\bar{x}}^2}=\dfrac{3^2\times30^2}{3^2}=900$

若抽样极限误差缩小一半，则应抽取的样本单位数为

$$n=\frac{t^2\sigma^2}{\left(\frac{1}{2}\Delta_{\bar{x}}\right)^2}=\frac{3^2\times30^2}{\left(\frac{3}{2}\right)^2}=3\ 600$$

6. （1）72.77≤ $\overline{X}$ ≤78.43；

（2）在其他条件不变时，允许误差缩小一半，应抽取 $n=200$ 人。

7. （1）74.32%≤$P$≤89.68%；

（2）在其他条件不变时，允许误差扩大一倍，应抽取 $n=25$ 人。

8. $H_0$：$\mu$≤75，$H_1$：$\mu>75$

$$t=\frac{\bar{x}-\mu_0}{\sigma/\sqrt{n}}=\frac{78-75}{\sqrt{14/6}}=\frac{50}{5}=1.964$$

因为 $\alpha=0.05$，查表可得临界值 $t_{0.05(5)}=2.015$

由于 $t>t_\alpha$，即 1.964<2.015，所以接受 $H_0$，拒绝 $H_1$。说明设备更新后，月产量没有明显提高。

9. $H_0$：$P$≥17%，$H_1$：$P<17\%$

$$Z=\frac{p-P_0}{\sqrt{P_0(1-P_0)/n}}=\frac{0.14-0.17}{\sqrt{0.17(1-0.17)/200}}=-1.13$$

由于 $\alpha=0.05$，查表得临界值 $-Z_\alpha=-1.645$，因为 $Z=-1.13>-Z_\alpha=-1.645$，故接受原假设，即不能认为技术改造后产品质量有所提高。

## 第八章　相关分析与回归分析

### 一、单项选择题

| | | | | |
|---|---|---|---|---|
| 1. B | 2. A | 3. A | 4. C | 5. C |
| 6. C | 7. C | 8. B | 9. D | 10. C |
| 11. D | 12. C | 13. A | 14. C | 15. B |
| 16. D | 17. C | 18. A | 19. A | 20. B |
| 21. C | 22. C | 23. B | 24. A | 25. B |
| 26. C | | | | |

### 二、多项选择题

| | | | | |
|---|---|---|---|---|
| 1. ABC | 2. ACD | 3. BCDE | 4. AB | 5. AC |
| 6. ACE | 7. ABC | 8. CDE | 9. CD | 10. ABE |
| 11. ABDE | 12. ABE | 13. ABDE | 14. ACE | |

### 三、判断题

| | | | | |
|---|---|---|---|---|
| 1. × | 2. × | 3. × | 4. √ | 5. × |
| 6. √ | 7. √ | 8. √ | 9. × | 10. √ |
| 11. × | 12. √ | 13. × | 14. √ | 15. × |
| 16. × | 17. × | | | |

### 四、简答题（略）

### 五、计算分析题

1. （1）$r = 0.948\,7$　　（2）高度正相关

（3）$y_c = -70 + 0.3x$　　（4）0.3 万元　　（5）170 万元

2. （1）$r = 0.97$　　（2）$y_c = -18.64 + 10.18x$

（3）$b = 10.18$，说明可比产品成本降低率每增减 1%，销售利润平均增减 10.18 万元。

（4）$S = 2.95$

3. （1）$r = -0.9091$　　（2）$y_c = 77.363\,7 - 1.818\,2x$

4. （1）$y_c = 3.1 + 1.45x$　　（2）$S \approx 0.276$

（3）点估计 $y_c = 14.7$　　（4）{14.148，15.252}

# 参考文献


[1] 张晓庆，等. 统计学[M]. 北京：科学出版社，2009.

[2] 肖彦花. 统计学[M]. 北京：北京交通大学出版社，2010.

[3] 穆惠萍. 统计学[M]. 上海：立信会计出版社，2008.

[4] 李洁明，等. 统计学原理[M]. 上海：复旦大学出版社，2006.

[5] 曾五一，等. 统计学[M]. 北京：北京大学出版社，2006.

[6] 孙允午. 统计学数据的搜集、整理和分析[M]. 上海：上海财经大学出版社，2006.

[7] 刘德智. 统计学[M]. 北京：北京大学出版社，2007.

[8] 龚有容. 统计学[M]. 北京：机械工业出版社，2004.

[9] 刘建萍，等. 新编统计学原理学习指导[M]. 北京：中国物价出版社，2004.

[10] 苏均和. 社会经济统计学原理[M]. 上海：立信会计出版社，2001.

[11] 卞毓宁. 统计学概论习题集[M]. 北京：高等教育出版社，2005.

[12] 贾俊平，等. 统计学[M]. 7 版. 北京：中国人民大学出版社，2018.

[13] 王勇，等. 统计学原理[M]. 北京：中国传媒大学出版社，2011.

[14] 马敏娜，等. 统计学[M]. 2 版. 北京：高等教育出版社，2016.

[15] 刘子君，等. 统计学[M]. 北京：清华大学出版社，2017.

[16] 李金昌，等. 统计学[M]. 北京：机械工业出版社，2019.

[17] 卢治飞，等. 应用统计学[M]. 4 版. 北京：清华大学出版社，2020.

[18] David A Freedman. 统计模型理论与实践[M]. 吴喜之，译. 北京：机械工业出版社，2019.